沃伦·巴菲特
的CEO们

伯克希尔经理人的经营秘诀

［美］罗伯特·迈尔斯 Robert P. Miles 著

马林梅 译

THE WARREN BUFFETT CEO

Secrets From The Berkshire Hathaway Managers

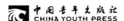

中国青年出版社
CHINA YOUTH PRESS

图书在版编目（CIP）数据

沃伦·巴菲特的CEO们：伯克希尔经理人的经营秘诀 /（美）罗伯特·迈尔斯著；马林梅译.
—北京：中国青年出版社，2019.6
书名原文：The Warren Buffett CEO: Secrets from the Berkshire Hathaway Managers
ISBN 978-7-5153-5571-9

Ⅰ.①沃⋯ Ⅱ.①罗⋯②马⋯ Ⅲ.①企业经营管理 Ⅳ.①F272.3

中国版本图书馆CIP数据核字（2019）第078842号

沃伦·巴菲特的CEO们：
伯克希尔经理人的经营秘诀

作　　者：[美]罗伯特·迈尔斯
译　　者：马林梅
策划编辑：胡莉萍　肖颖慧
文字编辑：张祎琳
美术编辑：杜雨萃
出　　版：中国青年出版社
发　　行：北京中青文文化传媒有限公司
电　　话：010-65511272/65516873
公司网址：www.cyb.com.cn
购书网址：zqwts.tmall.com
印　　刷：大厂回族自治县益利印刷有限公司
版　　次：2019年6月第1版
印　　次：2024年1月第3次印刷
开　　本：787mm×1092mm　　1/16
字　　数：266千字
印　　张：25
京权图字：01-2018-8316
书　　号：ISBN 978-7-5153-5571-9
定　　价：69.90元

谨以此书献给

我的母亲海伦（Helen）

和祖母多萝西（Dorothy）

序 言

能否长期保持卓越是对组织技能和理念的真正考验。我非常幸运地执教了内布拉斯加大学（University of Nebraska）足球队，这支球队曾创下了连续在39个赛季中获胜的纪录，而且击败了32支曾赢过9场或更多比赛胜利的球队，在此过程中，这支球队斩获了5个全国冠军和无数的州冠军。

我相信田径运动和商业世界存在一些类似之处。内布拉斯加大学成功运用的策略似乎是伯克希尔·哈撒韦公司（Berkshire Hathaway）的常见做法。伯克希尔·哈撒韦公司的一大显著特征是，其业绩一直是卓越的。该公司之所以能取得如此令人惊叹的业绩，能一直表现卓越，我的朋友沃伦·巴菲特（Warren Buffett）制定的政策是关键所在。

就招聘业务经理而言，没有人比沃伦·巴菲特做得更成功了。他的成功源于招贤纳士而不仅仅是冷冰冰地收购公司。他忠于他的首席执行官（CEO）们，反过来，他的CEO们也对他忠心耿耿。

忠诚度是伯克希尔·哈撒韦公司成功的一大标志，我发现它也是内布拉斯加大学足球队取得成功的最重要的因素。从1962年到1973年，内布拉斯加大学足球队的主教练鲍勃·德瓦尼（Bob Devaney）创立了以忠诚为核心的管理模式，该模式在早期成效斐然，然而，1968年的6进4小组赛后，有人提出了更换助理教练的要求。鲍勃不让我们做替罪羔羊，他表示，若要裁掉一位教练，所有人都会辞职。多年来，这种忠诚模式一直未改变，而且我们能在内布拉斯加大学长期任职和取得成功，这一模式发挥了重要作用。

巴菲特收购公司时会保持原来的管理层，这种做法在当今世界实属罕见，但这正是巴菲特精心设计的结果。巴菲特选择自己相信的人，他让他们继续经营公司，就像公司未被收购一样。首席执行官们处理一切事务，而沃伦则在一旁为他们加油鼓劲。

与教练打交道时我发现，应给每一位教练划分一个重要的责任范围，他们自行决定此范围内的事务，只要不违背足球队的基本理念就可以。与助理足球教练打交道时，事无巨细的微观管理（micromanaging）方法没有效果，沃伦在与各个公司的经理人打交道时均遵循这一原则。

由于伯克希尔已组建了一支精英团队，巴菲特不想更换其中的任何人，而且他的高管们，没有一个去其他企业任职的。这群出类拔萃的人将永远为巴菲特工作——巴菲特并不期望或希望他们退休，就像他希望自己能一直工作下去一样。

同样，内布拉斯加大学足球教练的任职时间之长也是无与伦比的。内布拉斯加大学足球助理教练的平均任职时间为15年，而重点大学足球队的普通助理教练一般为3年。在大约40年的时间里，内布拉斯加大学足球队只聘请过3名主教练。而在大多数学院和大学中，教练走马灯似的换人，这样不利于人员招聘、球队的团结和对比赛的共同认知。这种做法效果不佳，但在商业界很常见。

显然沃伦·巴菲特不认同经常换人的想法。巴菲特的CEO们不必每天都向奥马哈（Omaha）打电话或者每周提供报告，这样，他们能够集中精力处理公司内部事务，因为他们是公司的管理者。当然，他们大多数人都希望能与巴菲特定期交流并核验工作表现，但他们不必非得如此。

一年前，伯克希尔旗下一家公司突现危机，沃伦的处理对我们了解他的管理风格极具启发性。在两名高管突然被炒鱿鱼后，公司董事会指定沃伦所在的委员会选出下一任CEO。事发突然，沃伦不得不快速做出决策。他没有审核简历、学历和采用同行建议，而是主要根据人格素养做出了决定。他认为自己选定的候选人是位杰出人士。他在商界的成功主要归功于他评估经理人性格的能力以及他对健全人格的评估，漂亮的简历和个人成功的作用反而要小一些。

随着时间的推移，我在选择员工时也会奉行类似的理念。我首先会考察性格，雇用的往往是经验较少且履历不如其他候选者的人。如果你相信他们，如果他们努力工作，而且确实在乎授权给他们的人，那么他们就可以在你的教导下获知他们需知道的任何细节。正如沃伦观察到的，性格很重要。

尽管不是任何组织都能复制伯克希尔·哈撒韦公司的成功，但毫无疑问的是，每个人都可以学习巴菲特及其CEO们的管理风格。本书介绍了一位知情人对这些经理人的看法，包括他们的工作，他们与巴菲特共事的经历以及奥马哈总部人事和公司层面的独特制度。

汤姆·奥斯本

美国国会议员、内布拉斯加大学足球队教练

（1973—1997年）

前　言

写这本书的原因很简单，完成我的第一本书《伟大的事业：透视伯克希尔·哈撒韦公司》(*101 Reasons to Own the World's Greatest Investment : Warren Buffett's Berkshire Hathaway*）后，我给沃伦·巴菲特写了一封信，后来收到了他这样的回复："请务必多介绍介绍查理［指副主席查尔斯·芒格（Charles Munger）］和我们的经营管理人员。"其实他想表达的意思是："写我的书已经够多了，真正应该写的是伯克希尔的经营管理人员，傻瓜。"

他没有说我傻，他很善于激励他人和交际，所以他不会说那样的话，但我自己心知肚明。接下来我给巴菲特指定的负责投资事务的继承人路易斯·辛普森（Lou Simpson）打电话，他的秘书说他不接受采访，这一消息令我很沮丧。但令我欣喜的是，辛普森后来给我回电话时说，我可以在早餐时采访他和助理汤姆·班克罗夫特（Tom Bancroft）。与他会面后，我便开启了奔赴全国各地、拜访大多数伯克希尔·哈撒韦公司CEO的精彩之旅。

本书不是为了教读者"如何像沃伦·巴菲特一样投资"，相反，它介绍了经营巴菲特投资的公司的经理们。阅读本书，你将了解不同的家族企业以及一些有意思的和成功的企业当初是如何创立的。你还会从一些最受尊敬的CEO身上学到一些管理和投资理念。

沃伦并没有支持我为写作本书开展的研究，但他写信告诉我，他会让每一位经理自行决定是否接受我的采访。他写道："时间是他们自己的，我期待拜读你对经理们的采访内容，你的这本书可能会很有趣。这些经理人都是很令人着迷的企业家，每个人的故事都深具启发和教育意义。他们的不同风格会让那些青睐统一惯例风格的公司大惑不解。"

后来，在庆祝沃伦70岁大寿的午餐会上，他说他很喜欢我对路易斯·辛普森的采访记录（出于礼貌，我之前把采访记录送给了他一份），但他说不需要提前把其他采访记录发送给他了。他不想对这本书的内容产生任何影响。

沃伦没有鼓励或阻止任何人接受我的采访，但我可以肯定的是，大多数经理都曾打电话给沃伦，询问他对我的采访计划的看法。如果老板不同意，这些CEO还会跟我交流吗？答案可能是否定的。虽然沃伦和副主席查尔斯·芒格（昵称"查理"）谢绝了我的采访请求，但沃伦确实说过他希望阅读本书。我的采访是史无前例的，但有几家伯克希尔子公司的CEO婉拒了我的采访请求，这些公司包括乳品皇后（Dairy Queen）、德克斯特鞋业（Dexter Shoes）、中美洲能源（MidAmerican）、国民保险（National Indemnity）和通用再保险（General Reinsurance）。

大多数经理人在谈论自己时会感到不适，但他们非常乐意谈论企业。事实证明，创始人和家族经理人的故事最为精彩，而且他们更愿意分享这些故事。非家族成员的专业接班人谈论自己及在企业中扮演的角色时会心神不安。

我觉得我应该在这里透露一些信息。我是伯克希尔·哈撒韦的股东，我承认我偏爱这家公司及其管理团队。我从未在金融行业或任何财经媒体工作过，我是一名受过训练的商人，也是充满激情的作家。此外，本书不是伯克希尔的"官方"产物，我从未在任何与伯克希尔有关联的公司领过报酬，与撰写本书有关的所有费用，包括机票、酒店住宿费、租车费和抄写费，都是我自理的。

有些读者可能会羡慕我有机会采访巴菲特的运营管理团队，但我必须警告你，和20位巴菲特的CEO会面的成本相当于10股伯克希尔的B股股票，而且你还得有时间，同时这些经理人也愿意接受你的采访。开展必要的研究还会花掉你另外的20股B股股票。在一整年的大部分时间里，你要审读1 500页的草稿，还要从另外的1 500页研究资料中筛选素材，唯有如此，你才能削减内容，满足出版商规定的400页的篇幅上限。

我的研究对象位于全国各地，采访他们有时会让我感到筋疲力尽。我曾十次乘飞机，一次坐火车，几次乘公共汽车，而且我自己驾车1 000多英里，去了15个城市。我还花了无数个小时进行电话采访，几乎每天都会去各个图书馆。

因为想让本书能够吸引尽可能多的读者，也想让巴菲特的CEO们喜欢阅读本书，我的压力不小。这些CEO通常对彼此不了解。每一位CEO都期待着阅读有关同事的内容，而且想知道沃伦看好他们的哪些素质。

沃伦曾表示，如果他发生什么不测的话，他会从现有团队中遴选营运接班人。这意味着，巴菲特CEO中的一位可能成为伯克希尔的下一任CEO，所以我试图评估伯克希尔的继任计划。没有人告诉我谁将接替巴菲特，但与每位CEO交流后，我大概猜出了几分。

每位运营经理人都会就伯克希尔的文化及其独特的管理原则发表自己的高见。就我个人而言，我不明白为什么其他公司不运用伯克希尔收购公司的这一策略：买入股票后，不改变其管理方式。伯克希尔属于主街（Main Street），而不是华尔街。

巴菲特管理CEO的方式与他管理股票投资的方式相似。他精挑细选投资对象，等取得所有权后，却不会要求CEO们做与之前不同的事情。他忠于他的CEO们，他的CEO们也忠于他。就CEO的留任情况来看，《财富》500强企业中没有哪一家的总裁能与巴菲特相匹敌。

我还发现，巴菲特不仅是一位优秀的投资者，也是一名优秀的管理者。伯克希尔始终以人为本，业务排第二。如果他对CEO没有十足的信心，他就永远不会收购企业。巴菲特通过正确的投资实施正确的管理。虽然他以投资著称于世，但他也是一位杰出的管理者。

后来我问巴菲特，为什么其他公司不采用伯克希尔的企业文化。我以为他会说，这是因为其他企业的CEO在收购之后为了寻求协同效应会把自己的一套文化强加于被收购的企业及其管理团队。

但他解释说，他所创建的企业文化始于他年轻时（34岁）接管的一家小企业，由于他不必在65岁时退休，他有足够的时间为企业发展创造动能。大多数CEO在短时间内继承了一种文化，他们把这种文化强加于自己管理的组织。另外，这些企业的规模通常很大，即使其CEO有更出色的管理方法，它们也会抗拒变革。我之前未听说过这种观念，这堪称我的一大发现。

我最喜欢的一个发现是，巴菲特的CEO们都具有"回馈"特质。他们的慷慨令人震惊，这一点应该给世界各地的管理者带来启示。

沃伦是对的，成就伯克希尔的不仅仅是他自己。在这位著名的商人和投资者背后站着的是他的整个管理团队。

罗伯特·P. 迈尔斯（Robert P. Miles）

佛罗里达州（Florida）坦帕市（Tampa）

2001年9月

THE
WARREN BUFFETT
CEO

致 谢

本书的创作灵感源自沃伦·巴菲特给我的回信。他在信中说，伯克希尔·哈撒韦真正的英雄是运营经理们。所以我首先要感谢他，因为他为我提供了灵感，创造了众多神奇的公司，为我的作品提供了素材，他还默许了他的CEO们接受我的采访，而且采访时提出的问题和完成的书稿不必事先经过他批准。

我也要感谢他的合伙人，即伯克希尔的副主席查理·芒格，多年来他提出了无数睿智的建议，而且从来没有试图以任何方式影响本书的内容。

路易斯·辛普森是第一个接受我采访的人，他为我的写作开了个好头。他一般不接受采访，因此我要特别感谢他在百忙之中抽空会见我，向我提供了独到的见解。

按接受采访的顺序，我要向每一位巴菲特的CEO致以深深的谢意，他们是：路易斯·辛普森（和他的助理汤姆·班克罗夫特）、阿尔·尤尔茨基（Al Ueltschi）、托尼·奈斯里（Tony Nicely）、拉尔夫·舒伊（Ralph Schey）[舒伊的继任者肯·斯米尔斯伯格（Ken Smelsberger）]、斯坦·利普西（Stan Lipsey）、阿吉特·贾恩（Ajit Jain）、艾略特（Eliot）和巴里·塔特曼（Barry Tatelman）、弗兰克·鲁尼（Frank Rooney）、苏珊·雅克（Susan Jacques）、艾文·布鲁姆金（Irvin Blumkin）、比尔·柴尔德（Bill Child）、哈罗德·梅尔顿（Harrold Melton）、兰迪·沃森（Randy Watson）、梅尔文·沃尔夫（Melvyn Wolff）、杰夫·科蒙特（Jeff Comment）、查克·哈金斯（Chuck Huggins）、唐·格雷厄姆（Don Graham）和理查·圣图利（Rich Santulli）。

这些CEO的助理们帮助我安排时间、提供指导、研究资料、纠正草稿错误、与我通信、收发电子邮件、拍照、审核各章内容。这群人在公司服务的年限总共为307年（平均15年），他们比其他人更了解自己的企业和经理。下面列出这些助理的服务年限和CEO的名字，他们是：弗洛·拉贾乔，33年（尤尔茨基）；琳达·斯坦-沃德（Linda Stine-Ward），32年（奈斯里）；黛比·波萨涅克（Debbie Bosanek），27年（巴菲特）；帕姆·加斯内基（Pam Gazenski），26年（格雷厄姆）；克里斯·休斯（Kris Hughes），24年（舒伊）；谢莉·本德尔，17年（沃尔夫）；玛西亚·加纳（Marcia Garner），16年（柴尔德）；芭芭拉-乌尔班茨克（Barbara Urbanczyk），15年半（利普西）；卡丽·伯曼（Carrie Berman），15年（梅尔顿）；约瑟芬·费伊拉（Josephine Faiella），14年（鲁尼）；温迪·班纳汉（Wendy Bannahan），12年（格雷厄姆）；伊迪丝·德桑蒂斯（Edith DeSantis），12年（斯米尔斯伯格）；巴巴拉·帕尔马（Barbara Palma），11年（辛普森）；南希·伯纳德（Nancy Bernard），10年（哈金斯）；朱迪·罗宾逊，9年（科蒙特）；苏珊·哥拉克（Susan Goracke），9年（布鲁姆金）；凯伦·本森（Karen Benson），8年（雅克）；丽莎·兰克斯（Lisa Lankes），7年（沃森）；希瑟·科波拉斯（Heather Copolas），5年（塔特曼）；卡罗尔·波利基（Carol Bolicki），3年（圣图利）；贝弗利·沃德（Beverly Ward），1年（贾恩）。

伯克希尔董事会成员和伯克希尔纺织厂创立家族的第三代后裔马尔科姆·金·查斯（Malcolm Kim Chace）和他的助手斯泰西·库维尔（Stacey Courville）帮我更深入地了解了公司。无线电器材公司（Radio Shack）前CEO约翰·罗奇（John Roach）和他30年的助手兼合伙人路易斯·安·布莱洛克（Lou Ann Blaylock）向我透露了最近一次收购案的内部细节，并为我安排了一次会面，使我更容易采访这家被收购企业的管理层。

科特家具（Cort Furniture）的保罗·阿诺德（Paul Arnold）史无前例地接受了我的采访。巴菲特的一些CEO没有接受我的采访，这并非他们的问题，我要向他们表达我的谢意和歉意。我收到了一些巴菲特的CEO的来信，他们是精密钢铁（Precision Steel）的特里·派珀（Terry Piper）、本·布里奇珠宝公司（Ben Bridge Jewelers）的埃德（Ed）和乔恩·布里奇（Jon Bridge）、中美洲能源的戴维·索科尔（David Sokol）、费希海默（Fechheimer）的布拉德·金斯特勒（Brad Kinstler）、通用再保险（GenRe）的罗恩·弗格森（Ron Ferguson）、堪萨斯金融担保公司（Kansas Bankers Surety）的唐·托尔（Don Towle）、国民保险（National Indemnity）的唐·沃斯特（Don Wurster），他们在信中解释了巴菲特CEO们的族谱情况。

感谢飞安公司（FlightSafety）的有关人员，包括布鲁斯·惠特曼（Bruce Whitman）（在公司服务了40年）、吉姆·沃（Jim Waugh）、汤姆·埃夫（Tom Eff）、罗杰·里奇（Roger Richie）和汤姆·马奥尼（Tom Mahoney），他们让我有机会驾驶三引擎公务飞机并安全着陆。还要感谢联合航空公司（United Airlines）的机长吉特·达比（Kit Darby），他指导了我飞行技巧，并把他3年时间里辛辛苦苦积累的飞行模拟统计数据与我分享。感谢国际奥比斯组织（Project Orbis）的凯茜·斯潘（Kathy Spahn）、梅兰妮·布兰顿（Melanie Brandston）和克里斯廷·拉克斯（Kristin Lax）。

感谢比尔·柴尔德一家，尤其是帕特（Pat）。在她的盛情邀请下，我去她家参加了老式的户外后院家庭烧烤活动。还要感谢露西·舒伊（Luci Schey）在拉尔夫退休时成了他的秘书。

感谢戴夫·哈维（Dave Harvey）和他的员工，包括鲍勃·肯普（Bob Kemp）、莱尔·德曼（Lyle Dedman）、丹·迪亚斯（Dan Dias）和约翰尼·伍兹（Johnnie Woods）为股东们安排的年度喜诗糖果（See's Candies）巧克力之旅。所有股东在离开时都带了好几盒的巧克力，我们现在都非常喜欢他们的产品。

感谢哥伦布市（Columbus）利捷航空（Netjets）指挥中心的负责人理查德·史密斯三世（Richard Smith Ⅲ）和贝丝·安·戈特勒（Beth Ann Goettler），他们准备了丰盛的午餐款待我，让我享受了国王般的优待，而且他们还邀请我参观了最先进的公务飞机。只要参观并了解了其世界级的运营模式，任何人都可能成为利捷的客户。

感谢沃伦·巴菲特的在线桥牌合作伙伴莎伦·奥斯伯格（Sharon Osberg）、乔丹家具（Jordan Furniture）的高管斯蒂芬·加斯金（Stephen Gaskin）和摩根士丹利（Morgan Stanley）的保险分析师爱丽丝·施罗德（Alice Schroeder）。

完成一部优秀的著作需要进行深入的研究，为此我要感谢坦帕大学（University of Tampa）图书馆馆长马琳·派特（Marlyn Pethe）和她的工作人员。每天我走进图书馆时都会发现，她的工作人员和图书馆员都为我查找网络资源或者相关主题的研究文献做好了准备。

每本书都是作者独立写完的，但它却是专业团队共同努力的结果。正如本书介绍的每位CEO一样，个人可能获得了美誉，但成绩是团队共同奋斗出来的。每本书都有一个愿景和一个理解作者目标的出版商。幸运的是，同为作家的珍妮特·洛（Janet Lowe）和威利（Wiley）的业务代表蒂姆·汉德（Tim Hand）把我介绍给了出版商琼·奥尼尔（Joan O'Neil）和我平时就一直联系的约翰·威利公司（John Wiley & Sons）的编辑黛布拉·英格兰德（Debra Englander）。如果你手头也有关于巴菲特投资或管理的书籍，请致电黛布拉。没有人比她更熟悉书籍编辑的工作了。她还有协助作者完成写作的非凡才华，她的女儿伊莉斯（Elise）说，她不只是一位母亲，而我要说，她不只是一位编辑。

感谢威利专业团队的其他成员，包括P. J. 坎贝尔（P. J. Campbell）、苔丝·伍兹（Tess Woods）、格雷格·弗里德曼（Greg Friedman）、罗宾·法克特（Robin Factor）和玛丽·丹尼尔罗（Mary Daniello）。

每位作者都需要一位文稿代理人。牛郎星文学社（Altair Literary Agency）的安德里亚·皮多尔斯基（Andrea Pedolsky）是最出色的代理人之一。她仔细地指导我出版事宜，协商合同，她始终以维护客户的利益为己任，同时又不损害出版商和作者之间的微妙关系。

每位作者都需要他人的帮助，特别是在编辑和整理1 500页的采访手稿和同样多的研究文献时。经过罗布·卡普兰（Rob Kaplan）之手，3 000页的资料被压缩为300页，使得本书易于阅读，而且整个压缩过程很有趣。罗布是一位才华横溢的作家、编辑和决策者，他天生就适合从事这类工作。

大多数作者在写作过程中不会安排试读，但我发现，坦帕市的律师和股东威尔·哈雷尔（Will Harrell）堪称最出色的图书顾问。他信心十足地阅读了每一章的内容，并坦率地给出了评论。威尔针对每一位经理人提出了重要的修改意见和不同的后续跟进问题。他提议，用一章的篇幅写布鲁姆金夫人，把她作为巴菲特CEO的缩影。每周只需一顿午餐的代价，我就能享受律师客户般的机密特权，得到修改语法和句子结构的编辑服务，获得试读的意见和反馈，实在是太划算了。这位股东能看出我试图阐释的观念是否有效，他口头和书面沟通天赋极高，投资知识丰富，且熟知伯克希尔的历史。他是一位周末股票分析师，是一位管理专家，也是一位朋友。

史蒂夫·赖默斯（Steve Rymers）帮我精心设计了最初的采访问题并分享了他对这本书的看法。感谢埃里克·巴兰德劳德（Eric Balandraud）、莱尔·麦金托什（Lyle McIntosh）、莱斯利·特维克斯（Leslie Trvex）、乔安·弗洛伊德（Joann Floyd）、马克·福斯特（Mark Forster）、克里斯汀·戈伯（Kristine Gerber）、里奇·洛克伍德（Rich Rockwood）、吉姆·庄（Jim Chuong）、塞琳娜·马兰健（Selena Maranjian）、肯·罗伯茨（Ken Roberts）、汤姆·胡恩格尔（Tom Juengel）、本·基顿（Ben Keaton）和李·巴库宁（Lee Bakunin）。

感谢伯克希尔的历史学家和孜孜不倦的作家安迪·基尔帕特里克（Andy Kilpatrick），他把一生奉献给了伯克希尔·哈撒韦的编年史工作。

感谢奥马哈的图书商吉姆·罗斯（Jim Ross）、佩格·哈克（Peg Hake）、内布拉斯加大学奥马哈分校（University of Nebraska–Omaha）的教授劳拉·比尔（Laura Beal）和郭薇玉（Weiyu Guo）的支持和鼓励。感谢安迪·卡塞尔（Andy Cassel）和琳达·奥布赖恩（Linda O'Bryon）提供了对布鲁姆金夫人的采访记录。感谢美国公共电视网（PBS）《夜间商业报道》（*Nightly Business Report*）栏目的杰克·卡恩（Jack Kahn）。

我在撰写本书的过程中一直深受约翰·泽马诺维奇（John Zemanovich）的鼓励，在没读一个字之前他就大胆而热情地预测本书会成为一本畅销书。感谢约翰·鲍姆（John Baum）敦促我完成了写作，他是意外后果定律的坚定信奉者。

感谢惠特·沃纳梅克（Whit Wannamaker）的友情鼓励和支持。感谢珍妮特·赖特（Janet Wright），她的耐心、周到的建议、人生起伏中给予的情感支持令我感激不已。

尤其要感谢我的灵感来源、即将上任的CEO玛丽贝斯（Marybeth），她是天底下最好的女儿。

罗伯特·P. 迈尔斯

```
THE
WARREN BUFFETT
CEO
```

目 录

第一部分

巴菲特的CEO

| 第一章 |

引言：CEO沃伦·巴菲特

伯克希尔·哈撒韦公司的主要缔造者和CEO沃伦·巴菲特赢得了大量的赞誉，但要了解这家公司，你需要了解所有相对不知名的运营经理人，他们是这家大公司的一部分。关于这位世界上最著名的投资者的书籍已经20本了，但到目前为止，还没有一本是全面探讨巴菲特的管理团队及其独特文化的。本书试图通过介绍伯克希尔·哈撒韦旗下全资子公司的CEO们来彰显其本质。

伯克希尔·哈撒韦公司（纽约证券交易所的股票代码：brka）是一家企业集团，它最著名的持股企业包括可口可乐（Coca-Cola）（8%）、吉列（Gillette）（9%）和美国运通（American Express）（11%）等，是可口可乐的最大股东。

在巴菲特的领导下，伯克希尔的销售额从1967年的4 000万美元增加为今天的超过400亿，巴菲特也因此名利双收。从选择普通股开始，伯克希尔通过收购乳品皇后（冰激凌）、本杰明·摩尔（Benjamin Moore）（涂料）、肖氏工业（Shaw Industries）（地毯）和约翰斯·曼维尔（Johns Manville）（绝缘材料）完成了转型。

虽然本书也会谈及部分持股企业的CEO（如《华盛顿邮报》的格雷厄姆），但本书主要关注的是伯克希尔·哈撒韦旗下全资子公司的CEO。

这么做的原因是：

★ 伯克希尔·哈撒韦是由金融和管理天才沃伦·巴菲特所创建的投资工具，但其发展绝非靠巴菲特一人之力，它的组织结构是扁平化的，多元化的单位财务独立的经理人运营。资产超1 400亿美元的伯克希尔·哈撒韦公司的组织结构与一般公司不同。

★ 尽管长期以来，伯克希尔·哈撒韦公司被视为沃伦·巴菲特投资上市公司的控股公司，但它旗下现有许多全资子公司，其准共同基金的形象已经改变。不久前，巴菲特的控股公司由90%的股票和10%的运营公司组成，而且每个人都想知道巴菲特正购入的股票。今天，伯克希尔·哈撒韦拥有70%的运营公司和30%的股票，并且正在努力实现90%的运营公司和10%的股票的投资结构。当它还是一家小型保险公司的时候（现在它拥有30多家独立的保险公司），巴菲特就选择以购买股票的方式获得大型企业的部分所有权，以此增强资产的流动性，方便支付保险索赔金。随着公司的发展壮大，理赔时出售公司的风险降低，因此巴菲特收购了更多的全资公司。

★ 管理层在购买普通股时容易出错。如果CEO没有按股东的最大利益行事，那么新收购的企业可在公开市场上被快速地出售。另一方面，买入一家管理层不兼容的公司时，不兼容的状况无法改变或者改变代价太高。巴菲特曾写道："我们不但试着去找一家好公司，同时最好是能够由品格才能兼具且为我们喜爱的管理者经营，如果是看错了人，在具有控制权的情况下，我们还有机会发挥影响力来改变局面，事实上这种优势有点不太实际，因为更换管理层，就像是结束婚姻关系一样，过程相当地费时、痛苦，而且还要看运气。"过去35年里，巴菲特的一些CEO选择了退休，但无人在离开后加盟竞争对手。所有的CEO都被视为终身伴侣，仅这一卓越的记录就值得仔细研究。在母公司的组织架构内，如何遴选、管理、评价这些经理人，如何确定薪酬和分派任务才能确保他们如此具有奉献精神、如此忠诚呢？伯克希尔这群精挑细选而来的经理人大多本身就是亿万富翁，他们为更富有的董事会成员和长期持有公司股票的富豪股东们努力工作。

★ 大多数CEO自行配置资金，并尽力拓展业务。伯克希尔将这一职能集中于最有才华的资本配置者手中。这一独特的管理模式产生了卓越的投资和管理成果，并被视为巴菲特最出色的文化和结构策略。这也解释了其CEO流动性偏低的原因。伯克希尔·哈撒韦公司旗下的大部分（如果不是全部的话）基础性业务都在稳定增长，雇员数量不断增加。除了早期投资的纺织企业和目前面临海外竞争的制鞋企业外，很少有企业经历大规模的裁员。

★ 技术，特别是互联网对伯克希尔的影响，值得从内部加以探讨。巴菲特长期以来一直是个对技术心怀恐惧的人，而且他一向看空他不能估价的事物，包括大多数"新经济股票"。他一直以来都小心翼翼地避开以技术为基础的业务，但飞安公司是个特例。近来的市场表现已经证明了网络公司设计一种成功的商业模式有多难。然而，如同车轮的发明一样，互联网使企业的经营成本不断降低。在伯克希尔，互联网的发展促进了盖可保险公司（GEICO）和喜诗糖果的发展，但对《世界百科全书》（*World Book*）造成了伤害。未来互联网也可能威胁《布法罗新闻报》（*Buffalo News*）和《华盛顿邮报》（*Washington Post*）的经营。互联网间接地为利捷航空的部分所有权喷气式飞机业务创造了更多的客户。巴菲特的CEO们在本书中讨论了科技对他们各自业务的影响。

沃伦·巴菲特离开后的伯克希尔会是什么样子？这位董事长还没有任何"退休"的迹象，他把退休的时间定义为自己去世5年后，但绝大多数股东都想知道，当巴菲特不再主持大局后，这家企业会变成什么样子。虽然没有明确的答案，但我们可以发现一些线索。本书聚焦于当前伯克希尔旗下的企业及其经理人，其中的一位有朝一日将会成为CEO们的CEO。你将了解这些经理人都是谁，他们经营什么业务、运用什么管理原则，他们如何处理公司内部的继任问题以及他们的公司如何融入伯克希尔这个"大家庭"。

采访中发现的这一事实可能令你大吃一惊：除了主席每年致股东的信或媒体报道中公布的内容外，CEO们对其他全资子公司的了解并不多。从某种程度上说，你将与伯克希尔的一些受访者一样，从本书中得知他们的同行正在做什么。

没有代表性的巴菲特CEO，但本书介绍的人大多是60多岁的白人男士，他们管理着有100年历史的企业，通常是企业的第三代管理者。除一位外，所有的经理人都是从内部提拔上来的。大多数巴菲特的CEO的管理的是"旧经济"业务，包括：砖块、糖果、家具、珠宝、百科全书、真空吸尘器、空气压缩机、报纸、鞋类和保险。

每个人都展现了巴菲特要求必须具备的特质：高道德标准和正直诚信。巴菲特曾为了挽救所罗门兄弟（Salomon Brothers）而赌上了自己的声誉，他当时对参议院的一个小组委员会说："犯诚实的错误，我能体谅，但失去企业的声誉，我绝不留情。"他经常说："永远不要做可能会登上本地报纸头版头条的事情。"

本书对路易斯·辛普森进行了独家专访，他是沃伦·巴菲特指定的负责资本运营的接班人。伯克希尔的任何人都不会透露谁是巴菲特运营方面的接班人，但可以肯定的是，我采访的某位CEO将来会担此大任。伯克希尔的CEO都是从内部选拔而来的，因此未来负责运营的CEO也肯定是一名内部的资深员工。

巴菲特"退休"后，他的工作将由3人分担。一位是家族成员，他的儿子霍华德（Howard）最有可能担任董事长，以便继续保持"巴菲特家族"的氛围、影响力和文化。一位经理人将负责资本配置业务（买入上市公司的股票和收购全资运营的公司），另一位经理人将负责管理团队。从本质上讲，伯克希尔将会有一位董事长、一位负责资本运作的CEO/总裁、一位负责运营的CEO/总裁。

根据伯克希尔未来CEO路易斯·辛普森的说法，该公司未来的管理结构与盖可保险公司目前的管理结构非常相似（路易斯·辛普森目前担任盖可保险公司的CEO兼负责资本运作的总裁，托尼·奈斯里为盖可保险公司的CEO兼负责运营的总裁）。这种构想只是描述了伯克希尔未来可能采用的结构，与担任相关职务的个人并无关系。

辛普森认为自己是巴菲特的后援而非真正的继任者，因为两人年龄只差6岁，路易斯不大可能接替沃伦。内部没有人建议托尼·奈斯里担任巴菲特运营方面的继任者，但由于其个人条件优异，股东难免会有相关的猜想。

伯克希尔在收购公司后从未出售过经营的业务或解雇过原来的创业者。一些人选择了退休，但多数人都对企业的长远发展充满了激情。

在大多数上市公司里，不管经理人有多出色，他们在年满65岁时都会被强制退休［比如通用电气（GE）的杰克·韦尔奇（Jack Welch）］，但巴菲特的每一位经理人都可以在这个年纪继续经营自己的企业，如布鲁姆金夫人，直到104岁才"退休"。就像优秀的士兵，伯克希尔允许和鼓励管理团队去世之前一直工作，而且他可能喜欢管理人员这么做，这也许正是巴菲特的所有CEO都喜笑颜开的原因。

飞安公司的创始人兼董事长阿尔·尤尔茨基已年过80了，一般情况下，沃伦不会分割伯克希尔的股票，但等阿尔过百岁生日时，他打算分割其股票。

巴菲特的CEO们不处理一般总裁负责的事宜，他们不会与分析师或股东会面，不接受媒体采访，没有扩展业务的要求，没有可用资金的限制，也没有总部的指示。这些CEO经营的企业不但可以获得最高的信用评级，而且他们享有的财务优势，世界上只有7家公司可匹敌。

巴菲特的CEO们具有专注于内部事务和业务的长期成功、不受外界干扰的特殊优势。伯克希尔的经理们可自行选择向总部汇报的频率。一位CEO在其服务的企业被收购20年后才首次到访奥马哈总部。

在巴菲特的带领下，伯克希尔采用独特的管理层薪酬制度。巴菲特是《财富》500强企业CEO中薪酬最低的，仅有10万美元，而且没有任何期权。他的CEO们的薪水都比他高，而且这些CEO与他们经营的企业存在直接的经济利益联系。他们的薪酬计划很简单，都与所经营企业的效益直接挂钩。

不要期望在这里看到让人无法容忍的故事或者精妙的商业策略。巴菲特的商业和管理原则很简单：

★ 买入你打算永远持有的极为出色的公司。

★ 物色你钦佩和信任的经理人，然后慢慢买下整个公司，包括原来杰出的管理团队。

★ 像管理小规模股票投资组合一样管理公司。

★ 让经理人继续做当初吸引你投资的事情。

尽管巴菲特的CEO们互不相识且都很富有，完全可以各抒己见，但每一位CEO在描述巴菲特及其对自己的影响时，说出的内容几乎完全相同。20位独立的CEO给出的回答看似重复，却是他们自行得出的结论。

本书讲述了一群杰出人物的迷人故事，而这群杰出人物的领导是另一位杰出人物。关于伯克希尔·哈撒韦和沃伦·巴菲特，巴菲特在1987年致股东的信中写道：

……这是神圣的组合，可以说是模范企业的绝佳组合，它们的管理者也可以说是好得不能再好了。大部分的管理者根本就不需要为了讨生活而工作，他们参加球队的原因只是为了要击出全垒打，事实上这是他们常有的表现。当我念到这些管理者的名字，比如布鲁姆金……查克·哈金斯、斯坦·利普西……拉尔夫·舒伊时，感觉就好像是名教练米勒·哈金斯（Miller Huggins）在宣布1927年纽约洋基队（New York Yankees）的先发阵容一样。

| 第二章 |

巴菲特的CEO遴选之道

如何成为巴菲特的CEO呢？伯克希尔·哈撒韦公司的收购流程非常独特，它遵循已公布的明确标准和一些专有标准。与市场上追求优质企业的公司不同，伯克希尔·哈撒韦无论是收购部分所有权还是全部所有权，其采用的方法都是一样的。无论是私人投资者还是机构投资者，伯克希尔可能是唯一一家在部分或全资收购中以相同的方式买下公司及其经理人的积极投资者。

巴菲特遴选CEO和管理人员的方法与其选择和管理股票的方法很相似。他在决定是否收购某家企业时，也会决定是否选择其管理者。确信不更换管理层时，巴菲特不会在不考虑管理者的情况下在股票市场部分收购一家公司。他在全资收购一家公司时也是如此。伯克希尔从来不（而且永远不）投资管理者不达标的公司。

伯克希尔的CEO遴选之道值得深入研究是因为，从来没有一位伯克希尔·哈撒韦的CEO转投竞争对手麾下。为了更好地了解其CEO的遴选过程，我们需要先了解伯克希尔的收购理念、目标和方法。

■ 伯克希尔·哈撒韦的收购方法

也许巴菲特的CEO、伯克希尔全资子公司精密钢铁公司（Precision Steel Warehouse）的董事长兼CEO对此总结得最出色。"巴菲特先生于1979年收购了精密钢铁，当时在任的管理者中，除了退休的，现在都还在任。他是特别好的老板，能成为伯克希尔·哈撒韦的一分子，我们都感到很自豪。"

我有幸能在电话中与这个星球上最友好、最睿智、最诚实的人讨论事情。他对待每个人都谦恭有礼，而且比我认识的任何人都更愿意倾听。每次与他交谈时，我都受益良多。

伯克希尔收购CEO及其企业的方法堪称资本家的梦想。几年前，巴菲特解释了他的做法：在伯克希尔，我们的经理人不断地透过看似平凡普通的事业，赚取惊人的报酬，这些经理人的第一步是先寻找可以充分利用其盈余的最佳方法，之后再把剩余的资金交给查理和我，然后我们会为这些资金寻找更好的出路以创造更多实实在在的价值。我们的目标是，取得我们熟悉、有持续竞争力且由我们喜爱、尊敬与信任的经理人所经营的公司的部分或全部所有权……

巴菲特继续解释其选择投资企业及其CEO的过程，他说："今天假设我的投资范围仅限于奥马哈地区的私人企业，那么首先我们会仔细评估每家企业长期的竞争力，其次我会评估经营者的特质，之后再以合理的价格买进一小部分股权，既然我不可能雨露均沾，买下奥马哈所有公司的股权，那么为什么伯克希尔在面对全美一大堆上市大公司时，就要采取不同的态度呢？找到出色的企业兼出色的经理人非常困难，为什么我们要抛弃那些已经被事实证明的投资对象呢？（通常我喜欢称它们为狠角色），我们的座右铭是'如果你第一次就成功了，那就不要再费力去试别的了'。"

■ 巴菲特选择CEO的标准

这些标准自1982年以来就一直出现在伯克希尔的年报中，当时的最低要求是500万美元的税前盈余。这一标准在过去20年里一直存在，但年盈余额逐渐增加为5 000万美元。伯克希尔有一个不太常见的重要标准：交易必须附带管理团队。

"我们渴望从企业负责人或其代理人那里听到有关符合我们所有如下标准的企业：

1. 巨额交易（至少5 000万美元的税前利润）；

2. 持续稳定的盈利能力［我们对未来的预测值并不感兴趣，我们对'经营好转'的情况同样不感兴趣（鲜有好转的）］；

3. 企业有较高的净资产收益率，举债少，甚至无债；

4. 具备管理团队（我们不能提供）；

5. 简单的业务（如果运用的技术太过复杂，我们会无法理解）；

6. 合理的报价（我们不想浪费我们的或卖方的时间去谈论，纵使只是初步地谈论，一个价格未知的交易）。

"公司规模越大，我们的兴趣就越大：我们希望收购规模在50—200亿美元之间的企业。然而，如果我们可在一般股票市场上进行购买，则相关的建议就没什么意义了。我们不会参与恶意收购。我们可以保证完全保密，并快速回答（通常是在5分钟内）我们是否有兴趣收购。我们更喜欢现金收购方式，但是当我们得到的内在商业价值和我们所付出的一样多时，我们会考虑发行股票。我们不会参与拍卖。

"查理和我经常接触到不符合我们标准的收购，我们发现，如果你在广告上说有兴趣买柯利牧羊犬，许多人会打电话向你推销他们的可卡猎犬。一首乡村歌曲的歌词表达了我们对新企业、经营好转或者拍卖式销售的感受：'当电话不响的时候，你知道是我。'"

伯克希尔的收购技巧

其他投资者在寻找收购对象时，会雇用员工、交易代理人和经纪人，而且收购交易不会附带CEO，但巴菲特不同，他会等电话铃声响起。最佳的交易有办法找到通往奥马哈的路。此外，伯克希尔的联系范围非常广泛，它有30万名股东，而且与大多数行业领袖关系良好。满足所有明示标准的CEO会直接给巴菲特打电话讨论收购事宜，这是他最理想的情况。

巴菲特采用了一些独特的收购技巧。他让旗下公司的CEO们提供协助，请他们推荐有潜力的企业及其领导人，而且巴菲特每年都会在年报中对他们大加赞扬。伯克希尔每年打印和分发的报告有30多万份，还有无数人在网络上阅读它们。

以蛤蟆的价格收购

对经济效益良好和管理团队卓越的企业，伯克希尔永远不会失去收购的兴趣。无论是全资收购企业，还是买下一部分可交易的证券，关键的一点是价格要实惠。

巴菲特说："我们做出收购决策时，看重的是实质的经济利益而非管理版图或会计数字最大化（长期而言，若管理层过度注重会计数字而忽略经济实质的话，最终两方面的表现往往都比较差）。

"不管对账面盈余的影响如何，我们宁愿以X价格买下一家优秀公司10%的股权，而非以2X价格买下那家公司100%的股权，但大部分的公司经营阶层偏好后者，而且对此行为总是找得到借口。

"然而，我们怀疑，一些管理层出于以下三种动机（通常是未言明的）中的一种或多种，会做出高价收购的决策：

1. 领导阶层，无论是商界还是其他领域，大多具有动物精神（animal spirits），且喜欢采取行动和迎接挑战。而在伯克希尔，即使收购交易成功在望，管理层也会淡然处之。

2. 大部分的公司或企业与其经营阶层，都以'规模'作为衡量自己或别人的标准（问问那些名列《财富》500强企业的负责人，他们可能从来都不知道他们的公司若以盈利能力来衡量的话，会排在多少位）。

3. 大部分的经营阶层显然过度沉迷于小时候听到的童话故事，即一个变成蛤蟆的王子因美丽的公主深深一吻而获救，他们天真地以为，只要被他们优异的管理能力一吻，被收购的公司就能脱胎换骨，焕然一新。

"这样的乐观是必要的，否则公司的股东怎么会甘心以两倍的价钱买下那家优秀的公司，而非以一倍的价格自己从市场上买进呢！"

"换言之，投资人永远可以以蛤蟆的价格买到蛤蟆，而若投资人愿意用双倍的代价资助公主去亲吻蛤蟆的话，最好保佑奇迹会发生。许多公主依然坚信，她们的亲吻有使蛤蟆变成王子的魔力，即使在她的后院早已有了一堆蛤蟆。"

"尽管如此，在两种情况下，收购仍然是成功的：

第一种是，你买下的（不管是有意或无意）是那种特别能够适应通货膨胀的公司，通常它们又具备两个特征，一是很容易上调价格（即使是产品需求平稳而产能未得到充分利用也一样）且不担心失去市场份额或降低销货量；二是只要增加少量的资本支出，便可以大幅增加营业额（虽然增加的原因大部分是因为通货膨胀而非实际产出增加）。近十几年来，只要符合上述两个特征（虽然这种情况不多），即使是能力一般的经理人也能使收购交易圆满成功。

第二种是经营奇才完成的收购，他们能洞悉少数裹着蛤蟆外衣的王子，并有能力让它们脱去伪装。"

"很不幸，你们的董事长并不属于第二类人，尽管我们已充分认识到必须将重点放在第一类公司，但真正命中的概率却是小之又小，我们说得比较好听（我们忘了诺亚原则：能预测什么时候下大雨没有用，关键是要能造方舟）。"

"我们曾以划算的价钱买了不少蛤蟆，过去的报告已多次提及，但显然我们的吻表现平平，我们曾遇到过几个王子级的公司，但是早在我们买下时他们就已经是王子了，庆幸的是，至少我们的吻没让他们又变回蛤蟆，而且我们也偶尔以蛤蟆的价格买到了一些王子级公司的部分股权。"

"在伯克希尔所有的活动中，最让查理和我感到兴奋的是找到兼具超强产业竞争力和我们信任与崇敬的经营者的那种企业，想要买到这类公司可不是件容易的事，但我们会一直努力寻找，而在寻的过程中，我们所持的态度就如一般人寻找终身伴侣，持积极、乐观与开放的态度是理所应当的，但绝对没有必要盲目跟进。"

"过去我见过许多对收购活动相当饥渴的经理人，显然他们小时候看的青蛙王子的故事太多了，脑中只记得那美好的结局，他们很慷慨地斥巨资取得亲吻蛤蟆的机会，期待神奇的结果出现，当事与愿违时，他们却会更积极地寻找下一个机会［桑塔耶拿（Santyana）说：所谓的'狂乐'就是，当你忘记了目标是什么时，还加倍投入你的精力］，到了最后，即使是最乐观的经理人也要面对现实，深陷一堆没有反应的蛤蟆当中，他会大声宣布一套重大的'重组'方案。在这种企业版的全新出击方案中，CEO们学到了相当宝贵的教训，只不过学费却要由股东们承担。"

"早年我担任经理人时，也曾碰到过几只蛤蟆，还好它们相当便宜，虽然我不是很积极，但所得到的结果与那些花高价追求蛤蟆的经理人差不多，在亲了它们之后，它们还是依然呱呱叫。"

"在失败了几次之后，我终于想起了一位职业高尔夫球选手的建议（像所有职业选手一样，只要和我打过球的，通常都不大希望我提起他们的名字），他说：'熟虽不能生巧，却能保持成绩不变'，因此我决定改变投资策略，试着以合理的价格买入优秀的公司而不是以便宜的价格买入普通的公司。"

伯克希尔的优势

因为卖方对所卖的东西比买方对要买的东西了解更多，所以卖方具有优势。卖方会准备"书面"材料，为未来的业务前景做出最乐观的预测，巴菲特从未落入这一圈套。此外，由于伯克希尔没有具体的或战略性的收购计划，因此它可以考虑各行各业的交易，而且能够放弃那些不能产生经济效益的交易。巴菲特拥有丰富的投资经验，雄厚的资金实力，同时秉持宁缺毋滥的立场。与其他收购者不同，伯克希尔会把每笔全资交易与可通过股票市场买入的最佳企业进行比较。这是买方的选择，因为几乎所有交易都是卖方主动向伯克希尔提出的。巴菲特收购企业的一大秘诀是，收购交易的对象既包括企业，也包括经理人，这样，CEO更可能提供一个合理的价格而不是最高的价格。公平的价格不会让卖方感到尴尬，而且能赢得买方的更大信任。

若收购协议达成时业主尚在世，那么业主可选择企业总部的所在地。通过控制企业继任过程，业主向继承人、员工、供应商以及最终的客户表达了关注之情。

巴菲特曾于1995年谈及过伯克希尔的更多优势。"进行收购时，我们还有一项优势，那就是我们可以提供给卖方一种以众多优秀企业为基础的股份当作对价，当一家公司的老板或家族想要处分绩优的家族产业，同时希望相关的税负能够继续递延下去时，他们应该会发现伯克希尔的股票是一种相当好的选择。"

"此外，有些卖方也会关心他们的公司能否找到一个稳定可靠的美满归宿，可以让旗下员工有一个良好的工作环境，就这点而言，伯克希尔绝对与众不同，我们旗下企业的经理人拥有绝对的自主权。此外，我们的股权结构使得卖方可以相信，我们在并购时做出的每一个承诺都会被信守。对我们而言，我们也希望能与真正关心收购后公司与员工最终结局的老板打交道，从我们的经验来看，这类卖主通常会比那些一心要把自己公司拍卖掉的人出现令人不快的意外的次数少。"

用现金收购

伯克希尔更喜欢用现金收购公司，因此其股东的境况会变得更好。大部分交易都是以现金完成的。尽管一些卖方坚持股票方式，但伯克希尔会想方设法说服他们接受现金。《布法罗新闻报》、喜诗糖果、斯科特费泽、盖可、内布拉斯加州家具商场（Nebraska Furniture Mart）、乔丹家具、飞安、《华盛顿邮报》（18%）、波仙珠宝公司（Borsheim's）、H. H. 布朗鞋业（H. H. Brown）、贾斯汀制靴公司（Justin Boot）和艾可美砖料公司（Acme Brick）都是以现金收购的。

选出热爱企业的 CEO

沃伦·巴菲特在最近的年报中描述了他对以拍卖的方式出售企业的厌恶，他写道：

我们发现卖方是否在意公司将来的归属相当重要，我们喜爱与那些钟爱公司，而不只是斤斤计较出售公司能够得到多少钱的人往来（当然我们也知道人人都爱钱），当这种情感存在时，这通常意味着这家公司拥有相当重要的特质，比如诚信的账目、引以为傲的产品、对客户的尊重以及专心一致的忠实员工，反之亦然，当一家公司的老板只一味地想要卖个好价钱，却一点都不关心公司被卖掉后的下场，那么你马上就会了解他急着出售公司的原因，尤其当他是靠借钱才买下这家公司时。当一家公司的老板一点都不在乎公司的死活时，公司上上下下一定会感染这种气氛，他们的态度与行事作风也会跟着老板转变。

要知道，创立一家经典企业绝非易事，可能需要一个企业家终其一生，有时甚至是好几代的不懈努力，他们不仅要尽心尽力，而且还要有卓越的才华。对于企业所有者而言，接班人是否能延续辉煌的历史是相当重要的问题。关于这点，查理和我相当有信心，伯克希尔绝对是这些企业的美满归宿，我们相当重视对企业创办人做出的保证，而伯克希尔的控股结构绝对可以确保我们的承诺顺利得到落实。我们绝对说到做到，比如我们告知约翰·贾斯汀（John Justin）他的企业总部仍将留在沃斯堡（Fort Worth），我们保证布里奇家族的公司绝不会与其他珠宝公司合并。

就像是伦勃朗（Rembrandt）的画作一样珍贵的公司，与其让信托人或不肖的子孙把它拍卖掉，还不如由画家自己选择其最后的归宿。这几年来我们与具有这样认知的人士有非常多愉快的合作经历，我们会让愉快的感觉一直延续到这些企业中，至于拍卖，就留给别人去用吧。

出售企业的想法

本书介绍的许多巴菲特的CEO们都收到过下列信函或在最初的谈判中在电话里听到过这些内容：

以下摘录自1990年的年报：

有关出售自家企业的一些想法

下面是几年前我发送给某人的一封信，他想出售自己家的企业。信的内容事后经过编辑。展示这封信是因为我想把相同的信息传达给其他的潜在卖家。

——沃伦·巴菲特

亲爱的 ＿＿＿＿＿＿＿＿ ：

以下是几天前我们谈话后我的一些个人想法。

大部分企业老板终其一生都在努力地建设自己的企业王国，经过不断地打拼，他们在营销、采购与人事管理上的经验都能持续得到改进，这是一个学习的过程，先前一时的挫败通常会成就后来的成功。

相比之下，自己当老板的经理人在面对各方压力时，偶尔会考虑出售经营的企业，通常是因为中间人为了赚取佣金不顾买卖双方的利益而怂恿老板赶快做决定，事实上做这样的决策牵涉面很广，财务或是个人方面皆是如此，仓促之间老板可能做出错误而非正确的决策，而且可能是一辈子都无法弥补的错误。

价格当然很重要，但通常它不是整个交易最关键的因素，你和你的家族拥有业界最优秀的企业，所有的潜在买家当然都知道这一点，而随着时间的流逝，你的企业也会变得更有价值，所以如果你现在决定不卖了，这意味着你以后可能赚更多的钱，认识到这一点你大可以从容应对，慢慢寻找你理想的买主。

但你若真的决定要卖，我相信伯克希尔绝对可以提供比别人更好的条件。基本上可将潜在的买主分为两大类：

1. 第一类是与你同行业或相近行业的公司，这种买家不管给你什么样的承诺，通常都会让你感觉到，他好像比你更懂得如何经营你的企业，早晚有一天他会以"帮忙"为借口插手你的营运。若买方规模较大的话，通常会以未来还有更多的收购活动为借口，招募一大堆经理人进来。他们一定会有自己的一套行事方法，虽然你的经营记录明显比他们出色得多，但人性使然，他们会觉得他们做事的方法才是正确的。你跟你家人的朋友中，大概也有人曾将公司卖给大企业的，我想他们应该有这方面的经历，可以证实大公司有接管子公司业务的倾向，尤其是他们对这行很熟悉或自认为很懂行时。

2. 第二类公司是财务公司。它们大肆运用借来的资金，只要时机得当，它们随时会将公司转卖给投资大众或是其他大企业，通常这类买主对公司最大的贡献是改变公司的会计政策，使得公司盈余比以前看起来多一些，如此一来它便能以更好的价格转手。附件是最近一篇有关此类交易的文章报道，由于最近股市繁荣，这类活动相当频繁，从事此类活动的资金也相当充裕。

如果公司现在的业主唯一的目标是随时准备将企业待价而沽，弃企业的整体利益于不顾（很多卖主确实属于这种类型），那么上述的买家应该都能为卖方所接受。但是，若卖方要出售的公司是他毕生心血的结晶，甚至公司已经成为其人格与生命的一部分，那么这两类买方可能都不符合标准。

伯克希尔是另一类型的买主，而且绝对是与众不同的。我们买进是为了拥有，但我们不会，也不希望母公司指派公司的营运主管，我们旗下所有的企业都能够独立自主地经营。大多数情况下，我们旗下的重要企业的管理人员从没来过奥马哈，甚至于双方都没碰过面。我们买下一家公司之后，卖方依旧还是照原样经营，是我们主动去适应他们，而不是他们来适应我们。

我们没有任何家族成员或是新聘用的工商管理学硕士，准备来经营我们买下的任何企业，我想以后也不会有。

您可以多了解了解我们过去的收购案例，我会附上我们过去收购的企业的名单，我建议您可以打个电话查查看，我们是不是说到做到，特别是问问少数几家经营状况不太理想的公司，看看它们处境艰难时，我们是怎么做的。

任何买主都会告诉您，私底下他很需要你的协助，当然若他真的明智的话，他会知道他真的需要你，但大多数的买主，基于先前提出的几个理由，大都不会遵守先前做出的承诺，但我们不一样，绝对信守诺言，一方面是因为我们已做出了承诺，另一方面是因为我们也想得到更好的经营成果。

这也解释了我们希望你家族的经营人员最好保留20%的股份的原因。出于税务方面的考虑，我们需要80%的股权，这一点非常重要。但同时我们也希望，继续留下来管理企业的家族成员能够自己当老板，所以很简单，除非我们确信原有的主要经理人还会继续留下来成为我们的合伙人，否则我们不会考虑买下公司，合约并不能保证你会继续尽心尽力地经营公司，我们相信的是你做出的承诺。

我会介入的领域是资金的规划与配置，以及顶层人员的任命与报酬，其余的人事、营运策略等统统由你自行处理。有些伯克希尔子公司的经理人会向我报告他们做出的一些商业决策，有些则不会，这主要是看他们自己的个性，以及与我之间的私人关系而定。

如果你决定跟伯克希尔达成交易，我们会以现金进行支付，你的企业资产也不会被伯克希尔拿来当作借款的抵押，也不会有掮客牵涉其中。

另外，达成协议后，我们也不会出尔反尔，或是提出调整要求（当然，若银行、律师、董事会等方面出了状况，我们会道歉并做出合理的解释）。几年前与你谈判的主管突然走人，之后新上任的主管一概不认账，或是公司总裁很遗憾地跟你说，董事会要求你这样或那样做（或者甚至想要再把你的公司卖掉以支持母公司新的资金需求）。与我们打交道，你绝对不会再经历这样的事情了。

另外必须提醒你一点，交易完成后，你并不会比原来更富有，因为拥有原来的企业已让你以最有利的投资方式赚了很多钱，整个交易只会改变你的财富形式，但财富数额基本上没有变化。若你要卖，你就要把原来100%持有且熟悉的资产换成现金资产，或再加上一小部分你比较不熟悉的企业股份。做出出售决策的理由有很多，但若整个交易公平合理的话，出售的理由绝不是卖方因此可以变得更富有。

我不会刻意纠缠你，但若你有出售意愿的话，我会很乐意接听你的电话。能让伯克希尔与你的家族成员一起拥有这家企业是我的荣幸。我相信公司的财务状况一定会变得更好，我也相信在未来的20年内，你也会像过去20年里一样，愉快地继续经营这家企业。

沃伦·巴菲特敬启

■ 巴菲特管理CEO的哲学

巴菲特很早就从证券投资活动中学会了如何管理他的CEO。他管理《华盛顿邮报》CEO唐·格雷厄姆的方式和管理盖可保险的CEO托尼·奈斯里的方式无异。

"在伯克希尔，我们一直认为，要教托尼·奈斯里这样杰出的经理人如何经营公司是一件相当愚蠢的事情，事实上要是我们一直在背后指指点点的话，大部分的经理人可能早就干不下去了（坦白说他们大多数人根本没有必要再靠工作过活，75%以上的人都已经相当富有了），他们可以说是商场上的马克·麦奎尔（Mark McGwires），根本不需要我们去指导他如何拿球棒或何时挥棒。"

"但是由伯克希尔掌控企业所有权，却能够让这些经理人更好地施展自己的才华。首先，我们去除掉所有一般总裁必须面对的繁文缛节与没有必要的活动，我们的经理人可以全心全意地安排自己的行程。其次，我们给出的任务指示相当明确简单，即经营公司时，（1）如同自己百分百拥有公司；（2）把它当作是你跟你家人在全世界仅有的资产；（3）在有生之年，你没办法将它卖掉或让别人收购走。我们告诉他们，实际经营中的决策决不能受会计账面因素的影响，我们希望经理人知道什么才是最关键、最紧要的事情。”

“很少有上市公司的经理人可以如此自主地经营公司，这是因为大部分公司的股东往往只看重短期利益。相较之下，伯克希尔的股东群几十年来一直相当稳定，他们的投资眼光长远，这一点在其他上市公司很少见。事实上，这些股东打算一直持有伯克希尔的股票，至死方休，也因此旗下的经理人可以用一辈子的时间来经营公司，不必为下一季的盈利情况而烦恼。当然这绝不意味着我们不关心公司当前的经营，事实上，当前的经营也相当重要，我们只是不希望因为一味道追求短期利润而牺牲了公司长远发展的竞争优势。”

“我认为，盖可保险公司的成功彰显了伯克希尔经营模式的优越性。查理跟我从来就没有指示托尼怎么做事，我想以后也不会，我们能做的就是给他提供一个绝佳的环境，让他能够施展才华去做该做的事情。他不需要把时间耗费在无意义的董事会、记者会、投资银行家的演示文稿或与分析师的会谈上，此外，他也不必担心公司的资金问题、信用评级或各方对公司获利的预期。由于我们特殊的股权结构，他也了解这样的营运模式至少可以继续维持数十年的时间。在这样自由的环境下，托尼跟他所带领的团队就可以把他们几乎无限的潜力转化为相应的成就。”

第二部分

伯克希尔的资本来源——保险公司的CEO

CHAPTER THREE

┃ 第三章 ┃
管理者：托尼·奈斯里

托尼·奈斯里——盖可保险

在我飞赴盖可保险公司总部之前，其CEO托尼·奈斯里虽然已经同意接受我采访，但他还是打电话告诉我不要对他期望过高，他说盖可保险的成绩归功于所有员工，此外，他不认为自己是一名优秀的受访者，也不会给竞争对手透露任何涉及报价或竞争机密的信息。我向他保证，作为一名股东，我绝不想泄露任何信息给竞争对手。

无论是电话交流还是面对面的交流，我都马上感觉到这位CEO是自我意识不强的人，他认为自己担任的是世界上最好的CEO工作，而且对他管理的公司充满激情。他希望采访能聚焦于他的公司、员工、客户和伯克希尔。后来，当我向他索要一张照片时，他没有发给我典型的个人照片，而是发来了一张包括22位盖可保险经理的合照。他是唯一一位曾试图说服我取消采访的人，而且显然对成为被关注的焦点感到不适。他更乐意帮助股东和其他利益方更好地了解盖可保险以及它如何融入母公司。奈斯里降低了我的期望，因此我也请读者降低对本章内容的期望。我写的有关这位CEO的内容完全取决于他的谈话意愿，因此本章描述更多的是业务而非这位经理人。

当我走进盖可保险总部时，我惊讶地发现，矗立在公司办公大楼顶部的公司标志是白底黄字而非广告中常用的白底蓝字。人们常常看到盖可保险的广告，因为它是有线电视台的头号广告客户。同样，我惊讶地发现从公司总部发来的盖可保险邮件的标签是红色的。

在复杂的办公园区内，有两条以盖可保险的创始人命名的街道，一条被称为利奥·古德温车道（Leo Goodwin Drive），另一条被称为莉莲·古德温车道（Lillian Goodwin Drive）。停车场的"同事"标志告诉所有访问总部的人应该如何称呼盖可保险的员工。来到行政主楼内，我发现办公家具和装饰都呈现出20世纪60年代的风格：办公桌是金属的，接待柜台很老旧，人们在那里办理汽车保险业务，还有一位安保人员处理访客的登记和安全检查事宜。与许多伯克希尔子公司的文化一样，陈旧的办公大楼似乎在默默地传达着这一信息：节省下来的成本会转嫁给保费较低的客户和价值更高的股东。1951年，沃伦·巴菲特在哥伦比亚大学商学院（Columbia University School of Business）求学，师从本杰明·格雷厄姆（Benjamin Graham）时，就曾乘坐火车来过这里，当时他看到的想必就是这样的办公室。

托尼·奈斯里的助手琳达·斯汀-沃德（Linda Stine-Ward）在行政大楼的7楼接待了我，并把我带到了他办公室旁边的会议室里。托尼以南方人特有的热情迎接了我。采访开始时，我的录音机坏了，这对任何采访者而言都是最糟糕的事情。由于之前准备了备用电池和其他盒式磁带，我开始在公文包里翻找它们，试图修理好不转动的录音机，但新电池也不好使。托尼非常理解我的处境。他指着窗外一家杂货店说，我可以去那里买台新录音机，而他则可以借此机会处理很多工作事务。

我快速穿越华盛顿郊区买了台新录音机回来时，托尼正耐心地等着我，正是人如其名啊，他对任何人都很友善（nicely）。巧合的是，附近的地铁站名叫友谊高地（Friendship Heights）。

托尼·奈斯里非常敬业，对公司绝对忠诚。他无法理解今天的员工老是跳槽的行为。他的眼里只有他的妻子、他的家人、他的公司和他的工作，与他交流时，你会发现，他非常爱他们。如果你想知道什么样的人是完美的CEO，那么托尼·奈斯里就是个例子。

盖可保险有1.8万多名员工，因此托尼管理的人比本书介绍的其他巴菲特CEO管理的人都多。伯克希尔的每5名员工中就有1名受托尼的领导，但是，在伯克希尔收购新公司之后，这一比例下降了。事实上，近来伯克希尔收购了肖氏工业，其CEO鲍勃·肖（Bob Shaw）管理的人数是最多的。此次采访最有意思的发现是，盖可保险为母公司在沃伦"退休"后的运营模式树立了榜样，即由一位CEO管理运营，另一位CEO路易斯·辛普森管理投资。

对我提出的每个问题，托尼都会三思后再回答。他俯视着华盛顿，可能是在回想盖可保险创立之初为政府工作人员承保的情况。由于录音机故障，采访延长至午餐时间。托尼在下午同事们离去后，给我安排了额外的采访时间，而且他允许我在采访结束后给他打电话。托尼真是人如其名的大好人！

盖可保险公司总部位于华盛顿郊区马里兰州（Maryland）的切维切斯（Chevy Chase）。在这家保险业巨头总部的大厅里没有悬挂任何托尼·奈斯里的肖像，这与他的前任CEO们不同。奈斯里的上一任威廉·B.斯奈德·奈斯里（William B. Snyder-Nicely）的肖像标签上注明了他成为CEO的日期，却没有任何文字显示或暗示"他何时离任，即使奈斯里1993年就被任命为了CEO"。奈斯里说："这得追溯到我的父亲，他从来不吹嘘任何事情。他认为行为代表一切，此外就不需要再多说什么了。所以我怀疑我的照片也会被挂到墙上。要挂的话，也应该是在我离开之后。"

虽然他形容自己是个"很无聊、智商一般的人，是一个有家室、有工作的男人"，但他身为运营CEO的行为已说明了一切，而且他的肖像终究会被悬挂于盖可保险的总部。事实上，作为公司一员，即使在成为CEO之前，他的肖像就应该被悬挂在盖可保险的大厅里了。1961年他进入盖可保险时年仅18岁，在其最大的子公司政府雇员保险公司（Government Employees Insurance Company）的承保部门做职员，自此，他便与这家公司结下了不解之缘。

■ 具有全新的管理才能

1943年，他出生于弗吉尼亚州（Virginia）阿勒格尼县（Alleghany County）的一个农场里，他原名叫奥尔扎·麦纳·奈斯里（Olza Minor Nicely），以其祖母的名字命名。他的名字显示，他有奥地利（奥尔扎）和瑞士（奈斯里）血统，别人都叫他托尼。他说话时带点南方口音。他说他原本想当一名工程师，他回忆说："上高中时，我梦想成为一名土木工程师，我在乡间长大，以为自己想从事户外工作，比如修桥造楼。后在乔治亚大学（Georgia College）学习了一年。"但到了第二年他就决定转学商业，并开始上夜校。1986年他获得工商管理学士学位。

奈斯里于40年前（1961年8月17日）进入盖可保险，在公司的各个部门都任过职。他从基层做起，经过层层锤炼，于1973年升任为公司助理副总裁，1980年成为副总裁，1985年升任高级副总裁，1987年任行政副总裁，1989年被任命为公司总裁，两年后成为CEO。

1993年，当母公司的CEO比尔·斯奈德（Bill Snyder）退休时，奈斯里与路易斯·A.辛普森（Louis A. Simpson）一起被提名为共同CEO，后者自1980年以来一直管理盖可保险的投资业务。

辛普森的办公地点在加利福尼亚州的兰乔圣菲（Rancho Santa Fe），他是资本运营总裁，负责所有的投资和资本配置业务。奈斯里的办公地点仍然在华盛顿的总部，他是保险业务总裁，负责盖可保险所有的财产和灾害保险业务。

奈斯里在盖可保险工作多年，见证了公司的起起落落，他很尊重公司的发展历史。这家公司于1936在得克萨斯州（Texas）的沃斯堡创立，创始人是会计师利奥·古德温（Leo Goodwin）和他的妻子。公司最初的业务是向低风险的军人和联邦政府雇员出售保险（由此得名政府雇员保险公司）。第二年，为了更接近客户，公司搬迁至华盛顿。1948年，公司上市。1952年，公司开始向州、县和市级政府雇员销售保险。6年后，公司开始为非政府雇员承保。到1966年，公司的保费收入达到了1.5亿美元。

但到了20世纪70年代中期，由于承保的高风险司机比过去增多、开设了新的营业网点并且招募了数以千计的新员工，公司经营陷入了困境。承保部门的亏损大幅增加，运营开支上升，保单持有人的索赔量增多，而客户服务质量急剧下降。再加上当时两位数的通货膨胀率、较高的事故率、联邦价格控制取消、无过错保险和竞争加剧，公司处于破产的边缘。

奈斯里当时任助理副总裁，他对公司陷入困境的原因给出了另一种解释。他说："追根究底是管理问题。经济形势不好，但其他公司都挺了过来。盖可保险之前发展很快，但管理没有跟上。"1976年，公司亏损了1.26亿美元，资金不足，几乎处于破产状态。同年，总裁和副总裁被解雇，约翰·杰克·拜恩（John J. Byrne）成为CEO。

奈斯里称拜恩是拯救公司的大功臣。"杰克·拜恩为盖可保险做出了两大贡献，"他说，"第一大贡献是，他拯救了濒临破产的盖可保险公司。当时鲜有人能做到这一点。杰克具有超凡的魅力，说话令人信服，而且具备其他优点。他熟谙业务，能够顽强地完成其他任何人都做不到的事情。另一大贡献是，他在盖可保险建立了一套全新的管理流程，其中大部分现在仍在使用。尽管公司在过去25年里进行了诸多改革和改进，但基本的流程仍然未变。我们这些健在的人从杰克身上学到了很多——关于保险业务、管理以及其他方面的许多事情。"

1977年，拜恩带领所有的高管和部门负责人闭门思过，并要求他们撰写商业计划书。在为期3天的周末时间里，他让高管们解释企业是如何陷入这一境地的。这位新任的CEO了解到，定价的是一拨人，确定保险准备金的是另一拨人，而认定索赔的又是另一拨人。拜恩曾多次听到有人说"我不知道，这不是我的工作"。这不是经营企业的好方法，盖可保险陷入财务困境也就不那么出人意料了。

现任CEO奈斯里当年只是一名基层管理人员，他没有参加那个周末的思过会，但他从中学到了很重要的管理知识。"商业计划流程虽然有所改变，但至今仍然存在。它让我们处于有利的地位，是培养人才的绝佳方式。"

■ 注重企业原本的竞争优势

然而，还有一个雪中送炭的人，他就是沃伦·巴菲特。1976年，巴菲特对盖可保险的兴趣已持续了25年之久。1951年他首次成为该公司的股东，当时他正在哥伦比亚大学商学院学习，他发现他的老师本·格雷厄姆（Ben Graham）正是这家公司的股东兼董事长。虽然在当时，正如他在1995年《致股东的信》中所称的，盖可保险"对于当时的我而言，那完全是陌生行业一家名不见经传的公司……所以，在1951年1月的某个星期六，我搭乘火车前往位于华盛顿的盖可保险总部，到了当地发现总部大门紧锁，我朝着大门敲了半天，终于有位守卫前来应门，我向这位一脸疑惑的警卫先生问到，公司是否有人可以跟我谈一谈，他说6楼有人正在加班，你可以去找他试一试"。

巴菲特接着写道："就这样，我遇到了当时还是副总裁的洛里默·戴维森（Lorimer Davidson），后来他成为盖可保险的总裁，虽然我只是格雷厄姆的一名学生，戴维还是很好心地花了4个小时左右的时间，好好地给我上了一课，我想大概没有人能像我这样幸运，可以听取半天的保险业务经营课程。戴维很坦白地告诉我，盖可保险的竞争优势在于直接行销，一般的同行必须通过传统的业务中介进行销售，受限传统无法摆脱行之有年的行销网络，因此盖可保险公司负担的成本要低得多。听完戴维的课之后，盖可保险也成为我有生以来觉得最心动的一只股票。"在接下来的几个月时间里，他以10 282美元的价格购买了该公司350股股票。到了年底，这些股票的市值增加为13 125美元，超过了其个人净值的65%。

虽然巴菲特在第二年就出售了他所有的盖可保险股票，但在之后的25年里，他一直关注着该公司的发展。1976年杰克·拜恩成为公司的CEO时，他决定再次出手。尽管当时公司仍处于不稳定状态，正如他后来对伯克希尔股东说的那样，"由于我相信杰克以及该公司原本拥有的竞争优势，伯克希尔在1976年下半年买进了大量的盖可保险股份，之后又小幅加码"。实际上，到1980年年底，在一次经典的价值投资操作后，伯克希尔已经累计向盖可保险公司投入了4 570万美元，并获得了33.3%的公司股份，投资的主要理由就是该公司拥有竞争优势。此后，伯克希尔没有再增加对该公司的持股，但由于该公司管理层回购了股票，伯克希尔持有的股份由1/3增加为近一半。1996年，伯克希尔收购了该公司其余49%的股份，之前持有的51%的股份的价值高达24亿美元，这相当于在过去20年里，其投资年收益率接近22%。

巴菲特在1980年《致股东的信》中写道："身处于广大市场中……不同于大部分行销组织僵化的企业，一直以来盖可保险将自己定位为低运营成本的公司，所以它能够在为客户创造价值的同时，也为自己赚取大把钞票，几十年来都是如此，即使在70年代中期发生危机，也未减损它在这方面的经济竞争优势。"

因此，拜恩的管理能力、盖可保险的竞争优势、巴菲特的资金和长期投资期限相结合使得公司起死回生。但根据奈斯里的说法，公司是付出了代价后才生存下来的。他记得："1975—1976年的那段日子改变了我一生，至少就职业生涯而言是如此。我原本是个年轻人，但在短短的两三年内，我就变成了一个老人。我似乎没有经历过中年。在那些年里，我必须把所有的时间都投入到工作中，既无法尽一个父亲的责任，也无法尽一个丈夫的责任。但改变我的不是工作时间长或缺乏时间，甚至不是我服务了15年的企业明天是否还存在带给我的不可名状的压力。让我迅速变老的是，我必须直视着员工的眼睛，他们都是我熟悉的人，在这家公司工作了20年、25年或30年，但你不得不对他们说：'对不起，我知道你对公司很忠诚，工作也努力，从没有犯过错，但你下周一就不用再来上班了。'我再也不想那样做了。"

重新振作后，公司在20世纪80年代获得了惊人的投资回报和优异的承保业绩。1985年，杰克·拜恩退休。投资和承保额继续上涨，但客户数量并未增加。到了20世纪90年代初，盖可保险面临新的财务困难。1992年，安德鲁飓风（Hurricane Andrew）的灾难性影响致使盖可保险损失了8100多万美元。该公司的大多数客户都居住在海岸线50英里以内，因此公司不得不提高保费率并限制签发新保单。此外，公司在杰克·拜恩任期内将业务扩展至非核心领域，比如再保险和航空保险，而在拜恩的继任者比尔·斯奈德任期内，公司收购了各类保险子公司，这些活动导致公司重点模糊和财务结果欠佳。

手握公司一半以上股份的沃伦·巴菲特很不高兴。盖可保险没有扩大其客户群，巴菲特认为管理层应进行适当的变革。插手伯克希尔·哈撒韦普通股投资企业的日常运营并不是巴菲特的习惯做法，但这次他确实插手了。斯奈德决定提前退休，1993年5月，托尼·奈斯里和路易斯·辛普森成为该公司的共同CEO。

奈斯里接下来推出了一系列重要的举措，而且提供了卓越的管理范例。他了解到盖可保险持久的竞争优势（护城河）是低成本的汽车保险和卓越的客户服务。他认为，CEO的职责是维护和拓宽现有的护城河，而不是把业务扩展至其他领域。上任后不久，奈斯里就将盖可保险的非直接营销业务出售给了其前任CEO斯奈德，他终止了航空保险业务，还出售了房屋财产险业务。接下来，奈斯里专注于他所称的盖可保险的"核心竞争力"，努力拓展企业保险业务，并通过大量投放广告来扩大客户群。一年多以后，即1994年8月，巴菲特告诉董事会成员塞缪尔·巴特勒（Samuel Butler）和辛普森，他有兴趣收购公司其余的股份。

但在采取进一步措施之前，巴菲特先与托尼·奈斯里取得了联系。"我们不打算卖盖可保险，"奈斯里说，"沃伦打电话对我说：'我想买下公司其余股份，但前提是你认为这是个好主意。'当时我必须考虑两个问题。第一，盖可保险的股东能否为公司争取到一个公平的价格？第二，就服务客户而言，伯克希尔买下盖可保险后，公司能否像之前（股东拥有）一样继续提供卓越的服务。我已经考虑过第二个问题了，我马上给沃伦回复说，从多方面考虑，盖可保险成为伯克希尔的子公司后会发展得更好。因此，这主要涉及盖可保险的股东权益能否得到妥善处理的问题。"

盖可保险的高管有兴趣达成协议，但盖可保险的股东问题成为谈判的关键点。巴菲特起初建议伯克希尔·哈撒韦以免税交易的方式收购盖可保险，即将保险公司股东手中持有的股票换成伯克希尔的普通股。但辛普森和巴特勒对这一提议有意见，因为伯克希尔的股票与盖可保险的不同，它不派发股利，另外，他们不确定这样的股票交易是否公平合理。随后双方多次协商，提出了各种建议，并进行了讨价还价。一年之后，盖可保险的高管给了巴菲特两个选择：要么以每股70美元现金收购该公司，要么以市场上相当于70美元的可转换优先股完成交易。当时伯克希尔刚好把首都传媒/ABC公司的股票卖给沃尔特·迪士尼公司（Walt Disney Company），巴菲特从中获得了约20亿美元的利润，因此伯克希尔·哈撒韦公司的现金比较充裕，其负责人同意以现金进行交易，总价为23亿美元。尽管有关价格的谈判持续了一年，但两家公司的董事仅在一周之内就批准并签署了收购协议。1995年8月25日，44年前首次购买盖可保险股票的沃伦·巴菲特成了整个公司的东家。

■ 重视企业的长期优势：浮存金

为什么巴菲特在间隔这么多年后想买下这家公司呢？毫无疑问，其中的一个原因是获得"浮存金"（float）。保险公司收取保险费在先，赔付在后，二者相隔一段时间。在此期间，保险公司可利用这笔资金或者浮存金。盖可保险为巴菲特带来了30亿美元的浮存金，这是它可以合理利用的资金。事实上，自巴菲特收购盖可保险以来，该公司的浮存金增加了10多亿美元。一位匿名分析师向《华盛顿邮报》提供的另一个可能的解释是，巴菲特和盖可保险的"世界观完全一致"。据这位分析师称，"如果沃伦·巴菲特是一家公司的话，那么这家公司就是盖可保险这样的，它是低调、不赶时髦的一座金矿"。而巴菲特的评价是："这就是一场爱情长跑。"当被问及为何这么多年后才收购这家公司时，他微笑着回答说："你知道，收购需要钱。"

托尼·奈斯里对协议非常满意。他当时说："我真的相信，我们现在处在更好的位置，保险业务的增速比以往任何时候都快。"他解释说："在开拓新业务的第一年，你往往会亏钱。亏损额和支出都比较高"，这会让股东感到震惊。但伯克希尔接手后，他说："我们没有只关心年度业绩结果的股东了。我的东家是一位长期投资者，他会说：'你们这些伙计……全力以赴开拓业务就好了，资金融通的事由我来处理。'"现在，成为伯克希尔·哈撒韦的一分子已经有5年的时光了，他仍然坚信他和其他盖可保险的高管当年做出的决策是正确的。他说："交易的效果很好。我对交易方式很满意。我认为这笔交易对盖可保险和伯克希尔的股东都很公平。而且我认为，盖可保险及其客户都变得更好了。"

盖可保险被收购时是美国的第七大汽车保险公司，其保险客户有250万人，承保的轿车为370万辆，员工为8 000多人，在佐治亚、纽约、弗吉尼亚、加利福尼亚和得克萨斯均设有区域办事处。1994年，其保费收入为26.4亿美元，利润为2.078亿美元。奈斯里当时曾说："沃伦告诉我们说，盖可保险的市场份额在10年内会达到10%，他认为这是自然的结果。"截至撰写本书时，公司正朝着正确的方向前进。在奈斯里的管理下，到1999年，盖可保险已成为全美第六大汽车保险公司，保险客户超过了400万人，承保的轿车多达630万辆。如今，它在全国有18 000多名员工，并在爱荷华州（Iowa）的科勒尔维尔（Coralville）、夏威夷州（Hawaii）的火奴鲁鲁（Honolulu）、佛罗里达州（Florida）的雷克兰（Lakeland）、弗吉尼亚州的弗吉尼亚海滩增设了新的服务中心。

自被伯克希尔收购以来，盖可保险的广告预算增长了7倍，巴菲特表示，他每年愿意在广告上投入10亿美元。结果，有230万份新保单于1995年生效。到了2000年底，这一数字翻了一番多，达到了470万份。

更重要的是，在巴菲特确立市场份额目标的前5年里，盖可保险的保费收入每年增加56亿美元，其在国内个人汽车保险市场上的份额由原来的2.7%增长为4.5%，保费收入高达1 250亿美元。

在过去的4年里，盖可保险一直是伯克希尔所有主要保险子公司中浮存金最少、盈利最多的公司。计算盖可保险的利润并将该公司与其姐妹保险公司进行对比的最简单、最保守的方法是：将浮存金乘以无风险回报率，所得值减去获得浮存金的成本（或利润）。过去4年的累计净利润（税前）接近12亿美元，而且这还是非常保守的估计数据，因为路易斯·辛普森同期实现的回报率足以媲美甚至超越了标普指数18%的回报率。真实的累计税前净利润应该是上述数字的两倍，这意味着伯克希尔在4年内就收回了买入盖可保险公司的成本。

表3.1 盖可保险的4年利润计算

年份	浮存金（单位：亿美元）	乘以6%的无风险报酬率（单位：亿美元）	经营利润（亏损）额（单位：亿美元）	税前净利润（单位：亿美元）
1997	29.17	1.75	2.81	4.56
1998	31.25	1.88	2.69	4.57
1999	34.44	2.07	0.24	2.31
2000	39.43	2.37	（2.24）	0.13
总计				11.57

表3.2 伯克希尔再保险业务的4年利润计算

年份	浮存金 （单位：亿美元）	乘以6%的无风险 报酬率 （单位：亿美元）	经营利润 （亏损）额 （单位：亿美元）	税前净利润 （单位：亿美元）
1997	40.14	2.41	1.28	3.69
1998	43.05	2.58	（0.21）	2.37
1999	62.85	3.77	（2.56）	1.21
2000	78.05	4.68	（1.75）	2.93
总计				10.20

表3.3 通用再保险的两年利润（亏损）额计算

年份	浮存金 （单位：亿美元）	乘以6%的无风险 报酬率 （单位：亿美元）	经营利润 （亏损）额 （单位：亿美元）	税前净利润 （单位：亿美元）
1999	151.66	9.10	（11.84）	2.74
2000	155.25	9.32	（11.24）	1.92
总计				4.66

　　正如上面的表格所示，浮存金总额不重要，重要的是将这些浮存金交付给伯克希尔进行投资的成本。如果交付成本高于无风险报酬，那么保险业务就无利可图。做生意的成本可能源于许多方面，包括定价过低、索赔太多、销售低质量的保险、过多的资金追逐太少的高质量客户，或者就盖可保险来看，最大的竞争对手为了主导市场份额而从事短期不盈利的业务。盖可保险很幸运，它运用的商业模式使它成了汽车保险直销市场的低成本供应商。

　　奈斯里说，还有其他方面的好处，最重要的是他对公司的想法变了。尽管在盖可保险被收购之前他就持有公司股票，但他说："我不再持有盖可保险的任何股票了，盖可保险只有一个主人，那就是伯克希尔·哈撒韦。但我现在感觉自己仍然是业主，就跟过去一样。盖可保险是我的公司，除了我的家庭之外，它是我生命中最重要的事物了。我希望，数年后我的每一位同事都能逐渐萌生这样的感觉。"有意思的是，当被问及公司被巴菲特收购后还发生了哪些变化时，奈斯里说（与大多数其他巴菲特的CEO一样）："就我不必做的事情来看，改变有很多。"比如与分析师会面或想办法稳定盈利等。摆脱这些外部问题的干扰后，他能更专注地处理对公司的长期成功至关重要的内部事务。

提高品牌知名度和市场份额就是这样的事务，尽管奈斯里说它们不是最重要的。"我们已能够显著提高品牌知名度了，而且获得了相当大的市场份额。但除非你真做好了——我认为我们做得很好，否则，这些也不太重要。你还必须提供基础的保障，包括人员、设备和项目，促进公司的持续增长。但最终，"他说，"真正重要的是为客户做正确的事。比如为客户省钱，给他们提供优质的服务。这是我们前进的动力，也是我们真正成就的体现。"

不过，他也认为，盖可保险公司和其他采用直销方式的同行为消费者带来了实惠，包括那些在其他公司投保的消费者。"保险行业过去是卡特尔（cartel）特征明显的行业，"他解释说，"但现在不是了，现在保险业是个竞争行业。因此，无论你销售哪一类险种，无论你采用的是什么分销体系，从长期来看，如果你不是最高效的，你就可能失去市场份额。直销体系不仅在过去为消费者节省了资金，还将继续为他们节省资金，但它也肯定会促使其他保险供应商提高效率。"事实上，盖可保险公司的一些竞争对手已经转而采用直销方式了。但他相信，这些公司很难与盖可保险公司相抗衡。

盖可保险最被认可的优势是它的低运营成本。沃伦·巴菲特在伯克希尔收购该公司不久后就告诉股东："盖可保险的成功没有任何奥秘可言，该公司的竞争优势完全来自其超低成本的经营模式。低成本代表低售价，低售价自然能够吸引并留住优质的保险客户，而整个营业流程在满意的客户向他们的朋友推荐盖可保险时画下了完美的句号。靠着客户的推荐，盖可保险每年至少会增加 100 万张保单，占新接业务量的半数以上，新接业务的成本也因此大幅下降，我们的经营成本进一步降低。"

奈斯里相信公司还具有其他竞争优势。他承认："很不幸，我们没有锁在保险柜里的可乐秘方。我希望我们有这样的竞争优势。我们拥有的是与客户直接打交道的65年的专业知识以及为在业内保持领先而做出必要变革的能力。"盖可保险利用互联网获得新业务和维护现有的客户已经证明了这一点。此外，奈斯里相信，巴菲特本人也提供了另一大优势。关于盖可保险成为伯克希尔·哈撒韦的子公司一事，他说："最棒的事情是，我能够更频繁地与沃伦交流。他既是我们的老板，又是一位经理人，他对保险业的看法就跟他对其他投资领域的看法一样，他经常问，'30年后，我们会是什么样子，这个世界会是什么样子？'他不会问'明天会是什么样子？'所以，他不仅鼓励我们从长远的角度出发考虑业务，也给我们采取行动的自由。这使我们能够建立、更新和拓展我们的管理团队，确保公司不仅在明年，而且在30年后依然很强大。"

事实上，谈及有关沃伦·巴菲特的话题时，奈斯里变得很健谈。他说："有人问我，为沃伦工作是什么感觉？我的答案很简单，没有人比我的老板更出色了。不管他们是谁，不管他们从事什么工作，他们都不可能遇到一个比沃伦·巴菲特更好的老板了。就是这样。从支持、智慧和鼓励各个角度来看，他都是最好的上司。因此，我是一个无比幸运的人。"奈斯里带点轻微的南方口音说："我真的想让他为我感到自豪。不管有没有沃伦，我都会以同样的方式管理盖可保险，但是，当沃伦担任CEO时，我确实想让他为我感到自豪。"

■ 杰出的经理人

巴菲特对托尼·奈斯里的评价也颇高。在1995年《致股东的信》中，他称奈斯里为"杰出的经理人"，并说："是我心目中经营盖可保险保险部门的不二人选，兼具智慧、精力、品格与专注力。"1996年，他对伯克希尔的股东说，奈斯里"不但是一个杰出的经理人同时也是令人愉快的工作伙伴，在任何情况下，"他补充说，"盖可保险永远都是我们价值不菲的珍贵资产，有托尼掌舵，盖可保险甚至登上了几年前根本无法想象的高峰。"1998年，他写道："好的理念加上好的经理人……最后一定可以获得好的成果，这样的完美组合在盖可保险公司得到了最好的印证，好的理念是低成本的汽车保险……好的经理人是托尼·奈斯里，显然全世界没有其他人可以像托尼这样把盖可保险经营得这么好，他的直觉毫无偏差，他的能量没有上限，他的行动完美无瑕。"在2000年《致股东的信》中，巴菲特又指出："托尼……依然是老板们梦寐以求的经营专家，他所做的一切都直击要害，当意外发生时，他从来不会像其他经理人一样将时间浪费在妄想逃避或扭曲事实上。"

虽然奈斯里承认巴菲特是他的英雄，但他说对他的人生影响最大的人是他的父亲和祖父。"如果我能做到我父亲或我祖父的一半，我就算是相当成功的人了。他们俩是我此生最敬佩的人。"反过来，当被问及谁最敬佩他时，他说："我的妻子和孩子们。"但他并不想让孩子们进入这家企业。他解释说："盖可保险公司对任用亲人有严格的限制，我们要以身作则，坚守标准。我们不仅想成为世界上最公平的组织，我们还希望被视为最公平的组织。我认为这是一个更高的标准。"

同样地，当被问及哪些因素造就了一名成功的运营经理人时，他说："我当然认为诚实和正直必须排在首位。但是，经理人不仅要做到诚实正直，而且要让其他人感觉到他们是诚实正直的。"他还认为"良好的沟通能力很重要，而且……和其他人一起为共同的目标奋斗对成功也极为重要"。但他最后说，他这不是在给别人提建议。他对刚入行的人提出的唯一建议是，"观察他人，然后创立自己的风格。不要盲目遵循别人的成功秘诀"，他警告说："它可能无效。"

工作的哪些方面令他最兴奋？奈斯里说："当我与同事一起工作时我最兴

奋。我现在有18 000名同事，他们在盖可保险兢兢业业地工作。我花了很多时间与同事们在一起，我最喜欢这些时光了。"事实上，奈斯里显然认为员工是盖可保险的重要资产。根据《圣地亚哥联合论坛报》(*The San Diego Union-Tribune*)的说法，该公司"重视晋升机会，提供优厚的福利待遇、舒适的工作场所，让员工在退休前保持快乐"。例如，1999年，该公司在加利福尼亚州的波韦（Poway）建立了西岸总部，除了必要的办公场所外，那里还建起了沙滩排球场、健身房、自助餐厅、出售牛奶和面包的商店。"我们不希望员工在加班时感到不便。"奈斯里对该报的记者说。

沃伦·巴菲特不太担心托尼·奈斯里会走人。他说："我有美国最好的CEO职位，在我看来，我们拥有最优秀的企业：它有最棒的产品，有65年的悠久历史，有服务客户和为他们创造巨大价值的优良传统。而且我们的产品在很久之后仍然为人们所需要。它几乎影响着美国每个家庭的生活，它不会让人们患癌，不会污染环境。最让我们感到骄傲的是盖可保险所取得的成就，而且我也参与了一部分。它不是物质、财富或者那类让你满足的东西，而是一种真正的价值创造活动。"

鉴于这样的观点，奈斯里无意退休就不足为奇了。奈斯里说："我认为大多数人为伯克希尔工作是因为，他们热爱自己的工作。我肯定是这样的。我甚至没想过什么时候退休，虽然我知道，终有一天我会想做别的事情。我的妻子莎莉39年来一直默默支持我，也许某一天后我能多陪陪她，但可能是很久之后。"

毫不奇怪，当被问及爱好和特殊的兴趣时，奈斯里说："我最大的爱好就是盖可保险。至于娱乐，我喜欢打猎、钓鱼和打高尔夫球，但我花在这些活动上的时间都不多。打一轮高尔夫球得花费我数千美元，因为我打的次数不多。对我而言，会员资格和其他投入显然不是什么好投资。"他对旅游也不大感兴趣，很少离开位于弗吉尼亚州大瀑布城（Great Falls）的家。"过去几年里，我们夫妻俩曾随一个教会团体旅行了两次，一次是去不列颠群岛，另一次是去希腊和希腊群岛（the Greek Isles）。我们玩得非常高兴，但我很少外出旅游。"

虽然他说"工作很紧张"，但他也补充说："过去10年里我改变了工作习惯，我尽可能地在家里工作，那样至少有妻子相伴。我喜欢妻子的陪伴，所以即使我们同处一室但不说话，她的存在对我也很重要，而且，我希望她对我也有同样的感觉。我们的电脑放在起居室隔壁的书房里，因此即使在电脑前工作时，我们也能交谈。"他之所以这样做可能是因为，他相信在家工作能使他将来不感到后悔。"无论是在学校还是在公司，我都非常努力。孩子们年幼时，我错过了陪伴他们的时光。我的两个孩子（一儿一女）长这么大全靠他们的母亲，她把他们带得很好。我的两个孩子是世界上最健康的孩子，他们都已长大结婚了。我已经当祖父了。但我仍然感到遗憾，因为我没有好好陪伴他们长大。"

就未来而言，奈斯里的看法是，"我对整个世界的看法非常乐观"。他说："我认为，对于这家公司和我的国家而言，最好的时刻还没有来到。上个世纪肯定是进步最快的世纪，但我认为，幸运的人未来在回望21世纪时会说，这才是最好的世纪。"与此同时，为了给公司的辉煌未来奠定基础，他也采取了一些措施。他说："我为应对未来制定的策略很简单，那就是保持盖可保险的增长。我们现在的市场份额还很小，虽然我不关注市场份额，但我认为，在我们的努力下，盖可保险的市场份额在未来几年会有所增加。我们采用的策略非常简单，即成为服务最优的低成本供应商。我不认为这两方面是对立的。事实上，我认为，你只有提供最佳的服务才能成为低成本供应商，而且我还认为，只有从长远来看实现了最低成本，你才能提供最佳的服务，因为消费者往往把二者视为一回事。"

他说："我们会把精力集中于我们机会最大的领域，即拓展汽车保险业务。有很多人，包括很多分析师和商业评论家都说，如果要真正实现增长，你就必须为更多的人提供更多的东西。但我不信这个邪，我相信汽车保险对每个家庭都很重要，而且占用了很大部分的不可支配收入，如果你以优质的服务和较低的价格提供它们，那么客户就不一定需要你提供其他产品了。"

　　奈斯里为促进公司发展采取的措施之一是大量投放广告。盖可保险原本计划在2000年投放3亿美元的广告，后因效果不佳削减了预算。由于夏季奥运会的召开和总统大选，广告费率大涨、竞争更为激烈，那一年的广告效果非常不理想。他认为，知名度非常重要，因为未来"只有两三个品牌能持续经营下去。我认为盖可保险将会是其中之一，"他补充说，"但另两家是谁，我不知道，也许是好事达（Allstate）和州农业（State Farm）。但我的终极目标是让盖可保险像可口可乐或麦当劳一样，成为所在领域的王牌。当我提到'软饮料'时，你会说'可口可乐'，但我提到'汉堡'时，你会脱口而出'麦当劳'。当我说'汽车保险'时，我希望你也能说出'盖可保险'。虽然我们距离这一目标还很遥远，但我们已经向它迈出了一大步。"

　　他也相信，互联网会对盖可保险公司的业务产生重大影响。他说："它将继续改变我们的产品和服务分销模式。越来越多的人希望通过互联网进行沟通，直接购买保险，并对保单进行修改。他们不想填写纸质保单。除非政府进行管制，但我认为不至于，网络将会降低每个投保人的成本。当然，这并不是盖可保险可独享的机会，但盖可保险比其他大多数公司的优势更大，因为与大多数代理机构相比，互联网不是盖可保险的威胁。"

　　虽然奈斯里明确表示希望在未来长期执掌盖可保险，但作为一名保险业的高管，他知道未来的事情谁也说不准。他很清楚，与任何优秀的CEO一样，他是可以被替换的。他说他会"尽可能地为组织在我离开之后的发展打基础"。但许多巴菲特的观察家认为，托尼·奈斯里未来会担任新职务，在巴菲特退休之后，他会成为伯克希尔·哈撒韦公司的两位共同CEO之一。尽管巴菲特已经指定奈斯里的共同CEO路易斯·辛普森为负责公司投资业务的高管，但对于谁将接任运营经理一职，坊间流传着诸多猜测。当被问及谁将接任巴菲特时，奈斯里说："我不认为这是一个重要的问题，因为时间还早，沃伦会长命百岁的。"

　　即便如此，当被问及伯克希尔未来的共同CEO应如何共事时，奈斯里提到了自己与辛普森的关系。他说："最重要的是相互尊重。路易斯和我的关系良好，我们俩从来不干涉对方的事务，无论是个人事务还是专业事务，我们尊重彼此。但我不愿意就其他人应该怎么做提供建议。我能告诉你的是，路易斯和我在盖可保险公司的关系良好，这对我们各自的工作都很有利。"

当被问及对伯克希尔的未来愿景时，他把这个问题推给了他的老板。他说："我没有什么愿景，因为我认为这应该是沃伦的事情。我不知道他是否制定了总体规划，但我知道，与其他所有公司一样，伯克希尔要保持成功就必须不断发展。沃伦会找到最佳的发展方式，我对此深信不疑。"但他确实相信，在未来10到20年内，伯克希尔"将发展许多业务"，它不再是严格意义上的财产保险公司了。他说："若财产灾害险领域有好机会，我们当然会意识到并利用好这些机会。但其他业务也是如此，其中一些业务看起来还不显眼，那是因为世界在不断演变，21世纪哪些业务会脱颖而出还不明朗。真正的挑战是找到在未来10年、20年或30年内最有可能实现可持续发展的业务——这些业务未来将大有可为。就这方面而言，没有人比得上沃伦了。"

但奈斯里认为，无论巴菲特是否在伯克希尔·哈撒韦，股东都不必担忧。他说："即使巴菲特走了，伯克希尔也会沿用目前的运营模式。沃伦采用的模式非常棒，我猜他离任后公司仍会遵循同样的或类似的模式。毫无疑问，在巴菲特离开的那一天，公司的股价会有波动，但伯克希尔的价值不会发生重大变化，它仍然是优越的投资对象。"

他对盖可保险和伯克希尔·哈撒韦的未来非常乐观，对公司得以蓬勃发展的体制的未来也极为乐观。他说："自由市场企业体制是非常棒的。若竞争体制能继续保持下去，结果必然是好的，而且最终的受益者是消费者。美国的生活水平最高，原因有二。一是我们的政府是民主的，二是我们接近——虽没有达到理想的水平，但已经非常接近——真正的自由企业体制。有时候特殊利益集团似乎掌控了一切，但他们掌控的时间是有限的。最终，消费者将决定规则，这才是事实。"

托尼·奈斯里的商业信条：

★ 为客户服务，了解客户需求，帮他们省钱，他们就会留在你身边。

★ 以诚待人。

★ 学会高效沟通。

★ 不放弃核心业务。在尝试新业务前首先扩展最擅长的领域。

| 第四章 |

替补资本配置者：路易斯·辛普森

路易斯·辛普森——盖可保险

为庆祝新千禧年的到来，路易斯·辛普森前往南美洲的巴塔哥尼亚（Patagonia）山区徒步旅行。登山是孤独的运动，很适合这个行事低调的人。辛普森很注意保护自己的隐私，不接受采访（我的采访是罕见的例外），不追求名声，不喜欢被曝光，不想成为名人。

他为什么不接受采访？我只能猜测，可能是辛普森不希望他的投资建议公之于众。最近有关他的报道，大多都在讨论他买卖的股票，就好像这些决策能揭示他成功投资的秘诀。尽管辛普森不在意金融媒体，而且不喜欢媒体总是关注"击败市场"的信息，但他尊重那些喜欢追根究底和具有新闻思维的人（他的两名助手之前都做过记者）。

其他的巴菲特的CEO会将超额资本送交奥马哈，由总公司负责资本配置、留存收益或者为企业的扩展借入资金，辛普森与他们不同，他自行负责盖可保险的资本配置事宜。因此，他本质上是巴菲特的"替补"。

路易斯·辛普森同意接受我的深入采访时提出的唯一条件是，他不会谈及盖可保险股票投资组合中的任何持股。最终，他回答了我提出的大约270个问题。

他的办公室位于圣地亚哥（San Diego）郊外的山区，周围都是大型庄园、马道和高尔夫球场。这个古色古香的村庄汇集了房地产经纪人、银行、投资者顾问和股票经纪公司。这里道路通畅，没有加州的那种拥堵。附近有一所学校，一座图书馆，一个消防部门，还有几个停车标志。

辛普森在一座独立的小型办公楼内工作。这座小楼内设有私人办公室，四面都是玻璃隔开的，接待空间很宽敞，旁边还有一个小型会议室。这里的办公室就像《建筑文摘》（Architectural Digest）里的样板间。还有一间一尘不染、木质地板、现代化装修风格的书房，里面放满了年度报告和文件，还有木质杂志架，上面摆放着各种商业和投资出版物。

在一番寒暄并将我介绍给汤姆·班克罗夫特（路易斯的同事，约30来岁）后，我们步入了会议室。辛普森看起来像典型的大学教授，而班克罗夫特看起来像优等生。看到他们二人我想起了多年前的本杰明·格雷厄姆和巴菲特。随着访谈的进行，我从路易斯的言行可以看出，他相当倚重和尊重汤姆。

采访结束后，路易斯离开了我们，汤姆则留下来回答了我提出的几个问题。我对他们的工作环境赞誉有加，汤姆承认这一点，他说："这是个思考问题的好地方。"

离开时，我回头望了望那栋令人惊叹的小楼。透过玻璃窗，我看到路易斯正在办公室里专心致志地打电话。

我住的酒店就在路易斯的办公室对面，所以当晚我7：30左右返回酒店时，我发现他还在办公室工作。第二天早上，我因要赶早班飞机返家而起了个大早，当时他已经在办公室了。

路易斯·辛普森是独特的"超级投资人"。普通投资者进入投资界时都相信，他们也能成为像路易斯·辛普森一样的超级投资者，或者可以模仿他的股票选择并得到相同的结果。然而，要模仿路易斯，你这一生得花很多时间阅读财务资料。即使你的智商与他无异，你恐怕也不具备他那样的直觉。

我曾记得本杰明·格雷厄姆在《聪明的投资者》（the Intelligent Investor）

一书首页要求读者自行决定：是成为积极的投资者，通过配置资本与路易斯和沃伦进行竞争，还是成为消极的投资者，让计算机和指数基金或超级投资者为你进行投资。

　　多年来，连伯克希尔·哈撒韦公司的股东都一直在猜测巴菲特的接班人选，更不用说整个商业界了。令人惊讶的是，沃伦·巴菲特在1995年《致股东的信》中提出了接班人的建议。他在讨论近来对盖可保险的收购时，盛赞了盖可保险的投资部门主管兼资本运营CEO，他写道："而他的存在同时也使得伯克希尔可以确保查理·芒格跟我本人万一发生突发状况时，能够有一位杰出的专业人士可以立即接手我们的工作。"

　　当时，路易斯·辛普森并不为人所知，但巴菲特已经认识他很长时间了。在收购盖可保险多年之前，巴菲特就是其大股东了，他很清楚路易斯·辛普森的成就。辛普森于1979年加入该公司，很快成为巴菲特小组（Buffett Group）中的一员，这个小组是超级投资人的"内部圈子"，本杰明·格雷厄姆和查理·芒格均是圈子内成员，他们每隔一年与巴菲特会一次面，一起讨论投资问题。现在，巴菲特同意，在自己离开后，伯克希尔可仿照盖可保险的模式，由两位高管分担自己原先的职责：一位负责组织运营，一位处理公司的投资。他会提名一位高管来管理公司，至于投资部的主管，辛普森无疑是他的选择之一。5年后，也许是为了庆祝他的70岁大寿，巴菲特正式宣布，一旦他不再工作了，他的儿子霍华德将成为伯克希尔·哈撒韦公司的董事长，而辛普森将接管公司的投资业务。

　　当然，接管的前提是巴菲特走了后辛普森还活着，他俩只差6岁，而且巴菲特曾开玩笑说，自己去世5年后才正式退休，在此期间他会通过"招魂法"与伯克希尔的董事进行沟通。此外，尽管辛普森现在认为，"如在盖可保险一样，将伯克希尔·哈撒韦公司的CEO职能分拆为运营和资本配置两个部分很合理"，但他觉得自己成为巴菲特继任者的可能性比较小。他说："我根本就没这么看待自己，我甚至都没这么想过。我把自己视为潜在的替补。沃伦就是伯克希尔。"他断言："只要沃伦在，他就会经营好伯克希尔。他为这家公司倾注了毕生的心血，是公司掌舵者的最佳人选。"当然，接替巴菲特很可能是一项艰巨的任务。辛普森不仅要对750多亿美元的投资负责，还要续写之前的传奇。当被问及为什么愿意接受这样的挑战时，辛普森只是简单地说："因为我要对那些对我好的人负责。"

■ 辛普森的投资创意

尽管辛普森不确信自己可以靠选股谋生，但他显然很适合这一工作。他1936年出生于芝加哥（Chicago）郊区的高地公园（Highland Park），1954年高中毕业后进入西北大学（Northwestern University）攻读工程学。但正如他后来告诉记者的那样，"我不适合学工程学"。在西北大学一年后，他转入了俄亥俄州（Ohio）卫斯理大学（Wesleyan University）主修会计和经济学，并于1958年获得学士学位。多年后，他在普林斯顿（Princeton）大学获得经济学硕士学位并考虑在学术界工作，后在大学执教。但是，由于对从教的收入感到不满，他于1962年加入芝加哥投资公司斯坦·罗伊&法纳姆（Stein, Roe&Farnham）。1969年他离开这家公司，据他在该公司的前同事理查德·彼德森（Richard Peterson）说，辛普森离开"部分是因为，在当时年轻气盛的路易斯·辛普森看来，公司经营过于保守，错失了很多大好的机会"。

1970年，他加入了股东管理公司（Shareholder Management）。该公司总部位于洛杉矶，因为发行的企业基金非常成功而获得了诸多关注。然而，在辛普森进入该公司后不久，华尔街的氛围发生了变化，基金业的形势急转直下。另外，美国证券交易委员会（the Securities and Exchange Commission）对该公司提出了记录不实的诉讼。彼德森回忆说："对路易斯来说，这是一次非常痛苦和难熬的经历。在此之前，路易斯是一位纯粹的价值投资者，是力争上游的人。

我认为他从这段经历中体会到了寻找低风险投资机会的重要性，即找到具有增长潜力、价值也比较低的投资对象。"辛普森在这家公司仅工作了8个月。1971年，他成为西部银行（Western Bancorporation）西部资产管理分公司（Western Asset Management）的执行副总裁，1976年晋升为该分公司的董事长兼CEO。尽管在他的带领下，该公司得到了长足的发展，但到1979年时，他急于测试他的一些想法并意识到管理其他人的资金无法让自己施展才华。

当时盖可保险的董事长约翰·杰克·拜恩正在寻找新的首席投资官，辛普森成为最终入围的4位候选人之一。沃伦·巴菲特当时拥有盖可保险公司30%的股份，出于对他的尊重，拜恩让4位候选人前往奥马哈拜会他。拜恩后来对《金钱》（Money）杂志的记者说，"路易斯一离开巴菲特的办公室，巴菲特就打电话对我说，不用再找了，就是他了"。辛普森的官方头衔是高级副总裁兼首席投资官。拜恩特别高兴的是，公司不必为他的加盟支付"异常的"薪酬，他对此的解释是，"辛普森真的想从事选股工作，他想成为一名优秀的投资者，他的兴趣不是管理一家公司"。

此时，节省资金并引进能力强的选股人是盖可保险的当务之急。由于管理不善，再加上投资选择不当，公司濒临破产的边缘。1976年，公司的损失高达1.26亿美元。宏观经济形势也使公司雪上加霜。与大多数保险公司一样，盖可保险的投资组合包括各种债券和少数股票，投资经理们通过多样化的组合来降低风险。事实上，就典型的保险公司投资模式而言，公司的大部分资金都投资于美国政府债券。辛普森接手公司的投资业务时，公司的投资组合中仅有12%的股票，由于20世纪70年代的通货膨胀，公司遭受了相当大的损失。

投资研究和选择

辛普森的投资创意来自哪里？他通常一天工作14个小时。他阅读每份年报和各种财务出版物。在做出重大投资决策之前，他会花时间与经理人、客户、供应商和竞争对手交流。他还有一个小规模的团队帮他过滤噪声、提出正确的问题并核查每个重要数据。

得到新雇主自由行事的许可后，辛普森将债券转化为共用事业、能源和工业股票，而且还增持了食品包装企业和银行的股票，普通股占该公司投资组合的比例很快上升为32%。尽管他第一年的股票收益率仅为23.7%，低于市场32.3%的均值，但在1981年，市场的收益率仅为21.4%时，盖可保险的股票收益率为45.8%。约翰·拜恩后来说："我们给路易斯提供了一个广阔、不受约束的工作舞台，我们允许他把较高比例的公司资产投资于股票。而他则极为努力，取得了不俗的成绩。"事实上，辛普森后来持续保持了出色的业绩。从他加入公司到1996年公司被伯克希尔收购的这17年时间里，辛普森将投资组合的股票数量由原来的33种减少为10种，但在此过程中，投资组合的价值从2.8亿美元增加为11亿美元。在这17年中，公司有12年的收益率高于标准普尔指数。盖可保险的平均投资回报率为24.7%，而标准普尔指数仅为17.8%。

■ 集中投资与价值投资的智慧

他一再坚持的最明确的投资原则，也是与大多数传统投资智慧背道而驰的原则是，他把25亿美元投资于7只股票。相比之下，大规模的价值型共同基金的平均持股数为86只。巴菲特长期以来采取集中式的投资方法，伯克希尔的普通股投资组合中，70%的资金仅投资于4只股票。沃伦写道："路易斯采取的方法与我们在伯克希尔采用的方法一样保守、集中。"

辛普森强调："如果我们能够找到15只真正信任的股票，那么我们就会投资于15只股票。我们永远不会投资于100只股票，因为我们永远无法了解100家公司。我认为集中式投资组合的优点是：'仗剑为生，也可能死于剑下。'如果你的选择是对的，你会增加价值。如果你想要增加价值，你就要与市场不同。这意味着你要么集中投资于少数股票，要么集中投资于某些企业或行业。"

辛普森利用集中式投资方法取得了骄人的成绩，尽管他有充分的理由为此感到骄傲，但在谈到这一点时，他表现得很谦虚。他说："通过管理投资组合，我能够以创造收益的方式为盖可保险增加价值，这能使我们回购更多的股票。这样，股价就会提高。"由于路易斯奉行的第二大投资原则是"为股东投资高收益的企业"，再加上1979—1995年间辛普森卓越的股票投资表现，盖可保险在外流通的股票从3 400万美元减少至不足1 700万美元。正因如此，在没有追加投资的情况下，伯克希尔于1980年之前买入的4 570万美元的股票的份额由33%上升为了1996年的51%。当然，这里的重点是"管理投资组合"，除了沃伦·巴菲特，辛普森比其他人更精于此道。为了保持低调，辛普森把一切都说得很简单，这也许并不奇怪。他说，他通过"反复试验"形成的投资方法随着时间的推移不断演变。

他说，一切从研究开始。一旦他或他的首席助理汤姆·班克罗夫特确认了一只可能购买的股票，他就会安排与公司高管的会面。辛普森说："多年来我体察到一点，即管理对于价值增减极为重要。我们会尝试着与资深人士会面，而且更愿意到他的办公室拜访。你可以参阅世界上所有相关的书面资料，但我认为最重要的是弄清楚公司高管人员是怎么想的。"鉴于辛普森的地位（他实际控制着25亿美元的资金，而且可用的资金更多）以及他能代表盖可保险进行大规模的投资，通常情况下，公司的高管往往同意会面。如果他们不同意会面，那么辛普森就不会投资该公司。

这是辛普森与他的老板和著名的价值投资者本杰明·格雷厄姆意见相左的领域。他遵循的是传奇投资人菲利普·费雪（Philip Fisher）的定性投资方法。

巴菲特和格雷厄姆相信定量分析，即通过研究数据确定最佳投资机会。事实上，格雷厄姆曾指出，访问管理，也被称为定性分析，能使投资者考察管理层的推销能力和魅力。辛普森行事严谨，说话直言不讳，态度务实，很少有管理者能迷惑辛普森。

价值型投资

当你问某人是价值型投资者还是成长型投资者时，他们实际上是密不可分的。价值型投资者可以成为成长型投资者，因为你可能买入增长潜能高于平均水平的股票和经济价值被低估的股票。

——路易斯·辛普森

■ 沃伦·巴菲特所钦佩的品质：智慧、性格和脾气

路易斯有沃伦·巴菲特所钦佩的三个品质：智慧、性格和脾气。巴菲特对辛普森的评价是："脾气不好会坏了聪明人的大事。他的脾气和我没什么差异，我们都倾向于做理性的事情，我们的情绪不会影响我们的智慧。"伯克希尔的副董事长查理·芒格也对辛普森的性格赞誉有加："我认为，那些想法有点怪异且不随波逐流的人会有较好的选股记录。路易斯正是这样的人，他给我们留下了深刻的印象。"

除了集中投资于少数股票之外，和巴菲特一样，辛普森大量阅读资料且得到了少数人的辅助。无论他管理的资产规模有多大，薪酬都与收益直接挂钩，这一点与沃伦一样，但与大多数机构投资者不同，而且路易斯的团队的人数保持不变。值得注意的是，路易斯和巴菲特都是勤于思考且不依靠大量员工做事的人。他们的股票交易并不频繁，但他们的阅读量极大。

尽管如此，辛普森和巴菲特之间仍存在差异。他们不一样，过去不一样，未来也不会一样：

★ 路易斯有自己的想法、投资方法和原则，担任许多公司的董事和其他职务。巴菲特则没有。

★ 辛普森选择了一整组与巴菲特不同的价值股，并且只买入公司的部分股份。巴菲特是收购整家公司。

★ 辛普森是股票的净买家。近年来，巴菲特一直是公开交易股票的净卖家。

★ 辛普森将100%的资金投资于股票。巴菲特用30%的资金购买股票，70%的资金收购全资公司，而且他的目标是将这一比例变为10∶90。

★ 辛普森的投资主要是5亿美元的买入。巴菲特的兴趣是50亿美元的交易。

★ 辛普森喜欢独自默默工作。他的老板巴菲特每年会收到3 000多封信件，且每年春天主持股东大会。

★ 辛普森不会为蠢话感到高兴，不追求名望，是唯一和同事一起接受采访的经理人。巴菲特与其父一样，有政治家参加竞选的个性，而且总是乐于摆姿势拍照并提供签名。

★ 辛普森阅读各种资料，但不写作或出版。巴菲特每年出版30多万份年报，被所有CEO广为阅读，而且网络上有无数的读者阅读其作品。

★ 辛普森像伯克希尔的其他CEO一样，获得的薪金收入和红利要比他的老板高出一大截。

在管理所持的股票组合时，辛普森表示他会遵循五个基本原则。他在盖可保险1986年的年报中概述过这些原则，并在1987年接受《华盛顿邮报》的记者采访时详细阐述了它们：

1. **独立思考**。他说："我们对传统智慧持怀疑态度，并尽力避免周期性地席卷华尔街的非理性行为和情绪浪潮。我们不会忽视冷门公司，相反，它们往往代表着最佳的机会。"

2. **投资于为股东追求最高收益的企业**。他解释说："从长远来看，股价升值与公司股东的投资收益关系最为密切。现金流比账面盈余更难操纵，是另一个有用的指标。评估公司管理层时，我们会提出下列问题：管理层是否持有大量公司股票？管理层是否对企业主坦诚相待？管理层是否愿意剥离无利可图的业务？管理层是否运用富余的现金回购股票？最后一个问题最重要。管理盈利业务的人通常会利用富余的现金扩展无利可图的业务。许多情况下，回购股票对剩余资源的利用更有利。"

3. 即使是对优异的企业，也仅支付合理的价格。"即使对方是特别优秀的企业，我们也会严守价格纪律。即使是投资于世界上最出色的企业，倘若价格不合理，那么也不算好投资。"他指出，"价格太高时，市盈率或其倒数收益率是评估公司的有益指标，股价与现金流比率也是如此。将公司的收益率与无风险的长期美国公债的收益率进行比较也很有参考价值。"

4. 长期投资。他认为，"试图猜测个股、股市或经济的短期波动，不太可能产生持续的好结果。短期发展太难以预测，另一方面，投资于重视股东利益的优质公司很有可能在长期为投资者带来高于平均值的回报。此外，频繁地买卖股票存在两大缺点，即交易成本和税收，它们的存在会降低最终的回报率。减少佣金和税金的侵蚀，收益利滚利，资本才能快速地增长。"

5. 投资不过于分散。他相信，"投资者不太可能通过购买市场上的众多股票来获得优异的业绩，投资越多样化，业绩就越平庸。我们的投资集中于符合我们投资标准的少数几家公司。出色的投资对象，即符合我们标准的公司，很难找到。当我们认为找到了一家时，我们就会大规模投资。盖可保险的五大股票占股票投资组合的比例在50%以上。"

沃伦·巴菲特将辛普森的投资结果写到了1986年的年报中，这有助于解释他认为辛普森能接替自己成为伯克希尔投资主管的原因。事实上，不仅他俩的投资方式非常相似，他们的努力结果也很相近。1980年至1996年间，辛普森的年均收益率为24.7%，略低于巴菲特的25.6%，但两者都高于标准普尔指数的17.8%。辛普森的收益率可与10年前声名卓著的彼得·林奇（Peter Lynch）相媲美，后者当时负责管理富达（Fidelity）的麦哲伦基金（Magellan fund）。

但辛普森的业绩更加出色，因为他的收益都是从股票中获得的。巴菲特的年收益是按伯克希尔的账面价值的变化计算的，其业绩会因浮存金和其他因素（包括全资企业的盈利）而增色。就辛普森和巴菲特的选股业绩而言，辛普森可能更胜一筹。

惺惺相惜使两人能够高效地共事。事实上，甚至在伯克希尔完全接管盖可保险之前，巴菲特就在为辛普森唱赞歌。早在1982年，巴菲特就称辛普森是"财产—意外灾害险业务中最出色的投资经理"。在1986年《致股东的信》中，巴菲特写道："比起路易斯·辛普森于1979年接掌该公司投资部门后的绩效，身为母公司伯克希尔投资主管的我，实在觉得汗颜。因为我们拥有这家公司大部分的股权，我在此向各位报告以下数字时，能够稍微心安理得一些。"

一年后，巴菲特对《华盛顿邮报》的记者说："路易斯帮我赚了很多钱。就目前的情况来看，他是我知道的投资者中最棒的。过去几年里，他的表现比我好得多。他看到了我曾经错失的机会。伯克希尔24亿美元的净值中，有7亿投入了盖可保险的运营，而且我从不干涉路易斯如何管理投资。他坚持自己的原则。华尔街的大多数人都没有原则可言，而且即使有原则，他们也不会严格遵守。"

辛普森对他老板的评价也很积极。他说："他是个好人，我怀疑再也不会有沃伦这样的人了。与他共事最大的好处是，他总是公平和理性的。他给你很大的自由，如果你做得好，他会为你喝彩。如果你做得不好，他也会理解你。他的目光很长远。"

■ 求同存异的投资理念

关于巴菲特，辛普森曾表示："我认为，就基本价值观而言，我们的投资方式非常相似。"他也认为，他们之间存在重大差异，无论个人层面还是专业层面皆如此。"沃伦是个很独特的人，他的智商高到了常人难以企及的程度。他专注于伯克希尔的事务，他的生活就是他的工作。他喜欢他的工作，我也喜欢我的工作，但我可能没有他那么具有奉献精神。我能够放下工作，在一两周的时间内不考虑市场。我不确定沃伦能做到这一点。"而且，尽管辛普森没有指出来，但他们的投资理念存在差异。例如，辛普森似乎愿意而且能够比他的老板更快速地采取行动，尽管这可能是由于他们投资组合的规模不同导致的。截至撰写本书时，盖可保险的投资组合内仅有9只股票，它们分别是：邓白氏集团（Dun & Bradstreet）、第一资讯集团（First Data）、房地美（Freddie Mac）、美国通用运输公司（GATX）、大湖化学公司（Great Lakes Chemical）、琼斯服饰（Jones Apparel）、耐克（Nike）、肖氏通讯和美国合众银行（US Bancorp）。辛普森说："大多数投资者持有的股票数范围应该是10到20只。"

事实上，盖可保险投资组合中的股票体现了辛普森和他老板之间的另一大区别。他们用不同的股票阵容击败了市场，这进一步证明了巴菲特理论的正确性，即超级投资者都来自格雷厄姆和多德斯维尔（Doddsville）这样的小镇，沃伦的意思是说，像辛普森这样的价值投资者运用的都是格雷厄姆和多德（Dodd）教授的方法，即使他们投资于其他不同的股票也能获得成功。运用相同的价值原则，辛普森在他的老板认识到科特家具租赁（Cort Furniture Rental）的价值之前就以个人名义对它进行了投资并买下了整个公司。路易斯已经投资了电话电报公司，这意味着他对高科技公司更感兴趣，这一点与厌恶高科技企业的巴菲特不同。最近辛普森接受了担任美国电话电报公司（AT&T）董事的邀请。

自从1979年辛普森为了获得盖可保险的第一个职位与巴菲特会面以来［辛普森说："我们谈到了芝加哥小牛队（Chicago Cubs）"］，两个人就认识了。自1996年伯克希尔收购了盖可保险其余49%的股份以来，两人之间的关系更为密切了。辛普森说："我每周与沃伦通话一次，或每10天谈一次。但有时我会连着两三天与他交谈，我们一般谈的都是股票和公司。"另一个变化是辛普森的工作职责。辛普森在他那装修简单朴实的办公室里说："除了管理投资组合外，我并没有太多的日常工作。我每年参加4次盖可保险的董事会会议，通常都是通过电话，每年两次飞往公司位于华盛顿特区的总部参会。不过，我确实经常与负责盖可保险运营的托尼·奈斯里和华盛顿的其他人交流。"

不变的事情之一是，辛普森仍然自行做决策。1998年，在盖可保险成为伯克希尔的全资子公司后，巴菲特接管了伯克希尔另一家主要保险公司通用再保险公司的投资组合，但他仍然允许辛普森继续管理盖可保险的股票投资组合。辛普森对此解释说："我们是老相识了，他认识这里所有的人，因此愿意放手让我们这么做。他之前从未这么做过，但这次不同，因为我们长期以来一直在管理盖可保险的资金。"他补充说："通用再保险公司管理投资组合的方法虽然很典型，但与我们的截然不同。"当有人对辛普森说，世界上最著名的投资经理允许他继续管理投资组合是对他相当大的赞赏之举时，他只是挥了挥手说："嗯，到目前为止……你知道他们说了什么"，然后笑了笑。当被问及盖可保险自被收购以来发生了哪些变化时，他又变得严肃起来。他说："这需要很长的时间才能知道。我认为短期内产生保险利润并不重要，在合理的领域培养成长能力才更重要。"

盖可保险的股票投资与伯克希尔的投资策略稍有不同。这是收购部分公司与整个公司之间的区别，有点像个人投资者和集团企业投资者之间的差异。较小的投资组合有更多的投资选择，或者如路易斯所说的，"有更大的池塘捕鱼"。尽管投资组合的规模不同，但分析是相同的。收购整个企业能提高经济效率，最终创造更多的价值，而且从控制、税收和现金流的角度来看更具吸引力。

尽管辛普森考虑过其他职业，但他说："我非常高兴能进入投资管理领域。这个职业很费脑筋，实用性强，而且很重要。"有趣的是，考虑到辛普森明显对日常运营缺乏兴趣，当被问及除了投资管理外，他还可能从事什么职业时，他回答说："可能是一般管理吧。我本来就是一家非高科技企业的总经理。不是因为该职业的基础性，而是因为我喜欢参与整个高层管理、运营企业、创造价值的过程。虽然我有专长，这是我在盖可保险的职责，但我认为自己是一名掌握投资和财务专业知识的总经理。"

尽管收取的管理费微不足道，但辛普森掌握的专业知识为他带来了可观的收入。管理25亿美元的资金时，一般的职业经理人会收取2 500万美元的管理费。具体的金额尚不清楚，但辛普森可能获得其中的十分之一。与专业管理界的其他人不同，路易斯不是按资产规模而是按实际业绩获得报酬的。他没有做广告、提高业绩、成为脱口秀名人、市场预测者或受访红人的激励。与其他的巴菲特CEO一样，他的重点在企业内部而非外部。辛普森的年均收益率为24%，意味着每年给股东产生6亿美元的投资收益。

伯克希尔不报告辛普森的年薪或绩效奖金。1996年，即巴菲特接管盖可保险之前的最后一年，辛普森获得了60万美元的薪水。1999年，当价值投资和伯克希尔的投资收益没有超过标准普尔指数时（滚动3年平均收益和标准普尔500指数相比较），辛普森没有得到奖金。尽管辛普森的薪金收入不算高，特别是在当今共同基金经理人薪酬极高的背景下，但他在1992年击败了市场，获得了150万美元的奖金，而且隔年因已行使的股票期权获得了3 800万美元的利润。此外，伯克希尔收购盖可保险时，他还获得了价值超过2 500万美元的股票，因此，即使辛普森像伯克希尔的许多高管一样，不必靠工作来谋生，他仍然因乐趣而继续工作。他说，这种乐趣"源于对业务的真正理解。当我们对不太理解的业务有了新见解时，我就会乐在其中"。事实上，他说他的胜任感源于这种理解能力。

然而，只有经过大量的研究才能产生这样的理解。对他来说，美好的日子是，"我身在办公室，股市没有开盘，没有电话打进来，我可以阅读一整天"。事实上，阅读占用了他大部分时间。"我一天至少要阅读5到8小时。阅读的内容很广泛，包括各类文件、年报、行业报告和商业杂志。"他最喜欢的商业出版物有《华尔街日报》(the Wall Street Journal)、《财富》(Fortune)、《商业周刊》(Business Week)、《福布斯》(Forbes)和《巴伦周刊》(Barron's)。"你能从它们那里获得好想法，但……，"他急忙补充说，"你也会听到很多噪声。"决定投资哪家公司时，过滤掉噪声并独立思考非常重要。

一种方法是仔细查看年报，他说："在公布年报的季节，我可能每天阅读15或20份年报。我通常会阅读董事长致股东的信，以此了解公司文化，然后我会了解资金的来源和使用情况，而且会阅读一些脚注。但定下基调的是董事长致股东的信。"他特别警惕过于个人化的CEO信件。他承认"伯克希尔致股东的信在某些方面比较个人化……"但他又急忙补充说："但伯克希尔就是沃伦，而且沃伦是公司的明星。"他不喜欢矫揉造作、故意讨人喜欢的总裁，而且指出"即使沃伦的信比较个人化，但他是处理大事的人。有很多CEO的信，你读了之后都不知道企业里发生了什么。全都是公关、营销和迷惑人的话"。

辛普森确实践行了他主张的观点。1993年，《华盛顿邮报》赞扬了盖可保险的年报及其投资主管。特约撰稿人斯坦·欣登（Stan Hinden）解释说："这些年来，我们发现阅读年报虽然听起来很乏味，却是探查公司官话的途径，也是寻找独特想法、应对坏消息的方法或者确认企业是否坦诚直言的机会。"由于该报纸认为盖可保险的报告是企业坦诚直言的绝佳范例，因此授予该公司"直言不讳奖"（Straight-Talk Award）。《华盛顿邮报》指出："当辛普森表现出色时，他会告诉你；当他表现欠佳时，他也会告诉你。"欣登引用年报中的文字展示了辛普森在20世纪90年代如何解释公司业绩相对较差的原因，他当时坦诚："两个显而易见的原因导致了业绩下滑。一是我们没有成功地把握良好的投资机会；二是股市的升值幅度低于20世纪80年代。"

■ 勇于认识缺点、局限性和错误

事实上，辛普森对承认自己的缺点、局限性和错误持非常开明的态度。他认为，他作为投资者最大的缺点是"对技术不太了解，因为某些技术对世界经济至关重要"。此外，他认为自己没有"花时间去了解技术"，同时他也承认："我不知道了解技术能否带来好处。这似乎是我的盲区。"有意思的是，他承认技术代表"赚钱的好机会"，但他并没有过多地介入，他并不为此感到很遗憾。他说："处理这方面的事务需要考虑能力范围，要与你了解的公司打交道，要能分析公司的价值和盈利能力，这些非常重要。"他举例说："我不了解美国在线（AOL）的估值，我了解其业务，我认为就创造价值而言，该公司经营得极好，与业务前景相比，我不了解其估值。"想了想后他补充说："也许我不了解业务，事实上，我确定我不了解。"

关于失败的风险承担，辛普森说："过去我们的投资非常集中，我认为这是我们面临的最大风险。有些时候这么做的效果很好，但另一些时候结果不理想。我们还对人员，特别是对管理层和业主做出了一些不准确的评估。"

"我们正在努力提高能力。这实际上需要把对人和对业务的了解结合起来。我们可能很了解业务，但我们仍在这两方面不断进取。而且……"他补充说，"当我们犯错时，我们总会进行事后的调查。我认为审视错误并反思原因非常重要。"

辛普森所犯的最大错误不是卖得太早，不投资技术、过度交易或盲从小道消息，相反，他会听取已投资公司的内部信息。"这实际上冻结了我的持仓，因为涉及内部人士。"辛普森解释说，"我们赔了些钱，因为我们掌握了内部消息，我们既不能买，又不能卖。我们永远不会再那么做了。我们不想要任何内部消息，我们希望尽可能地保持灵活。"

当被问及最大的优势时，辛普森很有个性地说："如果说我们有优势的话，那就是我们了解业务，我们希望了解管理层也是一大优势。要明白个中缘由，想象你以合理的价格，可能是便宜的价格买入了一家企业，并且集中下注。总的来说，这种方法效果良好，尽管有时候不灵光。"

辛普森说，对公司进行定性和定量评估非常重要。他认为，他的团队对行业及其内部公司的深入分析令他如虎添翼。与此同时，当被问及最重要的定量分析指标时，他的答复是："资本回报率。这个指标可以透露很多信息。公司收入指标存在的问题是噪声太多，你不得不分解财务资料才能了解真实的数据。真正重要的是股权资本的回报率，但有时它们没有被明显展示出来，即便如此，我认为你还是要观察很多方面。你必须弄清楚公司在较长时间内的收入增长率，然后以折扣率计算出其最佳估值。这一点说起来容易做起来难啊！"

尽管辛普森非常愿意分享他的专业知识，但他并不认为自己能教会他人成为一名成功的投资者。他说："我认为投资是一门艺术，涉及许多心理和情感因素。"他还认为："很多人不具备真正投资者的耐心和脾气。"而且，"普通的投资者不具备成功的条件。"不过他说，做一件事情或许会有帮助，那就是熟读本杰明·格雷厄姆的两本经典大作，即《聪明的投资者》和《证券分析》（*Security Analysis*），后一本是格雷厄姆与戴维·L. 多德（David L. Dodd）合著的。当被问及对目前金融行业的从业人员或想从事投资管理的人的建议时，辛普森说："我建议你在职业生涯的早期与真正优秀的人、诚信和自信的人、你可以学习的人建立联系。而且目光要长远。"实际上，他认为自己最令人钦佩的特质就是目光长远。他说："我悟出的一个道理是，你无法让市场做你想做的事情。但随着时间的推移，市场最终会是理性的，或者至少在某种程度上是理性的。"

当我请他对个人投资者提一些建议时，他重复了从沃伦·巴菲特那里得到的一些建议。辛普森说："我第一次见他时，他给我的一个建议就是，把投资视为这样一种情形：你获得了一张能使用20次的票卡，你只能做20次投资，完成这20次投资后，你就只能保持现状了。以这样的方式思考投资真的很有益，因为它会让你变得全神贯注，小心谨慎，而且想要做出改变时，会坚决做出改变。"他补充说："总的来说，人们只是不断地买卖投资组合里的股票。本杰明·格雷厄姆告诉我，许多个人和机构投资者的投资方式让我想到了那些互相交换脏衣服的人。他们只是为了交易而交易，并没有真正地拥有企业。如果投资者重视的是拥有企业并且能持有合理的时间，那么他们会做得更好。"

虽然已经64岁了，但辛普森认为自己离退休还远着呢。他仍然每天早上6点到办公室，比他的3位助手都早，而且通常会在晚上7：30之后下班。他说：

"我真的很喜欢我的工作。我有一个非常优秀、非常和谐的小团队，团队成员精诚合作，氛围极好。我退休了都不知道能做些什么。"他刚刚再婚，有3个已成年的儿子。除了偶尔在山里徒步旅行外，他几乎没什么其他兴趣。但他热衷于公民活动，例如，尽管他的儿子们几年前已从凯特学校（Cate School）毕业，但他仍然是学校的受托人并为学校提供投资建议。他还为该校设立了一只财务资助基金，每年捐献的金额超过了100万美元。该校的发展总监梅格·布拉德利（Meg Bradley）最近告诉《金钱》杂志说："路易斯给了我们世界上最慷慨的礼物，而且不附带任何条件。他真是一位大好人。"

由于无退休的打算，辛普森说他没有培养任何人接替他在盖可保险的资本运营工作。他说："我不认为这项工作可以培养接班人。我们是在学院式的环境里共同努力，我希望能一直保持下去。"当被问及他对盖可保险的愿景时，他把这个问题推给了联合CEO托尼·奈斯里，但他补充说："盖可保险可能是汽车保险业的未来。保险业的经营将变得越来越直接面对客户，可能会越来越依赖网络。我认为盖可保险将会以优惠的价格提供卓越的服务。"

关于伯克希尔·哈撒韦的未来，他同样不愿意多说什么。正如回答有关盖可保险公司未来的问题时一样，当被问及他对伯克希尔的愿景时，他只是说："这要由沃伦决定。但我认为，这要看机会。"他不相信巴菲特已经为公司的发展制定了总体规划（他说："我认为世事变幻，规划也在不断变化"），他也不愿意预测10年或20年后的规划是什么样子的。"一切取决于机会，所以我认为这将是非常有趣的。"他也认为股东没有理由为巴菲特的退休而担心。"只要巴菲特仍然思维敏捷——他现在跟我20年前初见他时一样思维敏捷，他就将继续做目前正在做的事情。"

辛普森的同事说，当他得知巴菲特提名他为伯克希尔·哈撒韦未来的联合CEO之一时，他非常高兴，但他似乎不太在意这件事。辛普森说："等沃伦退休时，会有更年轻的人接班。"他也不愿意讨论谁会成为公司的运营CEO。他说："伯克希尔内部有很多能人，我不知道谁会当选。"公司的内部人士认为，最有可能的三个竞争者是伯克希尔再保险部门（Berkshire Reinsurance）的CEO阿吉特·贾恩、公务飞机航空公司（Executive Jet）的创始人兼董事长瑞奇·圣图里（Rich Santulli）和辛普森在盖可保险的联合CEO托尼·奈斯里。当然，谁将接替沃伦·巴菲特，只有未来才知道答案。

在此期间，路易斯·辛普森计划继续做他一直以来在做的事情。他说："我们做事没有任何秘密，也没有奇特之处，我们很清楚我们要做什么。我们有非常好的方法，剩下的只是实干的问题。当然将我们的方法付诸实施并不容易。我们知道竞争异常激烈，但我们相信我们的方法是有效的。"

■ 辛普森与彼得·林奇的投资对比

要了解路易斯·辛普森及其投资原则和做法，也许最好的方法就是把他与著名的投资经理人彼得·林奇做一番对比，两个人形成了鲜明的对照。

表4.1 彼得·林奇与路易斯·辛普森的对比

彼得·林奇	路易斯·辛普森
媒体红人，出版了3部著作，发表了多篇杂志文章，广告代言人。	名不见经传，不接受采访，不著书，不发表文章，不喜欢被曝光。
10多年前，年仅46岁时不再管理基金。	64岁高龄时仍在管理资金。
"投资你和家人熟悉的股票，投资你了解的股票。"	"投资价值股。投资其他人不了解但通过研究和独立的思考能发现其价值的股票。"
"每个人都能成为高于平均水平的投资人。"	"一般投资人并不具备成功的条件。"
管理的基金规模为140亿美元，分散投资于350只股票。	管理的资金规模为25亿美元，集中投资于7只股票。

续表

彼得·林奇	路易斯·辛普森
为富达基金的老板约翰逊家族赚钱。	为盖可保险的股东和伯克希尔·哈撒韦公司赚钱。
从业13年（1977—1990年）。	从业38年以上（1962— ）。
有100万股东。	有30万股东。
持有三四年的股票收益最佳。	按一生只做20次投资决策的方法投资。
考虑可能出现转机的股票。	考虑不受青睐的股票。
个人收入与资产规模挂钩。	个人收入与利润或回购给股东增加的价值挂钩。

表4.2　辛普森的股票收益比较

年份	辛普森	巴菲特	林奇	标普500
1980	23.7	19.3	69.9	32.3
1981	5.4	31.4	18.5	（5.0）
1982	45.8	40.0	48.1	21.4
1983	36.0	32.3	38.6	22.4
1984	21.8	13.6	2.0	6.1
1985	45.8	48.2	43.1	31.6
1986	38.7	26.1	23.7	18.6
1987	（10.0）	19.5	1.0	5.1
1988	30.0	20.1	22.8	16.6
1989	36.1	44.4	34.6	31.7
1990	（9.1）	7.4	（4.5）	（3.1）
1991	57.1	39.6		30.5
1992	10.7	20.3		7.6
1993	5.1	14.3		10.1

1994	13.3	13.9	1.3
1995	39.7	43.1	37.6
1996	29.2	31.8	23.0
均值	24.7	26.8	16.9

注：辛普森（盖可保险）和林奇（富达麦哲伦基金）的收益数据没有扣除税金和管理费，且均为股票收益。林奇的收益率数据中没有扣除购买基金时支付的3%手续费，伯克希尔的收益率为扣除税金和管理费的收益率，并且是根据账面价值而非市场价格计算的。标普500收益率没有扣除税金和管理费，并且包含了再投资的股利。

自1996年盖可保险成为伯克希尔·哈撒韦的全资子公司以来，辛普森和盖可保险的年收益率就没有公开过。《福布斯》杂志估计辛普森1999年的收益率为17%。

路易斯·辛普森的业绩：

1. 在17年里，辛普森有7年的业绩优于巴菲特。

2. 在17年里，辛普森有12年的业绩优于标普500。

3. 在林奇管理基金的最后7年中，有5年的业绩不如辛普森的高。

4. 在林奇管理基金的最后10年中，其总收益不如辛普森的高。

5. 把辛普森的市场价格收益与巴菲特的账面价值变化做比较不公平。

6. 业绩公开的年数为17年。

7. 业绩不佳的年数为4年。

8. 业绩持续低于标普500的年数为1年。

9. 1980年：盖可保险的股票只占投资组合的12%。

10. 1983年：盖可保险的股票只占投资组合的32%。

11. 1982年：盖可保险持有2.8亿美元股票，这些股票来自33家公司。

12. 1995年，盖可保险持有11亿美元的股票，这些股票仅来自10家公司。

路易斯·辛普森的商业信条：

★ 广泛阅读金融新闻；

★ 投资任何企业前对其进行深入的研究；

★ 买入价格不要过高；

★ 独立思考；

★ 长期投资；

★ 持有少数股票。

| 第五章 |

附属保险机构的经理人：阿吉特·贾恩

阿吉特·贾恩——伯克希尔·哈撒韦再保险集团

阿吉特·贾恩出生在地球的另一边，是土生土长的印度人。他在奥里萨邦（State of Orissa）的加尔各答南部长大，这是一个以飓风和其他天灾闻名的海边小镇。他没有想到的是，家乡的极端自然条件有朝一日会促使他进入了"意外的"行业。

以英语为第二语言的阿吉特，凭自己的努力为伯克希尔创造了比其他员工都高的收入和利润。

伯克希尔多元化的经理人团队由基督徒和犹太人组成，阿吉特·贾恩是其中一员。贾恩的名字源于印度一个叫耆那教（Jainism）的小宗教团队。这个经理人团队的文化、宗教、政治和教育背景差异很大，其中哪些人入选并不是由沃伦·巴菲特的指令性和总体规划决定的，而是由智慧、努力工作和成绩决定的。

就像内布拉斯加州家具商场的罗斯·布鲁姆金（Rose Blumkin）（见第六章）一样，阿吉特在国外出生并且生来就是销售高手。他不远千里来到这里，很快适应了新环境，并受到了老板的器重。与从未接受过正规教育的布鲁姆金夫人不同，阿吉特是巴菲特CEO中受教育程度最高的人之一。除了他的老板外，贾恩是伯克希尔赚钱最多的人。在短短的14年内，他建立了浮存金高达78亿美元的保险业务，而员工仅有14人。他现在因完成了再保险历史上规模最大的一笔销售业务而闻名，但在他眼里，没有金额小的生意，即使是100万美元的保险协议，他也会亲自驾车前往签署。

阿吉特的办公室位于康涅狄格州（Connecticut）的斯坦福德（Stamford），这里也是康涅狄格大学（University of Connecticut）、通用再保险公司（伯克希尔的全资子公司）和施乐公司（Xerox）的所在地。他的办公室里堆满了纸张和文件。

阿吉特非常节俭，甚至比巴菲特都节俭。接受采访时，他已经3个月没有秘书了，他要自己处理电子邮件、预订出差的酒店。尽管公司备有公务飞机供他招揽业务时使用，但他担心乘飞机的成本太高，因此搁置不用。

贾恩风趣、谦逊、不爱出风头、健谈、开朗、有分寸，外表很普通，你绝不会想到他来自那么远的地方，做了那么多的事情，但这也许正是他如此成功的原因。

2001年春，沃伦·巴菲特发布的《董事长致股东的信》在伯克希尔的忠实信徒们（也许是仅仅出于好奇）中引发了一次小震动。在谈到伯克希尔再保险部门的负责人阿吉特·贾恩和最近有关他自己健康的大量传闻时，巴菲特写道："实在是很难估计阿吉特在伯克希尔的价值，大家除了关心我的健康之外，更应该关心他的健康。"这不经意的言论引发了一场震动，因为那些知情人士，包括伯克希尔·哈撒韦公司的员工和董事会成员以及巴菲特家族的密友，都认为贾恩和商务飞机公司的瑞奇·圣图里以及盖可保险的托尼·奈斯里一样，均是巴菲特卸任后负责运营业务的联合CEO接班人选之一。撰写本书时，巴菲特相对于同龄人而言身体状况良好。贾恩是传闻的候选人中最年轻的一位，比他的老板年轻20多岁，完全有可能接替他成为公司的运营负责人。若果真如此的话，考虑到他的起点，他可真是进步神速啊！

据《商业周刊》报道，沃伦·巴菲特最近一次去巴黎推广伯克希尔旗下的公务飞机业务时，把一大群法国最优秀的公民和商界领袖晾在了巴黎他下榻的酒店，而自己却悄悄溜出去与阿吉特·贾恩打电话了。

■ 哈佛商学院深造带来的益处

贾恩于1951年出生于印度，1972年毕业于克勒格布尔（Kharagpur）的印度理工学院（Indian Institute of Technology），获得工程学学士学位，从此开启了他的职业生涯。1956年，印度议会通过了《理工学院法案》（IIT Act），宣称该学院是印度重要的国家性机构。只有成绩极为优异的人才能进入这所闻名于世界工程界和技术界的学院求学，该学院被世界上的许多人视为全球科技教育最出色的高等学府。印度人口有9亿，每年进入该学院6个分校区学习的本科新生不足4 000人。

1991年，比尔·盖茨（Bill Gates）告诉巴菲特，如果仅从一所高校招聘技术人才的话，那么这所高校就是印度理工学院。

然而，贾恩说："尽管我喜欢工程师的工作并对工程专业很期待，但我很快意识到，这一行在印度没有前途，在美国也是如此。我每周工作6天，收入仅是销售和营销人员的四分之一。所以我想，若我的收入不能超过他们，我就加入他们。"

恰好当时（1973年）"国际商业机器公司（IBM）正在为他们的数据处理业务招募销售和营销人员，因此我加入了该公司，开始在印度销售计算机系统"。贾恩展现了天生的销售才能，被公司提名为印度地区"年度最佳新人"。但到了1976年，印度政府通过了一些法律，要求在印度经营的跨国公司必须出让给印度人部分所有权。大多数跨国公司都被迫屈服，但可口可乐和IBM却坚决不同意，它们声称："我们的立场是，要么印度业务100%由美国人经营，要么退出印度市场。"两家公司后来都走了，贾恩突然之间失业了。

与此同时，贾恩的一位上司一直敦促他去美国的商学院深造。贾恩说："尽管我告诉他我不想去，在美国生活太难了，但他极力劝说我去参加考试，看看我的成绩会如何。幸运的是，我的成绩还不错。"然而，他说不错实在是太谦虚了。事实上，他被哈佛商学院（Harvard Business School）录取了。但在哈佛商学院求学的这段经历显然不太愉快。他说："这是我第一次出国，我是严格的素食主义者，所以食物是个大问题。我也确信我毕业后找不到工作，我一直在想：'在哈佛这样的地方，我怎么才能和那些大牛人竞争呢？'我认为自己肯定毕不了业，所以我内心充满了恐惧，毫无乐趣可言。"他还说："我对哈佛商学院教授们讲授的内容有些失望。很多都是显而易见的知识，我觉得他们过度渲染了一些很直观的东西。"

1978年获得MBA学位后，他马上得到了很适合印度理工学院和哈佛商学院毕业生的工作：加入麦肯锡公司（McKinsey）担任管理顾问。他说："我很高兴进入麦肯锡，在这里工作收入丰厚，去欧洲出差时能坐头等舱，公司名声很响，我在这里的任职经历能为我的履历增色不少。但我从来没有喜欢过这份工作。担任顾问时常常要熬到半夜绘制图表，不如在IBM做销售员时乐趣多。因此，在1981年某一个风和日丽的日子里，我觉得自己受够了，决定结束这种生活。"他返回印度待了两年半。在此期间，他的父母为他挑选了一位新娘，并且强烈建议他按着那教的传统结婚。经过一个月的交往后，他满足了父母的愿望。他说："我当时以为自己可能不会重返（美国）了，因为我已在印度结婚，甚至已经忘掉了在西方国家的种种，但我的妻子没有。"重返美国后，正如他所言，麦肯锡"犯了与之前相同的错误"，再次雇用了他。

■ 收获麦肯锡的宝贵管理经验

第一次在麦肯锡工作期间，他曾为迈克尔·高柏（Michael Goldberg）效过力，后者于1982年离开了麦肯锡，转投伯克希尔·哈撒韦公司工作。1986年，贾恩受他的前老板之邀加入了沃伦·巴菲特的公司。他回忆说："加入伯克希尔时，我甚至都不知道保险或再保险两个单词怎么写，但我受聘到了国民保险公司（National Indemnity）从事再保险运营工作。幸运的是，当时正是保险行业发展的黄金时期，根本不需要精通业务，只需要知道一些基本数字就可以了。当然，这个行业的发展是周期性的，我非常幸运地在行业顶峰时入了门。"

他说："当时该行业的资金缺口非常大，我们是少数拥有资本的实体之一，所以整天都有处理不完的交易和电话。作为一位新人，我所知不多，但有时会看着一些数据说：'看起来挺有趣。'"起初，贾恩的工作是处理特别保险业务，即承保金额大的特殊风险和产品责任难以确定的风险，比如越野车风险。但在6个月内，他就被要求接管所有的再保险业务。

尽管如此，国民保险公司及其再保险部门只是伯克希尔不断扩大的保险大集团的一部分。国民保险公司于1940年由杰克·林沃尔特（Jack Ringwalt）在奥马哈创立，1967年被巴菲特收购，一起被收购的还有国民火灾&海上保险公司（National Fire & Marine Insurance），收购总金额为860万美元。两年后，巴菲特请乔治·扬（George Young）加盟，他们俩是在一次金融研讨会上认识的，之后俩人一起开始运营伯克希尔的再保险业务。再保险业务是专为保险行业提供保险服务的业务，再保险公司收取保费，实际上是大规模出售保险的行为。巴菲特继续监管整个保险业务，一直到1982年他聘请到迈克尔·高柏接管各种业务为止。1993年前，高柏一直担任保险集团的首席运营官，后来他被派往奥马哈办事处接管特殊项目，原先对他负责的运营经理人转而向巴菲特汇报各项事宜。贾恩加入国民保险公司时，其再保险部门设在费城。1987年，再保险部门迁往纽约，1992年又迁至康涅狄格州的斯坦福德，即现在的总部所在地。

当被问及自担任再保险业务负责人以来责任有何变化时，贾恩说："我当时负责运营，现在也是。我的责任没有变化，只是现在的工作比以前更多了。我们的交易范围更广了，交易规模更大了。但我不会说我的责任增加了，还是老样子。"他的头衔也没变。"我的名片上写的是再保险部门的总经理，但这不代表什么。"

贾恩负责的业务相当独特。经营这种业务的公司并不多，主要是因为此类业务需要大量资金。"这正是你进入这一行业的条件，"他说，"资本，大量的资本，沉得住气的资本，能够承担风险的资本。"尽管2000年全球保险市场的规模为2.13万亿美元，而美国的非寿险业务规模每年约为2 890亿美元，其中只有一小部分转移到了再保险机构。贾恩估计，伯克希尔再保险业务的市场份额占10%。然而，他指出，由于该业务的固有风险，"这个数字的波动性很大，很容易从不到5%增加为15%"。他显然清楚这一点，因为他的老板曾指出："在保险业，务必记住，几乎所有的意外消息都是坏消息。"

尽管如此，在贾恩的带领下，该公司已经成为美国资本规模最大的再保险机构，从收入的保费来看，该公司排在第三、四位，还是非常盈利的。但正如所有的保险公司一样，数字有时会误导人，实际上，在业务景气的年份，伯克希尔再保险公司有两大收入来源：（1）销售保单获得的资金；（2）从沃伦·巴菲特所称的"浮存金"中获得的投资收入。

"浮存金"存在是保险公司开展业务的结果。保险公司提前收取保费，在收取保险费到理赔这段期间，保险公司可以免费利用这笔资金。伯克希尔和其他保险机构一样，会用这笔资金进行投资。事实上，浮存金正是保险公司吸引沃伦·巴菲特的一大原因。在20世纪60年代中期，他成了现在名为伯克希尔·哈撒韦再保险公司的控股股东。从那时起，浮存金的规模一直大幅增加。1967年，伯克希尔·哈撒韦再保险公司的浮存金为1 700万美元。2000年，其浮存金为78亿美元（伯克希尔保险业务部门的浮存金规模超过了300亿美元）。不论是过去还是未来，浮存金一直是伯克希尔收购其他公司的低成本资金来源。

2000年，贾恩的再保险是伯克希尔保险公司中盈利最多的部门，他的部门以1.75亿美元的成本创造了78亿美元的浮存金纪录，资金成本为2.2%。若将78亿美元的浮存金进行再投资，无风险利率按6%计算的话，可获得的收益为4.68

亿美元，收益减去1.75亿美元的成本，可得税前利润2.93亿美元。贾恩盈利最多的年份是1997年。当年的浮存金数量虽然较少，但若按同样的无风险投资利率计算，他的部门获得的税前利润为3.69亿美元，占伯克希尔税前总利润的13%。若巴菲特和公司能通过收购其他企业的所有权（正如其经常做的那样）获得高于无风险利率的收益，则从其他企业获取利润的潜力巨大。

相比之下，盖可保险在2000年以2.24亿美元的净成本获得了39亿美元的浮存金，资金成本为5.7%。按无风险利率计算的话，盖可保险的税前利润仅为1 000万美元。但值得注意的是，在前3年里，盖可保险的浮存金虽然比较少，但其税前利润为1.40亿美元，超过了伯克希尔的再保险部门。

与近来收购的通用再保险公司相比，贾恩部门的利润较高且比较稳定，而通用再保险呈亏损状态。1999年，通用再保险获得了150亿美元的浮存金，但按无风险利率计算，公司亏损了2.74亿美元。2000年，通用再保险的浮存金仍为150亿美元，但净损失高达2.92亿美元。2001年是通用再保险的转折年，其成本结构已经开始与贾恩部门的结构相似了，其浮存金规模翻了一番，利润将超过贾恩的部门。事实上，从2001年第一季度的结果来看，通用再保险正朝着正确的方向迈进。

伯克希尔再保险部门最大的收入来源之一是出售所谓的"霹雳猫"（super-cat）保险合约。根据这种保单，再保险公司承保其他再保险公司因飓风或地震等灾难造成的重大损失。毫不奇怪，这样的保单不仅比其他保单承保的风险更大，而且计算起来也更加复杂。然而，巴菲特在1990年《致股东的信》中明确向伯克希尔·哈撒韦的股东们解释了这些"霹雳猫"保单：尽管典型的"霹雳猫"保单设计很复杂，他写道："不过可以用一个最简单的例子来说明。我们可能签下一年期1 000万美元的保单，其中规定，投保的再保险公司在两种情形下有可能得到理赔：（1）再保险公司的损失超过一定的门槛值；（2）整个保险业界的总损失超过一定的门槛值，假设是50亿美元，只是通常第二个条件满足时，第一个条件也会得到满足。"

他继续写道："对于这种1 000万美元的保单，我们收取的保费是300万美元左右。假设我们一年收到的所有'霹雳猫'保费收入为1亿美元，那么某些年度我们就可能获得将近1亿美元的利益，但也有可能在单一年度要承担2亿美元的损失。"他在后来的《致股东的信》中指出："由于真正重大的灾害并不经常发生，所以我们的'霹雳猫'业务有可能在连续几年大赚之后，突然发生重大的损失。"但他同时也指出："大家必须清楚，所谓的重大损失不是可能会发生，而是肯定会发生，唯一的问题是它什么时候会发生。"

当我请贾恩说出他在伯克希尔再保险部门工作的14年内最成功的一笔交易时，他马上提到了最近到期的加利福尼亚地震保险交易。贾恩的部门于1997年承保了加州政府投保的地震险，约定地震损失达到50亿美元时，贾恩的再保险部门会赔偿15亿美元。加州政府每年交付的保费为5.9亿美元，连续交4年。

保费收入的另一大来源是贾恩所称的"独一无二的交易"，他说他的公司是这个领域的佼佼者。这种交易的典型案例是公司2000年为得州游骑兵（Texas Rangers）棒球队的明星球员阿莱克斯·罗德里格兹（Alex Rodriguez）承保的终身不遂险。这支球队以创纪录的2.52亿美元签下了罗德里格兹，因此觉得很有必要为他购买这一保险，以避免他因无法参赛而造成的损失风险。沃伦·巴菲特对这笔交易的评价是："我们的保单可能创下了伤残险的纪录。"另一个例子是贾恩在2000年秋与Grab.com达成的保险交易。这家网络公司想吸引数百万网民访问其网址，从而搜集网民资料以备日后营销时使用。为此，该公司推出了10亿美元的抽奖活动。当时伯克希尔的资产净值高达1 360亿美元，它为这家网络公司提供了保险服务。《今日美国》（USA Today）报道说，价值10亿美元的保证金需要这家网络公司向贾恩的部门支付高达7位数的保费。尽管该公司在网站上解释说获奖的概率极低（24亿分之一），但贾恩还是不愿意冒险，他担心真有人抽中大奖。伯克希尔很幸运，最后无人抽中。

当保险公司承担了其他公司想要"将麻烦置于背后"的损失时，保险交易也能产生大量的保费收益。为了解释这种交易，巴菲特在2000年《致股东的信》

中举例说："有家XYZ保险公司去年从我们这里买了一张保单，约定我们必须支付因承保范围内的事件发生（当年及前几年）导致的头10亿美元损失再加上调整费用。这些合约的金额有可能相当大，当然无论如何，我们还是会定一个上限。"在该公司2000年签下的几笔此类交易中，有一笔交易的投保人是英国一家大公司，这笔交易给伯克希尔再保险部门带来了24亿美元的保费，巴菲特认为这可能是公司历史上保费最高的一笔交易。

尽管巴菲特承认，公司每年都会在这些追溯性保单上损失一些资金，但整体来看，伯克希尔再保险部门的保单不仅产生了可观的收入，还带来了丰厚的利润。同样重要的是，这些保单也给公司带来了大量的"浮存金"。

贾恩相信，有几个因素促成了公司的成功，最明显的是伯克希尔的净资产。截至2000年底，公司净资产接近620亿美元，这有利于公司获得AAA的信用评级。但贾恩说："除了资本，你还需要品牌知名度或特许经营权。人们知道当他们从伯克希尔购买东西时，这些东西在以后的15或20年内都不会出问题。巴菲特的大名，伯克希尔的大名让我们信誉大增。"贾恩也认为巴菲特本人就是促进公司成功的一大因素。他说："鉴于沃伦的心态和取向，我们具有对竞争对手而言不公平的优势。"正如巴菲特所说的，这种心态是公司"愿意承担其他公司不愿意承受的风险"，这部分是因为"我们根本不关心季度甚至年度收益报告，只要能够确保收益（或损失）源于决策即可"。贾恩甚至暗示，由于巴菲特的心态，像他这样的运营经理人，幸运地得到了很多，都有些名不副实了。

像几乎所有的沃伦·巴菲特的运营经理人一样，阿吉特·贾恩很推崇他的老板，贾恩说："他很明智，脑子转得快，决策果断而且乐于提供支持。我花10天时间分析的交易，他分析5分钟就比我领先两步了。他会给你一个答案，他不会让你从头再来并且说'做好其他3件事再回来找我谈'。"贾恩说，巴菲特不仅"了解业务，而且能够教导我和企业的其他人。他是一个很独特的人"。他总结说，"有一个像沃伦这样的老板，甚至比没有老板都要好"。

巴菲特对这位伯克希尔再保险部门的负责人也是赞誉有加。1992年，他对股东们说："我们挑选的客户与我们的财务实力相匹配。阿吉特·贾恩是业内翘楚。"两年后，在讨论灾害险承保业务时，他指出："'霹雳猫'保单有数量少、金额高且非制式化的特点，因此，承接这类业务必须仰赖相当专业的判断，而不像一般的汽车保险有庞大的数据库可供参考，就这点而言，阿吉特·贾恩堪称伯克希尔拥有的一张王牌，他是我们'霹雳猫'业务的经理人，拥有最出色的承保技巧，他可以说是我们的无价之宝。"

1996年，巴菲特把贾恩与自己相提并论。他写道："我绝对可以向各位保证的一点是，我们拥有全世界最优秀的'霹雳猫'保险业务专家，他就是阿吉特·贾恩，他在伯克希尔的价值大到难以想象，在再保险这一行，恐怖的灾难时有发生，我很清楚这一点，因为我就在20世纪70年代踩了不少雷，而盖可保险在20世纪80年代初期，即使拥有最能干的经理人，也同样签署了一堆愚蠢的保险合约。不过提到阿吉特，我可以向各位保证，他绝对不会犯同样的错误。"1999年，巴菲特写道："在阿吉特身上，我们看到了一位核保人员如何运用智慧为风险确定合理的价格，如何理性回绝无法衡量的风险，如何勇敢地接受高额但合理的保单并根据原则拒绝承保任何定价不合理的微小风险。我们很难在一般人身上找到这类特点，而要三者兼具就更是绝无仅有了。"

■ 赏识与被赏识的本质

毫无疑问，由于二人惺惺相惜，再加上巴菲特长期以来就对保险业抱有浓厚的兴趣，与其他经营管理人员相比，阿吉特与巴菲特的工作关系更为密切。事实上，他俩每天都通电话。巴菲特说："我之所以这么做是因为我乐在其中，即使没有我，他也可以做得很好。"即便如此，谈及他们之间的交流时，贾恩说："沃伦可以和我谈30秒，也可以谈30分钟，他参与了我完成的所有业务。"尽管两人关系密切，但也许正是因为关系密切，每当有人把他和他的老板做比较时，他总是感到很不安。他说："我和沃伦没有可比性，沃伦比我睿智得多、经验丰富得多，他能做出明智的判断。无论从哪个角度看，我都无法与他相提并论。"贾恩也高兴地承认，他受他的老板的影响很大。他说："沃伦教会我如何从基本的经济本质角度看待交易，如何不在交易中迷失自己。他也影响了我开展业务的方式。他教导我做事不必过于强求，教会了我以一流的方式开展一流的业务。"

贾恩也觉得巴菲特影响了他的管理风格、信仰和管理理念。但他说："可能还不够。我还做不到像沃伦那样对待自己的下属，这可能是我的弱点。但这有点像在比较苹果和橘子。沃伦接管了罗恩·弗格森（通用再保险）、瑞奇·圣图里（商务飞机）等人的企业，他们都是企业的创始人。而我们的人是从外部招募的，即使他们中的一些人已经与我们共事了10年或12年，我仍然不会像沃伦那样，给他们那么大的自由和权力。"

他也很乐意承认自己的另一个弱点。他说："在最大化上行方面我可能做得不够好，因为我花了大量时间来降低下行风险。理想的情况是兼顾两方面，保持风险中立和理性。关于这一点，沃伦是我认识的人中做得最好的。做决策时应既考虑上行风险，也考虑下行风险，保持两方的平衡，但我可能过于重视下行风险了。当然，若有人代你承担这种风险，重视下行风险也不是什么坏事。"但他不承认他比老板更保守。他解释说："因为我们交流很频繁，最终我们都能达成共识。"

风险显然是其经营中考虑的主要因素。他说："我们下的赌注额巨大，因此要确保没有遗漏某些根本性的因素。保险业本身就是个逆向选择的行业，因为从我们这里购买保险的买家比作为卖家的我们更了解购买成本，这是非常恐怖的处境。但你不能因此而夜不能寐。"他补充说："一旦我们达成一笔交易，就等于铺好了一张床，我们必须躺上去。与其他公司不同，我们是承担风险的组织，我们会睁大眼睛跳到床上，心里清楚未来一定会出现损失。"

他继续说道："这是独特的情形，独特的机会。因此我们能看到很多有趣的交易。与其他再保险机构不同，我们这家小机构不是一家工厂，我们的客户不需要我们年复一年地提供产品。如果有人有这种需求，那么他们会找到比我们的便宜得多的传统解决方案，我们甚至连电话都接不到。我们从事的是独特的、鲜有人有兴趣的业务。只有结构复杂的大机构遇到这类问题、想快速解决问题，且资金是解决方案的关键要素时，我们才能接到电话。因此我们可以看到许多有趣、奇特、独一无二的情形。"

公司规模是这一业务的另一大独特之处。伯克希尔再保险部门的工作人员通常不足15人，这是贾恩及其员工行动迅速的原因之一。贾恩解释说："有人给我们打电话说：'情况就是这样，我们需要一笔10亿美元的交易，需要贵方在48小时内给出答复。'能否达成交易要看我们能否评估风险确定保费率。由于部门很小，即使电话不是我接听的，我也能听到电话内容。我会打电话与沃伦谈谈，我们会进行分析，然后给对方一个答复。我们不需要联合其他机构共同完成这一交易。如果我们了解了实情并确定了价格，那么我们自己就可以完成整笔交易。"

"但是，"贾恩接着指出，"这不是在掷骰子，不能指望我们每年都行大运。我们尽可能确保在达成交易时对所有的风险都了然于胸。"事实上，他说最大的挑战是"避免愚蠢的错误。在这个行业里，很容易犯愚蠢的错误。即使你曾经完成了很多出色的交易，但如果你达成了一笔糟糕的交易，你也算白忙活了。你必须防止咬到这样的烂苹果"。当被问及如何精确地界定"愚蠢的错误"时，贾恩说："签订一笔保险协议时，你没有深思熟虑，但后来你后悔不迭。这类错误会让你陷入瘫痪，让你想从窗户跳下去。"事实上，他衡量自己成功的依据就是"是否避免了愚蠢的错误"。

但是，只避免愚蠢的错误显然是不够的。贾恩说："我曾经以为，智商能解决商业世界中的许多问题，最大的挑战是知道自己应该做什么。但我现在发现，很多商业决策并不完全取决于智商，做好实事同样重要，而且很多人，包括我自己也忽视了这一点。它反映的是在不确定的情况下做出决策、履行决策并不断推进的能力，是优秀的运营经理人应具备的能力。"他说，对他而言，最容易的决策是"对不喜欢的交易说'不'，最难的决策是对观望的交易说'是'"。他解释说："我最初的想法是，如果你对某笔交易持观望态度，那就放弃它，为什么要纠缠于它呢？但你会不时地想起它，找到达成交易的一些理由。这往往涉及相当主观的权衡，会在不知不觉间落入'滑坡效应'陷阱。提醒自己，滑坡效应是难以做出决策的原因。"

虽然做出这类决策很难，但贾恩没有兴趣做其他任何事情。他说："我喜欢我做的事情。参与不同的交易对我而言是很有趣的。为沃伦工作非常有乐趣。我们还有一小群人在一起工作，而且在相当长的时间里不会有人事变动，我喜欢跟他们一起努力。"他一周有3天要从斯坦福德的总部前往纽约市参加会议或商务午宴，除此之外，他每天早上8∶00或8∶30会到达办公室，一直到晚上6∶30或7∶00才离开。他周末也会"花大量时间给下属打电话"。他说：我尽量不在平时的早上9∶00到晚上18∶00之间处理公司内部事务，因为这是我为客户和达成交易预留的黄金时段。"

事实上，除了工作和家人外——他、他的妻子廷库（Tinku）以及双胞胎儿子阿克沙伊（Akshay）和阿贾伊（Ajay）住在纽约的拉伊（Rye），他对其他都不感兴趣。而且他甚至认为，他对其他方面缺乏兴趣这一点表现得很明显。当被问及自己最明显的特征时，他说："我可能是非常无聊的晚餐伙伴，我对与我共进午餐的很多人感到抱歉，我不喝酒，不吃肉，而且不善言谈。我只喝无糖汽水，谈完生意后就想赶紧回家。"毫不奇怪，他无意退休，而且希望在未来多年内能继续为伯克希尔的再保险业务打拼。

他说："我们非常认可我们过去所取得的成就，而且我非常看好未来几年要做的事情。"但是，公司未来几年内会做什么，他并没有明确的规划。"我没有静下心来做商学院教授和顾问教导的事情：想想5年以后自己在哪里。这真的不是我们关注的焦点，因为我们是以交易为导向的，幸运的是，电话铃会响。一旦电话铃声响起，我们的焦点就是那笔交易了。"事实上，当被问及对伯克希尔再保险部门的未来愿景时，他的希望是，"当提到独特、大额和独一无二的保险业务时，我们是第一个被选择的机构。这才是我们面临的最大挑战。至于之后会发生什么，能否达成交易虽然也重要，但并不是非常重要的"。

当被问及公司的销售额和利润是增是降还是保持不变时，他说："这要看有没有重大的自然或金融灾难。如果明天加利福尼亚地震了，那我们将遭受重大损失。但我确实认为，未来10年内，我们的收入和利润会大幅增加。我认为未来10年要比过去10年强。"考虑到他从事的业务的性质，这样的回答毫不奇怪。可以理解的是，他对再保险行业的未来不太明确。他说："有投资银行尝试着以汇集其他资金的方式来转移风险。如果这种方法能行得通，再保险业就将面临巨大的压力。即使没有这方面的压力，保险业也不会成为大幅增长的业务。我们只会伴随着经济的增长而增长"。

几年前，伯克希尔完成了迄今为止最大规模的收购，它以220亿美元买下了贾恩最大的客户和同行——通用再保险公司。这次收购这对贾恩的业务造成了影响。首先，他失去了最大的客户，通用再保险公司不用再购买再保险服务了，因为该公司也是伯克希尔的子公司了；其次，他需要打电话，有时还需要拜访其他与通用再保险公司存在竞争关系的客户，以此确保继续开展合作。伯克希尔再保险和通用再保险，与所有其他伯克希尔的子公司一样，将继续保持竞争力，继续自主运营，而且总部不会给它们下达任何协同指令。

谈到伯克希尔·哈撒韦公司的未来时，贾恩同样很低调。不过他说："凭借其雄厚的资本，"这家公司以后"会继续收购一些大公司。我们的声誉一流"，他指出："而且我们会继续提高声誉。我也认为，我们凭自身的条件能够达成交易，因为我们资金实力雄厚，公司品质一流。"当被问及沃伦·巴菲特离开后，他认为伯克希尔会有何不同时，他说他认为会有不同，但具体有哪些不同，他无法精确预测。他说："我认为伯克希尔将成为集团公司，但我认为若一些业务被出售的话，我们就不会成为首选对象了。考虑到我们的条件，我想我们仍能接到一些电话，但不会像沃伦在时那么多了。"

虽然他知道人们经常把他视为巴菲特离开后伯克希尔的运营（非投资）接班人，但当被问及他对这一职位的想法时，他回答说："没什么想法。"他指出自己最大的问题可能就出在管理方面：他未能拓展组织，包括在东京设立办事处，以招揽更多的再保险生意。而且贾恩还没有培养出一位继任者，这是升迁的基本要求。另外，似乎为了远离竞争，他刻意淡化了自己的成就。关于伯克希尔再保险部门在他的领导下取得的成功，他说："很难区分是抓到的牌好还是打牌的人技术好。我认为只是在出现好机会时，我恰好抓住了机会而已。当然有些人是蠢货，会把事情搞砸，但我认为大多数能抓住这一机会的人都会做得很出色。"

然而，其他人则不那么挑剔。事实上，即便是其他领先的候选人，如盖可保险负责运营的联合CEO托尼·奈斯里也声称贾恩是一位出色的候选人。他说："就数学技能来看，阿吉特与沃伦最接近。"而且，他补充说："没有其他人能像他一样为伯克希尔·哈撒韦赚那么多的钱。"阿吉特的另一个优势是保险专业知识，巴菲特曾说过，这是未来CEO必须具备的要素，这里要指出，奈斯里也同样具备这一优势。归根结底，可能贾恩根本就没有接管伯克希尔的欲望。他坚持说："我喜欢我的工作，我根本没兴趣去尝试我一无所知的事情。"

阿吉特·贾恩的商业信条：

★　当你冒风险时，你就必须做好损失的心理准备。你不能为此夜不能寐。完成一笔交易后要坚持下去。

★　因为规模较小，我们有能力快速做出决策。如果存在大额的潜在交易，我会马上参与其中。我们会进行研究并做出决策。

★　避免愚蠢的错误，尽可能预测交易中的风险。最糟糕的事情是，事先考虑不周，事后被出现的问题困扰。

★　一名优秀的经理人必须迅速做出决策并继续前进。如果对某一交易持观望态度，那就应该放弃它并寻找下一个机会。

第三部分

伯克希尔旗下公司的创始人

| 第六章 |

天生高手：罗斯·布鲁姆金

罗斯·布鲁姆金——内布拉斯加州家具商场

罗斯·布鲁姆金夫人100余年的人生异常精彩，她不屈不挠、努力勤奋、矢志不渝、聪明睿智、专心致志。就像霍雷肖·阿尔杰（Horatio Alger）笔下那些白手起家的女性一样，布鲁姆金夫人经历过各种挑战，克服了种种艰难险阻。她是移民，是妻子和母亲，也是经理人和女商人。她曾面临饥饿、战争、入侵、歧视、迫害、与家人天各一方、搬家、供应商抵制、官司缠身、大字不识、中年转行和气候灾难。她不仅踏平了这些坎坷，而且取得了不亚于男性的成功。

布鲁姆金夫人在她选择的职业领域里成功登顶，她创立的公司被美国首屈一指的商界领袖沃伦·巴菲特收购。她是本书介绍的CEO精英群体中仅有的两位女性之一。

巴菲特经常说，商学院的学生应该研究布鲁姆金夫人的人生，因为她的人生体现了本杰明·富兰克林（Ben Franklin）时代的美德。巴菲特还表示："如果我有两种选择，一种是去商学院学习几年，一种是跟着她，做几个月学徒，顺便说一句，这将是非常艰难的几个月，但过后你会知道如何经营一家企业……除了她的所作所为，你就不需要学习其他任何知识了。"

罗斯·布鲁姆金堪称白手起家的典范，她的一生充满人情味，带给我们许多有关商业成功、灵感、家庭和非凡投资的故事。她是美国最重要和最了不起的零售商之一，堪称女版的沃尔玛（Wal-Mart）创始人山姆·沃尔顿（Sam Walton）。

罗斯·布鲁姆金于1998年去世，是巴菲特CEO中唯一因过世而无法接受采访的人。幸运的是，《费城调查者报》（the Philadelphia Enquirer）的专栏作家安德鲁·卡塞尔（Andrew Cassel）在担任该报记者时，曾于1989年12月14日采访过罗斯·布鲁姆金夫人，他保留了有关的采访记录。当时，她刚与家人分道扬镳，开始经营地毯业务。卡塞尔跟着她的代步车，录下了她坦率的话语和简单的口述史。从她那蹩脚的英语中，我们能逐渐了解这位非凡企业家的生活，了解她最终如何把企业出售给伯克希尔·哈撒韦并为其工作。与流行的神话相反，沃伦·巴菲特最看重的是人，企业是第二位的。如果企业的管理层不符合他的标准，那么无论企业多么吸引人，他都不会投资。

与巴菲特的其他CEO一样，布鲁姆金夫人的故事是关于普通老百姓而非华尔街精英的。事实上，内布拉斯加家具商场位于奥马哈的主干道道奇街（Dodge Street）附近，坐落于奥马哈市中心。奥马哈是内布拉斯加和西北部的中心，也是美国的中心。布鲁姆金夫人是伯克希尔经理人名人堂中的第一位入选者，她为其他伯克希尔的运营经理人树立了榜样。

要了解伯克希尔的巨大成功，先要了解巴菲特的投资，特别是他对布鲁姆金企业的投资。内布拉斯加州家具商场（NFM）是由一个坚韧不拔的家族经营的业务单一的企业。由于没有债务或资金支出，内布拉斯加州家具商场能够将节省下来的成本以较低价格的方式转移给客户，因此该公司占据了巨大的市场份额，获得了持久的竞争优势。该企业以优越的价格被收购，最重要的是，管理职务持续由该家族的成员担任，布鲁姆金夫人的儿子路易斯（Louis）接替了她的职务，而路易斯的两个儿子罗恩（Ron）和艾文（Irv）接替了他。布鲁姆金夫人最大的贡献是刷新了伯克希尔的退休纪录，104岁。尽管44岁才开始创业，但她一直在这个行业坚持了60年，她的经营原则一直是企业成功的核心因素。

布鲁姆金夫人采用的商业模式的特点是，销量大，存货周转快，利润率低。像大多数伯克希尔的经理人一样，她自然而本能地采用了这一模式，并不是在教科书里或从教师那里学到的，甚至不是模仿的其他零售商。

1998年8月11日星期二，104岁的罗斯·布鲁姆金被安葬于奥马哈的金山公墓（Golden Hill Cemetery），她是已故的伊萨多（Isadore）的遗孀，路易斯、弗朗西斯（Frances）、辛西娅（Cynthia）和西尔维亚（Sylvia）的母亲，是12个孩子的祖母、21个孩子的曾祖母，也是内布拉斯加州家具商场的创始人。她的家人、朋友和邻居都很尊敬她，因此当天有1 000多人参加了她的葬礼。但她的两个孙子经营的位于奥马哈市的家具商场当天没有停业。她的女儿弗朗西斯对《奥马哈世界先驱报》（*Omaha World-Herald*）的记者说：“我认为她不希望我们今天休息。”

■ 大规模家居用品零售企业的创立

1937年，罗斯·布鲁姆金44岁，她从哥哥那里借了500美元创立了内布拉斯加州家具商场，该商场现占地77英亩，位于内布拉斯加州奥马哈市中心，员工人数1 500名，每年销售3.65亿美元的家具、地板、电子产品和家用电器。它在市场中占主导地位，销售奥马哈地区近四分之三的家具，其利润比行业平均利润低10%。它也是美国最大规模的家居用品零售企业。在该商场60多年的历史中，其每年的销售收入一直在增加。每位员工的销售额要比其他零售商高出40%，净利润几乎是其他零售商的2倍。它的年销售额是沃尔玛一般店面的8倍多。最令人印象深刻的是，内布拉斯加州家具商场每平方英尺的销售额为

865美元，几乎比折扣批发业的龙头企业好市多（Costco）高出近100美元。布鲁姆金夫人出生于沙皇统治下的俄国，出身寒微，日后能取得如此了不起的成就，实属不易。

布鲁姆金夫人原名罗斯·戈雷克（Rose Gorelick），于1893年12月3日出生在俄罗斯明斯克附近的犹太人聚集村庄希德林（Schidrin）。其父名叫所罗门（Solomon），其母是卡西亚·戈雷克（Chasia Gorelick），她还有7个兄弟姐妹。这一大家子人住在两室的木屋里，睡在稻草床垫上。她家的情形在当时的犹太人定居点很常见：父亲搞研究，母亲靠经营杂货店养家。罗斯从未接受过任何正规教育，甚至没上过小学。多年后，她记得自己不到6岁时就开始帮妈妈在店里干活了。她记得有一次"半夜醒来时，发现妈妈正在和面。我说：'妈妈，看你这么辛苦，我的心都要碎了。等我长大了，我要去美国找份好工作，然后带你过去。我要去大城市找工作，将来让你享清福'"。

她13岁时准备离开希德林。为了不磨损鞋底，她把鞋搭在了肩膀上，赤着脚走到了18英里外的离家最近的火车站。她乘火车去了25家商店找工作，最后一家干货店的老板愿意给她一份工作。在接下来的3年时间里，她管理着这家店铺和这里的6位男员工。

1913年她20岁时嫁给了鞋子销售人员伊萨多·布鲁姆金（Isadore Blumkin）。次年第一次世界大战爆发，伊萨多不愿意为沙皇而战，为了避免被征召，他离开了俄国。3年后，即1917年，罗斯决定追随丈夫去美国。她乘着火车穿越西伯利亚时，在中俄边境被一名士兵拦住了。她后来回忆说，她当时对士兵这样说："我正在为军队购买皮革，等我回来时，我会给你一大瓶伏特加。他就这样让我通过了。"

她乘船横跨太平洋，来到了华盛顿的西雅图。她不会说英语，也没有入境签证。幸运的是，在希伯来移民援助协会（the Hebrew Immigrant Aid Society）和美国红十字会（the American Red Cross）的帮助下，她避免了移民和规划局（the Immigration and Naturalization Service）的烦琐核查环节，较早地与丈夫团聚了。她丈夫当时住在爱荷华州（Iowa）的道奇堡（Fort Dodge），她常把这个城市的名字说成"Fort-dotch-ivie"，直到去世。离开俄国很有可能挽救了她的生命。

由于不会说英语，布鲁姆金夫人发现在道奇堡的生活异常艰难。一天，一位邻居对布鲁姆金夫人说："我的父亲奄奄一息了。"她无法理解对方在说什么，只能"大笑着说'挺好的'"。后来得知这位邻居的意思时，她感到特别尴尬。多年之后她对一位记者说："我不会说英语。像个傻瓜蛋。我知道我必须去一个更大的、能沟通的地方生活。"这个更大的地方就是奥马哈，那里有一个小型的犹太移民社区，社区里的人既说意第绪语（Yiddish），也说俄语。

伊萨多和罗斯·布鲁姆金于1919年在奥马哈定居。他们开了一家二手服装店，生意相当好。事实上，在短短4年内，罗斯·布鲁姆金就兑现了小时候对母亲做出的承诺。"我把父母和7个兄弟姐妹都接了过来。"她后来回忆说，"我把他们送进了学校。他们和我住在一起，因为我有一所大房子。他们结婚后，我就让他们到企业工作。我的母亲在美国过上了女王般的日子。"

除了照顾父母和兄弟姐妹外，布鲁姆金夫妇也生育了4个孩子。1929年美国股市崩盘引发了经济大萧条，为了养活一大家子人，布鲁姆金夫人开始协助她的丈夫打理生意，她鼓励他降价并帮助他扩展产品线。她还想出了一些广告新点子，其中的一个是她在调查了奥马哈其他服装店的价格后想到的。当时每个人手头都很紧，但布鲁姆金夫人确信，如果能让顾客仅花5美元就买到从头到脚穿的所有服装的话，他们的生意就会好转。她打印了1万份传单，宣布了5美元的报价。在传单发出后的第二天，他们的二手服装店就获得了800美元的销售收入。

但她代表家人做的最重要的一件事情是，1937年她用从哥哥那里借来的500美元开了一个家具店，该店就位于她丈夫的服装店对面典当行的地下室里。为了备货，她只身前往芝加哥，因为那里是美国的家具批发中心。她对制造商们说："我来自奥马哈，正在创业，资金紧张，但你们可以相信我，我肯定会还钱。"她多年后回忆说，制造商们的回答是："我们相信你说的话。"然后，她带着1.2万美元的家具回来了。她还在途中想好了新店铺的名字。在芝加哥看到美国家具商场（American Furniture Mart）后，她决定将自己那30×100英尺的店铺命名为"内布拉斯加州家具商场"。

这家商场于1937年2月7日开业，正如她讲述的那样，"刊登了一则广告后，马上就有客户上门了"。她的进货成本是批发价加5%，然后她在此基础上加价10%转卖，这是她一生中一直遵循的一条基本规则："低价出售，童叟无欺。"这说明，在其他知名的全国连锁店建立之前，布鲁姆金夫人早就是折扣零售商了。但她面临着财务困境。开业后不久，为了还清供应商的欠款，她不得不卖掉了自家的家具和电器。

布鲁姆金夫人的女儿弗朗西斯·巴特（Frances Batt）回忆说："我们从学校回来后，发现家里空荡荡的，我们4个孩子都大哭了起来。妈妈哄我们说：'不要担心，不要担心，我会给你们买更好的床，更好的餐桌。但我欠这个人的钱，现在还钱是最重要的事情。'我们不再哭闹了，我们了解她，她一向说到做到。"

果不其然，布鲁姆金夫人的竞争对手对她的低价销售行为很不满意。为了阻止她，他们迫使家具和地毯制造商不给她供货。她后来回忆说："到1942年时，没有人愿意卖给我任何东西了。我的处境很不妙。银行从来不贷给我一分钱。我很聪明，比这些银行家聪明。制造商不卖给我的东西，我会去不同的城市采购。"这些城市包括芝加哥、堪萨斯城（Kansas City）、密苏里（Missouri）和纽约，即使远距离采购增加了成本，她的销量仍然高于竞争对手。

1950年爆发的朝鲜战争严重扰乱了美国经济，家具销售几乎陷于停滞。像往常一样，布鲁姆金夫人找到了解决问题的方法。她后来回忆说："我去了芝加哥的马歇尔·菲尔德百货商店（Marshall Field），说要为一栋公寓楼购买3 000码的地毯。实际上，我有一栋公寓楼。我在马歇尔·菲尔德购买地毯的价格是每码3美元，然后我以3.95美元的价格转卖。来自莫霍克（Mohawk）的3

名律师将我告上了法庭，起诉我从事不公平的交易。他们出售地毯的价格是每码7.95美元。3位律师还有我和我的翻译一起去法院出庭，我对法官说：'法官，我以高于成本10%的价格卖货，有什么错呢？我只是没有抢劫我的客户而已。'法官驳回了律师的起诉，第二天，他还来我店里买了1 400美元的家具。"

内布拉斯加州家具商场的经营转机也出现在1950年。虽然商场里的家具很多，但布鲁姆金夫人缺现金。她后来回忆说："我支付不了账单，都快愁死了。"7月的一天，在与当地银行的副行长韦德·马丁（Wade Martin）交谈时，布鲁姆金夫人提到了她的资金问题。她对他说："我店里都是家具，但我不能拿它们当饭吃。货卖不动，我不知道该怎么办了。"

令她惊讶的是，马丁愿意为她提供5万美元的贷款，贷款期限是90天，以店内的家具作为抵押。一卖掉家具，她就可以偿还贷款。虽然她接受了这个提议并签了贷款协议，但她当晚失眠了。她后来回忆说："我非常惆怅。一直在想，要是还不了贷款怎么办？"但她想到了办法。她租下了奥马哈市的大礼堂，把商场里的家具都搬到了那里，然后在《奥马哈世界先驱报》上刊登了广告。短短3天内，她就卖出了价值25万美元的家具，这样她不但还清了旧债，也偿还了5万美元的贷款。自此以后，她再也没有借过钱。

1950年，与她相濡以沫近40年的伊萨多·布鲁姆金溘然长逝。1948年，他们唯一的儿子路易斯就开始在商场上班，负责管控方面的事宜，并很快成为全国知名的零售商。布鲁姆金夫人将商场的管理权移交给儿子后，她只负责地毯部门。由于没有借款，他们的家具商场不需要支付租金和利息，日常开销较低，售价因此要比其他零售商低20%~30%。在接下来的30年里，该商场的销售额持续增长。1975年，一次龙卷风几乎摧毁了商场，造成了数百万美元的损失。

布鲁姆金夫人一直引领着过去20年的零售业趋势——为顾客创造永久的价值，这促进了大众折扣商店和批发俱乐部的发展。作为创新者和创始人，她可与沃尔玛的山姆·沃尔顿相媲美，但她没有能力和意愿将她的概念推广到全国和全世界。她只想以极佳的产品选择和优惠的价格满足客户的需求。与其他重要的零售商相比，她的精益管理团队在销售场所与顾客面对面打交道的时间更长。她最终的成功取决于她在销售场所投入的时间——大约100%。据她的孙子艾文·布鲁姆金的说法，与其他重要的零售商相比，她与顾客的关系更加紧密。布鲁姆金夫人只为了客户的最大利益花钱，这一点为外人所津津乐道。每一笔支出都经过审计，没有雇用过任何买手，她和她的儿子路易斯采购所有商品，这样可以把节省下来的成本通过较低的价格转移给客户。

■ 企业卖给沃伦·巴菲特

1983年的一天，沃伦·巴菲特走进了内布拉斯加州家具商场。当时商场的年销售额为8 860万美元，每平方英尺的销售额为443美元。巴菲特向布鲁姆金夫人表达了买下商场的想法。她后来告诉记者说："我已经厌倦了当孩子们的老板了，因此我想'卖掉它，让巴菲特做老板'。他没有来烦我。"这笔交易没有审核账目，没有盘点存货。巴菲特说："她只是告诉我，一切都付清了，银行里有多少现金，然后跟我握了握手。"关于这笔交易的达成，巴菲特后来说："我宁愿相信她的话，也不愿意与八大会计师事务所的审计人员打交道，否则就像与英格兰银行（Bank of England）打交道一样。"后来，巴菲特悄悄对布鲁姆金的儿子路易斯吐露心声说，自己有时很难理解他母亲那蹩脚的英语。路易斯说："别担心，她理解你说的一切。"

虽然布鲁姆金夫人后来说她的公司价值1亿美元，但她同意以6 000万美元的价格将90%的股权转让给巴菲特（布鲁姆金家族的成员随后行使了另外10%的回购期权，因此，伯克希尔股东最终以5 500万美元获得了该公司80%的股份）。签订正式合约时，布鲁姆金夫人只是在合约上做了个标记。她不会写字。当巴菲特递给她支票时，她把支票叠起来说："巴菲特先生，我们将把我们的竞争对手放进绞肉机里。"这笔交易很快就完成了，收购内布拉斯加州家具商场过程中涉及的法律和会计费用总额为1 400美元。这笔交易比平时购买一套房子涉及的费用更少，完成的速度更快！

布鲁姆金夫人为什么出售商场呢？原因可能与大多数家族企业（如果不是全部的话）一样：为了减少遗产税并确保家族业务、管理层、员工和客户的持续。根据巴菲特的说法，布鲁姆金给了4个孩子每个人20%的生意，自己保留了20%。89岁时，她觉得出售自己管理的企业能给家族带来现金。此外，她还有了一个资金实力雄厚、以收购实现扩张的不干涉管理的合伙人，而且她还设法为家族保留了20%的股权。

在1983年伯克希尔·哈撒韦致股东的信中，巴菲特解释了他收购内布拉斯加州家具商场的原因。他写道："判断一家公司的价值时，我常常会问自己这一问题：假设我有足够的资金与人才，我愿不愿意和这家公司竞争，我宁愿和大灰熊摔跤，也不愿和布鲁姆金夫人及其后人竞争，他们采购有一套，经营费用低到其竞争对手想都想不到的程度，他们会将所省下的每一分钱回馈给客户，这是一家理想的企业，以为客户创造价值为己任，这一切最终会给所有者带来经济利益。"

他进一步解释说："遗传学家应该好好研究布鲁姆金家族里为何有这么多人都成了优秀的经理人。布鲁姆金夫人的儿子路易斯·布鲁姆金担任内布拉斯加州家具商场的总经理已有好多年，且被公认为最精明、最出色的家具与家电用品采购者，他说他有最好的老师，布鲁姆金夫人则说她有最优秀的学生，两者的说法完全正确，路易斯跟他的3个儿子皆继承了布鲁姆金家族优秀的管理能力、勤奋工作与最重要的正直诚信的人格特质，他们实在是不错的合伙人，很高兴能与他们一起合作。"

第二年，即布鲁姆金91岁时，还在店里从事全职工作。她对记者说："我到家就吃饭睡觉，就是这样。天不亮我就回到店里了。"同年，另一位记者形容她："身高不足五英尺，短小精干，眼睛明亮，看起来就像犹太版的尤达大师（Jewish Yoda）。"她的新老板说："把她和从顶尖商学院毕业的研究生及《财富》500强的CEO们放在一起，假定起步条件一样，她很快就会超越他们。"

关于布鲁姆金夫人的业务技能，巴菲特说："她知道如何给客户创造最好的价值，她比别人做得都出色。知之为知之，不知为不知，她很清楚这一点。她完美地诠释了我所称的'能力范围'。"巴菲特接着解释了一个非常重要的投资理念："若你想卖给她10 000张小地毯、茶几或其他家具用品，她知道如何购买。如果你试图让她购买100股通用汽车（General Motors）的股票，她会说：'算了吧。'因为她对通用汽车的股票一无所知。"

1984年，她获得了奥马哈克雷顿大学（Creighton University）颁发的荣誉法学博士学位。华盛顿特区的内布拉斯加州学会（The Nebraska Society）授予她内布拉斯加杰出人士奖（Distinguished Nebraskan Award），她入选了内布拉斯加州商业名人堂（Nebraska Business Hall of Fame）。她还获得了纽约大学（New York University）颁发的商业科学荣誉博士学位，是第一位获此殊荣的女性。此前这一荣誉的获得者包括埃克森石油公司（Exxon Corporation）的CEO克利夫顿·加尔文（Clifton Garvin）、花旗公司（Citicorp）的时任CEO沃尔特·里斯顿（Walter Wriston）、IBM的时任首席执行官弗兰克·加里（Frank Cary）和通用汽车公司的时任CEO汤姆·墨菲（Tom Murphy）。尽管巴菲特评论说"他们的公司都很好"，但布鲁姆金夫人的反应则是："那不代表什么。"

5年后，布鲁姆金夫人已96岁了，但她仍然干劲十足。她早上6点钟起床，9点到达店里，然后会一直工作到下午5点。她已步履蹒跚，为解决这个问题，她买了一辆电动车，她称其为"罗斯二号"。她乘着它在店里四处奔忙，正如她说的："就像一个俄罗斯哥萨克骑兵（Russia Cossack）一样。"工作结束后，她会让司机带她到奥马哈各处转转，看看竞争对手的停车场和商店，直到晚上9点钟她才回家。她告诉记者说："对我而言，回家是对我最大的惩罚。"

■ 利用竞争管理家族企业

事实上，由于性格强势，她跟家人发生了冲突。虽然布鲁姆金夫人在1989

年仍然经营着地毯部门,但她的儿子路易斯已经退休,只担任董事会主席一职。路易斯的儿子艾文接替了他的CEO职务,另一个儿子罗纳德担任首席运营官。布鲁姆金夫人的孙子非常尊重她,但他们想以自己的方式经营公司,这样难免会与她这位家族的首脑产生冲突。

对于这位常年工作的创始人和创业者而言,一下子无法适应退休后的生活。将她一手创立的事业交给他人,即使是她的家人,也是非常困难的。把企业传承给下一代(罗斯是把事业传承给第三代),若不能顺利过渡,那么企业可能遭受不利影响甚至关门大吉。

事实上,在当年的5月份,布鲁姆金夫人就认为"男孩子们"过多地干涉了她经营的地毯部门,她当时就想放弃了。与所有意志坚韧的成功企业家一样,她讨厌别人说她做错了,而且上司还是她的孙子。她后来对记者抱怨说:"过去几个月里,他们剥夺了我的权力,我采购不了任何东西,这让我快发疯了,他们什么都不懂。"提到孙子们,她补充说:"他们现在都是大人物了。所以有一天早晨,我实在气不过,就一走了之了。沃伦·巴菲特一直像个天使,他说没有人比得上我,不管我有多老,我都能做得很好。但他现在支持那两个小子,他从来没向我道过歉,从来没有。我被他骗了。但我依然认为他是个天使。"

但布鲁姆金夫人并没有放弃自己的事业。正如她后来讲述的那样:"我回家后,哭了几个月。我太孤单了,我习惯了和员工待在一起。我的女儿对我说:'妈妈,你可以另起炉灶呀,即使赔了钱,也比你整天待在家里忧心忡忡好。'"就这样,1989年10月,在95岁的时候,她投资200万美元成立了布鲁姆金夫人批发店(Mrs. B's Warehouse),店铺就在内布拉斯加州家具商场的街对面。

她当时对记者说:"我希望多活两年,让他们看看我是谁,我要让他们瞧瞧我的厉害。"这里的"他们",当然指的是她的孙子。她说:"他们说我太老了,思想太怪异了。我一生都在为这个家打拼,我让他们成了百万富翁,我本来是董事会主席,但他们剥夺了我的权力……我那些孙子……只知道花哨的东西,他们休假太多,现在公司的高管太多了。"她补充说,她的管理风格比她的孙子简单得多，他们"开会太多了，假期太多了，这都要花钱。我告诉巴菲特，我掌管企业时，管理费用是700万美元，现在是2700万美元。现在，傻子都成了总裁和副总裁"。

具有讽刺意味的是，当布鲁姆金夫人开设新店与孙子们展开竞争时，她发现自己面临的挑战与当年创立家具商场时的一样，她对记者说："我遭到了抵制。所有给内布拉斯加州家具商场供货的大制造商都不卖给我任何东西。他们（她的孙子们）威胁制造商说，要是供货给我，他们就不采购了。他们每年的采购额是1.55亿美元。我给他们建立了国内规模最大的企业，他们不想我跟他们竞争。"

她对正在新店里帮忙的孙女克劳迪娅·博姆（Claudia Boehm）说："他们是大象，我是蚂蚁。"尽管大厂家拒绝给她供货，尽管只有少量存货，而且没有投放广告，也没有"正式"开业，但在她试营业的3个月里，她卖出了25.6万美元的商品。布鲁姆金解释说："我是个行动迅速的商人，感谢上帝，我脑子还好使，我还有诀窍、才华……"

到1991年，经过短短两年的经营后，布鲁姆金夫人不仅获得了丰厚的利润，而且成为奥马哈的第三大地毯出口商。1991年12月1日，离她98岁的生日还有两天时，沃伦·巴菲特来劝她休战。他带来了20朵粉红色的玫瑰和一盒5磅的"巧克力"。自从布鲁姆金开立新店以来，巴菲特还未与她说过话。她非常感谢巴菲特为此所做的努力，她说："他是一位真正的绅士。"几个月后，布鲁姆金以494万美元的价格将其批发店出售给了内布拉斯加州家具商场。

尽管让家人感到尴尬，令顾客感到困惑，但她在街对面的所作所为让整个公司变得更加强大了。他们祖孙间的争斗也是多代家族经理人之间的典型。布鲁姆金夫人的孙子们能够证明他们有能力管理家族企业；内布拉斯加州家具商场证明了它极强的竞争优势，即使与其创始人创立的新企业竞争也是如此；他们的祖母发现自己是可替代的，没有她，企业仍会继续发展，而且在新店被收购后，她开拓的地毯业务成了企业的一部分。

巴菲特后来对他的股东们说："我很高兴布鲁姆金夫人可以再度与我们合伙做生意，她的成功经历实在是前所未有的，不管她是我们的伙伴或是竞争对手，当然最好是能成为伙伴，我本人都是她忠实的支持者。她89岁时曾与我签约，当时我忽略了竞业禁止条款，这一次经过布鲁姆金夫人的首肯，我们签署了相关条款。布鲁姆金夫人有好几项纪录可以名列吉尼斯世界纪录中，在99岁签署竞业禁止条款只不过又增加了一项罢了。"

一年后，即布鲁姆金夫人在100岁时，仍然每周在家具商场工作60个小时，她的100岁生日当然也是在店里庆祝的，来店里祝贺的人包括内布拉斯加州州长本·尼尔森（Ben Nelson）、参议员鲍勃·凯利（Bob Kerrey）、众议员彼得·霍格兰（Peter Hoagland）和奥马哈市市长P. J. 摩根（P. J. Morgan）。她当时说："我独自生活，这就是我工作的原因。我痛恨回家，我工作是为了避免进坟墓。"

布鲁姆金夫人100岁时回顾了她的过往，她说："我75年前从俄罗斯来到美国打拼，从不撒谎，从不骗人，从来不觉得自己是个大人物。"她的孙子艾文·布鲁姆金谈到她何以能创立如此庞大的大企业时说："她很专注，又富有远见。"她一直奉行的商业理念是："我们的每笔业务都致力于改善人们的生活，一代又一代。现金为王，远离债务。"

快到104岁时，布鲁姆金夫人终于开始放缓脚步了。由于身患肺炎、心脏病和慢性支气管炎，她无法再像以前那样长时间工作了。被收购的布鲁姆金夫人批发店的日常运营已经交给了她的孙女克劳迪娅·科恩·博姆（Claudia Cohn Boehm）和巴里·科恩（Barry Cohn）打理，但她还是无法置身事外。为了解经营状况，她的护士每天会开车带她去店里一两次。有时候，她会下车，走进店里看看员工和顾客，但通常情况下，都是她的孙女出来向她汇报销售情况。她一天会打4次电话。博姆说："她必须了解店里的情况，她总是不放心。"她补充说："我们尽可能按她的意思经营商店。"

布鲁姆金夫人于1998年8月9日去世，距离她105岁的生日还有4个月。她留下了丰厚的遗产，不只是内布拉斯加州家具商场和一个能干的管理团队，还有她众多的慈善事业。她向奥马哈犹太人联合会（Jewish Federation of Omaha）捐赠150万美元建设一家能容纳119个床位的养老院。当被问及为何向这家联合会捐赠这么多钱时，她解释说，当年她初到美国时，希伯来移民援助协会曾招待过她一顿饭，当时她就发誓有朝一日要回报待她友善的犹太人。

她向奥马哈市中心的老剧院阿斯特罗（Astro）捐赠了20多万美元，因为她不想看到这家剧院被夷为平地。她还帮助该剧院募集了900万美元的资金翻修和装潢。沃伦·巴菲特的女儿苏珊组织了此次资金募集活动，布鲁姆金家族和巴菲特家族各捐赠了100万美元。剧院随后重新开张，名字更改为"罗斯·布鲁姆金表演艺术中心"（Rose Blumkin Performing Arts Center），通常被简称为"罗斯中心"。

然而，内布拉斯加州家具商场的成功经营才是布鲁姆金夫人最大的成就。她是天生的商人，本能地知道必须做什么才能确保成功。在她看来，这意味着愿意为企业奉献一生。她说："每个企业都需要一位优秀的管理者，他是一个全心全意投入工作的人，而不是吃一顿午饭要花3个半小时或者喜欢去拉斯维加斯或夏威夷度假或打保龄球的人。"

当然，她最重视的是她的客户。沃伦·巴菲特在谈到她时说："人们读到的有关顾客至上的种种理念，据我所知，都是她提出的。"而且，她确实能让客户为她着迷。她会说："亲爱的，你在找什么呢？无论你想要什么，我都会给你实惠的价格……最划算的交易。"她的客户很喜欢这一点，因此都会成为回头客。

同时，她对员工很严格，尤其是家族成员。她总是乘着她的电动车在商场里游走，高喊着："你这个没用的傻瓜！你这个蠢货！你这个懒家伙。"幸运的是，她的儿子路易斯性情温和，能够安抚员工们的情绪。当这位女老板把某位销售人员骂得狗血喷头时，路易斯就会好言安抚。当她解雇了员工时，路易斯会把他们请回来。

尽管布鲁姆金夫人对家人和员工要求很苛刻，但她也知道如何让他人开心。她在96岁的时候对记者说："成功和快乐的唯一方式是，诚实地面对人生，在50年或60年的漫长岁月里，没有人对你生气，你也感觉良好，这就是快乐的人生。"她很清楚自己成功的原因是什么。她说："我成功的原因是，我对客户很诚实。我告诉了他们真相。我卖货便宜，碰到不对劲的事情时，我会立马纠正。"

罗斯·布鲁姆金的商业信条：

★ 顾客永远排第一位。给他们想要的东西，让他们成为回头客。

★ 把所有时间花在顾客身上。

★ 所有投入都是为了帮助客户。

★ 将节省的成本转移给客户。

★ 不要举债。

第七章

梦想家：阿尔·尤尔茨基

阿尔·尤尔茨基——飞安国际

纽约拉瓜迪亚机场（LaGuardia Airport）的德尔塔斯航天飞机终点站（Deltas Shuttle Terminal），即以前的泛美航空（PanAm）的海运枢纽站，是飞安国际公司（FSI）的行政办公楼。这座建筑与阿尔·尤尔茨基驾驶泛美航空第一架商务飞机长达25年的场所很接近，也是飞安国际起步的地方。

这座建筑占地36 000平方英尺，没有安装电梯，铺设的地毯已有20年的历史，办公家具陈旧，但还算齐全。这是创造航空业奇迹、被誉为商业和医疗业英雄的阿尔·尤尔茨基的办公地点，他现在管理着伯克希尔最赚钱的子公司飞安国际。

尽管尤尔茨基成年后的大部分时间是在纽约度过的，但他仍然带有浓重的南方口音，而且是个很擅长讲故事的人。他的声音听起来很年轻，似乎只有他一半的年龄。他记不起一些精确的日期，只有这一点透露了他真实年龄的信息。我到访的当日，会议室外有一个来自巴西航空公司的代表团正在等候尤尔茨基接见。这些来访者给我的印象是，为了与传奇人物尤尔茨基见面并握个手，他们愿意等上一整天。

采访结束时，关于我带来的那个装满了研究材料、录音带和访问笔记的手提箱是应该由阿尔·尤尔茨基提还是由我来提，我们俩还争执了一番。很遗憾地说，这位年龄是我两倍的长者赢得了拉锯战的胜利。后来，营销部的副总裁吉姆·沃（Jim Waugh）解释说，阿尔会为每一位尊贵的乘客拿行李。他把行李放在泛美公司的公务飞机上，然后驾驶飞机起飞。为乘客拿行李只是尤尔茨基的标志之一，这是他尊重乘客的体现（无论乘客是何种身份）。

访问结束，吃过午餐后，我们飞过哈德逊河（Hudson River），到达对岸的飞安国际泰特波罗（Teterboro）训练中心，在那里我过了一把驾驶猎鹰900EX（Falcon 900EX）式三引擎公务飞机模拟飞行的瘾。这款飞机的飞行距离足以跨越大西洋，价值3400万美元。陈旧的办公大楼与最新、最出色的培训设备、平板电脑显示器和技术装备先进的教室形成了鲜明的对照。当股东们得知阿尔·尤尔茨基的公司把资金都投到了顾客身上而不是为高管提供舒适的办公场所时，一定会很高兴。

美国联邦航空管理局（FAA）核准的最高等级的D级飞行模拟器是由飞安国际的模拟器部门制造的，面向全球发售，不加价，配备真实的飞行驾驶舱（包括价值25 000美元的飞行员驾驶座）。飞安国际制造的所有模拟器都达到了模拟器技术的最高标准D级。当飞行教练打开光学显示器时，不难想象我正坐在一架崭新的公务客机的驾驶舱里，而客机停在泰特波罗的第六跑道上。抬眼便可见远处曼哈顿的天际线，我准备起飞了。这架价值1 500万美元的国际最高水准的飞行模拟器配备的航空电子设备比美国国家航空航天局（NASA）的月球着陆器配备的设备还要先进。

获得指挥塔台的许可后，我沿着跑道加速并拉动机杆，飞机随之升空。当我穿过云层时，飞机会因湍流而震动。我有些紧张，手心直冒汗，因此试图着陆。一个心智正常的人永远不会让我降落他的喷气式飞机，尤其是飞机上有乘客时。我的单引擎或螺旋桨飞机的累积飞行时数已有400小时，所以我的副驾驶吉姆·沃教我怎么操作时，我的第一次尝试算得上是有点控制的坠毁。第二和第三次尝试后，我便能轻松着陆了。通过触摸我身后的电脑屏幕，飞行教练能够让我在黎明起飞，一分钟之后，让我在黄昏中降落。我提议说："我们找点乐子吧，降低我的能见度试试。"就这样，我的能见度变成了50英尺，仅能看到跑道上的积雪和冻冰。

这套控制系统设置了200多个错误和威胁生命的问题组合，而且所有的模拟和反应都会被拍摄下来，以便事后飞行员反复观摩，确认如何、什么时候以及能否做出反应。

当我离开这架最先进的模拟飞行器后，我感觉好像自己驾驶飞机飞行了一整天。我的衬衫已经被汗水浸透了，这也说明了飞安的训练项目是多么的真实！

阿尔·尤尔茨基回忆说："不知道为什么，我从孩提时代就对飞机十分着迷。当时飞机还是稀罕物，但我阅读了有关飞机和飞行员的一切资料。"1927年的某一天，即阿尔15岁生日几天后，年轻的邮递员查尔斯·林德伯格（Charles Lindbergh）试图从纽约的罗斯福机场（Roosevelt Field）起飞，成为飞越大西洋的第一人。

阿尔·尤尔茨基回忆说："之前有很多人尝试过，但都失败了。我的耳朵紧贴着那台真空管RCA收音机，倾听着有关此次飞行进展的新消息。当他在巴黎着陆并在机场被成千上万法国人抬起来的消息传来时，我整个人都痴了。自此我在心里认定，我要做一名飞行员，就像林德伯格一样。我非常确信这一点。"

阿尔·尤尔茨基后来确实成了一名飞行员。由于他飞行经验丰富，且总是能抓住机会，他几乎凭一人之力创造了航空培训业。而且，在成立、孕育和建设飞安国际公司的过程中，他确保了数千飞行员和数百万乘客的飞行安全。

■ 飞行梦想创下新的行业

1917年5月15日，阿尔·李·尤尔茨基（Albert Lee Ueltschi）出生于肯塔基州（Kentucky）法兰克福（Frankfort）附近的一个奶牛场，是7个孩子中的老幺。他在肯塔基州乔特维尔（Choateville）的一所只有一间教室的学校里接受了最初4年的教育，然后转学至法兰克福的一所学校，相比之下，法兰克福是"大"城市，当时号称有15 000名居民。阿尔·尤尔茨基回忆说："学校建在山上，课间休息时，我会走出去看看山谷，心想这就是飞行员们经常看到的景象。我也想这样俯瞰整个世界。"

奇怪的是，尽管当时全国经济处于萧条期，家里的财务状况不确定，但他的父母都很支持他。"我的父母非常了不起，即使我的飞行梦想似乎有点荒谬，他们从来没有对我泼过冷水。我们一家9口人生活在一个偏僻的农场，经济拮据，房子也只能避风挡雨，而我却在喋喋不休地讲驾驶飞机飞行的事。"

即使有父母的支持，他的飞行员之路也走得不容易。他在农场工作赚的钱不足以支付飞行课程的昂贵学费。但1934年他从高中毕业不久后就找到了解决方法。他后来回忆说，"当时有一家名叫白色城堡（White Castle）的公司恰好在法兰克福开设了一家汉堡店，吸引了很多人前往。这项业务很简单，所以我也在法兰克福设了一个汉堡摊，位置与我的竞争对手仅隔着一条肯塔基河（Kentucky River）"。尤尔茨基将他的摊位取名为"小鹰"（Little Hawk），因为他认为这个名字蕴含飞行之意。

"生意从一开始就很好。每个汉堡、每杯可乐的售价是5美分，销量很大，但问题是我没挣到钱。因此我把价格提高了一倍（当然量大从优，12个汉堡只要一美元）。突然间，我就赚钱了。"

他把从汉堡摊挣的钱都攒了下来，仅一年就攒够了学费。他可以上飞行课了。两年后，他首次独自驾机飞行。18岁时，由于之前曾创立过成功的企业，他去拜访法兰克福农民银行（Farmers Bank）的总裁，请他贷一笔款给自己买飞机。以汉堡摊做抵押，他获得了3 500美元的贷款，很快就买了一架沃克10型（Waco 10）飞机，这是一款驾驶舱开放的双翼飞机，飞行员需要佩戴护目镜。

他的父母原本希望他能去肯塔基大学（University of Kentucky）求学，但他把时间都花在了飞机场。1937年，尤尔茨基以一美元和未清偿的贷款将汉堡摊转让给了他的哥哥，然后他把所有时间都投入到了飞行事业中。当时美国还处于大萧条中，飞行员谋生很困难。尤尔茨基记得，"根本没有飞行员的工作，即使军方也只有少量飞机。所以我做了很多飞行员做的事情，什么活儿都接。我带人飞上天遛一圈、讲课，甚至进行飞行表演都只收1美元。人们会走出屋子来看看我这个傻瓜是否会自寻死路，而且我真的像个傻瓜一样，有几次差点应验了人们的预言"。

尤尔茨基被聘为辛辛那提（Cincinnati）皇后城飞行服务公司（Queen City Flying Services）的首席飞行员之后，曾发生了一件令他记忆最为深刻的事情。1939年的某一天，他正在指导美国民用航空局（Civil Aeronautics Administration, CAA，美国联邦航空管理局的前身）的一名飞行员如何在开放式驾驶舱内进行快滚（nap rolls）飞行，这是飞机颠倒后继续飞行的技术。据尤尔茨基回忆，"这位CAA的飞行员开始急剧翻转，飞机很快就翻了个，然后飞机突地不见了。"尤尔茨基的座位与驾驶舱脱离，直接向下方俄亥俄州（Ohio）的农田落下。

他脱下厚厚的皮手套（尤尔茨基仍然记得当时的空气有多寒冷），猛拉了降落伞的控制绳索。就在距地面150英尺的高度时（仅仅几秒钟后就会撞地的危急时刻），降落伞打开了，他毫发无伤地着了陆。过了一阵子，他才从此次事件中总结出了几个重要的教训：

★ "在飞机上训练可能很危险。"

★ "发生意外时，要及时采取正确的行动。"

★ "可能的话，保持好运气。"

他后来说，前两点对"多年来我的职业选择和商业交易产生了很大的影响。至于好运，它伴随了我一生"。

1941年，尤尔茨基与泛美世界航空公司（Pan American World Airways）签约。即便在当时，这家公司也是重要的航空公司。1928年，该公司开通了古巴（Cuba）哈瓦那（Havana）和佛罗里达州（Florida）基韦斯特（Key West）之间的运营航线。到13年后尤尔茨基加盟该公司时，其航线已遍布全球了。正如尤尔茨基记忆中的那样，"泛美世界航空公司是美国在全球的标志性企业，没有哪家企业能与之媲美。它的飞行机组是航空领域经验最丰富、最受尊敬的。在那个时候能加入该公司，不仅可以获得独特的经验，而且这样的机会以后再也不会有了"。

矛盾的是，尽管泛美航空是美国唯一的国际航空公司，但它不能经营任何国内航线。当公司的创始人兼总裁胡安·特里普（Juan Trippe）在美国境内旅行时，他不得不乘坐其他航空公司的飞机。为了避免这种情况，泛美世界航空公司将一架双引擎的螺旋桨飞机［与阿梅莉亚·埃尔哈特（Amelia Earhart）驾驶的飞机类型一样］改造成了专供特里普乘坐的公务飞机。1943年，尤尔茨基被选中试驾这架飞机。这项任务原本计划6个月结束，但一直持续到了尤尔茨基25年后从泛美退休。

鉴于他的老板在商界的地位，尤尔茨基发现，他在承担这项任务期间要为许多企业高管和众多名人拿行李，包括德怀特·D.艾森豪威尔将军（Dwight D. Eisenhower）、乔治·马歇尔（George Marshall）、金融家伯纳德·巴鲁克（Bernard Baruch）、弗朗西斯·斯佩尔曼红衣主教（Francis Cardinal Spellman）和普雷斯科特·布什（Prescott Bush），最后这位的儿子和孙子后来都成了美国总统。对他而言，接送他童年时代的飞行英雄查尔斯·林德伯格最令他兴奋。他后来说，"对于一个生于肯塔基州农场的穷小子来说，这就像踏入了仙界。我特别注意观察特里普先生和他的同事们是如何利用时间的。听这些在世的顶级商人谈论商业，争论政治，规划新企业，制定融资策略，仿佛置身于顶级商学院的课堂"。

对于胡安·特里普和他的飞机驾驶员来说，一个前景看好的业务是公务航空。越来越多的企业高管发现，公司拥有自己的公务飞机很有益处。随着有这种想法的人越来越多，阿尔·尤尔茨基看到了其他人没有发现的新商机。他知道的大多数商业飞行员（他认识其中的很多人）都非常出色，在第二次世界大战期间都曾在海军或陆军的航空大队中受过训。但他们一旦离开了军队，开始驾驶公务飞机，他们的训练基本上就结束了。

商业机队内开始出现高性能的增压飞机，对于习惯旧机型的飞行员来说，这种转变可能是个挑战。航空公司有能力应对挑战，尤尔茨基本人就在帮助老飞行员们熟悉DC6s型和星座型客机（Constellations）。此外，联邦政府要求所有航空公司的飞行员每6个月展示一次他们的熟练程度。但商务飞行员没有这样的义务，尤尔茨基很清楚，商务飞行员缺乏培训的问题会日益严重。

另外，即使航空公司的飞行员想要接受额外的培训，也没有人提供此类培训。尤尔茨基说："我考虑这个问题很久了，我认为这可能是个机会，我们可以向这些人提供与航空公司相类似的培训体系。"1951年，在老板的鼓励下，阿尔·尤尔茨基以他的房子为抵押获得了15 000美元的贷款。随后他用这笔贷款在纽约拉瓜迪亚机场的候机楼设立了飞安公司的办公室。办公室只有一间屋子，里面配有一张木桌、一部电话和一台电动打字机。打字机前还有一位秘书，他是飞安公司唯一的全职员工，负责为老板打字和招揽业务。

1944年，尤尔茨基与爱琳·希利（Eileen Healey）结婚。7年后公司成立时，他们夫妇共生育了4个孩子。为了养家，尤尔茨基仍在泛美航空工作。事实上，到1968年——他创立飞安后，他已经为胡安·特里普做专职飞行员17年了。他从来没有要求他的老板（特里普也没有主动）投资新公司，尽管如此，这位泛美航空公司的负责人还是非常支持尤尔茨基的事业。尤尔茨基在谈及他的导师和前雇主时说："他的许多朋友都是拥有飞机的CEO，他敦促他们让自己的飞行员接受飞安的培训。从很多方面来看，他是飞安对《财富》500强企业的宣传大使。"

当阿尔·尤尔茨基的公司开始培训飞行员时，所有的训练都是在空中进行的、没有飞行模拟器。事实上，在地面上训练飞行员的想法面临相当大的阻力。然而，一些有远见的人，包括阿尔·尤尔茨基本人，相信对飞行员而言，真实的模拟器训练是一种更高效、更省钱的方式。这种训练不仅能保持熟练度，而且能较容易地实现不同机型的转换。另外，正如尤尔茨基指出的，"如果你能驾驶模拟器，你就能驾驶飞机，但反之不一定成立。模拟器可以安全地让你置身于各种危险的背景中，这些危险的情形在实际飞行中出现的概率不大，但并非不可能，所以要有所准备"。而且，正如国家商用飞机协会（National Business Aircraft Association, NBAA）所称的："尤尔茨基以传教般的热情试图说服那些业内对他和飞安公司持怀疑态度的人，他想让他们相信，他和他的公司有技术先进的模拟器、专业的教练和精心设计的课程，能满足大部分飞行员对专业技能的需求。"

所以，尤尔茨基在创办新企业的同时也开创了一个新的行业。飞安自一开业就使用了几乎所有的小型地面训练设备，但在1954年才签约购买第一台现代模拟器。然而，这台模拟器是由埃德·林克（Ed Link）制造的（飞安之前从该公司购买二手的林克训练器），价格为15万美元。刚成立的飞安无力承担如此昂贵的费用，银行也不愿意贷款，但幸运的是，正如尤尔茨基事后讲述的，"我们的一些客户不仅认同模拟器训练的价值，而且还以现金表达了他们对这一模式的支持。这些机构的飞行部门，比如伊斯曼柯达（Eastman Kodak）、国民乳业（National Dairies）、可口可乐（Coca-Cola）、海湾石油（Gulf Oil）、奥林·马西森（Olin Mathieson）等公司的飞行部门，同意向我们提供总额近7万美元的培训费，这样他们的飞行员在5年之内可以使用模拟飞行器进行训练。我们就用这笔资金购买了飞行模拟器。获得模拟器后，我们的培训事业看似会取得成功"。

然而，直到20世纪60年代中期涡轮动力飞机开始建造时，飞安的前景才开始变得明朗起来。其中一个重要因素是尤尔茨基的老板和负责建造法国神秘喷气机（France's Mystere jet）的马塞尔·达索（Marcel Dassault）达成的一笔交易。特里普和达索同意泛美航空建立一个新的泛美商务喷气机部门，该部门负责神秘喷气机在北美的市场营销，特里普将这种飞机命名为猎鹰飞机（Falcon Jet）。正如尤尔茨基所讲述的，"此后不久，我便劝说特里普先生把在飞安接受飞行员和维修技师的培训作为每架新猎鹰飞机购买价格的一部分，这样，飞安的模拟器培训就成了现代公务飞机经营的一个组成部分了。飞安的培训就成了业内的标准"。

这是为飞安国际扬名立万、建立声誉，提高客户对它的认可度、关注度和忠诚度的关键一步。将飞安的培训计入购买价格给该公司带来了持久的竞争优势。

但其他因素也发挥了作用。尤尔茨基解释说："当捷星喷气机（JetStars）、佩刀客机（Sabreliners）、湾流型飞机（Gulf streams）和里尔喷气机（Learjets）开始出现时，整个公务航空业的发展进程出现了变化。这些新机型都无军方背景，且都是精密、高效、高速的机器，虽然标价与广大民众对这些喷气式飞机的热情不相匹配，但没有人否认它们将引领未来的潮流。后来发生的一系列事故表明，这类飞机与之前的飞机大相径庭。飞行员、机主和保险公司得出了同样的结论：了解和掌握这种新型商务机的最佳地点是在模拟器内部。由此，飞安国际的业务便源源不断了。"

到了1968年，即尤尔茨基50岁时，飞安国际的知名度已经比较高了，他觉得是时候从泛美航空退休了。他说："离开泛美可能是我职业生涯中最困难也是最激动人心的时刻，我热爱这家公司和我的工作，然而，一想到我就要全身心地领导我自己的公司了，我就兴奋不已，这一天终于来到了。最后一次飞行结束后，我自豪地从飞机上拿下特里普先生的行李箱，跟他握了握手，并真诚地感谢他赋予我的精彩职业生涯。然后我跨过斜坡，走上台阶，成了飞安的全职CEO。此时距我创立这家公司已经17年了，我要开始从飞安领薪水了。我必须这么做，因为我已经辞去了之前的工作。"

■ 善于合作，反对拆分所有权

从飞安领薪水从来都不是问题。随着岁月的流逝，飞安已几乎垄断了航空培训业务，公司发展势头迅猛，阿尔·尤尔茨基也积累了5亿多美元的财富。1983年，他成为《福布斯》富豪榜400强的成员。但是，1996年，当尤尔茨基快80岁时，这位有4个子女和12个孙子的老人开始担忧，自己离开后耗费多年心血建立的这家公司会变成什么样。多年来，他收到过几家大公司的报价，但他反对将公司的所有权分拆，并发誓决不让这样的事情发生。

尤尔茨基素来不喜欢华尔街、投机套利者（greenmailers）、杠杆收购和企业狙击手（corporate raiders）。但正如他讲述的，"幸运的是，好运再次光顾了我，沃伦·巴菲特打来了电话。尽管沃伦之前把他的飞行员送到这里来培训，但我和他素未谋面，所以接到他的电话时我感到很意外。他想知道我是否有兴趣与他谈谈飞安的未来。我回答说有"。

巴菲特打这个电话是因为听了理查德·塞西尔（Richard Sercer）的建议，他是飞安公司和伯克希尔公司的股东，也是亚利桑那州图森市（Tucson）的航空顾问。他的妻子阿尔玛·墨菲（Alma Murphy）（伯克希尔的股东和哈佛大学的眼科医生）说服他购买了伯克希尔的一些股票。正如巴菲特后来告诉股东的那样："碰巧的是，理查德同时也是长期投资于飞安国际公司的股东，刚好他在去年认为，两家公司应该有机会结合，他相当了解伯克希尔收购公司的标准，同时也知道阿尔·尤尔茨基想要为自己的公司找一个理想的归宿，也为自己的股权找到一层保障，所以就在7月份，理查德写信给所罗门公司的总裁鲍勃·德纳姆（Bob Denham）研究这项交易的可能性。鲍勃接受了这项任务。"

尽管巴菲特厌恶高科技公司，但这一切还是发生了。事实上，巴菲特避开这些公司并不是因为厌恶技术，而是因为高科技公司的未来存在很大的不确定性。巴菲特对飞安国际没有这样的担忧，而且他和尤尔茨基于9月份在纽约市碰了面。

两人有很多共同之处：办公室都很简朴，生活出了名的节俭，注重自力更生，关注股东的利益，对短期分析师不屑一顾，在《福布斯》富豪榜400强中长期上榜，合伙人的昵称都是"查理"：沃伦的合伙人是伯克希尔的副主席查尔斯·芒格，阿尔·尤尔茨基的"查理"是一条金毛猎犬，当阿尔驾机飞行时，这条猎犬就躺在他和副驾驶之间的油门下方。查理甚至会陪阿尔睡觉。

尤尔茨基说："我们一边吃着汉堡、喝着樱桃口味的可乐，一边交流，我对看到的和听到的都感到很高兴。沃伦说他希望飞安成为伯克希尔·哈撒韦的一部分，但他希望它成为一家独立的子公司，继续从事之前的业务，并由同样的人经营。用餐结束时——这是自我卖掉小鹰汉堡摊之后吃过的最好的汉堡，我们达成了协议。1996年12月底，收购事宜完毕，飞安成了伯克希尔·哈撒韦的全资子公司。"

巴菲特提议给尤尔茨基15亿美元收购飞安公司，而且飞安的股东可以选择以50美元的价格出售股票或以48美元的价格获得伯克希尔的A类或B类普通股。尤尔茨基家族持有飞安公司37%的股份，他们选择免税置换伯克希尔股票。而且尤尔茨基指出："我个人认为伯克希尔的股票是我愿意投资且无限期持有的对象。"并购完成后，49%的飞安股东也选择了股票置换方式，其余股东获得了现金。据说当时尤尔茨基高兴得不得了。

沃伦·巴菲特同样也非常高兴。当时他说："飞安是我喜欢的企业，经营它的人是我喜欢和钦佩的。"但正如他后来解释的："他了解我，我了解飞安，我能看出他热爱自己的事业。对于身处同一职务的人，我总是会首先问这个问题：他到底是爱钱还是爱事业？对于阿尔来说，钱完全是次要的。他热爱这份事业，而这正是我需要的，因为我在收购一家公司之后，如果经理人是爱财的，他们会选择走人，如果他们爱事业，那他们会像以前一样经营公司。"

成为伯克希尔·哈撒韦家族的一员后，飞安取得了长足的发展。并购交易完成时，该公司的年收入约为3.65亿美元。4年之后，这一数字增加为约6.45亿美元。因此，该公司为伯克希尔·哈撒韦贡献的税前利润累计高达7亿美元，是收购飞安时支付的资金的一半。另外，公司目前的估值是20倍的盈余，即30亿美元，这一数字是当初收购价格的2倍。税前利润加上价值增值，相当于20%的内部收益率，这也说明了巴菲特宁愿买下整家公司也不愿意获得部分股份的原因。

这些增长部分是由公司业务扩张导致的。1996年，飞安有2 500名员工，他们在美国、加拿大和欧洲的41个培训中心管理着175台飞行模拟器。现在，员工人数达到了4 000名，培训中心增加为44个，飞行模拟器增加为200台。公司每年培训的飞行人员约有6万名，估计年收入超过了6亿美元，其中绝大部分来自对公司和区域航空公司飞行员的培训。事实上，美国和欧洲出售的所有新公务飞机在销售时都规定由飞安培训飞行员和技师。

该公司还为政府和军队的飞行员提供培训，包括FAA、美国缉毒局（DEA）、海岸警卫搜救队（Coast Guard Search and Rescue）、空军和陆军飞行员。他们也培训驾驶湾流型飞机的白宫飞行员，因此，飞安是世界上规模最大的非政府、非航空企业的航空培训公司，是世界上飞行模拟器的第二大制造商。其规模远大于排名最接近的竞争对手。

1997年，飞安与世界上最大的飞机制造商波音公司（Boeing）建立了长期合作伙伴关系，共同经营飞安—波音培训中心。这家合资企业是独立经营的单位，专门为驾驶100座及以上的波音、空客（Airbus）和福克（Fokker）飞机的飞行员提供培训。全球共建有这样的培训指挥中心20个，在英国的伦敦和曼彻斯特、中国、巴西、南非、法国的巴黎、墨西哥和韩国都设有办事处。这些培训中心的员工有600名，全飞行模拟器有65台。斥资1亿美元设立的迈阿密中心投入使用后，每年将有7 000名飞行员和3 000名维修技师在这里接受培训。

尽管尤尔茨基意识到公司具有明显的竞争优势，但他坚持认为，"我们有很多竞争对手，许多航空公司都在与我们竞争，都在推销他们的剩余产能。其他企业也正在进入这个行业。我只能说我们会尽力而为。我们想成为这一行的领导者。每天情况都有可能发生变化，但我们会尽力而为，这是我们的使命"。

即便如此，他仍补充说："我们只能这么做。现在对飞行员训练的需求很大，我们当然无法招揽全部的业务。我父亲过去常对我说：'要是你把所有的弹珠都赢走了，就没人和你一起玩了。'"

可能是受伯克希尔·哈撒韦收购飞安国际的启发，其他主要的模拟器制造商，尤其是加拿大航空电子设备公司（CAE）和美国通用电气公司（GE）也推出了航空培训业务。来自这些新成立的培训公司的竞争压力并不太大。成立一家航空培训公司前期投入巨大——仅一台飞行模拟器的成本就高达1900万美元，但尤尔茨基也相信："开展航空培训业务不仅需要钱，还需要一个组织的密切配合。"即便如此，航空数据咨询公司AVweb的数据显示，尤尔茨基的公司并非该领域内的唯一。该公司的分析人员在1998年表示："就活塞动力飞机而言，直到10年前，飞安是提供专业等级的飞行器模拟训练的唯一公司。现在情况虽然有变，但飞安国际仍然是该行业内占主导地位的企业，而且该公司为其他培训机构设立了基准。"

由于业绩记录极为优异，飞安常被视为业内典范。例如，飞安最大的客户公务飞机航空公司（Executive Jet）（恰好也是伯克希尔·哈撒韦的子公司）从未发生过致命的事故。有关公务飞机的法律规定比其他飞机多，因此，公务飞机航空公司的飞行员每年必须在飞安接受22天的培训。当然，任何公司要达到飞安的标准都绝非易事。阿尔·尤尔茨基和飞安的员工都坚信他们工作的价值。尤尔茨基说："任何飞机上最好的安全装置都是一名训练有素的飞行员。这是我们的座右铭，我们坚信这一点。喷气式飞机首次投入使用时，因为没有模拟器，所有的训练都是在飞机上完成的。由于飞行员没有机会在模拟器中练习，因此飞行训练中发生的事故要比实际载客飞行中发生的事故多。今天的飞机非常复杂，我们无法在真实的飞机上训练正常或紧急情况下的处理技能，如果可以在条件可控的飞行器中进行模拟训练，那么在真实的飞机上受训就是不合理的。"

事实上，尤尔茨基和飞安的员工不只宣扬培训的重要性，他们还为培训提供坚实的支撑。尤尔茨基说："飞安为2 500多家公司飞行部门的飞行员提供培训。他们每年受训两次。我们为受训后获得专业飞行员能力证书（Certificate of Professional Pilot Proficiency）或者顺利完成副驾驶培训计划的学员提供保额为10万美元的意外险，以此支持我们的培训。保费由飞安支付，飞行员自行确定保险受益人。"

为完成飞安培训计划的飞行员支付保险费是公司被伯克希尔·哈撒韦收购之前很久就出台的举措，收购后这一政策几乎没有改变。尤尔茨基说："我仍然是总裁，肩负的责任与以前一样。唯一的区别是一切都变得更好了。在成为伯克希尔的一员之前，我们身处纽约证券交易所时，总是有人问我下个季度要赚多少钱，为什么我们在上个季度没有赚更多的钱。现在我们经营公司时可以着眼于长远，不必为下一季度担心了。这是为沃伦工作的最大好处之一。"

■ 深度解读真正的领导力

当被问及与沃伦·巴菲特共事最大的好处时，尤尔茨基立即引用了一段有关领导能力的表述。他说："领导力确实是优秀的经理人应具备的能力。'leadership（领导）'一词的各个字母代表了一位优秀的经理人应当具备的素质。'L'代表忠诚（loyalty），'E'代表热忱（enthusiasm），'A'代表态度（attitude），'D'代表纪律（discipline），'E'代表榜样（example）（你必须树立榜样），'R'代表尊重（respect），'S'代表学识（scholarliness），'H'代表诚实（honesty），'I'代表正直（integrity），'P'代表自豪（pride），我最喜欢沃伦·巴菲特的一点是，这些素质他都具备。"

毫不奇怪，他对飞安与伯克希尔·哈撒韦的合并交易并不感到后悔。他说："这是我最明智的决定。"即使这笔交易让他成了伯克希尔最大的股东之一，他也不期望得到任何特殊待遇。他说："我不认为我和其他人有什么区别，每年召开股东大会时，我和其他人一样都必须坐在露天看台上。"即便如此，他还是很在意巴菲特对他的看法。他说："我尽力让他为我感到骄傲，让每一位股东为我骄傲。我觉得我有责任这么做。我不想经营一家你能在报纸上读到其坏消息的公司。"

尤尔茨基显然钦佩和尊重巴菲特，但对他影响最大的人是他的父母。他说："我的父母对我的影响最大。他们为我做的事情比任何人都多。我们一家居住在肯塔基州的一个农场里，家境贫寒，但我们在其他很多方面却很富裕。"当被问及他的父母是否以他的成功为傲时，他说："我实际上并不太在意我的成功，我从来不那样想。"事实上，尽管他当过飞机驾驶员、飞行表演员、餐馆老板、公司飞行员、培训师、企业家、医疗慈善家和亿万富翁，但他形容自己"只是个占有天时、地利的幸运儿而已"。

他说："赚钱的秘诀就是控制成本和提高工作效率，这并不复杂。"

"你必须弄清楚如何获得更多的收入而不是增加开支，这是最重要的事情。"他认为纪律是成功的重要因素，这并不奇怪。他对此解释说："经营企业就像当飞行员，不小心的话，你会一命呜呼的。"

尤尔茨基非常看好航空培训行业的前景和飞安国际的定位。他说："人们出行的次数越来越多，而且这一趋势会延续下去。这个行业有无限的机会，而且不仅仅是在美国。当今世界各地的飞行员都短缺，比以往更短缺。很多飞行员只能飞到60岁，而在某些国家，他们必须在55岁时退休。随着这些人退休，新人会补充进来。而且，新飞机不断问世，对飞行员的需求会很大。我们一直在扩展业务，但我们无法包揽所有业务。"

尤尔茨基说："事实上，未来50年，航空业的变化可能会比过去50年更剧烈。每天似乎都有边界被抹去，某个帘幕被拉开，某个封闭的社会被打开。全球人员和货物正在以惊人的速度移动，虽然没有人知道这些人和货物最终去了哪里，但我知道，他们都得搭乘飞机。"

他说："所以我们将继续培训飞行员和技师，我们的目标是让飞行更安全，我们想继续发展和完善新的程序。对任何人而言，最重要的都是生命，为了使这个行业健康成长，我们必须尽一切可能防止出人命的事故发生。参加葬礼是非常令人伤心的事情。防止飞机出事故的感觉很好。"

为了实现这一目标，飞安采取的一种方法就是与学员保持联系。尤尔茨基说："我们将在未来几年内接管航空运输业。飞安与学术机构通力合作，共同教育和塑造第二个世纪的第一代航空业从业人员。我们已经与佛罗里达州的安柏瑞德航空大学（EmbryRiddle Aeronautical University）签署了一项协议，为其在校学生提供飞行模拟器训练。我相信这个项目还会继续扩张，会把其他学校也纳入进来，并在未来几年提供更多的培训。飞安会积极投身于航空业未来的发展。"

至于伯克希尔·哈撒韦公司的未来，尤尔茨基并没有考虑太多。当被问及是否会出现另一个沃伦·巴菲特时，他回答说："不，就像永远不会有另一个乔治·华盛顿或亚伯拉罕·林肯一样。"他还说："世界上有很多聪明人，但他们都是可替代的。"尽管如此，他认为巴菲特"已经制定了卓越的总体规划。他很聪明，他知道某人会做什么。他想知道如果我在车祸中丧生的话，谁将接替我的职务，所以我确信，他对自己的接班人已经成竹在胸了"。

他认为，无论有没有巴菲特，伯克希尔·哈撒韦公司都将是优质的投资对象，而且他不关心巴菲特走后会发生什么。"我看不出有什么可担忧的大问题。如果他去世了，将会发生什么呢？难道他们会认为其他人也去世了吗？对于如何经营飞安，沃伦没有发表过什么意见，他也不会对其他执掌公司的经理人发表意见。沃伦过世是迟早的事，一旦他过世，总会有人接手他的工作，但与此同时，所有公司都会照常运转。"

至于他自己的未来，尤尔茨基没有立即退休的计划。然而，他还是选好了一位继任者，即执行副总裁布鲁斯·惠特曼（Bruce Whitman），他已经跟尤尔茨基共事了将近40年。至于现在，他说："我正在做我喜欢做的事情。对我来说这不是工作，而是在玩。沃伦和我达成了一项协议。他说他永远不会分割伯克希尔的股票。他唯一能做的是，到我100岁时，他会将我的年龄一分为二，届时我就50岁了。"

与此同时，根据巴菲特的说法，"应该有一本专写阿尔的书。他已经84岁了，却仍然精力充沛，动力十足"。另外，尽管尤尔茨基非常喜欢经营公司和获得财务奖励，但他也清楚，生活中还有许多其他的事情要做。他说："我可以告诉你，上帝作证，钱对我来说从来都不是特别重要，我所做的一切从来都不是为了发财致富。"事实上，在20世纪70年代末，即在他成为伯克希尔亿万富翁的20年前，尤尔茨基就曾对肯塔基州《国家期刊》（the State Journal）的记者说："金钱是可衡量的报酬，但还有更重要的事情。要对自己所做事情感觉良好，要有所贡献，不只为了使存折上的钱增加，还为了其他方面。我真的觉得我们为飞安的发展做出了贡献。做出贡献并为此得到报酬的感觉简直太棒了。"

他的其他贡献之一，也是今天占据他大部分时间的事业是，他加入了国际奥比斯组织（ORBIS International）。他解释说："'奥比斯'是一个希腊单词，有两个意思。一是'眼睛'，二是'环绕世界'。"这家非营利组织是他在1977资助成立的，运营着一个由DC10型飞机改装的飞行手术室，他支付了一半的资金。这个飞行手术室经常飞赴世界各地，为发展中国家的失明人士做手术。

若非视力绝佳，尤尔茨基根本不可能当上飞行员，如果没有成为飞行员，他就看不到在地面进行培训的需求。他通过飞安的培训业务挽救了无数人的生命，他将继续挽救发展中国家失明人士的生命，并让他们重见光明。他意识到这是一项功德无量的事业，他利用在航空业的关系，开发出了一套能让失明人士复明的独特方法。

他说："今天失明的人多达4 500万，如果我们现在不采取行动，这个数字在未来20年内将增加一倍。世界上十分之九的盲人生活在发展中国家。根据世界卫生组织和眼科医生的说法，80%的失明是可预防或治愈的，因为预防和治疗失明的方法是所有医疗保健工作中成本最低、最有效的。如果你可以预防和治疗失明的孩子，但你却什么也没做，这简直就是耻辱。"

尤尔茨基对奥比斯的成绩感到非常自豪。他说："我们为失明人士做出了巨大的贡献，有23 000多名患者在奥比斯的飞机上接受了志愿医生的治疗。更重要的是，我们有350位世界一流的眼科医生，他们志愿花时间培训发展中国家和欠发达国家的医生。自奥比斯成立以来，它已经培训了50 500名眼科医生、护士、麻醉师和生物医学工程师，从中受益的失明人士超过了900万。"

鉴于阿尔·尤尔茨基这样的态度，听到他说出这样的话就不足为怪了："我们都是人，我们都要尽力而为。赠人玫瑰，手留余香。我们手握世界上最好的机会。当然，你想赢，我们都想赢。为了实现这一目标，我们都要努力工作。若结果不能如愿呢？就像打高尔夫球一样，"他经常以这项运动举例，"泰格·伍兹（Tiger Woods）不总是会赢，但人生不就是如此吗？就像参加一场比赛。你会怎么做呢？"这位84岁的飞安国际负责人总结说："我不会说'当我死时'，而会说'若我死了'。"

阿尔·尤尔茨基的商业信条：

★ 努力成为所在领域的领导者，努力成为竞争对手竞相效仿的典范。

★ 严守纪律的人可在任何领域取得成功。

★ 知道你在其他方面做出了贡献，而不只是增加了银行存款。你的事业必须利于他人。

| 第八章 |
创新者：理查·圣图利

理查·圣图利——公务飞机航空

在富裕的新泽西郊区的主干道上坐落着一栋现代化的办公大楼。公务飞机航空公司（EJA）的总部和利捷航空的创始人兼CEO理查·圣图利的办公室就在这栋办公大楼里。公司走廊里挂着一幅沃伦·巴菲特的宣传海报，上面的标题是：这位全世界最成功的人是如何做到的？

圣图利是不想提前看采访问题的少数CEO之一，他的数理和逻辑思维能力很强。他秉持着向前看的人生哲学。他是知识分子、企业家、天生的推销员。他看人又快又准，而且理解沃伦·巴菲特和伯克希尔的文化。公务飞机航空公司是伯克希尔·哈撒韦发展最快的子公司，在过去两年里，其规模（收入和员工人数）都翻了一番。

在近来股市非理性繁荣和伯克希尔股票大打折扣（每股约为45 000美元）的背景下，圣图利想卖空部分网络股，并以现有的股票为基础购买更多的伯克希尔股票。沃伦·巴菲特劝阻他这么做，并对他说："你只需发一次财就够了。"

公务飞机航空公司的总部位于新泽西州伍德布里奇市（Woodbridge）。至少从一个方面来看，该公司的CEO理查·圣图利是沃伦·巴菲特运营经理人中的异类，他并不喜欢他所从事的行业，这一点与其他经理人皆不同。他直到21岁时才驾驶飞机飞行。他说："我进入航空业不是因为我喜欢这个行业，事实上，刚开始时，我认为这是我的一大优势，因为有如此多的人是因为热爱航空业才进入这一行的，而且他们不在乎挣钱多少。他们只是想驾机飞行，做飞行员。我不想乘坐飞机，也不想驾机飞行。我不在乎这些，"他以典型的伯克希尔·哈撒韦经理人的口吻总结说，"我在乎的是我的事业，我的公司，我的员工。"

■ 坦诚和直率的品质

圣图利的坦诚和直率可能归功于他的成长经历。他是联邦政府雇员的儿子，出生于1944年8月14日，在纽约布鲁克林（Brooklyn）的一个工人阶层社区长大。他上了8年的公立学校，然后进入了一所天主教高中学习，毕业后去了布鲁克林理工学院（Brooklyn Polytechnic Institute）深造。在大学期间，他主修应用数学，并于1966年获得学士学位。之后他继续在布鲁克林理工学院学习，首先是攻读硕士学位（他获得了两个硕士学位），然后是博士学位，在此期间，他成了该学院数学系的一名老师。正如他所说，尽管"我喜欢教学"，但1976年儿子出生后养家糊口的重任迫使他离开学术界，"去找一份真正的工作"。

他前往壳牌石油公司（Shell Oil）应聘，并成为运营研究小组的组长。他说："这是一次很好的学习经历。若不是他们宣布要迁往休斯顿（Houston），我可能会一直留在那里。我不想搬家，我出生在布鲁克林，我全家都住在布鲁克林。我没有动。当时我对自己说：'我得另找出路了。'"幸运的是，他很快就得到了在高盛（Goldman, Sachs & Co）工作的莱斯利·派克（Leslie Peck）博士的邀请。派克博士正在筹建一个新团队，拟将基于计算机的模型应用于投资银行，高盛是华尔街首批这么做的公司之一。圣图利说，当时"我对高盛一无所知，老天知道，我对这家公司一点概念都没有"。

派克博士因健康问题离职后，他接管了这个团队。但到了1972年，该公司租赁业务部的经理邀请他到融资租赁部门工作。圣图利回忆说："我说'不去'。那位经理问为什么，我说：'因为我喜欢运用学过的知识，我喜欢做分析。我是世界上为数不多的能将大学课堂学到的知识运用于实践的人之一。'"但他的部门经理却说："你为什么不去试6个月呢？如果到时候你的团队还在，而你又不喜欢那边的工作，你还可以回来啊。"

圣图利回忆说："我说：'好吧'！到了那里后我喜欢上那份工作了。"他最终不仅成了该部门的领导，而且还成了高盛租赁公司（Goldman Sachs Leasing Corporation）的总裁，该公司当时是华尔街最大的租赁机构。

他说："我们经营得非常成功，很赚钱。"即便如此，他还是在1979年提交了辞呈。他回忆说："第二年是成为合伙人的年份，而且，我绝对可以成为一名合伙人，但这也正是我离职的原因。我热爱这家公司，而且我知道，如果我成为高盛的合伙人，那我就得做出终生以此为业的承诺。但当时我还没有准备好做出一生的承诺。实际上，从自我意识的角度来看，尽管我已经如此成功了，但我想看看不借高盛的名头自己能否闯出一番天地。唯一的方式就是创立我自己的企业。于是我这么做了。"

1980年，圣图利以自己的英文首字母为名，创立了RTS资本服务公司（RTS Capital Services）。公司业务与他在高盛时的一样：租赁，确切地说，是直升机的租赁。他说："我了解直升机，这是我的优势。更好的消息是，这项业务的竞争对手较少，主要的钱庄或投资银行都没有开设这项业务。他们懒得做这个生意，因为这都是一两百万美元的小生意，他们看不上眼。因此，我唯一的竞争对手就是区域性银行，但他们缺乏融资租赁方面的复杂专业知识。"圣图利运用自己的专长大显身手的时候到了。到1985年，RTS资本服务公司已成为世界上规模最大的直升机租赁企业。

1984年10月，圣图利收购了公务飞机航空公司，但在几个月之前，他还没有这样的意向。他回忆说："1983年的某个时候，我和3个朋友在韦尔（Vail）滑雪，就在我们打算离开的前一天，我的一个客户打电话对我说：'理查，我正打算飞回去，你要不要搭我的飞机回纽约（他有几架飞机）？'我说：'当然'。于是我们4个人都坐上了他的里尔喷气式飞机。"圣图利解释说："你要明白，这是几个好朋友的出行，而且是在周日。我们穿着很随意，胡子也没刮，因为没人在意这些。几个小时后，我们的飞机开始降落，那位客户说我们必须停下来加油。我不明白，里尔35型飞机本不用在中途加油的，应该能坚持到纽约。为什么我们要中途停下来加油呢？对此我大惑不解。"

"结果飞机降落在了俄亥俄州（Ohio）的哥伦布市（Columbus）。飞机着陆时，我的客户对我说：'理查，你要能抽出几分钟时间的话，我希望你跟公务飞机航空公司的人谈谈。我正想收购这家公司呢，我想请你为我融资。'"

"我说：'什么？'他说：'反正我们得加油，我们可以去谈谈。'于是我们下了飞机，一个人走过来说：'嗨，我是保罗·蒂贝茨将军（General Paul Tibbets）。'他西装革履，还打着领带。我说：'天啊，这是怎么回事？'我的客户说：'哦，别担心。'我们便一同步入了会议室，那里还有8个同样穿西装、打领带的人，他们认为我是来谈收购公司事宜的。我不知所措，因此站起来向他们道歉，告诉了他们发生的一切。我告诉他们，我是被诱拐过来的，非常抱歉浪费了他们的时间。我告诉了他们真相，我不想骗他们。我对他们说，我没兴趣谈生意，我甚至不认识在座的各位是谁。然后我返回了飞机，之后就离开了。但我确实心情很差。"6个月后，一位银行家联系了圣图利，他代表蒂贝茨将军打来了电话，后者现在希望圣图利能买下公务飞机航空公司。"由于上次发生的事情令我感到非常遗憾，"圣图利回忆说，"我回复说：'我很高兴买下该公司。'"

公务飞机航空公司是私人飞机租赁业务的先行者，成立于1964年，创始人是一群退休的空军将领，他们专门提供新型且难以驾驭的里尔喷气式飞机。

该公司的董事会成员包括早期的商务航空爱好者，如演员詹姆斯·斯图尔特（James Stewart）和演艺人员亚瑟·戈弗雷（Arthur Godfrey）。董事会主席是保罗·蒂贝茨将军，他曾在日本投下了两颗原子弹中的一颗，从而结束了第二次世界大战。这是一家典型的因飞行员热爱飞行事业而建立的航空公司，但公司一直在亏损，而且尽管圣图利1984年决定买下它，但他对公司如何扭亏为盈也是一筹莫展。后来他想到了一个办法。起初，圣图利认为公务飞机航空公司是安置租赁飞机的场所。他回忆说："现在我拥有一家飞机公司，我将购置一架飞机，让公务飞机的管理人员为我打理它。但是，当我综合考虑我在飞行中耗费的时间和其他数据时，我发现购置飞机根本不合理。"数据显示，如果他一年乘飞机飞行的时间少于50小时的话，需要时租一架飞机才是更合理的选择。而且，显然，购买和维护自己的飞机是很烧钱的事情，除非他每年能乘飞机400小时以上。

"因此我召集了几个朋友一起商量。我说：'如果4个人平均分担成本的话，结果应该挺不错。'于是我的3个朋友和我均认为这个主意很好，我们决定这么干。接下来我们开始讨论其他问题。一个朋友说：'我每周二和周四要用飞机。'我说：'等等。当我需要的时候，我就得用它。'我们很快意识到，4个人共享一架飞机的想法行不通，实际上是不可能行得通，就像4家人共用一间度假卧室一样。因此我们的会议无果而终了。我对自己说：'要是能找到一个既省钱，产权共享，又能保证每个人在需要时都有飞机可用的万全之策就好了。'"

幸运的是，由于公务飞机航空公司是由军方人员经营的，他们有每次飞行的记录，这样圣图利就可以利用这些数据分析飞行模式了。在研究了4年的不同记录后，他意识到在几个方面，如出发地、目的地（大多都在密西西比河以东飞行）、日期、星期几、停留时间、季节性使用和机械故障，存在高度的可预测性。即使运用了他在大学里学到的数学知识，计算出一些数据、协调所有权和可用飞机间的冲突也花费了他将近半年的时间。1986年，他创立了利捷航空公司。

　　基本的概念相当简单。利捷航空每售出20架飞机，就会在公司机队中保留5.25架飞机服务所有机主。这样的结构保证了98%的可用性和盈利能力，剩余的2%可以租赁的形式满足。与分时度假不同，每一位机主在任何时间都可以要求使用飞机，即使同一时间在该国不同地域的机主也有这样的要求。机主有需要时可提前4小时通知，这样能保证顺利提机。唯一的区别是，机主不能带朋友到机库并对他说："瞧，这是我的飞机。"

　　个人或公司将购买特定飞机的部分权益，并按月支付费用，包括维护、燃料、飞行员、培训和餐饮各项费用。买家也要为空中飞行的每一小时支付一定的金额。尽管圣图利知道，这样的安排价格不菲，但它能保证个人享受拥有飞机的所有好处，而不会面临任何令人头疼的问题。即便如此，他也知道，他的想法与所有的新想法一样，起步会比较艰难。

　　他回忆说："没有人认为我的想法会奏效，而且我意识到，除非前10、15或20个客户绝对满意，否则整个计划就会泡汤。我知道，当我坐下来与某人谈论购买四分之一的飞机时，他会奇怪地看着我说：'等一下，我只需要支付四分之一的价格就能随时随地使用它吗？如果所有人都要用飞机怎么办？'我知道我的回答是'这个问题交给我处理，我会让你有飞机可用'。当然，我知道大多数人都不会相信我，因此，一开始我就会说，如果您在6个月内觉得不满意，我们会给您100%退款。"

　　为了信守这一承诺，也为了避免退款，他聘请了数十位飞行员、调度员和其他员工，并且为购买8架赛斯纳飞机（Cessnas）预付了400万美元。"但我并不打算卖掉这8架飞机，"他说，"我想我可以卖掉另外的25架飞机。所以我将拥有一支33架飞机的机队，而且我会拥有足够的备用飞机满足客户的任何需求。然后，在感恩节后的那个星期天（利捷航空一年当中最繁忙的一天），如果我没有足够的飞机，我可以租赁。那就是我做的事情。当我查看数据时，我发现这样做很有效。数字不会说谎。"即便如此，公司一段时间后才步入正轨。

圣图利回忆说："起步很慢，我们知道肯定会这样。但我们在第一年售出了4架飞机。在1986年、1987年、1988年，我们每年都售出了4架飞机，基本与我们的预估相吻合。"

他回忆说："我们的生意一直很好，直到1989年美国经济出现衰退。从1989年到1990年初，我们没有卖掉八分之一所有权的飞机。由此我们失去了一笔财富，而且都是我的钱。我损失了3 500万到4 000万美元。这是我能承受的极限。我个人担保了所有的债务，而且因为我一直在买飞机，所以我损失了这么多钱。遭受这么大的损失是因为，当有人说想买八分之一的飞机时，我没有说：'等一下，我必须再找7个人。'飞机在我手里，我得让它们马上起飞。我必须雇用飞行员和机组人员，因此成本极高。由于我没有卖出任何东西，所以损失惨重。"但经济衰退也带来了一些机遇，圣图利说："在此期间，许多公司为了筹措资金或者只是为了降低成本出售了他们的飞机。一些公司保留了一两架飞机，但很多公司一架都不留，他们往往会来找我融资。我成了他们的融资选择对象。整个心态变了，我们成了首席财务官们最好的朋友。"

1993年，公务飞机航空公司与英国航空航天公司（British Aerospac）达成购买25架猎鹰1000式飞机的协议（每架1 200万美元，总计3亿美元）。这是当时一般航空业签订的规模最大的交易。圣图利说："我们从此有了中型飞机，可以飞越两岸了，我们的档次提升了。对我们而言，这是非常重要的交易，因为现在有许多人想要中型飞机。我们一直在使用的机型是赛斯纳杨S-2（Citation S-2），它能飞行3小时，航程1 600英里。但很多飞行部门或习惯使用中型机的人并不想要该机型，因为它是小型机，因此才有了猎鹰飞机的交易。我们与他们进行了大量谈判之后，将交易传递给了我的客户。这样，原来的小打小闹变成了庞大的业务。这实际上改变了每个人对我们的看法。我们经历过艰难时期，但现在我们挺过来了。我们将永远屹立不倒，人们开始注意到我们，并认为，这些家伙的公司不会关门大吉了。"

■ 名人效应

公司确实没有关门，事实上，其业务不断扩张，机队和客户群规模不断扩大。客户群扩大的主要原因是机主的转介，而且转介会一直持续。大约有70%的新客户都是老客户推荐来的。这2 000名机主/客户当中，大多数是企业家、顾问、技术主管和设计团队，许多人在金融界工作。但并非所有新客户都是公司，一些即将退休或已经退休的CEO习惯于乘公务飞机旅行，他们喜欢这种出行方式的奢侈和豪华，这样的人都成了公司的股东。许多媒体名人，包括戴维·莱特曼（David Letterman）、阿诺德·施瓦辛格（Arnold Schwarzenegger）、凯西·李·吉福德（Kathy Lee Gifford）和西尔维斯特·史泰龙（Sylvester Stallone），都发现购买利捷航空的部分所有权飞机很方便。正如预料中的那样，由于旅行时间确定，许多职业运动员和高尔夫球手，包括本·克伦肖（Ben Crenshaw）、柯蒂斯·斯特兰奇（Curtis Strange）、厄尼·埃尔斯（Ernie Els）和戴维斯·洛夫三世（Davis Love III）也成了公司的客户。大多数利捷航空计划的目标受众都是某地俱乐部的成员，因此他们是可以吸引企业CEO的最佳代言人群体。当其他公司花费数百万美元请名人代言时，利捷航空已经有了最出色的客户和机主代言人，包括皮特·桑普拉斯（Pete Sampras）、泰格·伍兹和沃伦·巴菲特。

在解释利捷航空优势的人中，最有说服力的莫过于波士顿商人戴维·穆格（David Mugar）了。他于1989年成为利捷航空的机主，身为波士顿WHDH的前老板，他每年大约要乘机100个小时，而且无论是出于公务还是休闲需要，他都需要使用飞机。他说："最豪华的飞行是自己独乘专机飞行，就好像乘坐'空军一号'（Air Force One）。"

尽管穆格的说法很有说服力，但可以肯定的是，公司最重要的客户之一是沃伦·巴菲特，他长期反对乘公务飞机旅行。1998年巴菲特对他的股东们说："我4年前头一次听说利捷航空，是我们旗下H. H. 布朗鞋业的经理人弗兰克·鲁尼介绍的，弗兰克本身就常利用该公司提供的服务，而且觉得相当满意，于是他建议我可以和理查碰个面，研究研究是否可以让我的家族加入，结果理查只花了15分钟的时间就说服我买下四分之一的（也就是每年200小时）的猎鹰1000型飞机的所有权，从此之后，我的家人在经过900个小时、300次旅程的亲身体验之后，逐渐了解了这种服务为客人带来的亲切、方便与安全，他们毫无疑问地就爱上它了，我本人也在家族成员热心的督促下，在广告中为该公司的服务做了见证，事实上，当时我还没有想到能买下这家公司，不过我还是跟理查提了提，如果他有意愿，记得随时给我打电话。"

实际上，为了筹措扩张资金，圣图利已于1995年将25%的业务出售给了高盛。巴菲特听到这个消息后问圣图利为什么没有给自己打电话。圣图利说："我不好意思。"巴菲特回答说："如果你还想做些什么，或者高盛想脱手，给我打电话。"1998年，公司的年收入估计接近10亿美元，圣图利回忆说："高盛一直催我说：'上市吧，上市吧。'而我则一直说'不'。最后我说：'知道吗，我打算把它卖给沃伦。'"正如他后来对《哥伦布电讯报》（Columbus Dispatch）的记者谈及公司上市前景时所说的那样，"我不想听一个28岁的分析师教我如何经营自己的企业。沃伦·巴菲特是目光长远的人，他不担心未来3个月或6个月的情况"。

整笔交易不到3周就完成了。收购价为7.25亿美元，公务飞机的股东得到了一半的现金，另一半以伯克希尔·哈撒韦的股票支付。根据美国证券交易委员会（SEC）的文件，大股东圣图利得到了一半以上的款项，包括现金和2.5亿美元或3437股伯克希尔的A类股票。圣图利和巴菲特对这样的安排都非常满意。这是完美的企业联姻，因为巴菲特清楚，通过股票市场只能获得企业的部分股权，而利捷航空计划是这个概念的延伸。由于部分业务仍将由圣图利掌舵，因此他能对《福布斯》说："我仍然把它当成我自己的公司对待。"但巴菲特更加热忱，他把圣图利比作联邦快递（Federal Express）的弗雷德·史密斯（Fred Smith），他说："史密斯创立了全新的业务，联邦快递公司初建时规模很小，现如今已是庞大的帝国了。公务飞机航空公司也是如此。"他后来接受《哥伦布电讯报》的记者采访时说："理查是一位管理艺术家。他具有先见之明,能比别人超前一步看出一幅壁画的未来演变脉络,然后他才开始提笔作画。我的工作就是给他准备好颜料和画笔。"

合并后的"颜料"和"画笔"更加丰富,这使得圣图利的公司持续蓬勃发展。伯克希尔·哈撒韦的AAA信用评级大大降低了公务飞机航空公司的借贷成本,从而使公司业务很快扩展到了美国以外的地区,在欧洲和中东均设立了办事处。公司计划将业务拓展至南美洲和亚洲,这样其服务很快就会遍及全球。此次合并还使圣图利在1999年以20亿美元的价格从雷神飞机公司(Raytheon Aircraft)采购100架霍克地平线(Hawker Horizon)公务机。这是公务航空史上规模最大的飞机订单。事实上,公司的发展速度之快令人咂舌。合并时,公司在哥伦布市的员工有900名,新泽西州的办事处还有十几名员工。到2000年,公司的员工总数接近2 000名。1998年,公司拥有1 000名客户、132架飞机和飞往88个国家的航线。现在公司的客户人数约为1 800名,飞机有240架,有飞往92个国家的航线。利捷航空是国内排名第八的航空公司。到2006年,飞机的数量又翻了一番,达到了542架,公务飞机公司将成为全球航空运输的主要参与者。

尽管如此,最显著的还是营业收入的增长,5年前的营业收入为1亿美元,1998年为9亿美元,现在接近20亿美元,这使得公务飞机航空公司成为伯克希尔·哈撒韦家族内增长最快的公司。圣图利创造的这个行业的市值已经高达100亿美元,而且根据霍尼韦尔工业(Honeywell Industries)的数据,未来3年内,部分所有权公务飞机业务的规模将会增长2倍。

■ 投资也是一种免费的代言

从今天发生的一切和未来将发生的变化来考虑,你就很容易理解公务飞机航空是伯克希尔最佳投资的原因。在短短两年内，公司的销售额就翻了一番，由原来的约10亿美元增加为20亿美元。公务飞机航空每年新增加50—60架新飞机，这表明公司业务以指数级态势增长。在目前投入使用的12 000架公务机中，大约有400架（3%）的所有权是共享的。85%的公务飞机为美国境内机主所有，这显示开拓全球市场的潜力巨大。未来10年内，公务机的总数量有望增加一倍。这项业务的开创者利捷航空的市场份额为65%。这项业务有一条护城河：由于订单积压，再有钱的人也买不到新的喷气式飞机。所有新的和未来的飞机都要预购，而公务飞机航空公司是主要的采购商。最重要的是，公务飞机航空公司的飞行员一般具有飞行6 000小时的经验。按照目前的速度，再考虑其全球的市场潜力，该公司很可能会与联邦快递一样迅速发展壮大，后者目前的市值高达200亿美元。

尽管有新公司进入该领域，竞争有所加剧，但公务飞机航空公司的发展势头依然很猛。在20世纪90年代以前，公务飞机航空公司并非最成功的出售部分所有权飞机的公司，但它是唯一的一个。该公司几乎没有竞争对手，直到1995年总部位于蒙特利尔市（Montreal）的喷气式飞机制造商庞巴迪公司（Bombardier Inc.）联合美国航空公司（American Airlines Inc.）的租赁子公司（AMR Combs Inc.）在达拉斯（Dallas）成立了公务飞机解决方案公司（Business Jet Solutions）。尽管圣图利称这家新公司的灵活航空（Flexjet）是利捷航空的"高素质竞争对手"，但他也清楚，利捷航空的规模是它的2.5倍。

过去5年里，有50家出售部分所有权飞机的公司开业，对利捷航空造成威胁的唯一竞争对手是雷神旅行航空公司（Raytheon Travel Air），该公司由利捷航空的一位供应商于1997年建立，即总部位于威其塔（Wichita）的雷神飞机制造公司。但与灵活航空一样，圣图利对它并不太担心。他接受《商业周刊》（Business Week）的记者采访时说："它证实了我们产品的可靠性。"当然，他有资本对这些新生的企业持如此豁达的态度。从1988年到1997年，公务飞机航空公司拥有的飞机从1.6架增加为132架。1997年，它下单采购了129架飞机，占当年所有飞机采购订单的31%。根据圣图利的说法，公务飞机航空公司目前采购订单的总额为80亿美元，在5家领先的公务飞机制造商中，有4家的最大非军方客户都是公务飞机航空公司。除了财力雄厚外，它还有数一数二的转介网络，高盛的合伙人和客户、伯克希尔的股东和沃伦·巴菲特都是其免费的代言人。

　　该领域3家规模最大的公司也提供部分所有权飞机，但利捷航空一直拥有多项优势。除了安全之外，最重要的就是规模和后勤支持了。正如巴菲特在收购公务飞机航空公司时对股东说的那样，"我们的客户因为我们遍布全美各地的机队而受惠，因为我们可以提供别的公司比不上的服务"。实际上，由于所有的利捷机主可以在美国、欧洲和中东的利捷航空计划网络中进行交换飞行，客户的飞行范围变得更加广泛了。公司的统计数据显示，客户们利用了这一便利条件。有40%的美国客户利用了利捷欧洲计划，而100%的欧洲利捷机主运用了美国利捷计划。一些机主购买1/16（50小时）的份额只是为了方便带家人去欧洲各地旅行，算下来支付的费用只比坐头等舱旅行的费用高出一点点。由于采用了节税的5年期加速折旧方法，再加上机主的商务费用可以扣减所得税，因此利捷提供的航空运输是许多个人和企业可接受的，潜在的客户人数为15万～20万。

　　利捷航空计划的另一个优势是，供客户选择的机型和价格档次比较多。例如，利捷飞机最小的份额是1/16的赛斯纳扬V终极型（Citation V Ultra），买家每年可以使用飞机50小时，需要一次性支付大约40万美元。（请注意，在5年期的所有权结束时，80%的投资可退回，实际的金额以飞机当时的市场价值为准，或者客户也可以选择续约，此时不需要支付额外的资金。）每月为此飞机支付的管理费是5 000美元，每小时的费用约为1 300美元。而最大的份额是一半所有权的波音公务飞机（Boeing Business Jet），机主每年可使用飞机400小时，起初需一次性支付2 300万美元，每月的管理费为16.6万美元，每小时的费用为4 300美元。

公务飞机航空公司可以提供不同的机型是因为，与两个最大的竞争对手不同，它不是飞机制造商的子公司，因此不受母公司制造的机型的限制。利捷航空旗下的机型包括波音、湾流、猎鹰、赛斯纳和雷神制造的飞机。巴菲特1998年对股东说："事实上，利捷航空就好像是一位医生，可以结合病人自身的病情，依其所需提供不同的配方，不像另外两家竞争对手，都是千篇一律地开出家传的狗皮膏药。"

另一个巨大的优势是，公司在俄亥俄州的哥伦布机场建有一个价值2 500万美元的先进控制中心。其造型就如同NASA的神经中枢。这里有200名员工提供全天候的服务，从本质上说，这是为每一位机主的飞行和旅行提供服务的部门。与商业航空公司不同，利捷航空的每次飞行都是不定期的。几个部门接到最初的旅行申请（有时是提前4小时通知）后，会利用专有的智慧航空（Intellijet）软件安排飞机、机组人员、食物和维护，针对跨国飞行办理航线和海关手续，制定飞行计划，通过9名内部航空气象学家检测当前和飞行时的天气状况，并安排地面交通和旅行住宿事宜。

圣图利的公司为其飞行员提供更多的培训（每年培训22天，是一般商业航空公司飞行员的两倍多），更多可落脚的门户城市（27个）。飞行员到了航空公司强制的退休年龄后还可以继续飞行。他们不定期飞行的航次是机场数量的10倍，还可能运送单一旅客，旅客有可能是工业巨头，也可能是世界级的运动员。

利捷航空采用的商业模式是其他商业航空公司的梦想。

巴菲特不仅盛赞了公务飞机航空公司的表现，还称赞了其管理和发展潜力。他说："未来10年，这个领域将在全球和美国呈现爆炸性增长的态势。利捷显然拥有最好的运营和管理模式，而且在行业内处于领先地位。坦率地说，在我看来，随着时间的推移，其领先优势必定会扩大。就这个行业而言，如果领先者能做好自己的工作……只会进一步碾压竞争对手。这一行业具有临界质量（critical mass）的性质，随着时间的推移，拥有飞机最多的企业将能够提供最佳的服务。因此，它将是最终的赢家，是最终的大赢家。我们将永远投资该业务，这是我们理想的投资期，利捷完全符合我们的投资条件。"

圣图利的利捷商业模式

1. 乘客以有担保的成本对飞机（或部分飞机）拥有5年的所有权。如果飞机用于公务，那么客户可申请5年的加速折旧费用。

2. 乘客（每月）预付固定的维护费用和所有使用费用。

3. 接受无预定的、无利可图的半空飞行。无论何时，只要顾客有需要，就可以使用飞机出行。

4. 由于飞得更高、飞行员的训练更多、避开了拥挤的机场、应用了最新的航空电子设备、全新的飞机，还有个人化的航空气象专家提供服务，机主的飞行安全能得到更可靠的保障。

5. 飞机避开了轮辐式航空公司网络系统，避免了每年高达45万次的航班延误。

6. 没有门票、票务代理、旅行社、柜台人员或季节性广告和销售。

7. 成本针对经常旅行的游客的奖励计划，也不会出现延误。

8. 利润来自飞机销售、月租费和使用费。收入是固定的，不受季节性变化的影响。

9. 业务不受经济衰退的影响，在经济衰退期间，资本的利用效率会提高。

10. 全球增长潜力不可限量。

11. 一旦你获得了临界质量并且拥有世界8家AAA级企业的财力支持，这项业务就不是资本密集型的了。

12. 该公司创造并占有65%的部分所有权公务飞机市场，但只占国内3%的公务飞机市场份额，而且未挖掘全球市场机遇。

13. 乘客享有所有权人的全部好处。作为机主，乘客可以免费乘坐利捷航空飞机并享有旅行部门的服务。

14. 国内飞行时间可以用来交换欧洲和中东利捷飞机的飞行时间。

15. 根据机主需要，公务飞机公司随时可以公平的市场价格回购飞机份额。

16. 机主可以低于单架飞机的成本购买或以小型客舱飞机交易中型或大型

客舱飞机（或所有三类飞机）。

17. 公务飞机公司控制着新飞机供应链的很大一部分，因此处于非常有优势的地位。

18. 沃伦·巴菲特是该公司的无偿代言人。（公司提供的服务能让这位世界上最著名的价值投资者满意，那么其服务也必定能让您和您的家人满意。）

19. 该公司的客户保留率近100%。

20. 机主可免费使用无限制的空对地电话。

21. 机主会得到公司运输部门和旅行部门的悉心照顾。

22. 使用荒废的通用航空终端而不是拥挤的航空枢纽，没有遗失行李或行李索赔的麻烦。客人抵达时可以租用汽车或豪华轿车。

尽管巴菲特对利捷航空赞誉有加，但谈及公司对伯克希尔·哈撒韦的贡献时，圣图利还是很谦虚。伯克希尔·哈撒韦6/7的董事和几位运营经理都是利捷的客户。

他说："伯克希尔规模庞大，保险业务发展势头迅猛，我们赚的钱永远比不上保险部门，但沃伦不在意这一点。如果公司只开展保险业务的话，伯克希尔就不是今天的样子了。沃伦买下的公司都是行业中的佼佼者，他支付了合理的价格，被收购的公司会发展壮大，并产生丰厚的投资回报，他的做法很明智。你看看所有的子公司，没有一家的规模大到了足以影响伯克希尔财务状况的程度。但是，如果把25家子公司结合起来看，情况就不同了。"

■ 保留企业的管理者

在谈到他的老板时，圣图利表现得很健谈。他说："我喜欢沃伦，沃伦买下公司时对我有信心。我认为他是我见过的最出色的人之一，否则我不会把公司卖给他。我把公司卖给他是因为他这个人，并不是因为他是个亿万富豪，而是因为他的为人。他信心满满地对我说：'我买下企业，但你必须继续经营。'这句话对我意义非凡。沃伦就是这么出色的人。他选择热爱自己企业的人，并让他们继续经营企业。"事实上，当被问及为什么其他企业不遵循伯克希尔的模式，收购企业后让原先的高管继续运营时，圣图利说："因为收购公司的人通常都很自负，认为自己比公司原来的管理者更聪明。"他补充说："成为伯克希尔的一分子带来的最大好处之一是，当我对沃伦说'我打算采购10亿美元的飞机'，沃伦会说：'为什么要问我？你自己去做就行了。'"

当被问及是否会有另一个沃伦·巴菲特出现时，圣图利毫不犹豫地说："不可能有。沃伦最大的特点是其卓越的识人能力，这种能力是学不会的，他慧眼独具。他是我见过的最明智的人，他比我聪明得多得多，我们根本就不是一个层次的。我的意思是，我就像个小球员，而他是大明星。"尽管如此，圣图利确实看出了他和巴菲特之间的一些相似之处。他说："诚实和正直对我们俩而言都非常非常重要，而且他不会做自己不想做的事情，我也是这样。我不会和我不愿意打交道的人做生意，他也是这样。"

巴菲特不干涉圣图利对公司的经营，圣图利很赞赏巴菲特的做法。但与许多（如果不是全部的话）伯克希尔的运营经理不同，他定期会与老板联络。圣图利说："我几乎每天都跟他通话，一周4次，除非我在出差或他在出差。有时是因为特殊原因，比如，他让我给某人打电话，或者问我有关某事的问题。但大部分时候，我给他打电话时会说：'嗨，休息时间到了。'然后我们胡侃一通，任何事情都谈。我基本上都尊重他的意见，与他这样的人交流真是太好了，特别是有关战略性的问题。此外，他非常有趣。"

回顾自己的生活，圣图利说："我生命中对我影响最大的人是我的父母。我从父亲那里学会了勤劳工作。他有三份工作：为联邦政府工作、吃完晚餐后出去卖保险、周末卖房子。他靠着这些工作养活了我们一家人。我也从母亲那里学到了很多东西。就宗教来看，她对我的影响大于我的父亲。"

他的母亲的宗教理念影响了他的职业生涯。他说："正直是人应具备的最重要的品质。它这么重要是因为，当我做交易时，我基本上假定我不会阅读合同条款。当我发现与我打交道的是我必须阅读与之签订的合同的人时，我就不会再与他做生意了。我还认为，我是一个体贴的管理者，我会把员工照顾得很好，我关心他们。我热爱我的事业，我的员工，我的工作。"

事实上，如大多数伯克希尔的运营经理一样，圣图利将他的成功归因于对企业的热爱。他说："你必须真正关心你的企业，你必须热爱你的企业。你必须照顾你的员工，你必须尊重他们，而且你必须与他们进行良好的沟通，让他们知道发生的一切。"他还认为尽可能地雇用最出色的员工很重要。他说："我总是处于有利地位，因为我是老板。许多经理人会聘用那些不如自己的人，因为他们害怕这些人会抢了他们的工作。我从来不担心有人抢了我的工作，所以我总是聘用优秀的人。当我看出他们的优秀时，在他们为我工作后，我会给他们授权，委以重任。"同时，圣图利也意识到了谋划未来的重要性。"你必须从战略视角预测未来5到10年内发生的事情。我不是厉害的规划者，但我时刻留意我们未来的走向，行业的走向。我们将引领行业，因此我们必须确保行事正确。"

公务飞机航空公司努力的方向之一是引领行业的安全。该公司没有发生过任何致命性事故。他说："唯一让我夜不能寐的就是安全。我们比竞争对手多投入数千万美元，目的就是确保我们成为世界上最安全的运营机构。我们的飞行员培训和安全标准大大超过了FAA的规定。我不敢说未来不发生事故，但我敢说绝不会因为我们没有买到合适的设备而发生事故。我向每一位客户都做出了这样的保证……在私人飞行中，相当数量的事故发生是因为飞行员想给老板或坐在后面的家伙留下深刻的印象。这样的事故一直都有发生。但我们奉行的理念完全不同。我们说：'在考虑做出某种行为前，先证明我们能做到。'我们的飞行员都知道，他们从来不会面临做他们不想做的事情的压力。"

当被问及擅长的事项时，圣图利说："我的能力范围是，我非常了解业务，我非常了解员工，我了解航空业，但我不知道如何制造飞机，不知道如何驾驶飞机。但我知道客户喜欢什么样的飞机，对此我很了解，而且我知道如何将这些知识转化为经济效益。"然而，这并不是说钱对他很重要。他说："金钱并不是我工作的原因，我喜欢钱，我不会说我不想要钱，但钱绝非我做事的动力，激励我的是事业。我喜欢挑战，喜欢卖东西。我认为，我对所有员工都负有责任。他们从一开始就信任我，和我一起并肩作战。我已经创造了让我引以为傲的事业。若这里的工作没有挑战，我就不会待在这里了。"

事实上，他投入工作的时间相当长。通常情况下，他早上9点钟之前会到办公室，晚上6：30才会离开。他说："我从来没有真正地度过假，只是在不同的地方待几天。我在佛罗里达州有一套房子，圣诞节到新年期间，我会在那里住一周。也许每个月去一次那里，通常是周四去，周日返回。我真正在乎的是事业，还有喂马和赛马。"他也会投入大量的时间做慈善，他成立了一个家族基金会，名为RTS家族基金会。也许是无意识地遵循了安德鲁·卡内基（Andrew Carnegie）的教诲，即"死亡时仍拥有巨额财富是一种耻辱"。不同于他的老板，圣图利说："除了给妻子留一份遗产让她安度晚年外，我会在活着时散尽其他家财。"

至于未来，他认为："航空业的前景十分看好。通用航空业发展势头强劲，因为商业航空只会每况愈下。"至于公务飞机航空公司，圣图利说："我们还有很长的路要走。"超音速商务飞机可能是一个发展方向，乘坐这样的飞机可在4个小时或更短的时间内从伦敦飞往华盛顿参加会议，当天即可返家。今天，唯一的非军用超音速喷气式飞机是往返于美国东部和伦敦、巴黎之间的协和式飞机（Concorde）。圣图利说："我想这种飞机的前景很广阔，即使它只能飞越大洋。如果驾驶超音速飞机能飞越美国和欧洲大陆，那么其市场是巨大的。通用航空业长久以来没有出现重大的技术变革。飞机耗油量减少了，噪声更低了，飞行里程更远了，这些都是进步，但超音速飞机能带来重大的变革。我认为一些公司会对这种飞机感兴趣。"

未来可能面临的一个难题是，美国联邦航空局可能会改变监管航空公司的方式。航空租赁公司抱怨，由于对部分所有权飞机的销售规制相对比较宽松，从事这些业务的公司具有较大的灵活性，因而获得了不公平的竞争优势。部分所有权航空公司可在美国降落的机场约有5 500个，与其他商业服务机构一样，航空租赁公司能降落的机场只有500个。显然，如果美国联邦航空局决定，部分所有权飞机和租赁飞机必须遵循相同的规则，那么部分所有权飞机将失去一个主要的优势。还有一个争论是，部分所有权航空公司是否应和商业航空公司遵循同样的安全规章。然而，部分所有权航空公司的安全记录非常出色，行业官员认为这一争论与安全问题的关系不大，更多的是私人航空公司与商业航空公司之间的政治角力。

当被问及伯克希尔·哈撒韦公司的未来时，圣图利表示，他相信公司未来更接近财产/意外伤害保险公司而不是集团公司。他说："主导型的业务将是保险，肯定是。因为我们以保险业获得的浮存金收购公司。无论获得浮存金的成本如何，沃伦基本上是以免费的方式收购公司的，因为他永远有可供使用的浮存金。"然而，他不相信巴菲特制定了公司发展的总体规划，相反，"它是一幅不断演变的画作"。

据《华尔街日报》报道，圣图利是巴菲特选定的三位接班人之一。当被问及对公司的未来有何憧憬时，他把这个问题推给了他的老板。"当有人向我询问伯克希尔的股票情况时，我说我一生都被投资银行家包围，但世界上没有一个人比沃伦·巴菲特更明智，所有没有必要担心公司的未来，他是最出色的人。如果他现在是40岁或50岁，我会想办法借钱来买更多的伯克希尔股票。"

他还认为，在巴菲特离开后，公司的运营模式也不会改变。事实上，当被问及若被指定为巴菲特运营方面的继任者，他第一件事会做什么时，他说："我会召集所有的经理人，对他们说：'沃伦在的时候你们做了什么，接着做，告诉我你们现在能做什么。'我会更多地了解他们的业务，但我不会干涉他们的经营。"

理查·圣图利的商业信条：

★ 提供令客户难以抗拒的服务。当客户需要时，公务飞机航空公司的飞机可以在世界各地使用。客户不会面临航班延误、行李丢失、出入拥挤的机场等问题。公司的客户保留率几乎为100%。

★ 制定适应经济衰退的计划。利捷的利润来自收取的月度管理费和使用费以及销售飞机的收入，不受季节变化的影响。事实上，在经济衰退期间，公司的服务更具吸引力，因为可以为客户节省成本。

★ 雇用最出色的员工，不要害怕他们抢走你的饭碗。在他们展示出自己的能力后，向他们授权并委派任务。目光要长远，聘请最出色的员工是确保自己未来成功的一种方式。

第四部分

伯克希尔旗下家族企业的继承人CEO

| 第九章 |
信徒：唐纳德·格雷厄姆

唐纳德·格雷厄姆——《华盛顿邮报》

从技术层面讲，唐纳德·格雷厄姆并非官方的巴菲特CEO，他不为伯克希尔的全资子公司工作。格雷厄姆并非巴菲特的下属，但两人关系密切，经常讨论重要的管理问题。

不论是从私交还是从公事来看，唐纳德·格雷厄姆与沃伦·巴菲特早就熟识，因此与格雷厄姆交流可以了解巴菲特对其运营CEO的影响是否与对上市公司总裁的影响存在不同。例如，巴菲特对全资子公司的影响是否与对部分所有权子公司CEO的影响存在差异？与部分所有权子公司的CEO相比，他是否对全资子公司的CEO投入了更多的时间？

《华盛顿邮报》的唐纳德·格雷厄姆的身份比较独特，既是伯克希尔的局外人，也是其局内人，他对伯克希尔的看法非常独特。无论从哪个角度来看，他都是巴菲特的信徒和巴菲特的CEO。尽管《华盛顿邮报》的员工退休基金多年来买入了大量的伯克希尔股票，但格雷厄姆本人并不持有伯克希尔的股票。《华盛顿邮报》公司也持有价值2亿美元的伯克希尔股票。

每天乘地铁到公司后，格雷厄姆会经过他外祖父尤金·梅耶（Eugene

Meyer）和父亲菲利普·格雷厄姆（Philip Graham）的巨幅油画肖像，走到他那位于角落的宽敞办公室里。对于自己的工作和生活，唐纳德·格雷厄姆持非常开放的态度。令人惊讶的是，从生活状态来看，他是一个相当普通的人。他了解出版、电视和媒体，他了解巴菲特、伯克希尔及其全资子公司和所有相关方。显然，在他认识的所有人中，沃伦·巴菲特是他最喜爱的人之一。一提到巴菲特的名字，他的脸上就绽放出笑容。巴菲特对格雷厄姆的管理决策的影响是巨大的。《华盛顿邮报》不分割股票。这家媒体公司提请人们注意养老金信贷或费用对其损益表的影响，其管理层不关注短期盈余。《华盛顿邮报》很少对管理层分派股票期权。除了唐纳德·格雷厄姆和巴菲特，其他沃伦核心圈子的人还有丹恩·柏克（Dan Burke）[首都传媒公司（Cap Cities/ABC）前CEO，伯克希尔重要的投资对象]、唐·基奥（Don Keough，可口可乐前总裁），唐纳德近来过世的母亲凯伊（Kay）和比尔·鲁安（Bill Ruane）[红杉基金（Sequoia Fund）经理人，伯克希尔的大股东，也是巴菲特在哥伦比亚大学的同学]。这些人就好像巴菲特选出来的董事会成员一样。

唐纳德·格雷厄姆的公司反映了巴菲特买入并持有的投资风格。与对其他经营单位一样，伯克希尔从未出售过对《华盛顿邮报》的所有权。除了格雷厄姆家族外，伯克希尔是其最大的股东，也是最早的股东之一。与伯克希尔的许多运营公司一样，《华盛顿邮报》长期以来由巴菲特的信徒管理。

有人可能会说，《华盛顿邮报》公司的CEO兼董事长唐纳德·E. 格雷厄姆靠的是祖上蒙荫，毕竟他的外祖父尤金·梅耶20世纪早期在华尔街赚了大钱，并利用一些钱在1933年买下了《华盛顿邮报》，成功地带领这家报社度过了大萧条时期，直到第二次世界大战结束。他那才华横溢却有情感障碍的父亲在1946—1963年间担任报纸的发行人，在他的带领下，《华盛顿邮报》不仅成为全国性的重要报纸[这部分归因于他曾担任约翰·肯尼迪（John F. Kennedy）和林登·约翰逊（Lyndon Johnson）的顾问]，而且还为日后经营其他业务、实现多元化奠定了坚实的基础。他的母亲凯瑟琳·梅耶·格雷厄姆（Katharine Meyer Graham）在他的父亲自杀后接管了公司，她是《财富》500强企业中担任董事长的第一位女性。她领导公司近30年，在此期间，该公司成为美国最成功的媒体集团之一。但唐纳德·格雷厄姆并不这样看。父母和外祖父的成功从来不会让他有压力，他也不觉得他必须证明自己。如果说家族的历史对他有影响的话，他认为影响是它导致其他人降低了对他的预期。在他成为发行人十几年后，他说："成为发行人之子的一大好处是，你不可能像别人设想的那么愚蠢。"

■ 卓越的出身与家族经历

但不大可能有人认为唐纳德·格雷厄姆是愚蠢的。他于1945年出生在巴黎，是4个孩子中的老二。他是个早熟的孩子，3岁就自学读书。后来进入华盛顿特区圣奥尔本斯学校（St. Albans School）学习，在校期间，他的学习成绩一直在班里名列前茅。他还是学校摔跤队和网球队的成员，但他真正感兴趣的是新闻，因此他花在体育运动上的时间慢慢减少，投入到校报《圣奥尔本斯新闻》（the St. Albans News）的时间慢慢增多。1962年，格雷厄姆进入哈佛大学，此时他的兴趣才真正开花结果。4年后毕业时，他当选为学校日报《哈佛深红报》（Harvard Crimson）的发行人。

他的母亲希望他毕业后进入《华盛顿邮报》，但他被军队征召并被派往了越南。虽然他的家庭关系很可能使他避免服兵役，但与他的同代人不同，格雷厄姆并不反对美国在他上大学期间卷入战争。因此，他认为，被征召后他有责任上前线，后来他才认为这次战争是个错误。他在第一骑兵师（1st Cavalry Division）担任了一年的信息专家，1968年回到家中。回到华盛顿后，他仍然拒绝进入《华盛顿邮报》报社。他说他想先了解了解这座城市，因此他加入了哥伦比亚特区的警察部队。凯瑟琳·格雷厄姆当然对他的决定很不高兴。然而，当《华盛顿邮报》负责警察类新闻的记者阿尔弗雷德·刘易斯（Alfred Lewis）

对她说："老板，我们可以阻止他。外面太危险了。"但凯瑟琳说："不，不，我们不能那样做。"两年后，格雷厄姆解释说，当时，"警察的工作似乎很具挑战性，也很神秘，而且人们急需警察"。通过警察学院的入学考试后，他在警局服务了大约一年半。然而，在他26岁时，他去了《华盛顿邮报》做记者。

1971年，唐纳德·格雷厄姆加入《华盛顿邮报》时，这家公司已有近百年的历史了。它成立于1877年，创始人是从新罕布什尔州（New Hampshire）的怀特菲尔德（Whitefield）来到华盛顿的斯蒂尔森·哈钦斯（Stilson Hutchins）。公司成立后曾多次被易手。20世纪20年代末，格雷厄姆的外祖父尤金·梅耶已在金融界和政府部门颇有名声了，但他想拥有一份报纸来扩大他的影响力，因此想买下这份报纸。尽管《华盛顿邮报》是当时华盛顿地区排名第五的报纸，但当他出价500万美元时，他被拒绝了。随后股市发生崩盘，报社开始亏损。到了1933年，报社破产，梅耶在拍卖会上以82.5万美元的价格买下了它。

他的外孙回忆说："一切从这里开始了。这显然是我们完成的最棒的交易。回顾公司的历史便知，尽管自那以后我们也完成了一些规模较大的收购，但它们都无法与这次相媲美。"谈到他的外祖父，格雷厄姆解释说："他能做到这一点是因为，他是一个非常讲原则的人。他在第一次世界大战爆发后就进入了联邦政府工作，在20世纪20年代曾担任多项公职。而且他是当时认为担任公职的人不应该持有私人公司股票的为数不多的人之一，所以他把全部净资产都买了政府债券。正因为如此，当大萧条来袭时，他是少数几个没有赔光老本的人之一，因此有能力买下这家报社。"但是，即便梅耶买下了报社，它仍然是亏损的，在接下来的几年里，报社每年的亏损额都超过了100万美元。尽管如此，他仍然下定决心促使这份报纸走向成功，而且他愿意投入资金来支持它，直到它成功为止。幸运的是，正如格雷厄姆所解释的那样："他的方法确实是正确的。他认为，只要报纸办得好，发行量就会增加，广告就会随之而来。但他不知道需要多长时间。他认为三四年内可实现收支平衡。"事实证明，报社的亏损经营还会持续21年的时间。

　　虽然报社的经营没有如梅耶预想的那样快速发生变化，但他的家庭却发生了很多变化，其中最重大的变化是，他的女儿凯瑟琳与菲利普·格雷厄姆结婚了。格雷厄姆于1915年出生于南达科他州（South Dakota），1939年以最优异的成绩毕业于哈佛大学法学院，毕业后为最高法院法官费利克斯·弗兰克福特（Felix Frankfurter）担任书记员，后打算返乡从政。就在第二次世界大战开战之前，他遇到了凯瑟琳·梅耶，俩人于1940年完婚。尤金·梅耶与其他见过菲利普·格雷厄姆的所有人一样，对女婿的印象非常深刻。1946年，当哈利·S.杜鲁门（Harry S. Truman）请他担任世界银行的首位行长时，他把公司交给了菲利普·格雷厄姆打理。两年后，梅耶将公司5 000股的投票股份转让给了他的女儿和女婿。凯瑟琳获得1 500股，格雷厄姆获得3 500股。

　　在接下来的几年里，即使《华盛顿邮报》继续亏损，格雷厄姆也说服了他的岳父继续投入了数百万美元。然而，到了20世纪50年代初，事实已经很清楚了：报社要维持下去，就必须与该市的其他早报合并。1954年，当唐纳德·格雷厄姆8岁时，他的父亲买下了发行规模更大、更盈利的《时代先驱报》（Times-Herald）。此次收购的价格为1 000万美元，它挽救了濒危的《华盛顿邮报》，并且使它在被梅耶收购21年后首次盈利。此次收购还有另一个意义，用尤金·梅耶的话说就是："这可以让唐尼安心拥有这家报社了。"但当时的唐纳德对此并无特别的兴趣。正如他多年后对《华盛顿人》（Washingtonian）的记者所说的，他对此次收购能记住的情节是，他的父亲当天中午很不寻常地回家了，并向他展示了《华盛顿邮报》和《时代先驱报》刊发的漫画。年轻的格雷厄姆回忆说："现在来看挺有意思的。"

　　收购《时代先驱报》只是格雷厄姆说服其岳父做出的许多有远见的举动之一。在他的提示下，尤金·梅耶同意收购华盛顿特区和佛罗里达州排名第一的电视台，而且在1961年完成了《华盛顿邮报》公司最重要的交易，买下《新闻周刊》。虽然公司发展得越来越好，但菲利普·格雷厄姆的精神却每况愈下。1963年，在离开精神病诊所后的一个周末，他在弗吉尼亚州的家庭农场里自杀了。唐纳德·格雷厄姆当时18岁。

尤金·梅耶已经于1959年去世，所以当菲利普·格雷厄姆去世时，他的遗孀，即唐纳德的母亲成了《华盛顿邮报》公司的主要所有人。随后，她收到了许多优惠的报价，但她拒绝出售公司。即使没有任何经验，她也决定自己接手经营企业。1963年，她成为公司的总裁。当唐纳德于8年后，即1971年加入公司时，她已经向世人证明自己是一名精明的商人，而且她还担任了发行人之外的其他职务。同年，格雷厄姆夫人决定将公司以1 500万美元的价格上市。她仍然能够将公司的控制权保留在家族内部，因为公司在1947年就建立了两类股票，即拥有完整投票权的A类股票和具有有限投票权的B类股票。格雷厄姆夫人和她的4个孩子拥有所有的A类股票。

■ 巴菲特的导师特质带来巨大的影响力

1973年，发生了两起影响《华盛顿邮报》公司的重大事件。曾担任公司董事会主席的弗里茨·毕比（Fritz Beebe）去世了，因此凯瑟琳·格雷厄姆有了新头衔，也由此成为《财富》500强企业中唯一的女性董事长。而且，沃伦·巴菲特开始购买该公司的股票。事实上，巴菲特购买了该公司相当数量的股票，即大约12%的B类股，也就是说，伯克希尔·哈撒韦公司持有该公司价值1 060万美元的股票，是格雷厄姆家族之外的公司第二大股东。尽管格雷厄姆夫人曾在几年前见过巴菲特一次，但她已经记不清了。虽然B类股票的所有权并没有给巴菲特带来任何投票权，但他的股份如此多，格雷厄姆夫人对此感到非常紧张。

考虑到格雷厄姆夫人的担忧，巴菲特写信告诉她，自己曾是《华盛顿邮报》的报童，并向她保证，他无意接管公司。当格雷厄姆夫人把这封信展示给两位知识渊博的朋友，即拉扎德弗雷斯（Lazard Freres）的安德烈·梅耶（Andre Meyer）和芝加哥银行家罗伯特·阿伯德（Robert Abboud）时，他们建议她离巴菲特远一点。因为格雷厄姆夫人不太确信自己的想法，所以她比较信赖顾问的意见。然而这次，她忽略了他们的建议，而是写信给巴菲特，建议两人面谈。虽然在洛杉矶的会谈令人愉快，但巴菲特能够感受到格雷厄姆夫人的担忧，因此表示不会再购买该公司的股票了。

尽管心存疑虑，但格雷厄姆夫人还是邀请巴菲特来东海岸的报社参观，巴菲特接受了她的邀请。不到一年，即在1974年秋，在首都传媒董事长汤姆·墨菲（Tom Murphy）的建议下，格雷厄姆夫人又邀请巴菲特加入《华盛顿邮报》的董事会。巴菲特也接受了这一邀请，而且自此之后一直是其董事会成员，除了担任首都传媒（最后成为迪士尼）大股东的那10年，因为联邦法律规定，同一人不得在同一城市的两家以上媒体公司担任董事会职务。几年后，谈及这次邀请时，唐纳德·格雷厄姆（他与巴菲特同一年进入董事会）告诉《纽约客》（*New Yorker*）的记者说："聘请本·布拉德利（Ben Bradlee）为编辑是我母亲做出的最佳决策，让沃伦加入董事会也是不遑多让。"家族与巴菲特的联系显然对凯瑟琳·格雷厄姆、唐纳德·格雷厄姆和公司都产生了非常显著的影响。

对于格雷厄姆夫人来说，巴菲特不仅是一位亲密的朋友，也是一位导师。例如，巴菲特在去华盛顿时给她带来了年报，并对她逐行进行了解释。她越来越信任巴菲特，而且在回复公司员工提出的建议时习惯说："这很有意思，我们问问沃伦的意见吧。"她的一些同事对巴菲特持谨慎态度，很担心她被操纵。她的看法是，巴菲特只是提供了建议和意见，从未告诉过她做什么，他非常乐于助人。她的儿子同意她对巴菲特的这一评价。事实上，唐纳德·格雷厄姆认为，巴菲特的意见和建议是他作为董事会成员做出的主要贡献之一。格雷厄姆在谈到他的母亲时说："她在经营这家公司的时候，起初非常不自信，不确定自己的判断是否正确。即使有了沃伦的建议，她也是如此。但是，通过告诉她，她的判断是出色的，通过对她的支持，沃伦帮助她做出了今日的成就。她是一位非常成功的总裁，在她经营公司的28年里，公司的股价由6美元上涨至175美元，超过了当时99%的男性运营者。"

■ 精彩的收购与回购建议

巴菲特也在其他方面影响了公司。唐纳德·格雷厄姆说："如果沃伦这么多年来不是我们的董事和顾问，公司的表现会差得多。我们原本采用完全不同的收购策略，我不认为一切会运行得这么好。"格雷厄姆说，巴菲特自从成为董事会成员后，影响了他或他母亲（有时称她为凯伊）的所有重大收购举措。他说："有一些规模比较小的收购，我认为沃伦不会做。但是，在做出任何可能对公司产生影响的决策前，先是凯伊，然后是我，都会提前与巴菲特进行详细的评估。幸运的是，我们想做的事情，他没有不赞成的"。格雷厄姆补充说："但他确实影响了我们对评估的感觉。当他认为人们为报纸支付的价格过高时，他就会告诉凯伊，并会阻止我们继续收购，如果没有他，恐怕我们会继续下去。他是正确的，事后那些支付了过高价格的公司都追悔莫及。"

巴菲特影响公司的另一个重要途径是敦促格雷厄姆回购公司股票。格雷厄姆说："1976年，他让凯伊开始回购公司股票。这在当时是非常不寻常的操作，没有公司这么做。幸运的是，凯伊听从了他的建议，并在接下来的几年时间里，以每股不到25美元的价格回购了公司25%的股份。现在，这些股票的价值超过了500美元，总数是个天文数字。我们一直这么做，直到股票流通量由沃伦刚进入公司时的2 000万股减少至现在的940万股。我们虽然也做出过其他出色的投资，但对这部分资本的运用是我们做出的最出色的投资。"

巴菲特对《华盛顿邮报》回购其股票的建议，使伯克希尔的投资从当时12%的所有权增加到目前的18.3%，而伯克希尔没有掏一分钱。伯克希尔在27年前投资的1 060万美元（每股6.14美元）现已增加为10亿多美元，年回报率超过了18%。伯克希尔每年从《华盛顿邮报》公司获得900万美元的股利，这意味着一年就几乎可以收回当初的投资。

将全资收购与部分收购的汇报进行比较是有意义的。巴菲特于1977年以3 250万美元的价格全资收购了《布法罗新闻报》，这是比部分收购《华盛顿邮报》更好的投资。伯克希尔为收购《华盛顿邮报》投入的资金是1 060万美元，每年的股利是900万美元，还有1800万美元的"透视盈余"（look through earnings），2007年的总收益为2 700万美元。《布法罗新闻报》由于在短期发生亏损，巴菲特额外投入了4 450万美元，但第二年获得了5 200万美元的回报。更最重要的是，《布法罗新闻报》给伯克希尔带来了超过7.5亿美元的累计税前收益，为其收购活动提供了资金。

如果说巴菲特对凯瑟琳·格雷厄姆和《华盛顿邮报》的影响堪称显著的话，那么他对唐纳德·格雷厄姆的影响就称得上是深远了。格雷厄姆近来对《纽约客》的记者说，他初见巴菲特时，"问了他能想到的所有问题"并且"很快看出他是我此生见过的最聪明的人。沃伦说话很清楚，从某种程度上说，他非常具有迷惑性。我们很多人都说自己受到了他的影响，但我们都知道他内心深处有我们看不到的东西。这就好像说我的棋艺受到了加里·卡斯帕罗夫（Gary Kasparov）的影响或者我的篮球技术受到了迈克尔·乔丹（Michael Jordan）的影响一样"。

■ 为质量而非噱头花钱

事实上，巴菲特在很多方面都对格雷厄姆产生了显著的影响。其中之一就是格雷厄姆采用了巴菲特的这一理念：为质量而非噱头花钱。将这一理念应用于实际的例子包括，他禁止公司配车和《华盛顿邮报》的高管办公室铺设工业级别的地毯。结果，他像他的导师一样，因节俭而闻名。

其他人则认为，他这是站在所有者的立场上管理企业，就像他的导师一样，而且与众多的经理人不同，他从长期视角看待企业。他曾说："我们真的不太考虑短期问题。我们不会关注季度业绩。"但是，他补充说："我们不关注季度汇报，并不是说我们不重视盈利和企业的成功运营。董事会有非常严格的评估员，我们长期关注的是如何建立企业的价值，而这只能以净收入来衡量。"

毫不奇怪，当被问及心目中的英雄是谁时，唐纳德·格雷厄姆立即说："就商业领域而言，没人能比得上沃伦。他周围10英里内的人都会这么说，包括不在他公司里工作的人，这实在是了不起。我知道有些人在某种程度上像他，有许多优秀的商人，有许多优秀的投资者，还有其他我非常钦佩的人。但我不知道有谁能比得上沃伦。"为了解释他认为巴菲特与其他人如此不同的原因，他讲述了他的一位大学老同学的故事。"毕业后，这位同学成了《美国政治年鉴》（*Almanac of American Politics*）一书的作者。这是一本政治统计学纲要，是一本杰出的参考书。令人惊讶的是，这本书的大部分内容是这个人凭记忆写出来的。他记得国会议员或参议院所有人的名字，他不仅知道谁参与了1960年密苏里州的选举，他还知道每位候选人的实际得票数，而且不是百分数。当我问他是如何做到的时，他回答说，他只是用了一些脑细胞而已，而我平常是用这些脑细胞记华盛顿红皮队（Washington Redskins）替补右后卫的名字。沃伦也是如此，但他把这样的才能用在了商业上。"

还有另一个有意思的故事，不是格雷厄姆称赞巴菲特的记忆，而是巴菲特称赞格雷厄姆的。正如芭芭拉·马图索（Barbara Matusow）在1992年的《华盛顿人》杂志上所解释的那样：人们很容易低估唐纳德·格雷厄姆，他如此谦虚低调，以至于当人们发现他实际上思维非常敏捷时都大感意外。有一次，几位《华盛顿邮报》公司董事会的成员一边等格雷厄姆来，一边在聊天，罗伯特·麦克纳马拉（Robert McNamara）打赌说，没有人知道亚伯拉罕·林肯（Abraham Lincoln）的第一任副总统是谁，确实在座的没人知道。但沃伦·巴菲特下注5美元说唐纳德知道答案。果不其然，格雷厄姆来后说："我当然知道，是汉尼拔·哈姆林（Hannibal Hamlin）……"

巴菲特说："唐非常聪明，记忆力更是超群。当我想引用年报中的内容时，我就会给他打电话询问。给他打电话要比我自己查阅更容易。"

巴菲特推崇唐纳德·格雷厄姆还有其他原因。《华盛顿邮报》公司是一家非常成功的媒体组织，年收入超过20亿美元，净收入超过2.25亿美元。它也是一家多元化的公司，主营业务基本上可分为五类。就广播电视业来看，该公司在密歇根、得克萨斯、佛罗里达州拥有6家电视台。第二类业务是有线电视，总部设在亚利桑那州（Arizona）凤凰城（Phoenix）的第一有限电视公司（Cable One）为18个中西部、西部和南部州的75万用户提供服务。第三个领域是杂志出版业务，除了《新闻周刊》的常规发行外，公司还发行了3本国际版杂志，一本青少年版杂志，一本双月旅游杂志，公司还有一家电视制作公司。该公司的第四类业务由卡普兰公司（Kaplan, Inc.）运营，是领先的教育和职业服务供应商。最后但也非常重要的业务是该公司的报纸发行业务。尽管这类业务中，《华盛顿邮报》是当之无愧的明星，但该报纸还有在全国发行的特殊周刊版本，另外还有分散在全国各地的其他几份报纸。

事实上，不论《华盛顿邮报》隶属于哪家公司，它都会成为该公司的明星。过去10年里，由于其他媒体的竞争，美国几乎所有的主要日报的发行量都在下降。例如，《洛杉矶时报》的日发行量下降了14.8%，《费城调查者报》下降了23.8%。但在此期间，《华盛顿邮报》的日发行量仅下降了4%多一点。因此，尽管格雷厄姆将价格下调了25美分，该报仍然是非常盈利的。平心而论，这份报纸的成功在一定程度上应归功于这一事实：它比绝大多数的晨报竞争对手要存活得长久。它的上一个竞争对手《星报》（the Star）已于1981年关门大吉了，唯一剩下的晨报就是《华盛顿时报》（Washington Times）了，该报为文鲜明牧师（Reverend Sun N. Moon）的统一教（Unification Church）所有。但也许比发行稳定更令人印象深刻的是《华盛顿邮报》在市场中的渗透率。2000年《华盛顿邮报》完成的一项调查表明，工作日期间，华盛顿大都市区46%的家庭阅读该报，周日这一比例为61%。《波士顿环球报》（Boston Globe）也在规模类似的地区发行，但工作日的这一比例仅为27%，周日为40%。即使是为更多读者服务的《纽约时报》（常被用作对比的参照），平日里市场渗透率仅为9%，周日为13%。

事实上，格雷厄姆认为这样的比较存在问题。他说："人们老爱把我们跟《纽约时报》做对比，但从某些方面来看，这种比较是错误的。除了新闻报道外，我们和《时报》没有竞争性。"正如他2000年对《纽约客》的记者解释的那样，"我们不是全国性的报纸，我们是地方性的报纸，我们的所在地恰好是美国的首都。我们的报纸内容既适合政府官员，也适合在政府部门打扫卫生的清洁工"。正因如此，这份报纸对广告商极具吸引力。他对记者说："《华盛顿邮报》是出色的商业媒体，如果它上面刊登了销售衬衫的广告，那么衬衫的销量就会大增。"为了维持甚至增加当地新闻的版面，《华盛顿邮报》在华盛顿地区设立了12个办事处，在全美设立了5个办事处，而且在海外设立了21个办事处。相比之下，《纽约时报》在范围更广的纽约地区只设立了10个办事处，在全国设立了11个，在海外设立了26个。

当然，管理这一切是艰巨的任务，但格雷厄姆早已证明了他应对挑战的能力。自1971年进入公司工作以来，他曾担任过《华盛顿邮报》和《商业周刊》的新闻和商业记者，1976年被任命为该报纸的副总裁兼总经理。1979年，他成为发行人，1991年他接任其母成为首席执行官，时年45岁。据说当时沃伦·巴菲特对这项任命的评价是"再恰当不过了"，说这"一点都不意外"，而且还说"华尔街多年来一直预测唐纳德·格雷厄姆会成为公司总裁"。两年后，即1993年，格雷厄姆夫人成为执行委员会主席，唐纳德·格雷厄姆被任命为董事会主席。由于原本与他分担公司经营职责的总裁艾伦·斯布恩（Alan Spoon）离职，他放弃了《华盛顿邮报》发行人的职务，集中精力管理整个公司的运营。他让报社的副总裁兼副发行人小鲍伊斯菲利特·琼斯（Boisfeuillet Jones）接替了他的发行人职务。

因此，格雷厄姆早已经习惯于行使权力了。也许是想与他的外祖父和他的父母有所区别，他的管理风格非常低调。如巴菲特一样，他放手让经理们自行决策，很少对员工直接发号施令。这种低调的风格甚至延伸到了报纸的编辑页面，人们通常认为报纸内容应该代表了发行人的立场。作为发行人，他的观点是公开的，但在极少数情况下会与版面编辑的观点不同，此时他通常会说："你自己决定吧。"然而，有一点他决不妥协，那就是节省不必要的开支以及维持低成本的经营，因为这样能维持《华盛顿邮报》公司的盈利水平。他坚持雇用和晋升女性和少数民族员工。事实上，员工发展是他最感兴趣的事项，他一直从内部提拔公司的经理人。

格雷厄姆已婚，已生儿育女。尽管是亿万富翁（格雷厄姆身价为2亿美元），但他、妻子玛丽（Mary）和4个孩子居住在华盛顿特区，生活很节俭。格雷厄姆每天乘坐地铁上班，人们普遍认为他在办公室附近的折扣店买衣服（但这不是事实）。他去纽约的《新闻周刊》办公室时，喜欢乘火车而不是飞机。格雷厄姆很少从事工作以外的事情，他和妻子很少出去参加聚会，也很少出去旅行。

当我问格雷厄姆，如果他没有进入报业，可能会选择什么职业时。他回答说："我真的不知道。我儿时的梦想是做一名棒球运动员，除此之外，我没有其他想从事的职业。这是一个非常有趣的问题，特别是因为很长一段时间我都不清楚自己是否会去《华盛顿邮报》工作。我想有很多人和我一样，对是否进入家族企业犹豫不决，我当时就相当挣扎。但我在报纸环境里长大，而且我对这个行业很感兴趣。如果我没有进入《华盛顿邮报》，我可能去别的报社当记者，新闻行业就是这么有吸引力。当你在报社工作时，你不知道每天会碰到什么事情，不知道人们会谈论什么事情。这真是令人兴奋。"尽管他不再参与报社的日常运营，但他仍对报社网站Washingtonpost.com相当关注。他承认，就这一点来看，他与导师有所不同。格雷厄姆说："你看看沃伦的业务就知道，他在投资时尽可能避免互联网的影响。他在过去5年投资的企业，比如乳品皇后、公务飞机和珠宝公司，都是美国少数不受互联网影响的企业。"但格雷厄姆也意识到，报业并非如此。

事实上，他认为，"报业面临的长期问题与互联网的发展密切相关。今天的《华盛顿邮报》是份好报纸，那是因为我们刊载的内容是人们真正愿意阅读的。它是一份高质量的报纸，人们觉得早上阅读它很重要。而且，在阅读它时，人们获得了衣食住行、工作等各方面的信息。因此，《华盛顿邮报》能促使商业交易发生。如果在网络上发布广告能起到同样的效果吗？即人们是否会到打广告的赫西特公司（Hecht Company）去购买衬衫？我们还无法证明这一点。所以这是报业企业面临的一大问题。另一个是网络新闻采集的未来影响。如果有人知道它的答案，我希望他能告诉我。"

格雷厄姆不愿意等待答案，他正在努力建设《华盛顿邮报》的网站，为公司的未来布局。艾伦·斯布恩在离职之前就负责这项工作，而且1999年，他对《金融时报》的记者说，在线报纸Washingtonpost.com正成为全国版的《华盛顿邮报》。然而，正如《金融时报》指出的，"对于一份主要依赖当地零售业广告和分类广告的报纸而言，建立网站后也要把纸质报纸上的广告转移到网上，这一点至关重要"。即便如此，小鲍伊斯菲利特·琼斯强调："网络上存在大量的机会，但大华盛顿区域永远是我们关注的焦点。请到运营网站的人时，我会打开一张华盛顿及其郊区的地图对他说：'这是我们感兴趣的区域。'"

当被问及对《华盛顿邮报》的愿景时，格雷厄姆说："我们不是一家以概念为导向的公司，但我的愿景是，我们将继续提供高质量的报纸、杂志和电视节目，特别是电视新闻，而且我们将比大多数竞争对手更重视内在价值的增长。"关于一般报业的未来，格雷厄姆说："报业的任何人都明白，行业存在竞争威胁，但我是个比较乐观的人。我认为过去5年内，报业已经显示出了惊人的竞争力，特别是考虑到我们面临的所有新竞争。所有的媒体业务都会受到技术的影响，它们都与乳品皇后公司不同。但我认为，我们经营的五大类业务以及网络的未来发展将非常令人关注。"

关于自己的未来生活，格雷厄姆说，56岁时（写作本书时），他还没有退休计划。他说："我的母亲一直在这里工作，直到84岁时去世。我们有正常的退休考虑，但我们没有任何强制性的政策。"他不考虑退休，所以也没有考虑谁做他的接班人。他在1997年接受了前列腺癌的治疗，尽管治疗很成功，但也引发了家族企业继承人的问题。目前参与《华盛顿邮报》公司经营的家族下一代成员只有凯瑟琳·韦茅斯·斯卡利（Katharine Weymouth Scully），她与凯瑟琳·格雷厄姆有相同的名字，且是后者孙子辈里的老大，她是拉利·格雷厄姆·韦茅斯（Lally Graham Weymouth）的女儿，唐纳德·格雷厄姆的外甥女。据说，家族内外的人都对她寄予厚望。她现年35岁（截至本书撰写时），是土生土长的纽约人，曾在报社的法律部门工作了两年，后被任命为《华盛顿邮报》网站和《商业周刊互动》（Newsweek Interactive）的助理律师和商业事务总监。斯卡利在面向未来的业务部门中占据了一席之地，这一事实可谓意义重大，但她或其他任何人都没有公开申明过她将接管家族企业。

　　当被问及对伯克希尔·哈撒韦的愿景时，唐纳德·格雷厄姆只是简单地说："这完全取决于沃伦想要什么。"即便如此，他还是表示，他认为伯克希尔更有可能发展成为一家企业集团而不是保险公司，但他认为"保险业在伯克希尔占据重要的地位"。同时，他指出，"你已经看到了沃伦收购的业务，他显然非常愿意收购保险业以外的其他业务"。关于谁可能取代巴菲特成为伯克希尔·哈撒韦公司的负责人，格雷厄姆说："我不知道，我也不在乎，做决定的该是沃伦。我认为他会尽全力安排妥当接班人事宜，我一点都不担心这一点。公司的价值就摆在那里。多年来经营它的人做出了独特而精明的判断，其中的一个必定就是对继任者的判断。我认为沃伦会选出非常出色的人。继任者上任后，公司会像沃伦在任时那样快速成长吗？不会。沃伦选择的人会使公司快速增长吗？是的。我认为这个世界上有很多值得担忧的问题，但这个问题排在许多问题的后面。"

唐纳德·格雷厄姆的商业信条：

- ★　监控成本，尽可能减少不必要的开支。
- ★　让经理人做好自己的工作，除非绝对有必要，否则不要干涉他们。
- ★　发展员工，从内部提拔干部很重要。
- ★　增强员工的多样性，雇用和晋升妇女和少数民族员工。

| 第十章 |

第三代家族继承人：艾文·布鲁姆金

艾文·布鲁姆金——内布拉斯加州家具商场

想象一下将五个大型好市多的卖场连在一起，销售各种家用商品，包括家具、家用电器、地毯和其他电子产品会是什么情形？欢迎来到位于美国奥马哈的内布拉斯加州家具商场，它是美国单一位置销量最大的家居用品商店。

在主卖场楼上的办公室里，我采访了艾文·布鲁姆金。他40多岁，是这家商场的CEO。布鲁姆金说自己不太喜欢接受采访，但很快他就打开了话匣子，讲起了这家美国最出色的零售和商业企业的故事以及有关内部运作的种种独到见解。他回顾了布鲁姆金夫人的生平和时代（见第六章所述），并讲述了她对家人和布鲁姆金家族企业的不可磨灭的影响。

如布鲁姆金夫人（内布拉斯加州家具商场的创立者、艾文的祖母）一样，艾文是家居用品零售业举足轻重的人物。他像他的祖母一样态度谦逊，工作努力，但他比祖母更讲究策略，这一点颇像他的父亲路易斯。

办公室里到处都是布鲁姆金夫人说过的话，例如"童叟无欺，价格便宜"，即使废纸篓的盖子上都有反映公司经营原则的警示语："诚实""亲切""态度"和"价值"。艾文的书柜上放着他心目中的英雄（他父亲）的照片。办公桌上有他父亲和沃伦·巴菲特曾说过的话，如"若你给出的价格合理，顾客就会纷至沓来"。除了这些标语之外，没有任何迹象表明内布拉斯加州家具商场是某大型企业的子公司。

艾文个人促成了伯克希尔对许多企业的收购，就这一方面而言，他发挥的作用可能比其他任何经理人都多。对沃伦·巴菲特想收购的企业，艾文比大多数经理人都了解它们。

内布拉斯加州家具商场仍然是一家由家族经营的企业，目前由艾文和他的兄弟罗恩负责，他们俩通常周日还在工作。他们运用布鲁姆金夫人灌输的原则经营，使公司引起了沃伦·巴菲特的关注。

很少有大型公司的负责人声称，他们自八九岁起就开始在公司里工作了，但内布拉斯加州家具商场的艾文·布鲁姆金是其中之一。尽管他很早就在商场工作了，但这位48岁的董事长兼CEO直到1975年才开始在这里领薪水。

■ 商业管理与经验

艾文于1951年出生于奥马哈，自小他就知道，他最终会在祖母罗斯·布鲁姆金于1937年创立的家族企业里工作。即便如此，1974年从亚利桑那大学（University of Arizona）获得商业学位后，他进入图森银行（Tucson bank）继续学习商业管理。在进入家族企业之前，他本打算积累更多的商业经验，但1975年5月6日商场遭受了飓风的重创，他便回到了家里，自此后再也没有离开。

当时担任内布拉斯加州家具商场总裁的是他的父亲路易斯。进入公司后，他的父亲安排他到商场的卸货区、销售区工作，同时也让他参与行政管理工作。父亲这样的安排是想让他明白零售业的真正生活是什么样的。当他的父亲于20世纪80年代中期辞职时，他接任了董事长一职（路易斯担任名誉董事长），并与他的兄弟罗恩和表兄弟罗伯特·巴特（Robert Batt）共同经营这家商场。罗恩任商场的总裁兼首席运营官，巴特任副总裁。

就职责划分来看，艾文说："我的父亲全面监管，这样可以确保我们不会搞得太糟糕。我的兄弟负责运营，我负责推销规划、营销和广告。"这样的安排对他的家人和商店来说，都是很合理的。

罗恩等人的祖母布鲁姆金夫人一定会为他的孙子们感到骄傲。1983年，布鲁姆金夫人以5 500万美元的价格将80%的家具商场股份出售给了沃伦·巴菲特。截至目前，商场的年销售额已经增加了4倍，从8 900万美元增加为3.65亿美元。另一个衡量其孙子们成绩的指标是每平方英尺的销售额，该指标从当时的443美元增加为现在的865美元。从巴菲特的角度来看，更重要的可能是家具商场目前的估值（尽管他没有出售该商场的意图），商场目前的估值为5.48亿美元。再加上过去17年里估计的累计税前利润2.72亿美元，其中包括2000年的3 200万美元，家具商场为伯克希尔·哈撒韦公司带来了总计8.2亿美元的价值，相当于年化内部收益率为17.2%。

商场的规模也在扩大。初创时公司在地下室经营，现已成为北美规模最大的家具商场，占地77英亩，员工人数多达1 500名，销售空间为42.2万平方英尺。正如预期的那样，布鲁姆金商场已占据了市场的主导地位。在1998年的一项调查中，奥马哈大都市区69%的居民都称，布鲁姆金家具商场是他们过去12个月里花费最多的商场，最接近的竞争对手的这一比率仅为8%。

当美国最成功的百货连锁店迪拉德（Dillard）在奥马哈设立分店时，它都没有开设家具部门，布鲁姆金家具商场在奥马哈的地位可见一斑。迪拉德的董事会主席威廉·迪拉德（William Dillard）说："我们不想和它竞争，我们认为它是最棒的。"这里的"它"指的就是布鲁姆金家具商场。

但内布拉斯加州家具商场不仅在奥马哈地区称雄，它也是100多英里之外爱荷华州（Iowa）得梅因市（Des Moines）的三大家具销售商之一，它吸引了来自密苏里州堪萨斯城的大量顾客，《纽约时报》称它"在劝说纽约居民到巴尔的摩（Baltimore）购物"。当地的顾客会将买下的家具用内布拉斯加州家具商场的家具船运送到他们在佛罗里达州和西南部的度假屋内或者发送给他们在全国各地的亲属。

该公司也通过收购实现增长。1993年，内布拉斯加州家具商场收购了内布拉斯加州林肯市的商业地板企业地板公司（Floors, Inc.），并于次年在得梅因市设立了商业用品销售办公室。2000年，它收购了得梅因的主妇家具用品公司（Homemakers Furniture），包括其所属的位于爱荷华州温特塞特（Winterset）的伍德马克制造厂（WoodMarc Manufacturing）。2001年2月，布鲁姆金家族宣布了首次扩展运营计划：拟于2003年在堪萨斯城开设一家内布拉斯加家具商场。尽管沃伦·巴菲特表示他有兴趣在另一个城市，如丹佛（Denver）或明尼阿波利斯（Minneapolis），开设家具商场并提供资金，但他认为，最终的决策要由布鲁姆金家族做出。巴菲特说："如果他们这样做了，我会很高兴，但我不会要求他们这样做。"

■ 具有出色决策权的主导力量

近20年前沃伦·巴菲特收购该公司时，艾文已经是商场推销和广告宣传业务的负责人了。现在回想起来，他认为他知道是什么把巴菲特吸引到了商场。"他多年来一直钦佩我的祖母和父亲，"布鲁姆金谈到巴菲特时说，"他看到公司成长为一支具有出色经营权的主导力量，我们知道我们在做什么，知道如何才能在长期盈利。公司具备巴菲特喜欢的各种商业元素。"

艾文一直致力于伯克希尔·哈撒韦家具用品集团的发展。巴菲特曾就其他家具商场的经营状况征求过布鲁姆金家族的建议。他们建议巴菲特收购其他地区的另外3家家具零售商，尽管当时这3家商场都无意出售，但几年后，巴菲特开始按照布鲁姆金家族的建议开展行动，最终将这3家公司都收入了囊中。

他在1995年《致股东的信》中解释了这一点："多年以来，艾文一直向我提及这家公司所拥有的竞争力，而他也不断地告诉R. C. 威利（R. C. Willey）

的总裁比尔·柴尔德，布鲁姆金家族与伯克希尔的合作关系是多么地令人愉快，终于到了1995年，比尔向艾文提及，出于资产税负与分散风险的考量，他本人与R. C. 威利其他股东有意出售该公司股份。从那一刻开始，事情就变得再简单不过了，比尔给了我一些数字，我则回信表达我对价值的看法，我们很快就价格达成了协议，而后续所产生的化学反应可以说是再完美不过了，一直到年中，整个收购大功告成。"

比尔·柴尔德也支持艾文·布鲁姆金向巴菲特提出的建议，即考虑收购梅尔文·沃尔夫（Melvyn Wolff）经营的休斯顿星辰家具（Star Furniture）商场。巴菲特调查后确认，这家公司符合伯克希尔的收购标准：业务是"可以理解"的，具有"卓越的经济条件"且由"杰出的人士管理"。因此，伯克希尔于1997年收购了该公司，该公司由此成为伯克希尔家具集团的第三个成员。

巴菲特对收购家具零售企业的结果非常满意，他继续向布鲁姆金、柴尔德和沃尔夫征求建议，3人都建议他考虑乔丹家具，这是艾略特和巴里·塔特曼兄弟在新英格兰地区经营的家具企业。巴菲特于1999年收购了这家公司，在当年《致股东的信》中，他写道："我们旗下每一家家具店都是当地首屈一指的，目前我们在马萨诸塞州（Massachusetts）、新罕布什尔州（New Hampshire）、得克萨斯州、内布拉斯加州、犹他州以及爱达荷州等地的市场占有率都是第一。"最后这次收购后，伯克希尔·哈撒韦家具集团的年销售额已超过了10亿美元。

巴菲特主要以现金来收购家具企业，因此，估计他为此投入了6亿美元资金，而且他收购的都是业内占主导地位的企业，这些企业的保守估值为15亿美元。家具是以时尚为导向的行业，而且易发生变化，但巴菲特收购的每家企业都有自己独特的优势。每家企业的品牌都能持续为客户带来利益。一些人表示，自伯克希尔收购内布拉斯加州家具商场以来，它已经在家具用品市场上处于垄断地位了。

布鲁姆金和巴菲特又是怎样看待这些公司的呢？正如布鲁姆金指出的："经

营者的个性和素质是最重要的，其次，它们都是市场内占主导地位的零售商，具有悠久的历史，经营者热爱他们的事业。换句话说，他们了解自己的企业，并且力争使企业成为'王中王'。"

虽然巴菲特完成的收购多半是听从了布鲁姆金的建议，而不是伯克希尔·哈撒韦家族内其他公司负责人的建议，但内布拉斯加州家具商场的这位CEO表示，在他提出建议后，"我让沃伦做出所有的决策，他自己权衡后拿主意"。布鲁姆金没有确切地说有多少家公司是在他的建议下被巴菲特收购的，但他愿意承认："我们的命中率还是挺高的。"

巴菲特对此非常感激。他在1999年《致股东的信》中说："世上没有哪家家具企业的经营能够像伯克希尔一样，这是我个人的乐趣，也是各位获利的关键所在，W. C. 菲尔兹（W. C. Fields）曾经说过：'是一个女人让我沉醉酒乡，可惜我从来没有机会好好地感谢她'，我不想犯下相同的错误，在此我要感谢路易斯、罗恩、艾文等人，是他们让我与家具业结缘，而且毫不犹豫地引导我组成现今的梦幻组合。"

布鲁姆金对伯克希尔·哈撒韦和沃伦·巴菲特也是推崇备至。尽管艾文和家族里的其他成员一样都有所贡献，但归根结底促成内布拉斯加州家具商场和伯克希尔合并的是布鲁姆金夫人。艾文认为这是"双赢的交易，对所有人都是大好事"。自合并后他与巴菲特和伯克希尔的经历更让他认为，当年的合并是皆大欢喜的举措。

正如伯克希尔得到了布鲁姆金家族的良好服务（既有家具生意上的利益，也有对其他潜在收购对象的建议）一样，布鲁姆金家族也从与母公司的联系中获益不少。哪一方做得更好呢？布鲁姆金家族一开始获得了5 500万美元的资金，多年来获得了累计5 400万美元的税前盈余，而且得到的股利也越来越多（目前估计为650万美元）。其余20%的企业股份现估值为1.1亿美元，而且他们可以与最明智的商业人士接触。该家族一直保持对企业的控制，处理所有权和管理层的过渡，并且解决了所有成功人士面临的遗产税问题。即使按伯克希尔的标准来看，这也是很大的投资回报。

像伯克希尔·哈撒韦公司所有的经营管理人员一样，艾文·布鲁姆金高兴地说，他的公司现在的运营方式与被巴菲特收购之前一样，"在我的兄弟和我的父亲的心目中，我们拥有100%的家具商场，我们的行为就像我们拥有100%的所有权，就好像我们除了得到一个出色的军师和完美的合伙人外，什么都没有发生。从运营的角度看，我们为了改革和完善做出了一些改变，我们的业务增加了，我们的建筑物增多了，但我们的运营方式和我们所做的事情根本没有变化"。

像他的祖母和父亲一样，他能够不受干扰地经营公司。他说，即使伯克希尔没有接手，"就我们的业务而言，我们也会走到今天这一步"。不过，他很乐意承认，"与伯克希尔联姻有很多好处。它是最好的合作伙伴，你看到的都是真实的。伯克希尔和沃伦承诺的事情会100%兑现。伯克希尔是最完美的合作伙伴，你可以做你想做的事情，同时你还可以从有史以来最聪明的人那里得到支持"。

■ 化繁为简的能力

事实上，谈起有关沃伦·巴菲特的话题，布鲁姆金能说上半天。我问他，他与巴菲特共事时，他发现老板最出色的特质是什么，他回答说："有许多'最棒的'特质。其中之一就是他能够将某些看似具有挑战性的事情以简单的方式表达出来。他是一个十分善于鼓舞人心的人。他非常聪明，每一次遇见他，你就相当于上了一次课。他是个永远值得你尊敬的人。他不是具有一个最棒的特质，而是有很多。"

近年来有人批评巴菲特不懂技术，过于节俭，跟不上时代的步伐，他为巴菲特辩护说："这都是对他的误解。接近他、认识他的人都知道他心地善良。而且，尽管他这么聪明，但批评仍然会降临到他头上。他已经接近完美了，他是我心目中的英雄。"

当被问及巴菲特是否更善于配置资金或管理人事时，布鲁姆金坚称："他两方面都很擅长。当然，他的主要职责是配置资金，他的业绩非常突出。但他也是我见过的最出色的经理人之一。他说他最擅长的是资金配置，但在和他共过事的人看来，他是一位杰出的经理人，不比任何人差。"

布鲁姆金继续说："他比我明智。他目光更长远，而且是一位很棒的导师，他教导我们要坚持不懈和从长远的视角看待问题。他还教我们如何做事，如何赢得胜利，他教会了我们很多。我们能够聆听这些教诲，能够认识他，真是三生有幸！"

他说："人们做事的动机各有不同，我认为与沃伦共事的大部分人都不是冲钱来的。他们基本上都已足够富有了。他们是出于对事业的热爱、为了做想做的事情及从中获得满足感才为沃伦工作的，而且，我是为了让沃伦感到自豪。"

尽管布鲁姆金认为家具商场对整个伯克希尔·哈撒韦的贡献不大，但他很高兴能成为伯克希尔家族中的一分子，这并不令人惊讶。他将大部分个人资金都买了伯克希尔的股票，他非常乐意这么做，正如之前提到的，他这么做是为了让R.C.威利的比尔·柴尔德、星辰家具的梅尔文·沃尔夫和乔丹的巴里·塔特曼兄弟加入伯克希尔大家族。

就像对巴菲特一样，布鲁姆金对伯克希尔家具集团的其他成员也是推崇备至。"他们各有擅长。"他说，而且他认为多样性是伯克希尔最重要的资产之一。他说："梅尔文·沃尔夫眼光独到"，而且是"非常聪明、精明的运营商，他看人极准"。在他看来，比尔·柴尔德是一个"非常积极进取的乐观主义者，通过不懈的努力创立了庞大的企业"。至于艾略特和巴里·塔特曼，他认为他们是"最有趣、最富创意的人。他们创立的企业不仅使顾客愉快，还给顾客创造了价值，这是其他家具零售商无法做到的。他们做了我们想做的事情，他们给顾客带来了极好的体验，我很欣赏他们兄弟俩"。

因此，布鲁姆金认为，即便伯克希尔不是一个关系特别密切的家族，这三家家具零售商以及最近收购的主妇家具用品公司和科特家具，家具集团可能产生协同效应。为此，最近他参加了家具集团组织的高管会议，一起商讨大计。乔丹家具提出了一个新创意，即推出一款色彩艳丽、有趣且以消防为主题的手推车。在购物时，父母可将孩子放在手推车里，这样在整个家具广场购物时就更有乐趣了。

他说："我认为，随着时间的推移，家具集团将会产生很大的协同效应。可能是协同采购，也可能是协同运营，存在许多不同的可能途径。不说别的，能够与市场中占主导地位的同行沟通和分享信息就是非常有益的。但最后，我们仍然以自己的方式经营企业，这是伯克希尔最迷人的地方。"

■ 广泛联系与深入基层的管理风格

尽管布鲁姆金非常钦佩巴菲特和伯克希尔·哈撒韦的同事们，但他认为他的父亲路易斯、姑姑弗朗西斯和叔叔欧文（Irving）、盖尔·维泽（Gail Veitzer）、诺姆（Norm）和朱迪·维泽（Joodi Veitzer）对他和他的管理风格影响最大。他还认为他的妻子苏茜（Susie）对他的影响也很大。"她是一位好妻子、好朋友、好伙伴、好母亲。"但他觉得对他影响最大的是父亲，他称其为"伟大的导师和教练"。

他这样描述自己的管理风格："广泛联系，深入基层"。这显然是以人为本的管理风格。他说："我们把员工视为家人，我们仍像经营家族企业一样经营内布拉斯加州家具商场。幸运的是，我们的公司每年都在增长，所以从来没有员工离开。而且，因为我们如此成功，我们也能够避免做出其他艰难的决策。当然，我们时刻监测我们的成本，成本在不断增加，我们要未雨绸缪，为将来可能面临的困难时期做好准备。偶尔某些部门会超员，但大多数情况下我们都能调整好位置，尽量避免落入裁人的艰难境地。"

当被问及成功的运营经理需要具备什么特质时，他说："首先要了解业务，了解你知道的和不知道的事情；其次是在能力范围内工作，而且要有自知之明；最后是知道促使企业顺利运作的因素是什么。当然，除了诚实、正直这些核心因素外，做低成本的运营商、努力主导你所在的市场都是很重要的因素。这些都是促使家具商场顺利运转的因素。"

与此同时，布鲁姆金认为最重要的是"满足大量客户的需求，比竞争对手做得更好"，这正是工作中最令他兴奋的方面。事实上，他喜欢熬夜做的事情就是"改进和找到更好地服务客户的方法，促进和发展企业"。

他通过7个关键指标来衡量家具商场对目标的实现程度。这七个指标分别是：(1)销售额；(2)利润（百分比)；(3)费用；(4)利润（绝对值)；(5)非营业利润；(6)客户调查结果或客户偏好研究；(7)人力资源流动率。他说："但最终还是要看客户满意度，因为只有让客户满意，他们才能成为回头客，并向他人推荐我们商场。"

事实上，尽管他没有明说，但他认为家具商场的使命是"通过精挑细选和创造价值改善人们的生活方式"。他说："归根结底就是要了解你的客户，照顾好你的客户，分析你的客户。这正是我的奶奶做的事情，是山姆·沃尔顿所做的事情。说到底，将复杂的业务归结为一个简单的问题就是，了解什么对客户最重要。"

除了不以客户为中心外，布鲁姆金认为导致企业失败最常见的错误是："规模扩展太快，无法专注于最擅长的业务，偏离了核心竞争力，而且过度杠杆化。"他避免了这些错误。多年来，内布拉斯加州家具商场不断发展壮大，但速度并不太快，而且从来没有偏离布鲁姆金家族具有核心竞争力的业务：销售家具、家用电器、电子产品和地板等。此外，该家族遵循其祖母的遗命，绝不抵押举债，采购任何产品时都支付现金。

有意思的是，布鲁姆金认为他在商业上最大的失误，也是他最大的个人遗憾，与他的祖母有关。他说："我让奶奶很生气，导致她新开了一家商店，我做得很不好。这对我的家人产生了极大的影响，也让顾客感到很困惑。他们不知道是该从内布拉斯加州家具商场买东西还是从布鲁姆金夫人的商场买东西。"如果人生可以重来的话，他说，他会"找到一种更好的解决方法"。他补充说，他自己、他的亲兄弟和表兄弟"都是血气方刚的年轻人，像老虎一样，我们想以自己的方式处理事务，而且想马上就处理完"。

他说，他现在的一个目标是调整心态。或许他觉得自己有必要这么做了，因为他认为自己"专注、热爱事业、勤奋、敬业、忠诚、诚实"。他补充说："这就是我们生活的意义所在。"尽管他不可能像其祖母那样直到晚年还继续工作，但他48岁时还没有退休计划。他说："我热爱我的工作。"他打算一直工作下去，"只要我觉得开心。在将来的某个时候我可能会做容易点的工作，但只要我有能力，我仍然希望多做些工作"。

布鲁姆金通常在早上6点钟起床，运动一会后就早早地去上班，到店里后他会四处走动。他希望商场以新面貌迎接顾客，他希望看到顾客涌入商场，最后满意地离开。他会在一天较晚的时候参加会议，花时间进行采购。而且在回家之前，他会尽力"整理出当天该做但没做好的事情，并计划好第二天要做的事情"。他通常在下午6：30左右离开办公室回家，他认为妻子和孩子"为我的成功做出了重要的贡献"。

然而，他在周日也工作。每个周日他都在商场，对此他解释说："我们想尽可能地贴近现场。周日能完成很多事情。工作的人不多，因此我们可以提高生产力。我的兄弟们也在周日工作，我们喜欢这个日子。"

他的祖母肯定也喜欢他在周日工作。作为管理内布拉斯加州家具商场的布鲁姆金家族的第三代代表，艾文为母公司伯克希尔树立了榜样。当沃伦·巴菲特退休时，公司会由第二代、最终由第三代接管。根据相关统计，企业顺利传承给第二代的不足30%，传承到第三代的更少，仅为约13%。布鲁姆金为心怀忧虑的股东们提供了一个长期接任的范例。

■ 如何保持家族企业的活力

保持家族企业的活力可能是世界上最艰难的管理工作。根据相关的统计，家族企业占所有企业的比率不足5%。在我们的商业文化中，垂死挣扎的家族企业比比皆是。"富不过三代""由贫到富，再由富返贫"的现象很常见。换言之，它们都揭示了这一普遍的现象：第一代创立基业，第二代收获，第三代耗尽一切或重新开始。

让家族企业保持了三代的强大、健康和繁荣可能是布鲁姆金夫人最大的成就。伯克希尔的家具集团是唯一实现多代成功管理的部门，第二代家族继承人经营成功的其他商业集团都很少见，更别说第三代继承人经营成功的集团了。

至于未来，布鲁姆金的策略很简单，那就是继续保持增长。尽管他说他没有设定具体的增长目标，但"我们的业务已经增长了63年，从来没有经历过缩减的年份，我们想继续保持下去。我们已经传承到第三代了"，他指出，"因此我们必须确保不搞砸企业。"但他也承认，在经历了63年的成功后，继续维持成功颇有压力，他说："但这是我们自己给自己施加的压力，我们没有感受到来自沃伦的压力。我们要永保成功。"

为了保持成功，布鲁姆金在不断地寻找机会。他说："可能是收购，也可能是在其他地方开分店，还可能是其他方法。我们只是继续努力做我们最擅长的事情，我们一直在作画。我们不确定结果会如何，但我们在不断尝试着改进自己。"

有趣的是，当被问及谁是未来10年内布拉斯加州家具商场最大的竞争对手时，布鲁姆金没有提其他家具零售商的名字。他说："我认为是任何想从顾客的腰包里分得一杯羹的人，不一定是家具企业，或电子产品或家用电器行业的从业者。有可能是旅游行业的人、汽车经销商、服装店或其他大型零售商。他们都是我们的竞争对手。"

至于一般家居用品业的未来，布鲁姆金只能看出其规模将变得更大，集中度将更高。他解释说："这个行业不易经营，需要大量的资金支持，还需要深入的了解。了解整个业务的人有限。我们未来需要做的是提高质量，完善交付，更深入地了解客户。我们还必须强调家庭在人们生活中的重要性。"

当被问及伯克希尔·哈撒韦的未来时，他说："这是沃伦的责任，不是我的，但我百分之百相信他的愿景，尽管如此，我不确定他的愿景是什么。我认为沃伦对所有的机会都保持开放的态度，他会选择他最喜欢的机会，并在他的领域和能力范围内行事。"毫不奇怪，布鲁姆金认为伯克希尔"绝对"是优秀的投资对象。他补充说："我不是投资顾问，但如果我有更多的钱，我肯定会投资伯克希尔。"

尽管伯克希尔的规模不断壮大，但他并不担心它会变得过大。他解释说："规模变大时肯定会面临更多的挑战，但以沃伦的管理理念来看，我不认为规模会成为障碍。我们有自己的小世界，我们会经营好它。我们也是更大世界的一部分，许多小块就形成了伯克希尔这张'大饼'。"

或许是因为这样的想法，对于伯克希尔·哈撒韦公司的股东们普遍关注的问题，即沃伦离开后会发生什么，布鲁姆金并不担心。他相信，巴菲特的选择，无论是一个人，还是如建议的那样有一位运营经理和一位资本配置经理，都是经过深思熟虑的。布鲁姆金说："我一点都不担心。就沃伦的愿景和卓越的识人能力来看，这样的担心纯属多余。"

无论发生什么，巴菲特都认为内布拉斯加州家具商场在布鲁姆金的带领下会发展得越来越好，就像布鲁姆金相信伯克希尔·哈撒韦在巴菲特的带领下会发展得越来越好一样。巴菲特在1984年《致股东的信》中说："人们常常问我，布鲁姆金夫人到底有什么经营诀窍，其实很简单，他们整个家族有以下几点诀窍：（1）对事业的热情与冲劲会让富兰克林与霍雷肖·阿尔杰（Horatio Alger）看起来像辍学生；（2）脚踏实地去落实并果断地决定要做的事情；（3）不受与公司核心竞争力无关的事物的诱惑；（4）以诚待人。"

艾文·布鲁姆金的商业信条：

★ 将员工视为家人；

★ 监控成本，不要先浪费，再节俭；

★ 尽力了解和满足客户，并持续寻找满足客户的新方法；

★ 了解核心业务并坚守；

★ 避免举债，尽可能以现金支付。

| 第十一章 |

退休的经理人：弗兰克·鲁尼

弗兰克·鲁尼——H. H. 布朗鞋业

我曾与马尔科姆·金·查斯（Malcolm Kim Chace）见过面，他是董事会成员，也是当初拥有和管理伯克希尔纺织厂的家族成员之一。我想了解巴菲特于1962年首次收购伯克希尔纺织厂时对纺织业的看法。这些看法是否与他收购鞋类企业的策略有关联？在巴菲特的管理下，查斯家族的股票飙升至10亿美元。他给我看了旧公司年报，指出当巴菲特首次购买他家的股票时，伯克希尔纺织厂特别有价值。正如格雷厄姆倡导的价值投资风格，当伯克希尔纺织厂的市场价值为1 400万美元、账面价值为2 200万美元时，巴菲特进行了投资。纺织业和伯克希尔·哈撒韦并不是巴菲特最糟糕的投资。他以不到64美分的价格买到了价值1美元的资产，而且成功地将这些资产配置到了其他业务中。在过去的35年里，查斯目睹巴菲特把他家族的股票从每股7美元提升为每股7万多美元。

制鞋业面临着与纺织业相同的危险处境。数百家纺织厂关闭了国内的工厂，将生产线转移到了远东地区。制鞋厂也是如此，国内鞋类销售量虽处于历史最高水平（每年超过了10亿双），但制鞋业的利润却被境外企业获得了。

H. H. 布朗鞋业的CEO弗兰克·鲁尼带我参观了他的楠塔基特（Nantucket）避暑别墅。这座别墅建在悬崖上，可以俯瞰西部港口，视野极佳，美景一览无余。鲁尼夏天会在这里度过8周时间——与每个孩子待一周。冬天，他住在北棕榈滩（North Palm Beach），其余时间，他和妻子住在纽约的拉伊（Rye）。

他每天都打高尔夫球，休息时，我们聊起了他不寻常的退休生活。最初，他创立了一家企业，该企业最终发展为CVS连锁药店。退休后，由于把岳父的制鞋厂卖给了沃伦·巴菲特，他不得不重操旧业。在我们谈话之前，他打电话问巴菲特："我该怎么告诉这个人你买制鞋厂的原因呢？"巴菲特回答说："告诉他，我买制鞋厂是因为你。"

1999年8月18日的《波士顿环球报》报道，几天前，在马萨诸塞州海岸附近的楠塔基特岛上，有4个不同寻常的人出现在了桑卡迪·海德（Sankaty Head）高尔夫俱乐部里。这4个人都是美国大公司的传奇CEO，他们是通用电气的杰克·韦尔奇、伯克希尔·哈撒韦的沃伦·巴菲特、微软的比尔·盖茨，还有《波士顿环球报》所称的"拥有匹兹堡钢人队（Pittsburgh Steelers）的鲁尼家族成员"。

鲁尼没有试图纠正报道中的错误，但当天报道中提及的鲁尼并不是钢人队东家的成员。他出生在马萨诸塞州，全名弗兰西斯·C. 鲁尼（Francis C. Rooney），是总部位于康涅狄格州格林威治（Greenwich）的制鞋公司的总裁兼CEO。该公司是美国领先的工作鞋和靴子制造商之一。人们可能会问，这个相对不为人所知的鲁尼为何跟这些大佬在一起呢？他是韦尔奇在楠塔基特的邻居和朋友，他经营的公司是伯克希尔·哈撒韦的子公司，该公司于1991年被沃伦·巴菲特收购。

■ 人格魅力成为合作的关键

鲁尼于1921年出生在马萨诸塞州北布鲁克菲尔德（North Brookfield），在他出生的40年前，H. H. 布朗鞋业在这个小镇上创立。他于1943年毕业于宾夕法尼亚大学（University of Pennsylvania）沃顿商学院（Wharton School），获得经济学学士学位。毕业后，他成了美国海军的一名少尉，并在美国战舰上服役，该战舰参与了第二次世界大战期间的战斗。战争结束后，他进入制鞋业，先是在芝加哥的弗洛斯海姆鞋业公司（Florsheim Shoe Company）工作，后跳槽到梅尔维尔鞋业公司（Melville Shoe Corporation），该公司生产托姆·麦克安（Thom McAn）品牌鞋。

他从基层做起，职位不断提升，先是被任命为商品经理，后升任为托姆·麦克安部门的总裁，最后，1964年，他被任命为母公司梅尔维尔鞋业的CEO。上任后，他推出了多元化举措。梅尔维尔先后收购了马歇尔鞋业（Marshall's）、KB玩具（KB Toys）、一站式家具（This End Up Furniture）等公司，1969年还收购了CBS连锁药店。鲁尼上任之初，公司的年销售额为1.8亿美元，等他20年后退休时，公司的年销售额已经增加到了近70亿美元。

人们可能认为，取得如此骄人的成就后，鲁尼会享受悠闲的退休生活。毕竟，能够提前退休是商人成功的标志。然而，在专业人士眼里，成功可能意味着根本不退休。对事业的热爱会使许多专业人士充满斗志和精力，毫无疑问，弗兰克·鲁尼就是这样一位专业人士。离开梅尔维尔鞋业（改名为梅尔维尔公司）6年后，他的岳父邀请他经营H. H. 布朗鞋业，他接受了这一邀请。

H. H. 布朗鞋业是亨利·H. 布朗（Henry H. Brown）于1883年创立的，1927年被29岁的商人赫弗南以1万美元买下。多年后，赫弗南的一个女儿弗兰西斯嫁给了已在鞋业打拼的弗兰克·鲁尼。当时赫弗南告诉自己的新女婿，绝不会让他在H. H. 布朗鞋业工作。但到了20世纪80年代末，虽然92岁的赫弗南仍在经营公司，但他已感到力不从心了。他意识到自己无法继续担任CEO了，于是要求鲁尼接管公司，直到他身体恢复健康为止。但赫弗南于1990年去世了，他的家人决定出售该公司。

当时，鲁尼请高盛为H. H. 布朗鞋业编制报表，并开始寻找潜在的买家。在佛罗里达州的一场高尔夫球比赛中，一位名叫约翰·卢米斯（John Loomis）的朋友建议他应该联系之前曾见过的沃伦·巴菲特。正如鲁尼事后讲述的，他"给沃伦打了电话，讲了有关家族企业的事情。沃伦说：'嗯，听起来很有趣。不要给我发送从高盛那里得到的任何资料，只给我过去几年经过审计的数据就好。'"所以鲁尼给巴菲特寄去了前几年的损益表和资产负债表。不久之后，巴菲特打来电话问："你打算卖多少钱？"

鲁尼回答说："我不知道。我想我们必须先对市场进行测试。"巴菲特建议鲁尼确定数字后马上联系他。公司的年销售额约为2.4亿美元，税前盈余约为2 400万美元，鲁尼认为该公司可能值几亿美元。一段时间后，巴菲特打来电话说："我要来纽约，你想跟我共进午餐吗？"

正如鲁尼所说（带点新英格兰口音）的，"就这样，我小舅子和我一起去陪沃伦吃午餐。沃伦说：'如果我答应你的报价，你是否就不再和其他人接触了？'我说：'是的。'他说：'好吧，成交。'我和小舅子到外面商量了片刻，返回来说：'好，就这样。'沃伦没有见过工厂，也没有见过厂里的任何人。他为什么要买下这家公司呢？我后来曾问过他这个问题，他说：'唯一的原因就是你。'"

事实上，正如巴菲特随后在1991年《致股东的信》中说的那样："我之所以会对这笔交易这么感兴趣，是因为弗兰克愿意继续留下来担任CEO，就像我们其他的经理人一样，他不需要因经济因素而继续工作，而是因为他热爱这份事业而且想做好它，这类经理人可不是轻易能'请'到的，我们能做的就是尽量提供一个够水准的演奏厅，让这些商业界的天才艺术家可以好好表演。"

巴菲特收购的这家公司（还有弗兰克·鲁尼）生产、进口和销售安全和户外鞋以及西式和休闲款鞋。这些鞋以不同的品牌、通过美国中部各州的22家零售企业销售，包括迪拉德、杰西潘尼（JCPenney）、西尔斯（Sears）和折扣鞋业公司（Payless Shoe Company）。H. H. 布朗鞋业是美国领先的钢制安全工作鞋生产商，并在中等价位的市场中抢占市场份额。在这些市场中，消费者通常是法律要求穿着某种类型鞋子工作的工人。

弗兰克·鲁尼本人对伯克希尔收购该公司非常高兴。尽管他说伯克希尔·哈撒韦公司的股东从中获益更多，但巴菲特确实支付了鲁尼确认好的价格。鲁尼认为，现在H. H. 布朗鞋业的经营状况要比被伯克希尔收购之前好得多。鲁尼经营公司时，就好像这家企业仍然是100%的家族企业一样。由于几乎有无限资金的支持，他能够收购其他企业来壮大他的鞋业集团。当被问及巴菲特的公司是否是他首选的收购者时，他欣然做出了肯定的回答，并补充说，成为该组织的一员"仅次于为自己的企业工作"。

与几乎所有的企业一样，自一个多世纪以前H. H. 布朗鞋业在北布鲁克菲尔德开业以来，制鞋业已经发生了巨大的变化。当时国内有许多制鞋公司，制鞋业在马萨诸塞州是雇用工人最多的行业。仅布罗克顿（Brockton）周边地区就有100多家制鞋工厂。但是，由于海外劳动力以及其他成本比较低，许多鞋业企业不再生产鞋了，而是主要依靠进口。

过去10年里，美国生产的鞋子的数量从2.34亿双减少到了不足7 600万双，下降了近70%。1999年美国销售的135 456.8万双鞋中，有130 526.2双是海外生产的，比例超过了96%，其中大部分是在中国生产的。50年前，仅马萨诸塞州制鞋企业的工人就多达75 000人，现在这一数字已经减少为5 000人了。美国境内曾有25家皮革厂，现在只剩下了两三家。

面对越来越多廉价商品的竞争，以及耐克（Nike）和锐步（Reebok）这些业内知名公司采用的战略，在鲁尼的带领下，H. H. 布朗鞋业也将其大部分制造业转移到了海外。过去几年里，布朗在美国生产的鞋已经由原来的90%降低至40%。当然，改变进口产品和制成品的组合会导致大量的员工被裁。被伯克希尔·哈撒韦公司收购时，该公司的员工人数为3 500名，现在员工人数仅有约2 000名。

尽管鲁尼对美国工人失去就业机会感到遗憾，但他也认识到，这是公司在日益激烈的竞争中继续生存的唯一途径。沃伦·巴菲特向伯克希尔·哈撒韦家族的所有公司都强调过拥有持久竞争优势的重要性，以及他所称的"大护城河"（即保护性）的重要性。鲁尼承认，布朗鞋业没有宽广的护城河，这是个挑战，但他坚持认为它比竞争对手更有优势。

■ 把握独特的利基市场

鲁尼说："事实上，我们身处某种利基行业，我们有独特的利基市场。我们为矿工、电工和特殊行业的人制作专用鞋。这些鞋需要小批量生产，我们确实进行了小批量生产，而且还赚到了钱，但我们的竞争对手做不到这一点。这也是我们不进口所有产品的原因，因为我们需要迅速灵活，而且要能够满足'客户'的需求。布朗鞋业的客户代表了公司的另一大利基。因为他们大多数是整天都要站立的人，因此鞋穿在脚上的舒适性就非常重要，他们愿意为质量支付更高的价格。"

事实上，公司正在不断增长，部分是通过收购，部分是通过新产品开发。1992年，H. H. 布朗鞋业斥资4 620万美元收购了位于新罕布什尔州哈德森（Hudson）的洛威尔鞋业公司（Lowell Shoe Company），该公司是莫尔斯鞋业（Morse Shoes）的子公司。将该公司纳入现有的运营系统后，公司增加了护士伴侣（Nurse Mates）系列鞋，这是领先的护士专用鞋品牌。1997年公司又收购了超级鞋业连锁店（Super Shoes），和一家名为迪控（Dicon）的技术公司，该公司专门生产鞋垫里的吸汗泡沫。

布朗鞋业目前正在开发女鞋并推出了几个新产品系列，其中包括一个名为伯恩（Born）的新品牌，该品牌的鞋以独特的手工法缝制，做工精良。尽管H. H. 布朗鞋业的销售额和利润都实现了可观的增长，但关闭工厂、提供遣散费的成本使得该公司对伯克希尔的财务贡献度有所降低。

尽管如此，自布朗鞋业被收购以来，该公司的表现要大大优于伯克希尔·哈撒韦收购的另一家鞋类企业，即德克斯特鞋业公司（Dexter Shoe Company），该公司于1993年被巴菲特收购。从许多方面看，巴菲特对该公司的收购与对H. H.布朗鞋业的收购很相似，只不过此次收购的牵线人是鲁尼。他与德克斯特鞋业的老板哈罗德·阿尔方德（Harold Alfond）和彼得·伦德尔（Peter Lunder）相识多年，他建议巴菲特考虑收购该公司。他也告诉阿尔方德和伦德尔，他认为伯克希尔会为他们的公司提供一个理想的家。巴菲特与阿尔方德和伦德尔在佛罗里达州西棕榈滩的一个机场见了面。"我们去了一家以第二次世界大战为主题的餐馆，"巴菲特后来告诉《福布斯》的记者说，"点了汉堡，然后谈起了鞋子。"

尽管巴菲特当场提出了现金报价，但两个人对他说，他们更喜欢伯克希尔·哈撒韦公司的股票。巴菲特很少以股票做交易，这次也不例外。然而，几个月后，当伯克希尔的股票收盘价创下历史新高时，他与两个人再次见了面，只不过这次见面的地点是伦德尔在波士顿的寓所里。当时没有任何律师、会计师或投资银行家在场，三个人达成了协议。巴菲特获得了德克斯特鞋业公司，而阿尔方德和伦德尔获得了25 203股伯克希尔·哈撒韦公司的股票（当时价值约为4.2亿美元）。因此，两个人所持的股票占了伯克希尔的2%，这使他们成为巴菲特家族外伯克希尔最大的股东。

当时收购德克斯特鞋业公司当然是个好主意。该公司成立于1957年，总部位于缅因州的德克斯特市，由哈罗德·阿尔方德投资10 000美元创立。他的侄子彼得·伦德尔于次年进入该公司。35年后，德克斯特公司已经发展得非常成功了。该公司每年销售2.5亿美元的男女服装、休闲鞋和运动鞋（特别是高尔夫球鞋和保龄球鞋），通过全国90家工厂直销店、百货公司、高档专卖店和专业零售商销售其产品。

但即使巴菲特和伯克希尔·哈撒韦公司越来越多地参与制鞋业，美国的制鞋公司也逐渐地从制造商/营销商转变成了进口商/营销商。为了应对危机，H. H. 布朗鞋业关闭了几家工厂并将生产转移到了海外，但德克斯特则继续坚持经营在缅因州的4家工厂，而且不裁员。因此，伯克希尔鞋业（包括布朗、洛威尔和德克斯特）的收入在1995年开始下降，这一趋势一直持续到2000年。

对德克斯特的收购更为失败的是，巴菲特用股票支付了收购费。当时价值4.2亿美元的股票今天已经升值为了20亿美元，而这家公司给伯克希尔带来的预估税前盈余仅有一亿美元。以行业标准来衡量，德克斯特实际上只值一亿美元，是其年估计销售额的一半，或者说是支付的股票价值的5%。因此，在1998年9月16日召开的一次年会上，沃伦·巴菲特发现，鞋业部门对伯克希尔·哈撒韦来讲不是"大赢家"。收购德克斯特可能是巴菲特最糟糕的投资。

也许令弗兰克·鲁尼稍感安慰的是，德克斯特鞋业并不是他推荐给巴菲特收购的唯一企业。1994年，在他建议巴菲特与阿尔方德和伦德尔沟通一年后，鲁尼还建议他的老板考虑一下理查·圣图利和他的公务飞机航空公司。总部位于俄亥俄州哥伦布市的公务飞机航空公司（详见第八章）为个人和公司提供各种航空服务，主要是通过美国、欧洲和中东的利捷航空计划。这些部分所有权计划能使个人和公司享受拥有飞机的好处，同时又不必承担拥有和维护自有飞机的高成本。

在鲁尼的建议下，巴菲特尝试了该公司的服务，并立即发现了其优势。1998年，他斥资7.25亿美元收购了该公司，支付方式是一半现金，一半股票。这笔投资获得了丰厚的回报。公务飞机的销售额从1999年的10亿美元增加为2000年的20亿美元，翻了一番。自被收购以来，该公司的价值飙升。因此，尽管德克斯特鞋业对伯克希尔·哈撒韦的贡献微不足道，但公务飞机航空公司的规模最终可能比联邦快递还要大，而且可能使伯克希尔公司的销售额、收益和净值显著增加。它的成功及其潜力，可能有助于解释巴菲特如此看好弗兰克·鲁尼的原因。他曾对股东说："虽然弗兰克低调又闲散，但千万不要被他的外表所骗，当他大棒一挥时，球儿可是会一飞冲天、消失在围墙之外的！"

■ 与喜欢的人相处

鲁尼同样对沃伦·巴菲特推崇备至。鲁尼说："他是个不同寻常的人，就像一双有了年头的鞋。他有趣、聪明、幽默、快乐、疯狂……他来我们这里时，会自己动手做早餐，一般是一份火腿三明治和一份樱桃味的可乐，在我看来，他只做自己感兴趣的事情，他最感兴趣的是人，他喜欢与人相处。否则，他就会觉得很无趣。"因此鲁尼补充说："成为沃伦核心圈子的一员很有趣。"

然而，鲁尼并不认为巴菲特已经为伯克希尔·哈撒韦制定了总体规划。他说："我认为沃伦是个机会主义者，他显然会根据人口统计学和事物的本性来看待未来。但我不认为他有一个总体的规划。我从未和他谈过这件事，也许他不会承认。他可能会告诉你他有某种计划。但我认为，如果他明天看到了一家制造锡罐的公司，说不定他就会买下来。这与长期规划有什么关系呢，我实在看不出来！"

从个人层面来看，他感谢巴菲特让他继续工作下去。巴菲特近来写道："虽然我本人早就可以不必为了经济因素而工作了，不过我还是很喜欢目前在伯克希尔所做的事情，原因很简单，因为这让我很有成就感，可以自由地去做我认为应该做的事情，同时让我每天都有机会与欣赏和信赖的人一起共事，所以为什么我们旗下的经理人，那些在各自产业成就斐然的大师，一定要有不同的想法呢？"鲁尼的看法与巴菲特的完全相同，谈及巴菲特时，他说："他让我懂得了生活的意义。我经营H. H. 布朗鞋业就是为了给他争光。"

对鲁尼影响最大的是管理大师彼得·德鲁克（Peter Drucker）。鲁尼说，他在经营梅尔维尔时，每个季度都会去拜访德鲁克，德鲁克告诉他要界定自己事业的重要性，并教导他要专注于客户满意度。他认为德鲁克的《管理的实践》（*The Practice of Management*）是他读过的最出色的商业书籍。虽然这本书于1954年初次出版，但德鲁克的经典版本解读了当时商业界面临的所有基本问题，并且这些论述直到今天依然适用。鲁尼说："它就是我的《圣经》。"

鲁尼也说，他的管理风格是"保持简单"，他认为自己"擅长与人打交道"，对他而言，最困难的是有关人事的决策，即雇用和解雇人的决策，最简单的是日常决策。他认为，成功的运营经理人最重要的特质是"正直、诚实以及具有一定的智慧"，而且，可能是由于在无形中受到了巴菲特的影响，他认为激励经理人的最佳方法是"让他们凭兴趣做事"。就技能而言，他认为授权能力至关重要，不授权是导致企业失败的最常见的原因。

也许是因为他强调这些基本特征和技能，他并不认为这些年来商业和管理有什么实质性的重大变化发生。他说："虽然有许多新技术诞生，但那些在工作中表现出色的人与10年前没什么不同。"

■ 对事业而不是对钱感兴趣

虽然鲁尼很谦虚，但他对自己的一个特质很骄傲，他认为沃伦·巴菲也有这一特质，那就是：善于与人交往，识人很准。像巴菲特一样，他寻找的是对事业而不是对钱感兴趣的业主，鲁尼看人时，他首先会观察对方是否对自己从事的事业充满激情。H. H. 布朗鞋业的薪酬体系非同一般，既反映又培养了管理者应具备的态度。一些关键管理人员的年薪仅为四位数，但可按公司利润进行分红。从本质上讲，这样的安排将管理人员置于业主的位置。这种安排对管理人员和公司来说都很有效，就像巴菲特所说的那样，因为"肯接受这种安排的人实际上都很有能力"。

现年79岁的鲁尼有8个儿女，26个孙子孙女，自称处于半退休状态。他笑着说，他与沃伦·巴菲特达成了协议，他可以在接下来的20年里每周只工作一天，而且这段时期结束后，他还不能为竞争对手工作。然而他承认，他和巴菲特之间并没有书面协定，只是口头上做了约定。即便如此，成为伯克希尔·哈撒韦公司的一名运营经理人就如同成为美国最高法院的大法官，因为这通常是终身的任命。34年以来，除了去世和退休的，没有运营经理人离开伯克希尔。事实上，伯克希尔的大部分子公司仍然是由巴菲特收购之前的高管运营的。

目前鲁尼仍正常工作。春秋两季，他每周工作5天。他每天往返于纽约拉伊的家和康涅狄格州格林威治的公司总部。虽然他身兼董事长和CEO，但公司的日常经营由首席运营官吉姆·伊斯勒（Jim Issler）负责，后者会随时向他汇报他需要知道的一切。夏天，他住在离马萨诸塞州海岸不远的楠塔基特岛的家里，冬天住在佛罗里达州北棕榈滩的家里。

在上班的日子里，他通常在上午9点到9点半之间到达办公室，然后会四处走走，问候在总部的员工（35至40人）。接下来他会与伊斯勒碰面，并与他和公司一至两三名关键人员共进午餐。下午，他阅读《华尔街日报》，并可能参加一两个伊斯勒为他安排的会议。因此，尽管他顶着董事长和CEO的头衔，但实际上他扮演的是顾问的角色。

关于制鞋业的未来，鲁尼认为："这一直是一个发展艰难的行业，未来还是会很艰难。随着行业的轻微衰退，能脱颖而出的企业会越来越少。但只要人们赤着脚出生，机会就是存在的。"说得更具体一些，关于布朗的未来，他说："我们有策略、有使命，我们不夸张，我们很实在，我们注重基本的工作，会踏踏实实地界定我们的事业。我们常常谈论界定自己事业的重要性，但做到这一点并不像你想象的那么容易。有些人认为经营事业只是为了赚钱，但我们知道，我们的事业是令顾客满意。我们相信，只要我们坚持下去，我们就会成功。"

他以最接近的竞争对手的成就来衡量本企业的成功。最接近的竞争对手是狐狼世界公司（Wolverine Worldwide），其总部位于密歇根州的罗克福德（Rockford），现由蒂莫西·奥多诺万（Timothy O'Donovan）经营。该公司生产和销售系列休闲鞋、户外和工作鞋、拖鞋和软皮鞋，公司有暇步士（Hush Puppies）、哈雷·戴维森（Harley Davidson）和科尔曼（Coleman）等多个品牌，员工约有5 900人，其规模是H. H. 布朗鞋业的3倍，业内排名第五。其市值为5.55亿美元，年销售额为6.7亿美元。与布朗一样，该公司关闭了在美国的工厂，销售的产品多从亚洲进口，因此获得了成功。

尽管布朗已经大幅裁员，但鲁尼表示，他们的精简工作只完成了一半。现在有大约40%的产品是在美国制造的，鲁尼计划将这一比例减少到20%，甚至可能减少至10%。他相信通过此举，公司能比较容易地成长为价值5亿美元的企业。而且他说："通过收购其他企业，总有一天我们的规模会达到10亿美元。"

至于伯克希尔·哈撒韦公司的未来，鲁尼认为，尽管近期有明显的发展方向，但该公司更有可能发展为一家集团公司而不是财险公司。他说："这是沃伦应该做的。"但是，跟其他人一样，鲁尼认为，沃伦·巴菲特指定的继任者对伯克希尔的未来发展至关重要。在短期内，他认为巴菲特将继续留任并进行明智的投资，因此，他认为伯克希尔本身在可预见的未来还是不错的投资对象。即便如此，他认为巴菲特退休的重要性（巴菲特定义为去世5年后）被高估了。他说："沃伦是非常了不起，但我不认为世界上只有他一个人可以管理好这家公司。"

从个人角度来看，鲁尼认为，与伯克希尔·哈撒韦家族的其他成员相比，他对这个问题的关注度比较低。当被问及他是否担心沃伦与其继任者的过渡时，鲁尼笑了，他说："沃伦才70岁，我都已经79岁了，我有什么好担心的呢？"

弗兰克·鲁尼的商业信条：

★ 管理应保持简单；

★ 让经理人共享公司利润，他们就会具有主人翁精神；

★ 要敢于给经理人授权；

★ 鼓励经理人享受工作中的乐趣。

| 第十二章 |

坚守原则者：比尔·柴尔德

比尔·柴尔德——R.C.威利家具

作为丈夫、父亲、祖父和曾祖父，工作、家庭和信仰是他的全部。

他的妻子帕特里夏（Patricia）说他是个工作狂，他说他只是热爱工作而已。毫无疑问，柴尔德在其职业生涯中展现出的专注、决心和坚持不懈，都是他做业余拳击手和赛跑者时锻炼出来的。

在盐湖城游览很容易，因为街道地址都是以耶稣基督后期圣徒教会（The Church of Jesus Christ of Latter-day Saints）的盐湖城圣殿（Salt Lake Temple）为基准设定的。比尔的办公室与威利公司的地址是"南2301号和西300号"，意思是它位于盐湖城圣殿以西第三条街和以南第23条街的交汇处。

我于劳动节当天采访比尔时，他和他的管理团队正士气高涨，他们想创造出新的单日销售纪录，即家具、家用电器、电子产品和地毯的日销售额达到800万美元。比尔整天都在核查每家店面的销售数据，尤其紧盯着在爱达荷州博伊西（Boise）新开设的店面的销售数据。

柴尔德是我见过的态度最为开放的经理人，我们在一起待了一整天。在采访过程中，他介绍了主要的管理人员，接听了电话，核查了销售数据，听取了客户的投诉，测试了互联网搜索引擎，还出现在了杰瑞·刘易斯（Jerry Lewis）的电视节目中，代表R. C. 威利家具公司捐出了一张支票，并在他的一个停车场捡了垃圾。

看到这位精力无限、笑容满面的经理人时，来访者很快就能意识到这位巴菲特的CEO是如何在40年内将企业的规模从20万美元提高至2.5亿美元，并通过成为沃伦·巴菲特和伯克希尔·哈撒韦公司的合作伙伴而达到成功巅峰的。自该公司被收购以来，他的收入和利润又提高了60%，并正在实现他定下的年销售额达到10亿美元的目标。随着企业的增长，他的净资产也增加了。自他把企业卖给巴菲特以来，伯克希尔的股票价格已经上涨了2倍。

在比尔·柴尔德看来，工作不只是为了赚钱，还为了在不违背原则的情况下克服困难和实现巨大的成功。当初将R. C. 威利卖给伯克希尔是出于多方面的考虑：流动性、继承人、遗产税、保障家族事业、员工、客户和社区。相对于把企业卖给巴菲特得到的钱，这位CEO更热爱他的事业。他为伯克希尔的股东工作比为自己工作更卖力。

比尔·柴尔德是真正白手起家的典型例子：从基层做起，辛勤工作，坚守原则，最终取得了巨大的成就。

R. C. 威利家具公司的董事长比尔·柴尔德说："多年前，我想买入一股伯克希尔·哈撒韦公司的股票，当时的价格是7 000美元，那可是一大笔钱。"在之后的一两个月里，我夜不能寐，最终决定买入几股。我打电话给我的股票经纪人问：'现在的价格是多少？'他回复说：'每股1万多点。'因此我没有买入。但我一直想着这件事，6个月或一年后，我说：'我想买，但当时的价格高达1.2万美元，因此我又打退堂鼓了。事实上，我从未买过伯克希尔的股票。"比尔·柴尔德最终于1995年拥有了大量的伯克希尔·哈撒韦股票，他当时把R. C. 威利公司卖给了沃伦·巴菲特，支付方式是以威利的股票置换伯克希尔·哈撒韦的股票。当时伯克希尔每股的价格为2.5万美元。截至撰写本文时，每股价值增加了两倍。

■ 宝贵的经营经历

1932年，威廉·H.（比尔）柴尔德（William H. Child）出生于犹他州的奥格登（Ogden）。他与鲁弗斯·考尔·威利（Rufus Call Willey）的女儿达琳（Darline）结婚时，刚刚念完大学一年级。谈及妻子时他说："她是个美女，不过可能是情人眼里出西施吧！"婚后，他开始在威利的家电商店做兼职，商店位于犹他州的锡拉丘兹（Syracuse），面积为600平方英尺。第二年，他转学到了犹他大学（University of Utah），攻读教育和历史学，并继续为威利效力。这份工作的薪水不太高，但除了奖学金外，他没有别的收入来源，因此，对他来说，这份收入还是很有益的。比尔和达琳在盐湖城居住了一年，在此期间，他会在周末回岳父家帮忙。后来他们搬到了锡拉丘兹，买了一栋组装式住宅，他们把住宅放到了威利赠予的土地上，就在离店铺不远处。

1954年柴尔德读大四时，他的岳父生病了。威利的儿子达雷尔（Darrel）决定继续从事学术职业，不想进入家族企业，因此，尽管柴尔德对运营所知甚少，但在他大学毕业的那一天，威利把店铺的钥匙交给了他，并对他说："给你钥匙，照顾好它，我两三周之后就回来。"威利认为自己得了溃疡，但实际上他得的是胰腺癌，3个月后他驾鹤西去了。柴尔德本打算成为一名教师，但是，他回忆说："当我岳父去世时，我觉得我的责任是接管这个只有一名员工的企业，除零售商业之外的其他职业都要往后靠了。"

柴尔德接管威利的家电商店时，这家店铺已经有22年的历史了。被朋友们称为"RC"的威利，早年间是一名电工。20世纪20年代中期，有人想以新的电子管收音机替换老式的水晶管收音机，他们都来征求威利的意见。1927年，看准了一个机会后，27岁的威利开始开着车（车后拉着拖车）在犹他州北部的小城镇出售阿特沃特—肯特（Atwater-Kent）和麦基斯迪克（Majestic）电子管收音机。几年之后威利注意到，电冰箱越来越受欢迎，因此1932年，他开始出售通用（Hotpoint）冰箱和电炉，并成立了自己的家电公司。尽管经历了萧条，但到了20世纪40年代后期，他开始为客户提供其他电器，如真空吸尘器、留声机、热水器和德克斯特（Dexter）双缸洗衣机。

20世纪30年代和40年代，威利挨家挨户地推销他的产品。柴尔德解释说："很多人都没有认识到家电的便利性和价值。他会把冰箱或其他电器拉到客户家里给他们演示如何使用，有时候，他甚至会为他们安装电线。让潜在客户试用一段时间后，他会回来说：'现在看看，如果你不想要它，我就把它拉走。'他是一名出色的销售人员，他知道，一旦家电进了顾客的家门并被使用后，顾客就舍不得让它们离开了，因此他的销售业绩很不错。"柴尔德说："威利每年的销售额在4万美元到5万美元之间，就他一个人，管理费用很低，毛利率能达到10%。"

第二次世界大战使威利的企业陷入了困境。美国的许多工业企业转而生产战争物资，他很难找到任何可以出售的产品。然而，柴尔德说："无论他得到了什么，他都能卖掉。实际上他在垃圾场捡了些旧物件，买到零件后修好了它们。他将压缩机放进冰箱或其他电器中，靠出售它们养家糊口。"战争结束后生意有了起色，3年后朝鲜战争爆发时，他的生意正做得有声有色。柴尔德说："人们记得，第二次世界大战期间，市场上家用电器很缺乏，他们认为朝鲜战争期间也会如此。因此，许多人都说：'我想还是趁早换掉家用电器吧。'这样，威利的业务量大大增加了。"

然而，成功是有代价的。正如柴尔德所说的那样："威利的竞争对手对制造商说：'瞧，你怎么能把货卖给一个连店铺都没有的人呢？他是非法经营的。你们怎么能卖给他货呢？我们怎么跟他竞争？他不需要支付管理费用。'"威利并不想要店铺——"我要店铺干什么呢？"他问道。但他不能失去供应商，因此，他用煤渣块在自家旁边的空地上建了一个面积为600平方英尺的店铺。柴尔德说："他把门建得很宽，这样他可以把电器放进木箱内搬进去。起初，他把所有的电器都装进木箱里,只打开木箱的前面。不久之后,他发现人们喜欢挑选,想看到各种产品。此后店里的销量不断增加,由当初的5万美元增加为20万美元,他不得不雇用了一名全职员工负责维修和送货。"

1953年,威利的双车车库发生了一系列严重的火灾,他存放的电器全被烧毁。尽管车无碍,但存放电器的仓库没了。他又在旧址上建起了8 000平方英尺的仓库。

柴尔德在回忆自己经营这家店铺的经历时说:"早期的经营相当艰难,我们的声誉良好,但我们的资金实力不够雄厚。负债超过资产,还有现金赤字,因此连支付工资和采购货款都困难。接手店铺的前两年,我只领大约一半的工资。我每周原本应得到100美元的薪水,为我工作的那名员工也是100美元,但我从未领过这么多。"一整年只拿约2 300美元或2 400美元,但我生活中的支出不多。除了星期天,我每天都工作。星期天要去教堂,要陪家人,所以我也没有时间去花钱。"

在经营店铺的早年间,柴尔德面临的最紧迫的挑战是找一个人与他共同经营。他回忆说:"我忙着锯东西,连磨锯的时间都没有。"两年之后,柴尔德的经营有了很大的起色,他的兄弟谢尔登(Sheldon)也加入了运营。更重要的是,他将商店的营业面积从600平方英尺扩展到了3 000平方英尺,这样他就可以开始销售家具了。

销售空间很狭小。柴尔德回忆说:"床垫就靠在墙边。为了销售它们,顾客们不得不斜倚着它们体验舒适度。我不记得有退货的,也许当时的顾客都不是特别挑剔吧。"

20世纪50年代和60年代,比尔和谢尔登·柴尔德倾尽全力打造商店的信誉,他们童叟无欺,提供的商品物美价廉,企业发展势头迅猛。到了1964年,锡拉丘兹的店铺已经扩大为27 000平方英尺。然而,即使该店铺能吸引奥格登和盐湖城这些较远(分别为20和30英里远)城市的顾客,但到了20世纪60年代末,柴尔德兄弟意识到,他们要继续扩大经营,就必须在人口密集的城市附近开设新店铺。1969年，R. C. 威利在犹他州的穆雷（Murray）开设了第二家商店，这里距盐湖城都市区约10英里。该店建在4英亩的农田之上，占地面积20 000平方英尺，投资额为30万美元。穆雷店立即成为R. C. 威利家具公司销量最多、利润最高的店铺，至今依然如此。

该公司的商业模式与布鲁姆金家族的内布拉斯加州家具商场类似，即销售一般家庭所需的一切家具用品，并提供最优质的服务。他们的目标客户群是中间80%的消费者，将最高和最低10%的消费者留给了其他零售商。

柴尔德兄弟俩在1974年做出了另一个重要的战略决策：完全控制消费信贷。R. C. 威利从经营之初就向消费者提供多种形式的信贷。在威利开着他的车兜售电器时，他说服了当地一家银行为他的农场客户们进行融资。这些农场客户想分三期付款，每年在收获庄稼之后支付一次。自此以后，柴尔德就尝试着为客户提供内部或外部的融资。到20世纪70年代中期，他决定公司自行处理所有的信贷工作，当时，公司的信誉良好，已经可以借入资金并直接为客户提供融资了。

这样的安排也能为R. C. 威利公司节税，因为只有收到全部资金时，它们才被列入销售收入。更最重要的是，当基本利率高达21%时，柴尔德的公司以18%的利率放款，这样可以增加销量，获得市场份额，因为其竞争对手都不愿意这么做。即使在今天，R. C. 威利有一半的利润都来自其融资部门，对家具店而言，这是一项非同寻常的安排，也是吸引最终买家巴菲特的一个关键因素。

在接下来的20年里，R. C. 威利继续发展壮大。最早的两家店铺完成了扩建，其他地方的新店也陆续开张。到1995年，犹他州境内已经有6个产品齐全的店铺，它们分别位于西谷（West Valley）、盐湖城、锡拉丘兹、穆雷、奥勒姆（Orem）和西约旦（West Jordan）。这些店铺销售家具、家用电器、电子产品、电脑和地毯等。盐湖城还有一个专卖地毯的批发店。该公司约有员工1 300名，年销售额为2.57亿美元，在该州的市场份额高达50%以上。它的CEO收到了一些有兴趣收购它的公司的报价。尽管柴尔德没有寻找买主，但他愿意考虑出售公司的可能性。然而，他对提出报价的公司都不太感兴趣。

■ 用公司换股票

　　然而，1995年1月的一天，他在参加织物行业会议时，碰见了老朋友艾文·布鲁姆金，后者是业内首屈一指的内布拉斯加州家具商场的CEO，该商场于1983年被伯克希尔收购。柴尔德讲述了当时的情形："我告诉艾文，我得到了许多公司的报价，但我不愿意与他们成交，因为无法获得大量现金。有个公司提议，收购时支付40%—50%的现金，其余打算以借入公司资产的方式支付。但该公司债务缠身，因此不可能兑现约定。其他公司愿意以股票形式支付，但我对这些公司及其运营不满意。因此我对艾文说：'你认为沃伦有兴趣买下我们公司吗？'他回答说：'他怎么会没兴趣呢？你经营的可是家具行业内最出色的公司啊！'然后他对我说，他跟沃伦共进晚餐时会谈谈这件事情。"

　　"大约3天后，我接到了艾文的电话。他说：'我跟沃伦谈过了，他很想跟你谈谈你公司的事情，他会给你打电话。'我说：'太棒了，谢谢。'然后挂了电话。5分钟后，电话铃响了。我拿起电话，听到一个声音说：'我是沃伦·巴菲特，比尔，我刚跟艾文谈过，我知道你有兴趣出售你的公司。'我说：'是的，我确实想。您能给我几分钟时间吗？'但在他回复我之前，我说：'顺便说一句，能接到您的电话，我真是受宠若惊。我不敢相信跟我说话的人是沃伦·巴菲特，我对您可是钦佩之至。'他说：'我现在就有时间。'因此我们在电话里聊了25或30分钟，我阐述了出售公司的一些原因，比如遗产税、继任者和未来的增长等。"

　　"最后，他问了我一个问题：'你想要多少钱？'我告诉他，我只想要一个公平的价格，一个对双方而言都公平的价格。我还说：'我希望买下它的人从现在起的两年、三年或五年内都会为这笔交易感到高兴。'当我问他需要我做什么时，他说：'把3年的财务报表、介绍公司历史的资料发给我，看完我会回复你。'大约4天后，我收到了联邦快递的信函，里面写着：'比尔，你拥有一家出色的公司，它非常合乎我们的需要。我会在4天之内给你一个报价。'就这样，他都没想去看看商店，去查查库存。"

"果然，3天后又来了一封联邦快递信函，我打开它，里面是一份报价。我打电话对他说：'沃伦，价格很公道。我想告诉你，关于我们的交易，我想跟家人谈谈。但你必须来看看我们的店铺，我们的公司。'他说：'我不需要。'我们争论了几分钟，最后我说：'沃伦，如果你不看看公司，我不会把它卖给你，这不公平。我们都为它感到骄傲，我希望能带你参观一下。'他说：'好吧，我打算和比尔·盖茨一起在棕榈泉打高尔夫球，我可以在中途去你那里。'"

柴尔德回忆说："他到达后，我们带他去了每个店面，只有一个没去上，因为时间来不及了。我们其中一个人有一辆能乘坐7人的旧货车，于是我们就乘着这辆货车到处跑。我们一路闲聊，我和我的整个管理团队对他很满意。把他送回飞机时，我说：'你觉得如何？'他说：'我非常喜欢你的公司。如果你愿意出售，我愿意买下它。'我说：'我愿意出售，但我得跟家人谈谈。'我告诉他，交易必须安排成免税的，因为如果要我们缴税的话，我们宁愿不卖了。他建议我们一起想办法，不管是用现金，还是股票，还是二者相结合。我说：'你实在是再公道不过了。'"

然而，柴尔德解释说："我的朋友，即布鲁姆金家族的人告诉我，他们把公司出售给巴菲特时犯了非常严重的错误。他们告诉我，无论如何都别要现金，无论做什么都不要卖掉持有的伯克希尔股票。我完全按他们的建议做了。"尽管巴菲特更喜欢以现金收购公司，但此时此刻，他愿意破例。1995年6月，沃伦·巴菲特得到了R. C. 威利家具公司，而柴尔德在多年的观望后获得了梦寐以求的大量伯克希尔·哈撒韦的股票。作为一项管理激励措施，该家族保留了穆雷的店面，但将其租给了伯克希尔。柴尔德说："这是各方皆大欢喜的交易。只不过当时还有一段小插曲。交易完成后，我们发现他们在计算上出现了一点错误，给我们多算了4股。当时每股的价格约为2.5万美元，因此我们打电话给伯克希尔的副总裁兼财务主管马克·汉堡（Marc Hamburg）说：'你算错了，给我们多算了4股，约值10万美元。'他说：'我们会向沃伦报告，然后给您回复。'第二天早上，他回电说：'不用担心，沃伦想让您留着这10万美元。'"

■ 行为魅力影响决策

比尔·柴尔德的行为让沃伦·巴菲特更加坚信，收购R. C. 威利家具公司的决策是明智的。伯克希尔的家具集团经营得非常成功，这个集团包括奥马哈的内布拉斯加州家具商场、休斯顿的星辰家具和马萨诸塞的乔丹家具。R. C. 威利家具公司在加入这个大家庭后，生意更加兴隆了。事实上，柴尔德相信，成为这个集团的一分子绝对是有好处的。他说："很多时候会产生协同效应。我们交流意见，经常聚会，参观彼此的店面，时不时进行沟通。我们不联合采购，但我们会一同前往亚洲参观考察。我们正在考虑进行联合采购的可能性。"当被问及是否想看到伯克希尔收购更多的家具公司时，已成为合伙人的柴尔德说："这要由沃伦拿主意，但我乐观其成。真正值得收购的企业不多，但有一些还是可以收购的。"

柴尔德坐在他盐湖城的办公室里，对全国成功的家具用品经营者如数家珍。一些零售商擅长推销，能将顾客吸引进店里；而另一些则擅长运营后端业务，比如库存、交付、财务、服务和跟进。关键是既要擅长前端业务，也要擅长后端业务，因此能通过伯克希尔收购测试的零售商很少。

尽管柴尔德说，自公司被收购以后，他做的事情与之前没什么不同，但他很快指出："伯克希尔肯定是R. C. 威利家具公司的一项资产。"事实上，当被问及公司的持久竞争优势时，他认为是伯克希尔的支持再加上公司的购买力、对行业的深入了解、与生产商的联系以及员工和管理团队。但他也认为，公司也为伯克希尔做出了贡献。他认为："公司是有贡献的。我认为我们的潜力很大，我们最出色的部分还没有展现出来。"

毫无疑问，伯克希尔帮助柴尔德扩大了经营。从1995年合并到2000年为止，公司从7家店铺、1 300名员工和2.57亿美元的年销售额增加为11家店铺、2 000员工和4亿美元的年销售额。柴尔德估计，公司目前在犹他州的市场份额分别为：家具占57%—58%、家用电器为30%—35%，电子产品为30%。事实证明，最有趣的一大发展是，公司在犹他州以外的地方，即爱达荷州的默里迪恩（Meridian）（博伊西）开设了一家新店。比尔·柴尔德非常想在这里开设新店，但沃伦·巴菲特有疑虑，主要是因为R. C. 威利家具公司的经营理念比较特殊。

正如巴菲特在1999年《致股东的信》中解释的："比尔认为R. C. 威利应该也能够在犹他州以外的地区成功开拓市场，因此1997年我们在博伊西开设了一家分店，不过我还是相当怀疑星期天不营业的政策能否在陌生的地区赢得每周7天不休息的对手强大的竞争，当然由于这是比尔负责经营的事业，所以尽管我对这点持保留态度，我还是尊重他的商业判断与宗教信仰。"

"比尔后来甚至提出了一个非常特别的建议，那就是他愿意先花900万美元，以私人的名义买下土地，等店铺盖好，并确定运营良好之后，再以成本价卖给我们，要是运营不如预期，公司不必出一毛钱，他会独力承担损失。对此我告诉比尔，我很感谢他的提议，但若伯克希尔想要获取投资报酬，那么它也必须承担可能的风险，比尔没有多说什么，只是表示，如果因个人宗教信仰而使公司经营不善，他希望能够独力承担苦果。这家店于去年8月顺利开张，立即在当地引起轰动，比尔随即办理了产权过户手续，其中还包含一些地价已高涨的土地，并收下了我们以成本价开出的支票。还有一点必须特别说明，对于两年来陆续投入的资金，比尔拒绝收取任何利息。"

博伊西的分店距离威利的主仓库350英里，开业当年的销售额为5 000万美元，今年销售额将达到6 000万美元，是柴尔德和巴菲特达成协议的3 000万美元的两倍。它已成为爱达荷州最大的家具用品商店。R. C. 威利的董事长回忆起这家分店试运营一个月后的开业盛况时，仍然喜不自禁。沃伦·巴菲特在剪彩时说："当比尔想在博伊西开设分店时，我还不太认同。但根据实际的数字，我认为这是个好主意。所以我必须抢功，这必须是我的主意。"

柴尔德笑着说："我们都觉得很有意思。每当沃伦听到商店的业绩如何时，他就会说：'好吧，比尔，我当然很高兴没有听从你不开设博伊西分店的劝阻。'"巴菲特经常暗示，开设这家新店的绝妙主意是"他的"，因此应该被命名为"巴菲特"店。

■ 与管理者建立联系

这个故事还有后续的发展。鉴于博伊西分店的成功（仅在劳动节一天就实现了100万美元的销售额），比尔·柴尔德认为，在另一个地方开设R. C. 威利批发店的时机成熟了，即内华达州的拉斯维加斯，它是美国发展最快的大都市区，距离公司在盐湖城的主仓库约425英里。每个月大约有8 000人进入克拉克郡（Clark County），该地区发展最快的社区是拉斯维加斯郊区的亨德森（Henderson）。亨德森正是比尔·柴尔德开设下一家分店的地方。有人担心，周日关门的商店在赌城经营成功的概率可能低于爱达荷州。常年监测零售家具行业的分析师和顾问布里特·比默尔（Britt Beemer）说，"周日完成的家具用品交易占23%，这几乎是全部销量的四分之一"。但他补充说："这是全国的数据，由于拉斯维加斯人的工作时间比较奇怪，这个数字可能是35%。"

柴尔德解释说："在周日营业就像抽烟和喝酒，我两样都不会做，而且没有人要求我这样做。"

除了R. C. 威利，全国性的快餐连锁店福乐鸡（Chick-Fil-A）周日也不营业，而且其店面多位于购物中心的美食广场，它给员工一天时间与家人共度。这家美国排名第三的连锁店（有近千个店面）可以遵循其原则，因为它是私营的。柴尔德的公司也可以奉行其理念，正是由于奉行了这样的理念，该公司才有了今日的成就。现在虽然公司上市了，但它的经营仍然会如私营企业一样。

为了解决周日歇业的问题，柴尔德考虑将拉斯维加斯的营业时间延长到晚上10点以后（盐湖城店的营业时间是到晚上10点）。但这一次，是伯克希尔·哈撒韦公司而非比尔·柴尔德的公司提供了开设新店的资金。柴尔德说："我当然愿意自己拿钱，但沃伦说：'不，我让你掏一次就够了。'"

毫不奇怪，柴尔德认为，成为伯克希尔·哈撒韦家族成员的最大好处之一是能与沃伦·巴菲特建立联系。柴尔德说："我喜欢与他的关系，为他工作就像是打高尔夫时一杆进洞，或者说是梦想成真。这是我商业生涯的高点，沃伦是我心目中的大英雄，我喜欢他的理念、他的正直，喜欢他的为人处世。每次与他交流我都受益良多，每次他的话都让我精神振奋。"事实上，当被问及伯克希尔是否是首选的收购者时，他很乐意承认这一点，而且还补充说："这是因为沃伦和他的管理理念。我们知道，如果把公司卖给沃伦，我们就能够继续运营我们的企业，而且如果我们愿意的话，我们可以在周末休息。我们知道，只要我们能以过去的方式管理我们的企业，做我们过去做的事情，我们就会非常快乐。其他人会做出很多改变，而且效果可能不大好。"

柴尔德接着说："沃伦要聪明得多。我试图在很多方面学习他，至少我自认为是如此，尤其是在经营哲学方面。他的思维很开放，我也想如此，但我认为他出色得多。"他认为，巴菲特的最大优势是"能够正确地审时度势，能够合理地部署资金、管理和激励他人"。他补充说："他有独特的激励方式。他非常信任你，令你心甘情愿为他工作。"事实上，柴尔德说最激励他的是"挑战和不想让沃伦失望，真的不想让他失望"。

即便如此，当被问及他经营公司的目的是否是为了让沃伦感到自豪时，他说："我们认为，如果我们持续获得更多的市场份额，持续地获得成功，他会感到自豪。我们希望他为我们感到骄傲，但我认为我们更多的是为了满足自己。"柴尔德说，让巴菲特和自己感到骄傲的愿望产生的一大效应是："我们所有人都努力工作，我们认为这是我们应尽的责任，而且更喜欢扩展业务。如果我们仍然是一家私人公司，我会说：'我只想做之前做的事情，想把事情做好，想继续增长，但我不必那样费心劳力了。毕竟，我的家族和我个人都拥有绝大部分的股权，而我的兄弟谢尔登（出售后离开公司，去从事教会的工作了）拥有其余股份。'但现在，我们是伯克希尔的一分子了，是一家上市公司的一部分了，我们对伯克希尔的股东负有责任。"

巴菲特对他产生了一定的影响，但对他影响最大的是他的父亲和他的岳父。"我父亲是一个很棒的人，他正直、诚实，而且很勤奋。虽然没有接受过多少正规教育，但他很聪明。他可能觉得自己受到了限制。他一生务农，这是很辛苦的工作。我觉得他认为自己能做的事情有限，但我从他身上学到了很多。"他从岳父RC身上也学到了很多，尽管与从父亲身上学到的东西很不同。柴尔德说："RC是懂得享受生活的人，他收入多少就花多少，比较随意，而且很慷慨。他很享受生活，喜欢带家人出去吃饭，喜欢为别人做事。我从他身上也学到了很多。"

柴尔德从他岳父身上学到的是推销商品的艺术、技巧和灵活性等，这些对他日后的发展大有裨益。许多对他的服务感到满意的顾客，为了省钱，愿意跑到较远的地方去购买他店里的商品。当被问及他的方法有多少是艺术、有多少是科学时，他回答说，两者的比例大致相当。他说："我认为科学主要体现在对数据的分析上，而艺术更多地体现为直觉，这两方面都需要。我喜欢看所有数据，我希望它们奏效，但有时候你必须跟着自己的直觉走。"在规划拉斯维加斯的新店时，他说他必须依靠自己的直觉做出一些重要决策。"拉斯维加斯是开设新店的最佳地点吗？"他问自己，"新店的规模应该多大？如何进入该市场？这些问题你永远得不到明确的答案。"

他认为，规模扩张引起的问题是最难回答的。他说："这些问题最难把握。我认为，如果我现在着手扩张的话，我会尝试着多思考这些问题，制订更好的扩张计划。这是我们早年间的弱点之一，当时我们忙于销售，没有时间深入思考某些重要的问题，比如：'我们想去哪里？理由是什么？'相反，我们只是快速地完成了扩张。突然之间我们发现，我们的仓库不够用了，或者我们的展示厅不够用了。我们现在该怎么办呢？我们又得扩建了。虽然最终成功了，但我认为，如果我们事先规划好的话，结果可能会更好一些，但提前规划确实很难。在一切变化都如此迅速的背景下，提出长期规划真的很难。"

但是，他认为有些问题存在明确的答案。例如，当被问及他如何表述他的商业和管理理念时，他很快就回答说："以道德和务实的方式开展业务。我们必须让客户信任我们，必须以诚待客，为客户创造价值，必须满足客户的需求。如果我们提供的服务与他们支付的价格不匹配，那么我们就要做出改变。我们必须提供物超所值的服务和产品，为顾客创造更多的价值。"

■ 信奉为顾客考虑的原则

柴尔德在接管家电企业不久就测试了他的原则。他回忆说："我们早年间销售了400多台自动洗衣机，我们不知道这些洗衣机存在致命的瑕疵，在正常使用9个月后就需要修理。保修期过了后，制造商拒不承认其产品有缺陷，更不用说修理了。但洗衣机确实是从我们这里购买的，而且顾客在购买时希望它们经久耐用。当时我们资金比较紧张，出现这样的问题令我们进退两难。我们信奉的原则是设身处地为顾客考虑，因此我们牺牲了几乎一年的利润为顾客免费修好了洗衣机。"

45年后，即1999年，承保R. C. 威利公司产品的保险公司在收到该公司支付的18万美元保费几天后便宣布破产了，当然，R. C. 威利与这家公司的破产无关，而且也不负责保修责任。即便如此，柴尔德还是愿意支付保险公司承保的所有当前和未来的维修费用，即使这意味着他的公司得支出140万美元来满足索赔要求。柴尔德当时说道："即使我们在法律上没有义务为这些产品担责，但我们仍愿意这样做。这是因为，我们最重视在客户中的声誉。不论何时，我们都要做到正直诚信，我们必须真诚地对待我们的员工、客户、供应商和我们自己。"

当被问及工作中最讨厌的事情是什么时，柴尔德说："我最讨厌人们不诚实的行为。"然而，这似乎是他在工作中唯一不喜欢的事情。事实上，工作就是他的最爱。他说："我每天都工作，当然，星期天除外。"尽管他承认自己不是习惯早起的人，而且通常在上午9点才上班，但他补充说："我通常会把工作带回家，我会加班到很晚。"即使本应度假的时间，他也会工作。他最近说："我对沃伦说，今年打算休息两个月，问他是否可以。他回复说：'当然可以，很好，但恐怕你做不到，没关系，去吧。'最后我待了两周就受不了了。"其中的一周是在夏威夷度过的。他说："当时我变得非常烦躁，谢天谢地，我有一部手机可以打电话。手机号是在当地申请的，我有500分钟的通话时间，我用了个精光。"

他在犹他州南部的圣乔治（St. George）有一所房子，他虽然很少去那里居住，但他说"我宁愿宅在家里，我理想的度假方式是宅在家里一周，除了房子周围的琐事外，什么都不干"。他在相对较少的时间里在家里做的琐事之一就是阅读。他说："我读了很多教会书籍，有《摩门之书》（the Book of Mormon）、《圣经》（the Bible），但我也读了很多行业内的读物，如《今日家具》（Furniture Today）、《家具用品》（Home Furnishings）和《高点》（High Points）等。"除此之外，他还阅读了一些商业类和相关的出版物。

他的另一个嗜好是做慈善。将R. C. 威利公司出售的另一个好处是，原来被企业占用的资金得到了释放，他和家人可以用这些资金来做慈善。"我们每个人每年会捐出200多万元，但都以R. C. 威利公司的名义。我可不想要虚名，默默行善，必得善报。"他最喜欢的慈善机构包括医院、收容无家可归青年的中心，尤其喜欢捐助教育机构。他和妻子是都是犹他大学的校友，他们的孩子大多就读于杨百翰大学（Brigham Young University）。他向这两所学校以及韦伯州立大学（Weber State University）和威斯敏斯特学院（Westminster College）捐了款。事实上，他们夫妇赞助了犹他大学的两大讲座，一是神经放射学的R. C. 威利讲座（RC Willey Chair），二是威廉和帕特里夏·柴尔德健康科学讲座（William and Patricia Child Chair）。

　　至于未来，柴尔德说："我是乐观的，我总是看好未来，我总是把很多事情，包括问题，视为挑战和机会。"但他也承认，未来肯定存在他之前未曾遇到过的挑战。他说："真希望我能年轻20岁，我还有很多事情想做，但我没有足够的时间。我想学一门外语，我想重返学校学习，我想写本书，但我没有时间做这些我喜欢的事情。"

　　然而，他预计未来两三年内他会遇到一个较大的挑战。巴菲特收购柴尔德的公司时，按照惯例，他在佐治亚州（Georgia）著名的奥古斯塔高尔夫球俱乐部（Augusta National）与新进入伯克希尔的CEO打了一轮高尔夫球。柴尔德很喜欢打高尔夫球，他问沃伦，如何才能再次受邀打球。巴菲特承诺说，只要R. C. 威利公司的年销售额达到了10亿美元，他就会被再次邀请，来到这座曾举办过年度名人赛（Masters Tournament）的球场打球。柴尔德接受了这一挑战，他很有信心让巴菲特履行他的诺言。

　　要做到这一点，柴尔德就必须让公司沿着既定的路线前进，这是他希望做到的。他说："我认为，尽管有必要做出某些改变，但家具行业的未来是光明的。制造商们将不得不改变他们的运营方式，因为美国的劳动力成本太高了，无法生产出某些商品。他们很可能被迫将大量产品的生产工序外包。不能将生产外包、不能进口商品的零售商将处于不利的地位。要成功地进口，零售商需要具备一定的规模和动力、专业知识、资金、大量采购的能力以及处理业务的组织架构。这对R. C. 威利而言是个好兆头，因为我们具备这样的能力。肯定会存在绝佳的增长机会，我认为我们有能力把握这些机会。"

　　至于自己的未来，目前69岁的柴尔德说："只要身体健康，只要我觉得自己还能做出重要的贡献，只要我能继续学习和进步，我就会继续工作。"柴尔德觉得，选择继任团队、给他们大量的机会来积累知识和经验很重要。尽管他没有立即退休的计划，但他最近任命了他的侄女婿斯科特·海马斯（Scott Hymas）为CEO，任命了侄子杰夫·柴尔德（Jeff Child）担任总裁。这家公司基本上仍由其家族控制。比尔的儿子斯蒂夫（Steve）担任执行副总裁，负责推销方面的工作，并在董事会任职。他自己则升任为董事长，他打趣地说："我现在每周可能只工作40小时了。"

关于他其他的孩子进入企业工作的问题，柴尔德说："我认为我的小儿子非常出色，但他不确定要在哪个领域发展。这对他来说是一个绝佳的机会，而且他符合所有的任职条件。"他的第一位妻子达琳（Darline）于36年前去世了，给比尔留下了4个孩子。1966年他与帕特里夏结婚，后者是那种站在背后默默支持丈夫的典型女人，他们婚后生育了4个子女，现在都已长大成人。然而，他承认，与他在家具用品生意中取得的成就相比，他在孩子们的教育上做得不够好。他说："我不确定是否给他们留下了好印象，因为我一直忙于工作。我不认为他们中的任何一个对家族企业特别感兴趣。斯蒂夫喜欢它，但除了女儿塔米（Tammy）外（她已经是四个孩子的母亲了），其他人都缺乏我那样的热情。"

柴尔德谈到了他如何选择继任者及他对这一过程的看法。首先，他说，他"寻找的是具备一切基本素质的人，能做我一直在做的事情的人，甚至可能比我做得更好。我选定了3个这样的候选人，然后我给所有的经理发了一封信，信中写道：'我想确定一位CEO人选，如果我明天退休，你认为谁适合带领我们的企业前进？请列出3个你心目中的最佳人选。'最后的结果令人惊讶，我心目中的3个人都入选了。而且，我的首选，虽然我认为他不够坚强，实际上赢得了每个人的尊敬"。

柴尔德认识到，选择继任者是他的主要职责之一。"我认为我有责任这么做。"他说。但他也注意到，"最终的人选还要得到沃伦的祝福。但我希望，当我做出了明智的选择时，企业能够继续成长和完善，而且我确信，这是沃伦想要的结果"。尽管他坚信"成为CEO的人必须得到管理团队的支持"，但他也相信："一旦你让他们肩负起了CEO的责任和义务，他们就会变成不同的人。我认为斯科特会脱颖而出，这就是我的看法。我们拥有一支优秀的管理团队，我希望在接下来的20年内能够监督、培训、教导和辅助他们，这样才能确保公司保持稳定，并开创美好的未来。"

至于伯克希尔·哈撒韦公司的未来，柴尔德认为沃伦·巴菲特没有制定总体规划，因此，各种可能性都是存在的。他也认为，无论巴菲特是否继续掌舵，公司都会持续增长。不过，他担心从巴菲特到继任者的过渡。什么能帮他缓解对这个问题的担忧呢？"我希望沃伦能身体健康，这样就可以和我一样坚持工作了。"同时，当被问及巴菲特走后伯克希尔会变成什么样子时，他说："我认为这主要取决于新的管理团队的本事。我希望它与之前没什么两样，我希望公司仍然按照目前的方式运作，而且，不论谁执掌公司，他都会奉行沃伦的管理理念，我认为是这样。我很了解沃伦，我相信他已经选好了继任者，已经制定好了继任计划，而且继任者会遵从他的投资理念和原则。"

当被问及他想让伯克希尔的股东了解他什么时，他说："我想让他们了解，我们会尽力而为，会竭尽所能地创造最佳的业绩。我想让他们知道，我们很在乎他们的信任，我们永远不会做不符合他们最佳利益的事情。"听到他的这一回答，那些担忧伯克希尔·哈撒韦或R. C. 威利家具未来发展的人恐怕会宽慰很多。

比尔·柴尔德的商业信条：

★　诚信是神圣的。我们在客户中的口碑非常重要。凡是我们担保的免费服务，我们就一定要提供。当服务承包商破产时，尽管无义务这么做，R. C. 威利也会履行所有的客服契约。

★　提供超出客户预期的产品，额外的服务或价值是客户保持忠诚的原因。

★　查看财务报表非常重要，但有时候必须依靠自己的直觉做出商业决策。

∥ 第十三章 ∥
人生伙伴：梅尔文·沃尔夫

梅尔文·沃尔夫——星辰家具

梅尔文·沃尔夫将星辰家具出售给沃伦·巴菲特不久后，收到了一封4英尺高、6英尺宽的"巨幅电报"。上面写着：

"我对我们合并的热忱使得这份电报看起来如此渺小。你的人生伙伴：沃伦。"

在沃尔夫位于休斯顿总部的二楼办公室里，他打开了话匣子。他思维缜密、说话很有条理，对任何事物都抱有好奇心。当他问你问题时，你可能会不知所措，甚至质疑自己的信念。梅尔文了解他的企业和竞争对手，他比大多数人都更了解伯克希尔。与伯克希尔4家家具零售企业中的其他3家一样，他也是利捷航空的客户，对利捷的服务很满意，而且，同他的老板一样，他也是特别喜欢阅读的人。

与其他巴菲特的CEO一样，梅尔文谦逊而慷慨。他精力充沛，从外表看不出实际年龄。正如所料，他对星辰家具和伯克希尔·哈撒韦充满了热情。

尽管星辰家具的梅尔文·沃尔夫没有亲自讲述合并事宜，但沃伦·巴菲特说得很清楚。在对股东谈到1997年沃尔夫和他的姐姐雪莉·沃尔夫·托米姆

（Shirley Wolff Toomim）将公司卖给伯克希尔·哈撒韦的情形时，沃伦写道："当他们正式宣布将星辰家具出售时，他们同时也宣布将支付一大笔红利给所有帮助过公司的人士，涉及公司上上下下所有的员工，而根据交易的合约内容，这笔钱将由梅尔文与雪莉自掏腰包，查理跟我相当赞赏即将与我们共事的合伙人能做出这样的举动。"事实上，他们按照员工的服务年限给每人每年发放1 000美元，总发放金额高达160万美元。但正如巴菲特指出的，梅尔文·沃尔夫很久之前就开始有这样的举动了。

■ 永远不在困难时主动裁员

1931年，沃尔夫出生于得克萨斯州的休斯顿，读完高中后去密苏里州的军校求学。他计划从事法律类职业，因此进入了得克萨斯大学奥斯汀分校（the University of Texas in Austin）就读。但大一即将结束时，他的父亲生病了。他回忆说："我的父亲拥有星辰家具一半的所有权，另一位合伙人有4名家族成员积极参与了企业的经营。我问他：'你想让我回来帮你照料你的生意，直到你康复吗？'他说他不想中断我的学业，但我告诉他，我可以休学一年，可以去休斯顿大学上夜校，这样学业不会中断。于是我这样做了。一段时间以后，我父亲每天可以在店里待一两个小时了。"沃尔夫补充说："他可以给我们一些指导和监督，但他的身体一直未恢复到可以整天工作的程度。与此同时，我似乎天生就是做家具生意的料，我再也不想回得克萨斯大学上学了。"

当沃尔夫于1950年加入星辰家具时，该公司已有近40年的历史了。路易斯·盖茨（Louis Getz）和艾克·弗里德曼（Ike Freedman）于1912年在休斯顿市中心开设了一家杂货店，但他们很快发现顾客常常以旧家具偿还购买杂货的货款。第一家商店位于一栋三层楼的底层，正如沃尔夫所说，"第二层和第三层被'一家声誉有问题的旅馆'占用了。我父亲告诉我，楼上的人常常说，他们经营的妓院的楼下是一家声誉有问题的家具店"。沃尔夫的父亲鲍里斯于

1918年从俄罗斯移民到美国，刚来时身无分文，言语不通。到了1924年，他已经存够了足可以买下一家家具店部分所有权的钱。他的儿子说："据我们所知，他用1200—1500美元买下了该公司四分之一的所有权。"S. N. 霍华斯也买下了等量的所有权，因此，到了20世纪20年代中期，有4个家庭参与了公司的经营。

当时，这家店铺已经成为休斯顿市中心"家具行"的主力了，这里有11家家具店，占地面积有两个半街区那么大。和星辰家具一样，这些家具店出售的都是可分期付款的低价家具。星辰家具的老板，无论是新老板还是之前的老板，都利用霍华斯和沃尔夫的钱来支付店铺所在楼房的预付款，这样楼上的旅馆就搬走了，整栋楼就为他们所有了。沃尔夫说："这样他们就可以跟街上的其他人展开竞争了。在家具店集聚区，拥有一栋3层的楼房是很了不起的事情。这让公司踏上了一条蒸蒸日上的轨道。"事实上，自此之后公司的经营非常成功，几位合伙人又多开了几家分店。

1929年的股市崩盘和随后的经济萧条给公司造成了严重打击。尽管遇到了挫折，沃尔夫说："他们向员工承诺永远不裁员。相反，他们的反应首先是停薪，然后是减薪，包括合伙人自己的薪水。他们向员工保证会有福同享，有难同当。当然，要是有人离开了公司，他们也不会再招人，他们会自己顶上去，多做些工作。在他们的带领下，公司安然度过了大萧条时期，到了1935年，他们重新起航，并取得了不俗的业绩。"只不过5年不到，第二次世界大战爆发了，公司再次陷入了困境。

到了1943年，公司显然无法支撑4个家庭的经营了。原来的所有者之一艾克·弗里德曼早已去世，所以鲍里斯·沃尔夫和路易斯·盖茨夫人买下了S. N. 霍华斯的股份，后者离开后另开了一家家具店。当鲍里斯的儿子梅尔文于1950年加入星辰时，该公司已经拥有了6家店面，但参与经营的人似乎太多了。年轻的沃尔夫记得："两个家庭（一个家庭有四个成员，另一个家庭有3个成员）参与了经营。两家人之间总是钩心斗角。"1962年，鲍里斯·沃尔夫和路易斯·盖茨夫人在两周内相继离世，没有任何先兆，也没有留下任何继任计划。

5位二代合伙人必须决定今后的路该如何走下去。

沃尔夫说："我是5人当中最年轻的，但不知何故，其他人决定让我担任总裁一职，于是我接管了公司。虽然我当时没有意识到公司的财务状况不佳。在之前的3年里，我们有两年小幅盈利，一年损失严重，而在这3年之前的36个月里，我们处于亏损状态。公司债务缠身，资产净值为负。更糟糕的是，我们面临一个主要的竞争对手……其规模是我们的20倍，广告投放量远高于我们，也有能力阻止我们获得需要的家具系列产品。我们自行收取应收账款，并从银行借钱融通。但是，我们不认识这位银行家。我的父亲曾与他打过交道，但我们从未见过他。所以，在为我父亲举行葬礼后一周，我穿上了仅有的一套西服，打上领带，去拜访这位银行家。他看起来像个古人，但他当时的年龄可能与我现在差不多。

"我说：'格里尔先生（Greer），我此番前来是想告诉您，您不必担心我们欠您的钱。我已成为公司的总裁，我想让您知道，我将成为您的联系人，我得到了公司所有人的支持。我们将继续经营公司，我来是想让您认识一下我，并向您保证，我父亲的离世不会改变任何事情。'而且我说：'我今天来只是想认识一下彼此，过几天我还会再来跟您谈谈增加贷款额的问题，因为我们确实需要更多的周转资金。'

"他说：'年轻人，很高兴认识你。你今天能来这里我很高兴。但你下次来时，我们不会讨论增加贷款的问题，我希望你能给我一个计划，说明你将如何偿还银行的贷款。你的贷款额度已经达到了法律允许的上限。因此我希望你能制定一份还贷计划。'这就是我踏入商业界，真实的商业界后上的第一课。在那之前，我更关注的是商品促销而非财务问题。在回办公室的路上，我的心情很沮丧，脚步很沉重。"

虽然沃尔夫去了休斯顿的所有银行，但他无法为公司获得另一笔贷款。后来，一位家族的朋友让他联系一位纽约的银行家，后者愿意为他提供贷款，这令他十分意外。沃尔夫回忆说："但他不只给我签发了一张支票，他还要我做几件事。当我问他做哪些事时，他说第一件事是获得经八大会计师事务所中的任何一家审计过的财务报表。我说：'贝克尔（Baker）先生，我能理解您想得到一份经审计的财务报表的心情，但为什么要指定八大会计师事务所呢？这要花很多钱的。'他说：'梅尔文，我知道，你的会计师可能是你的姐夫。'我禁不住笑了起来，他问我笑什么时，我对他说：'我们的会计师正是我姐夫。'"

随着新资金（借入）的注入，沃尔夫制定了一项改变公司发展方向的新业务计划。这个计划比较激进，风险较高。事实上，在他的合伙人看来，这项计划的风险太高了。于是沃尔夫制定了购买他们掌握的50%股权的计划。根据该计划，位于市中心的主店和另一家商店被出售，合伙人得到这笔款项后，同时获得了垃圾债券利率的长期票据。交易在友好的氛围中完成。

接下来，沃尔夫租下了其主要竞争对手弃之不用的一个大型仓库/陈列室，然后他说服姐姐雪莉·托米姆放弃自己的室内设计生意，一起与他做家具生意。与此同时，他战略性地放弃了分期付款业务。雪莉负责店铺的设计和商品的陈列，用她兄弟的话说就是负责"与美学有关的一切事务"，而梅尔文负责商业事务和战略规划，这一分工至今仍保持不变。沃尔夫后来指出，他们姐弟二人之间的密切合作为企业的最终成功奠定了坚实的基础。

在沃尔夫和托米姆的领导下，公司的生意蒸蒸日上。到1997年，公司有9家店面，休斯顿有7家，奥斯汀和布莱恩（Bryan）各有一家，年销售收入约为1.1亿美元。然而，姐弟俩都是60多岁的年纪，都没有退休的打算，他们担心，他们当中的一个人或两个人都去世时，企业会面临巨额的联邦遗产税。沃尔夫随后与所罗门兄弟公司（Salomon Brothers）联系，询问公司是应该发行股票、寻找买主还是什么都不做。

■ 正直诚信比租约、员工雇用合约重要

与此同时，尽管沃尔夫和托米姆没有察觉到，但沃伦·巴菲特早就伺机

而动了。正如他后来告诉股东的那样："早在1983年我们买下内布拉斯加家具商场时，我就问过布鲁姆金夫人这个问题，当时她告诉我全美国其他地方还有三家不错的家具零售商可以考虑，不过很可惜在当时没有任何一家愿意出售。而就在去年年度股东大会召开前的星期四，所罗门公司的董事长鲍勃·德纳姆告诉我，星辰家具的大股东兼总裁梅尔文·沃尔夫想跟我谈谈，于是在我们的邀请下，梅尔文光临奥马哈与我们会谈，进一步确认对于伯克希尔的正面观感，与此同时我也查看了星辰家具的财务报表，一切正如我所预期。几天后，梅尔文与我再度在纽约碰面，我们前后只花了两个钟头就把整个交易敲定了。如同先前与布鲁姆金夫人及比尔·柴尔德的交易一样，我不需要再去核查租约、员工雇用合约等，我知道我正在和一位正直诚信的人打交道，这样就足够了。"

沃尔夫认为，巴菲特之所以对他的公司感兴趣完全是因为布鲁姆金家族和柴尔德的建议。"否则，"他说，"我们这么小的公司，他怎么会看上眼呢。但他有一个优势，那就是他的公司从事家具生意，他了解家具业务，他没有必要再去学习这方面的知识，他可以将我们的财务报表与他拥有的其他两家家具公司的进行对比，看看我们的表现如何。我们的规模比其他两家公司的小，比他选择的其他领域的任何企业都要小。"

星辰家具的规模比其他零售商小，这是因为它只向中高收入客户群体销售家具。内布拉斯加州家具商场和R. C. 威利还出售家用电器、电子产品和地板。尽管如此，巴菲特对沃尔夫公司的收购表明，如果管理人员出色，若有其他人的推荐，尤其是同行做出推荐，即使企业的收益较少，规模较小，巴菲特也会收购。

从沃尔夫和托米姆的角度来看，将星辰家具出售给伯克希尔有几大好处。巴菲特虽然有些不情愿，但最终同意以股票而非现金进行收购。沃尔夫说："遗产税占净资产的55%。我们知道，当我们去世时，为交这笔税，公司会被出售。我们倾尽毕生心血建立了一个能让一些人谋生的组织，我们想让它持续存在下去。当我们去世时，它也随着消失是不公平的。为了避免这种情况，我们要消除障碍。出售公司、获得股票后，我们去世时就不用交任何税了，这样至少不会对公司造成影响，公司不会受到牵连。否则，公司就不会存在了，它会被出售，而且通常会以杠杆方式出售，给公司留下大量的债务。"因此，沃尔夫对这样的安排非常满意。他当时说："遗产规划需要大量的流动性，这笔交易提供了流动性，同时让我们加入了一个我们非常乐于参与的群体。我们相信，这是以公司名义结合起来的最理想的组织。"

■ 不改变企业的管理职责

事实上，沃尔夫在见到沃伦·巴菲特之前就对他印象很深刻。所罗门兄弟的鲍勃·德纳姆和梅尔文是得州老乡，也是好朋友。沃尔夫说："鲍勃参与了初期的讨论，他打来电话说：'沃伦想看看3年之内的财务报表，可以提供吗？'我告诉他可以。大约3个小时后，他再次打过来电话说：'沃伦对你的财务报表有些疑问，我可以问你几个问题吗？'我说：'当然。'然后他说：'在1994年报表的最后，审计师所加的脚注里说，你的损益表是按照78法则（the rule of 78）配置贷款利息费用的，这延迟了对信贷费用的认可，但在1996年的报表中，审计师改变了说辞。沃伦想知道不同措辞的重要性。'"沃尔夫说："听到这个问题时，我差点从椅子上跌落下来。有多少人会看这样的脚注呢？而且有多少人在看两年后的报表时还记得同一段落的用词有差异呢？除了用词不同外，实际上两处没有任何区别，但他提出了这一点，这真的令我很震惊。他的思维和记忆力真的令人难以置信。"

沃尔夫和巴菲特之间达成的交易条件从未被披露过。如果收购条件类似于内布拉斯加州家具商场和R. C. 威利的话，巴菲特会买下整个公司80%至90%的股权，具体的价格要以当时的年销售额为依据。通常情况下，经营者家族会保留10%到20%的股权，以便激励管理层更好地经营公司，确保公司盈利。

几乎和所有把公司出售给伯克希尔·哈撒韦的人一样，沃尔夫乐意这么做是因为，他推崇沃伦·巴菲特的管理风格。沃尔夫说："当他来这里……向员工宣布合并计划时，有人问他，他会从伯克希尔总部派多少人过来。他解释说：'我只有11名员工，其中包括接待员和秘书，所以我不会派人过来。'"

沃尔夫说："与收购之前相比，管理责任完全相同，因此，如果说公司结构存在任何差异的话，那只存在于我们的脑海里。"

沃尔夫认为，这是公司得以持续增长的一个有利因素。他说："因为沃伦没有以任何方式干预我们的经营，我们的管理团队似乎感觉不到是在为伯克希尔工作，他们认为自己是在为星辰家具工作，这是他们关注的焦点。他们并不担心通用再保险的经营状况如何，也不用担心乳品皇后发展得怎么样，也不用为其他伯克希尔的子公司操心，他们每天都全身心地致力于这家公司的发展。"但他也承认，确实存在一些变化。他说："我们正在做一些与以前不同的事情。即使我们没有把公司卖给伯克希尔，我们也会这么做。如果不做出改变，就会跟不上世界的步伐。"无论做了什么，效果都还算不错。沃尔夫说："沃伦在1997年买下我们时，我们的销售额刚突破一亿美元。2000年，我们的年销售额差一点突破两亿美元。3年内我们的年销售额几乎翻了一番。"

星辰家具经过家族第一代整整50年的努力才达到了100万美元的销售额，第二代的沃尔夫和托米姆花了35年的时间才将公司的净资产值由负转正，并将业务规模扩大了100倍，销售额超过了1亿美元，而成为伯克希尔的子公司后，仅用了3年时间就将销售额翻了一番，达到了近2亿美元。

■ 不寻求协同效应

然而，沃尔夫并不相信，成为伯克希尔家具集团的一分子对星辰产生了显著的影响。他说："我们会交换信息。我们很尊重另外3家公司，即内布拉斯加州家具商场、R. C. 威利家具和乔丹家具，因此，当我有问题时，我会马上拿起电话问其中的一个：'你们怎么处理这种问题？'我们很乐意分享这种信息，但除此之外，我们很少有协同行动。"事实上，他说最重要的协同效应，往往来自外部而非家具集团内部。"一些工厂来找我们说：'如果你们联合起来这么做，我们就那样做。'效果会很不错。仅此而已！"

然而，他也指出："沃伦已向我们表明，他不寻求协同效应。除了沃伦，大多数人都会说：'好吧，伙计们，4家公司没必要都设CFO，所以你们商量一下，留下最出色的CFO，让另外三位另谋高就吧！'但沃伦不会这么说。"沃尔夫说："事实上，沃伦说的恰恰相反。他说：'我收购了4家独立的、管理良好的家具公司，不能把它们搞砸了，按你们的意愿经营公司，我不反对你们会面，彼此相亲相爱，但不要因为我而寻求协同效应。'"

沃尔夫对巴菲特的赞赏很直白。他说，老板最棒的一方面是，"如果沃伦·巴菲特对你有信心且愿意收购你的公司，那么他就会让你继续经营公司。而且，只要他认为可行，他就会为你想做的事情提供资金"。当被问及为巴菲特工作最棒的事情是什么时，他回答说："是跟沃伦共事。"问他进一步的细节时，他才补充说："你知道，当你问他一个问题时，你不会只得到一个简单的答案，而是会得到合理的建议。"

巴菲特同样很高兴与梅尔文·沃尔夫合作，他在1998年1月31日邀请沃尔夫参加他举办的苜蓿草俱乐部（Alfalfa Club）晚宴时曾这样明确表示过。通常情况下，沃伦会邀请新加入伯克希尔的企业运营经理在奥古斯塔高尔夫球俱乐部与比尔·盖茨或杰克·韦尔奇打一场高尔夫球。沃尔夫不会打高尔夫球，因此巴菲特安排他与商界、政界、军队和司法部门的首脑共进午餐。

受邀参加此类活动显然只是为沃伦·巴菲特工作的好处之一。对于沃尔夫来说，另一个好处是他与巴菲特信奉的管理理念相似。例如，在讨论星辰家具未来的计划时，沃尔夫表示，他预计公司的增长来自内部而非收购。尽管他承认，巴菲特通过收购其他公司促进伯克希尔的增长，但他指出："文化是无法转移的。我认为很多公司的文化与我们的不一样……我不想在收购它们之后将它们的文化转变成我们的。我宁愿在内部发展，也不愿在别人的公司里做出改变。"他认为这也是巴菲特坚持的一个原则。"我认为这是他收购企业时不改变其文化的原因"。

沃尔夫认为，他和他的管理团队在星辰家具创立的文化对公司的发展非常重要，也是他们竭力维护的因素。他回忆说："当我们引进新员工时，我们首先会讨论我们的使命陈述：关爱同事，通力合作，客户至上，提供客户能感受得到的价值，做到与众不同。然后我们会逐句进行分析，'关爱同事'意味着员工彼此关心且关爱客户，这是员工的职责，是公司的文化。'通力合作'指的是，我们不希望员工各自为政，而是要作为一个团队密切配合。'客户至上'意味着我们的工作是为客户提供服务，而不是为了个人需要。'提供客户能感受得到的价值'是指，确保客户相信我们出售的产品能为他们带来价值。最后，'做到与众不同'指的是，我们会运用异于他人的非常规方法。"

沃尔夫说，为完成使命，星辰家具采用的一种方法是"注重横向整合。除了家具制造，其他一切均在内部完成"。他解释说："大多数公司会把商品的运送、服务、账目处理等事宜外包。但我们自己运送货物，自己提供外部服务，自己处理信贷事务。我们还自己做广告，因此，我们控制着一切，所有的事情都由内部的人解决。"正如星辰家具的总裁马克·施雷伯（Mark Schreiber）所说的："我们相信，一旦把客户交给别人处理，你就无法控制销售与售后服务了，因此，这是一项投资。我们与制造商建立了良好的关系，这样可以确保客户的需求得到妥善的处理。"因此，沃尔夫补充说："当问题没有得到完美的解决时，我们不会怪罪别人，责任全在自己。"

梅尔文·沃尔夫说他最酷爱的就是他的事业，这毫不奇怪。然而，当被问及如果不选择家具行业的话，他会从事什么行业时，他的回答颇让人感到意外。他说："我会成为一名律师。毫无疑问是这样。不是因为这个职业挣钱多，而是因为我喜欢刑事诉讼或其他类似领域的工作。令我着迷的是法庭上的唇枪舌战，而不是坐在办公室里研究房地产文件。"尽管如此，他说最令他兴奋的工作是推销。他说："销售商品是我热爱的工作，看到一个项目从开始到结束——精挑细选出一种产品，以合理的价格买下它，把它带到店里陈列出来，为它打广告，吸引客户来，为它制定合理的销售价格，然后看着它被销售出去。当这一切顺利完成时，我就会心满意足。"他又补充说："我喜欢看业绩报告单、财务报表。优异的业绩会让我非常高兴。"

当被问及什么出色的业绩靠什么技能取得时，他说："我不知道该如何回答这个问题。我想我是个喜欢分析的人，我认为我的分析能力足以解决任何问题，我知道我不擅长哪些方面，需要求助于他人，知道去哪里得到建议。我在我的能力范围内行事，我并不试图包揽一切。"当被问及他最明显的特征是什么时，他认为这个问题更难回答。他说："我认为这个问题得问别人才知道答案。"但是，当我问他，他的妻子会如何回答这一问题时，他的回答是："我妻子西维亚（Cyvia）肯定不会说实话，她会说我有多出色，不会指出我的缺点。"也许并不奇怪，他将与妻子的婚姻描述为"完成的最棒的一笔交易"。

无论沃尔夫成功的源泉是什么，有一点是明确的，即成功与个人经济收益没什么关系。他说："我已经不再为钱而工作了。事实上，我必须提醒自己，公司不只属于了我了，我不再为自己和家人赚钱了。当我把公司的股份置换成沃伦·巴菲特公司的股票时，我承担的责任与之前就完全不同了，我对伯克希尔的股东负有责任了。但我知道，星辰家具对伯克希尔的贡献微乎其微，因此会有人问我，为什么我要如此尽心尽力。当你被某种根本性的因素激励时，你就会变得身不由己，你无法改变这样的事实。"当被问及如何定义成功时，他说："我以快乐程度界定成功。我认为自己是个快乐、满足的人。我和一位优秀的女士保持着美妙的关系，我有很多朋友，有令人满意的职业生涯。这就是我对成功的定义。"

与伯克希尔的一些经理人不同的是，沃尔夫很喜欢外出旅行。他说，"我去过很多神奇的地方"，包括两次非洲摄影之旅。"但我也想看看其他地方"。他说："我从来没有去过新加坡或吉隆坡（Kuala Lumpur）及其邻近地区，我希望很快就能去。"然而，与伯克希尔的其他经理人一样，沃尔夫热衷于慈善事业。"我们已经成立了一个家族基金会，其工作涉及6个领域，即教育、宗教、健康、艺术、弱势群体及其他。我们有一个咨询委员会负责提供有关资助对象和金额的建议，虽然最终做出决策的是我们，但我们从未拒绝过该委员会提出的任何建议。我们已经约定，在我们去世之后，委员会依然会存在。"

正如沃尔夫为他的家族基金会做好了准备一样，当他不再管理公司时，他也会为公司的运营做好准备。尽管目前已69岁了，但他还没有退休的打算。他说："我的退休计划由我的身体状况而非我的愿望决定。在我无能为力之前，我会积极参与各项事务。我现在是董事会主席兼CEO，我预计在某个时间点放弃CEO的职务，转而做一些辅助性的工作。这就是我为什么不认为自己会退休的原因。"他也不认为沃尔夫家族的下一代会接管公司。他的姐姐雪莉有两个孩子在公司任职，一个是教育总监，另一个任副总裁，负责公司的信息管理系统事务，两人都没有"管理公司"的愿望。他说："我的孩子们都不在公司工作。我的儿子曾工作了一段时间，但他不喜欢，我也没有试图教导他。我尽量不在家里谈生意上的事情。我想做到公私分明，不把工作带到家里，除非工作与家人有关。"

他希望公司未来"在服务的各个市场中成为最好的，尽管不一定是规模最大的"，而且他现在正全力以赴实现这一目标。与此同时，他预计家具行业将发生重大的变化。他说："我认为这个行业将变得越来越集中，越来越依赖全球性采购，这会给美国制造商带来巨大的压力。进口将成为企业的重要活动，因此在制造方面和零售方面将会出现很多整合。适者生存，那些敞开大门、能适应变化的企业会生存下来，抵制变化的企业终将被淘汰。"

但他并不认为即将到来的整合会导致行业内任何"品类杀手"（category killers）的发展。他说："像家得宝（Home Depot）或巴诺书店（Barnes & Noble）这样的成功企业不大可能出现在这个行业。你不能在这个行业进行类似的操作，因为它们从事的是一般种类的行业。我的意思是，销售锤子没有太多的秘诀可言，但销售沙发就不同了。每一位顾客对沙发都有不同的期待。'你打算送货吗？能送到我家里吗？什么时候送？我需要支付多少钱？你能提供融资吗？融资期限是多长？'还有很多其他方面的问题。我们的业务非常个性化，拿捏要靠管理，需要团队协作才能处理好。如经营大众商品的业者一样，我们一次采购大量的货物，但我们发货时，一次只发送一件，而且每次销售都面临不同的客户需求。这是经营大众品类商品的业者无法做到的。"

出于类似的原因，他并不认为互联网销售会对家具用品行业产生大冲击。沃尔夫说，那些尝试在网络上销售家具的互联网公司"损失了数亿美元，其中大多数处于破产状态。互联网不适合直销。造就这个独特行业的所有因素都无法通过网络来体现。销售家具需要关注每个客户的需求，你无法通过网络做到这一点。最重要的是，消费者必须看到实实在在的家具。他们无法在互联网上查看图片并买下3 000件家具，因为他们不知道家具是什么样子的。即使买下来了，等货送到家后，他们会发现各种各样的问题。出了差错，他们就会退货。退货可是个麻烦事。我们有专门的部门负责将豪华家具运送至顾客家里，但通过网络无法做到这一点，至少目前办不到。我不知道未来会如何，但现在不行"。

然而，沃尔夫确实相信其他技术可以成为该行业可利用的重要工具。他表示："家具行业的利润率较低，提高利润的唯一方法就是降低成本，在目前的成本水平上获利是非常困难的。要在竞争中胜出，你就必须以最低的成本交付产品，为此，你需要采用先进的技术。一旦技术降低了成本，你就可以降低价格，获得更多的市场份额并实现增长了。但是，如果你忽视了技术，想继续依靠人工而非电子方式完成某些工作，那么你的成本将持续上升，最终在竞争中败北。事情就是这么简单。"毫无疑问，这是沃尔夫商业理念的一个好例子，他将自己秉持的商业理念总结为："拥抱新理念，但不抛弃累积的经验知识。"

至于伯克希尔·哈撒韦公司的未来，尽管他说他希望该公司"更加多元化，实现内部增长，同时收购更多的公司"，但他预计该公司会"变得越来越像一家保险公司"。然而，他不认为沃伦·巴菲特为公司制定了总体规划。沃尔夫说："我认为，他想建立一家财产保险公司，目的是获得浮存金，以便为他的投资提供无成本的资金。至于未来，如果公司需要这类资金，那么他就会继续扩张保险业务。如果得到的浮存金已经足够，他会延缓保险业务的扩张。"

虽然沃尔夫认为今天的伯克希尔仍然是很出色的投资对象，但他认为现在已经不像"10年前那样好了"。与其他人不同，他并没有将这归咎于沃伦·巴菲特与时代脱节，或巴菲特的价值投资风格已经过时。"我认为持这种观点的都是刚出校门不久的人，他们之所以这么认为，是因为他们认为巴菲特不收购技术类企业，因此不了解现实世界。与世界脱节的是他们，而不是沃伦。"沃尔夫为伯克希尔未来的发展感到担忧，原因之一是他担心巴菲特退休的影响。"我不认为世界上还有另一个'沃伦·巴菲特'"，他说，而且他承认他担心从沃伦到继任者的过渡。"我已经准备好接受我的股票价值会降低的事实了。但即使出现了大跌，其价值也高于最初的价值，对此我已经做好了心理准备。"尽管他说股价"最初会出现大跌"，但他也希望"经过一段时间以后，等投资者情绪稳定下来，价格会自行回升"。

就目前而言，沃尔夫打算继续做他过去40年来一直在做的事情。然而，他承认，有一件事情他想有所改变。他说："我不善于表达赞赏之情，我更善于处理问题而不是奖励成就。我以发现问题、解决问题的思路来经营我的企业，我没有花足够的时间鼓励或赞美别人做得有多棒。我知道这是我的一大缺点。"也许是为了对自己解释清楚，他补充说："我不认为我对企业的任何方面都感到满意，但这并不意味着我们没有实现目标，甚至有时我们超越了目标。但我总是会说：'下一个目标是什么？我们该做什么？'我们永远不会为取得的成就感到满足，我们认为，没有最好，只有更好。"

梅尔文·沃尔夫的商业信条：

★　建设公司文化，引进新员工时，首先与他们讨论公司的使命。

★　团队合作非常重要，各搞一套、各自为政不利于企业发展。

★　客户至上，员工其次。

| 第十四章 |

寓销于乐的高手：艾略特和巴里·塔特曼

艾略特和巴里·塔特曼——乔丹家具

艾略特·塔特曼和巴里·塔特曼兄弟俩几乎在一起做一切事情，一起经营乔丹家具商场，一起拍摄电视广告，一起接受此次采访。他们一个是总裁，一个是CEO。

兄弟俩特别善于促销，是媒体能人。兄长艾略特是组织者和领导者，弟弟巴里是创意天才，负责商业广告和媒介采购。两人都非常有趣，反应敏捷，是天生的销售高手。他们专注于软性推销技巧，抓住一切机会推广乔丹家具。他们经常有出人意料的想法和行动，因此对他们的采访是本书唯一在户外完成的采访，而且，采访全程公开。采访他们时，他们正在拍摄一个商标电视广告。

如果你住在新英格兰地区，你可能会认识红袜队（Red Sox）的泰德·威廉姆斯（Ted Williams），棕熊队（the Bruins）的鲍比·奥尔（Bobby Orr）和凯尔特人队（the Celtics）的拉里·伯德（Larry Bird），他们是波士顿最出色的棒球、曲棍球和篮球队职业队员。如果你住在此地，你肯定也认识艾略特·塔特曼和巴里·塔特曼这兄弟俩，他们是零售行业最独特的商人。本地人对他们的熟悉程度不亚于当地任何有名的运动员、媒体名人或政治家。

波士顿的居民都知道家具商艾略特和巴里，因为他们一直在当地制作电视广告。当地人都迫不及待地想看下一集的艾略特和巴里秀。通常情况下，兄弟二人会根据新闻或当时流行的文化进行滑稽的模仿。当他们拍摄的广告"喝牛奶了吗"（"Got Milk？"）一炮而红时，他们马上拍摄并播出了商业广告"买家具了吗"（"Got Furniture？"）。

澳大利亚悉尼夏季奥运会开幕前，塔特曼兄弟和长期以来合作的导演拍摄了一则商业广告，他们模仿了奥运会100米短跑的场景。兄弟俩蹲在起跑线上，看起来好像要与其他选手一较高下。为了使场景更加逼真，他们胸前都贴着编号，额头上喷洒了汗水。裁判员一声令下后，其他参赛者飞速离开，但艾略特与巴里对望了一眼，决定不跑了，而是坐在了公司正销售的沙发上。

乔丹家具是新英格兰居民购买家具的地方。一些人会带着孩子到乔丹家具商场里玩耍，商场里各项游乐设施完备，无论老少，都能玩得很高兴。商场还为带孩子的客户安排了停车位。为了让客户满意，当客户躺在床垫上时，床上用品展示区的聚光灯会自动变暗。

家具零售商的成功取决于雄厚的资金实力、适宜的地点、齐全的商品、良好的展示、经验丰富的员工和高效的广告。艾略特和巴里不仅取得了成功，还把正直诚信带到了一个不以诚信著称的行业中。

大多数商人本能地知道如何善待客户，但塔特曼兄弟更进一步，他们"像对待客户那样对待员工"。他们试图在员工、供应商和客户中创造出一批狂热的粉丝。

沃伦·巴菲特称艾略特和巴里·塔特曼的组织是"我见过的最出色、最独特的公司之一"。乔丹家具商场位于波士顿郊区的纳蒂克（Natick），商场外建有宽敞明亮的洋红色停车场。商场建立在一块高地上，占地12万平方英尺。穿过商场的旋转门后就进入了销售区，里面的布局与很多商场不同，没有林立的隔墙，地上没有摆满躺椅和茶几等家具；相反，顾客来到在这里，仿佛置身于新奥尔良（New Orleans）法国区的波旁街（Bourbon Street）。

　　首先映入眼帘的是高高竖立着的两个巨型宫廷小丑（看起来非常像塔特曼兄弟）。他们的右边是一艘密西西比河船，船名叫S. S. 浪花乔丹号（the Splash Jordan），一支乐队正在这艘船的甲板上演奏爵士乐。正前方是一家酒店，酒店四周环绕着在法国区常见的铁质栏杆，附近还有戏院、律师楼、画廊、欧菲莉亚夫人（Madame Ophelia Pulse）的巫术屋（House of Voodoo），每座建筑都通往某个家具部门，而且都设置了高科技的电子人偶催促顾客前往圆形大厅与布鲁斯之屋（House of Blues）。在那里，灯光每个小时都会变暗一次，此时客户可以观看9分钟的多媒体节目，包括在新奥尔良拍摄的音乐视频，艾略特和巴里在视频里扮演布鲁斯兄弟（Blues Brothers）。

■ 广告效应与抑价

　　这对"布鲁斯兄弟"并非来自新奥尔良，而是出生于马萨诸塞州牛顿市（Newton）的第二代新英格兰人。艾略特出生于1946年，巴里出生于1950年。他们也是经营家具生意的塔特曼家族的第三代。1918年，他们的祖父萨缪尔·A. 塔特曼（Samuel A. Tatelman）从俄罗斯移民到美国后创办了家具企业。萨缪尔·塔特曼在新罕布什尔州的曼彻斯特做鞋匠时，就开着卡车贩卖二手家具。到了1926年，他和姐夫在马萨诸塞州波士顿郊区的沃尔瑟姆（Waltham）开设了一家名为盖瑞家具（Gray's Furniture）的商店。两年后，两位合伙人分道扬镳了。塔特曼在沃尔瑟姆开设了自己的商店，商店名为乔丹家具。当被问及为何取这个名字时，艾略特·塔特曼说，他祖父将写有几个名字的纸放在帽子里抓阄，他刚好抓到了这个名字。

　　20世纪30年代，萨缪尔的儿子爱德华（Edward），即艾略特和巴里的父亲，进入公司工作。到20世纪50年代，兄弟俩也在周末和假期到商店帮忙。艾略特回忆说："我们还是小孩子的时候，我们家就有三代人在沃尔瑟姆的店里工作了，我们常常一起出去吃午饭，非常有趣。"当然，他补充说，当时的公司"与现在差别很大，我们大约有10名员工"。他说："但一个方面一直没有变化。即使在那个时候，公司就对员工非常好，对顾客诚信，对员工公平。我的父亲和我的祖父都是这样的理念。"20世纪70年代初，艾略特从波士顿大学辍学，专心在乔丹家具工作。巴里于1972年从波士顿大学毕业后，打算像他们的哥哥米尔顿（Milton）一样进军广告业。但是，正如巴里回忆的，他们的父亲说："你可以为自己人工作，为什么要为别人工作呢？你想拍广告？那就去拍吧，需要的时候可以找我。"1973年，他们的祖父已退休，他们的父亲也正在考虑退休，于是兄弟俩接管了这家商店。

兄弟俩说，他们的父亲教他们如何经营公司，教他们如何避免让工作上的事情干扰他们的生活。艾略特说："我们的父亲一生没有敌人，行事考虑周全。他诚实正直，总是把家人排在生意之前。"爱德华也知道，要想让儿子们留在公司，他就必须让他们经营它。正如艾略特所说："我们的父亲很聪明，他让我们做自己想做的事情，幸运的是，我们有能力。"兄弟俩设定的一个目标是，找到推广商店的新方法。据巴里说，米尔顿提出艾略特和巴里自己拍广告的点子。巴里回忆说："他在纽约写广告文案，曾在收音机里听到两个人以对话的形式做广告，好像是为巴尼（Barney）做广告。他认为我们也可以试试。我没问题，因为我在学校里学的就是戏剧专业，但我不知道艾略特是什么想法，没想到他也赞同。于是我们三人花了很多时间构思有趣的广告文案。"

文案敲定后，乔丹就停止在当地报纸上投放广告，并将整个广告预算都投入到了广播中。20世纪70年代中期，水床的商业广告成了兄弟俩眼中的重大突破。艾略特几年后回忆说："当时出售水床的只有水床专卖店。于是，我们在广告中说：'我们将水床与其他卧室家具搭配出售。'"于是，他们将充满水的床垫装进了木制框架，并搭配梳妆台、床头柜和其他家具出售。艾略特说："我们是全国唯一这么做的人，这让我们声名大振。我们的业绩就是从出售水床开始大幅增加的。我们有一些独特的东西，而且是人们需要的。"他们深信他们的路子是正确的，因而订购了大量的卧室套装，并在《波士顿环球报》上刊登了两页的广告，以补充广播广告。那时他们已经退休的祖父住在佛罗里达州，他打电话问他们："你们卖的是什么东西？装满水的塑料袋？"这正是他们每天卖出的东西，每天的销售量为600件，每件售价为25美元。

兄弟俩推出的广播广告效果非常好，但是，正如艾略特后来承认的那样，"早期的广告中有很多炒作的成分。我们特别强调的是折扣幅度大，我们在广告中又喊又叫。当我们说'不要把我们与乔登百货相混淆'时，没有人相信。我们的广告内容很亮眼，但广告又给人一种我们的商店比较差劲的感觉，因此我们对广告内容进行了调整"。在销售了大量水床后，他们可以调整广告中强调的重点内容了。以往，他们强调的是低价，现在他们开始强调在水床上睡觉的好处了。几年后，艾略特对一位记者说："其他人都在谈价格，我们提出'抑价'（underpricing），即单一价格的概念已有25年了。单一价格，不做调整。我们意识到，投入更多的时间来更换价签或花更多的钱来买价签不划算，而且也不合乎情理。实话实说，连员工都感觉不太好。本周的价格是899美元，下周怎么就成了799美元呢，这不合理。"

由于广播广告非常有效，兄弟俩决定在电视上试一试，但他们也有顾虑。他们不知道这种新媒体广告的效果如何，另外，播放这种广告，潜在客户不仅会听到他们的声音，还会看到他们本人，他们担心这些广告会使他们变成公众人物，从而对他们的隐私产生威胁。事实表明，他们的担忧是站不住脚的。电视广告的效果与广播广告一样有效，而且尽管他们确实成了公众人物，但他们的隐私并没有受到不利影响。事实上，他们的电视广告非常成功。他们接手公司时，公司只有1个店面，15名员工，25年后的1999年，公司已经坐拥4家店铺、1 200名员工，其中马萨诸塞州3家，分别位于沃尔瑟姆、埃文（Avon）和纳蒂克，另一家在新罕布什尔州的纳舒厄（Nashua）。更重要的是，该公司每平方英尺销售的家具额超过美国其他任何商店（全国平均值为150美元，该公司为1 000美元），而且该公司的年销售额为2.5亿美元。

■ 会见管理者，而非公司

事实证明，乔丹家具公司不仅吸引了新英格兰地区数万名顾客的注意，也引起了内布拉斯加州奥马哈市一位有收购意思的绅士的关注，他就是沃伦·巴菲特。他已经收购了3家多代家族经营的家具零售商，包括布鲁姆金家族的内布拉斯加州家具商场、犹他州比尔·柴尔德的R. C. 威利家具和得克萨斯州梅尔文·沃尔夫的星辰家具，他想收购更多的家具企业。像往常一样，他请3家公司的运营经理人推荐值得收购的对象。在1999年《致股东的信》中，他写道："他们异口同声地推荐了新英格兰地区的塔特曼兄弟以及他们经营的乔丹家具公司。"尽管当时兄弟俩并没有出售公司的意向，但是，当艾文·布鲁姆金与他的朋友巴里·塔特曼在纽约反诽谤联盟（AntiDefamation League）晚宴上见面，并问他是否有兴趣与巴菲特见面时，他说有兴趣。巴里说："我们与他见面不是为了出售公司，我们只是想见见他而已。"

1999年8月，巴菲特计划前往波士顿参加吉列的董事会会议，他安排了与塔特曼兄弟的见面。艾略特说："我们带他参观了我们的纳蒂克商店，他很喜欢它。"事实上，店铺和兄弟俩都给巴菲特留下了极为深刻的印象，因此他问兄弟俩是否有兴趣把公司卖给他。他们之前已经几次婉拒了上市的邀请，因为他们知道，上市意味着他们会失去对商店的控制权，但他们也知道，巴菲特的经营理念是，收购公司后，不会更换公司的管理层，不会干扰公司的日常运营。另一个因素也很重要。如许多家族企业的老板一样，兄弟俩也担心继承问题。他们两人各有两个孩子，有的正在读大学，有的刚从大学毕业。到目前为止，只有一个孩子，即艾略特的儿子乔希（Josh）表达了想进入家具行业的意愿。而且，正如巴里所说，"你想要公平，但公平是什么呢？如果一个孩子想进入这一行而另一个不想该怎么办？他们结婚后妻子对公平有不同的看法又该怎么办？我们认为，如果把公司卖出去，我们就不会遇到这些家庭问题了"。

在考虑了一个月之后，兄弟俩对巴菲特说，他们有兴趣讨论这一交易。正如艾略特所解释的那样："我们见了面，花了很多时间一起讨论，他让我们提供一些财务数据，我们当时仍不确信会出售公司，但我们说：'把数据发送给他，看看他会如何回复吧。'两天后，一封联邦快递的信件被放到了我的桌子上，这是一份报价。第一页上写的是他对我们公司的溢美之词及其他内容，但他想知道我们是否会继续留在公司工作，如果愿意的话，我们就应该翻看后面的报价。"巴里接着他哥哥的话说："我们没有说我们余生都会工作，但我们确实告诉他，我们在短期内没有退休计划，我们向他承诺，不会把他晾在半空中。"像往常一样，巴菲特没有要求兄弟俩进行财务审计。艾略特说："我们的律师是波士顿的大律师，以前从未见过这种事情。"正如巴里后来告诉记者的那样，"这是生意中的一个新概念，叫'信任'"。

塔特曼兄弟和巴菲特在相互信任的基础上达成了协议，并于10月中旬宣布合并。协议的具体条款没有对外公布，但估计巴菲特向塔特曼兄弟支付了2.25亿—2.5亿美元的现金，为了确保业务的持续性和盈利能力，管理层可能拥有15%至20%的所有权。无论如何，双方对这笔交易都很满意。塔特曼兄弟可以继续按自己的意愿运营公司，他们还避免了将来可能出现的家庭纷争。当然，与巴菲特共事也是一大好处。艾略特当时说："我们希望与沃伦和他的公司打交道，他做事的方法与我们期望的完全一致。"

但塔特曼兄弟做出这一交易还有另一个理由。他们知道，如果等下去的话，公司可能会以更高的价格出售。但艾略特解释说："我们不想太贪心了。巴里和我意识到，我们已经拥有了想要的一切，现在到了我们扪心自问的时候，我们还需要多少？又为了什么？我们喜欢正在做的事情，我们喜欢工作中遇到的挑战和刺激，我们不全是为了钱。我们仍在做之前做的事情，仍在谈生意，仍在四处奔忙，但钱对我们而言已经不是最重要的了。这笔交易为我的家族提供了巨大的安全保障，这才是对我们真正重要的东西。"

对兄弟俩来说，如何缓解员工对合并产生的影响的担忧也很重要，他们甚至以典型的塔特曼方式向员工讲述出售公司的情况。10月7日星期四，就在这笔交易被公布的前几天，巴里和艾略特挨个走访了4家商店，他们打扮得像《苏斯博士》（Dr. Seuss）里的人物，邀请工作人员在下个周日的早晨去波士顿科普利（Copley Hotel）酒店共享早餐，去吃"绿鸡蛋和火腿"（green eggs and ham）。在早餐期间，他们宣布了这笔交易，同时他们做出保证，员工不会有任何改变。然后他们发布了另一则消息，为了庆祝合并，他们向每位员工发放了一笔奖金：员工每工作一小时，就可以领50美分的奖金。每位员工平均每年可领到1 000美元的奖金，有一名员工的奖金接近40 000美元。这项举措花了塔特曼兄弟1 000万美元，但正如艾略特所说的："这是我们亏欠他们的。"

■ 真正的寓销于乐

就像塔特曼兄弟一样，沃伦·巴菲特也对这笔交易感到很高兴。合并的信息发布时，他说："这家公司就是个宝贝。"在《致股东的信》中，他解释了他这么看的原因，他写道："在两兄弟的合力经营下，乔丹家具不但成为当地家具业的龙头，更进一步跃升为新罕布什尔州以及马萨诸塞州最大的家具零售店。塔特曼兄弟不光只是贩卖家具或管理店面，他们还给上门的顾客带来了全新的消费经验，他们称之为'寓销于乐'，阖家光顾的客人不但可以见到各式各样的商品，同时还可享受一段愉快的时光，这样的经营模式无疑让人印象深刻。"关于兄弟俩本人，巴菲特说："巴里与艾略特堪称谦谦君子，就像伯克希尔旗下其他3家家具店的经营者一样。"最后，在谈到塔特曼兄弟给员工发奖金一事时，他注意到这笔钱"来自塔特曼兄弟自己的钱包，而不是来自伯克希尔"。他补充说："记得当时两兄弟在签支票时手还会发抖。"

塔特曼兄弟也很高兴成为伯克希尔家具集团的一员。正如巴里当时所说的，"我们现在是美国最大的家具零售集团的一分子了。我们与其他姊妹商店每年的总销售额可达10亿美元。我想我们可以在很多项目上开展合作"。他预计4家公司能够合作的一个原因是，它们在很多方面都相似。艾略特说："我们召开了一次大型会议，所有的高级管理人员都来到我们商店，所有参会的人大约有75个，我们每个人都站起来，简要介绍了所在公司的历史，我们之间的相似之处令人难以置信：所有公司最初都是由家族企业发展而来的，发展经历、对家具业务的看法也很相似。然后，每位主管都做了自我介绍，包括为谁工作，在哪个部门工作，在公司服务了多少年等。有的人服务了20年，有的服务了15年，还有的服务了25年、12年。这种情况现在已经很罕见了，现在的人很喜欢换工作。这群人多年来一直在同一家公司工作，这真的很不寻常。"

成为该集团的一分子也给塔特曼兄弟带来了实际好处。巴里说："我们多年来一直待在自己结成的茧里，我们发现的一件有趣的事情是，解决问题的方法不止一种。你总是认为你处理事情的方式是最佳的或最正确的，但是，当我们坐在一起讨论所做的事情时，我们发现，尽管其他人可能采取了不同的方法，但他们仍然非常成功。我们与其他家具公司的人齐聚一堂，共享处理问题的方法，这可真让人大开眼界。"兄弟俩认为，另一个实际的好处是，该集团有可能成立一个采购联盟（目前还没有建立）。巴里说："所有的制造商都知道我们是伯克希尔的一分子，星辰家具、R. C. 威利和内布拉斯加州家具商场也是。因此，当我们都要购买某一系列的产品时，势必会造成较大的影响。但我们的运营仍然是非常独立的，我们的大多数商品与内布拉斯加州家具商场的商品不相同，与星辰和R. C. 威利的也存在很大差异。"他还指出："每家公司的购买力都很强，因此我们并不想过分压迫制造商。我们已经得到了最好的交易，得到了想要的货物，这对我们非常重要。我们知道，制造商也必须生存下去。"

通过将4家家具公司的经理们召集在一起，塔特曼兄弟已经能够建立一定程度的协同。艾略特说："我们是最后一个加入集团的，其他家具公司没有为发挥集团效应而做出任何举措，他们从来不会聚在一起开会。我们进来后，觉得这么做的理由很充分，我们可以在某些方面互相帮助，所以我们才这么做。起初情况有些奇怪，因为我们总是试图保护我们所做的一切，对其他公司有防范之心，但后来我们敞开了心扉，到最后我们开始精诚合作。现在，我们彼此信任，这真的很棒。但我们不只是彼此信任，我们还喜欢彼此。所以，协同效应正在显现。"

■ 沃伦·巴菲特的识人之术与断人之技

沃伦·巴菲特并没有为促进任何伯克希尔·哈撒韦公司之间的协同做任何事情，但他显然也不反对"家族"成员这样做。事实上，塔特曼兄弟之前就听说（他们现在也体验到了），他们的老板无意教他们如何经营自己的业务。艾略特说："沃伦的美妙之处是，当我们加入他的公司时，一切都没有改变。我们拿到支票后的那天给他打电话（我们俩都在场）问：'沃伦，你现在是老板了。你想让我们怎么做呢？我们每天要给你打电话汇报工作吗？还是一周、一月打一次电话？你想让我们做什么？'他的回答是：'你想做什么呢？你想一天打一次电话，你就一天打一次电话。如果你不想打电话就别打。之前你们是怎么做的，现在照做就行了。'"

巴里说："我想很多人之所以谈论沃伦，是因为他是卓越的商人，这一点毫无疑问，但我认为，沃伦最大的优势是他的识人之术、断人之技。他见到一个人时，可以判断出这个人的品性。我认为，他喜欢与他青睐和信任的人交往，他识人很有一套，我这么说并不是因为他选择了我们，而是因为多年来他选出了很多出色的人。"艾略特补充说："他是位伟大的激励者，是一个脚踏实地的人。他能让每个人都觉得很自在，让每个人都觉得很特别，这是非常出色的管理能力，能让每一个为他工作的人都感觉很棒、特别和重要。他对我们一视同仁，这是他卓越能力的体现。"

巴里说："关于沃伦，还有一点需要指出，那就是没人害怕他。我们确实喜欢这个家伙。他是朋友，又像父亲，每个人都有这种感觉。当你在电话里听到沃伦的声音时，你不会想：'天哪，他在查岗。'而是会想：'哦，太棒了，是沃伦打来的电话。'而且他总是说很有趣的事情，你会被他逗笑，会觉得很快乐。就像在跟一位朋友聊天。你可以随时给他打电话求教，他总能为你答疑解惑。"艾略特补充说："他是一个聪明的朋友，无所不知。几周之前我打电话向他请教工作中的事情，难以置信的是，他对这项工作非常了解。我是突然给他打电话的，而且讨论了一些数据和其他问题，他说：'他们不是只租赁不卖吗？'我说：'沃伦，这世上还有你不知道的事情吗？'"

巴里说："我真的很尊敬沃伦，我尊敬他不是因为他赚了数十亿美元。一些人认为赚钱多就是成功，但我不这么认为，因为世上有很多不快乐的亿万富翁。沃伦以他喜欢的方式生活，朴实而简单，他尽可能让一切保持简单。他不会被金钱所左右，他现在开的车与他6年前开的一样，他仍住在多年前居住的房子里。但他喜欢每天去上班，他喜欢和员工一起打拼。即使他的钱仅能糊口、支付账单，他也是成功的，因为他喜欢他每天做的事情。对我而言，这才是真正的成功。"

兄弟俩很欣赏巴菲特的管理风格，但他们的做事方式可能更复杂一些（效果可能一样）。例如，1999年1月的某个晚上，他们公司的1 200名员工到家后发现了一个不同寻常的邮包：一个装着羊毛外套的包裹，还挂着一个小坠饰，上面写着"J团队，1999年5月10日"。"J团队"是塔特曼对员工的称呼。员工们第二天上班时发现，商店的墙上贴着"5月10日？"的海报。正如艾略特·塔特曼后来解释的那样，当时"谣言开始流传了，有的说我们要上市了，有的说新店要破土动工了。这么做有什么目的呢"。他说："是为了引起员工们的讨论。"几周之后，员工们上班时发现他们的桌子上有幸运饼干，而且每块饼干里都有一张小纸条，上面写着："5月10日？"一个月后，员工们开始收到用周薪支票做成的一块拼图，3周后，他们能够看出拼图上的信息了，即"注意，J团队，请在2月25日上午9点收听KISS 108 FM频道的艾略特&巴里广播节目，从中可获得更多有关1999年5月10日的信息！千万不要错过"。

果然，那天早上，有很多工作人员都收听了马特·西格尔（Matty Siegel）的广播节目，这是波士顿最受欢迎的节目之一。节目中，当主持人问塔特曼兄弟5月10日会发生什么事情时，他们告诉他，5月10日当天，他们的4家店铺都会歇业，而且从早上6：30开始，将有4架喷气式飞机陆续从洛根机场（Logan Airport）起飞，载着1 200名乔丹家具公司的员工飞往百慕大游玩。艾略特说："这是我们向员工表达谢意的方式。他们应该得到这样的待遇。"5月10日当天，员工们在岛上度过了一天，享受了美食、现场乐队的表演，参与了游戏、购物和水上运动。最后一架飞机于当晚8点返回了波士顿。此次活动总共花费了75万美元，但塔特曼兄弟认为很值得。艾略特说："这样的活动会让员工觉得我们重视他们，他们确实很重要。我现在不亲自出售家具，不在门口迎客，不打扫过道，这些工作都是他们做的。没有他们，我什么都不是。"他认识到这次旅行的意义确实非同寻常，但正如他当时对记者说的那样："当你做了正常的事情时，你只会得到正常的回报。当你做了特别的事情时，你也会得到特别的回报。"艾略特后来问一位新来的推销员他有多喜欢在店里工作，这位推销员说："为什么你所有的员工都乐呵呵的？"老板得到这样的回复一点都不奇怪，因为他是做了特别事情的老板，自然就会得到特别的回报。

塔特曼知道，只有员工快乐，顾客才能快乐。事实上，他们对待员工像对待客户一样。艾略特说："我们的感觉是，如果你不能让员工成为死忠粉，"他的弟弟巴里接着说，"你又怎么能期待你的员工让顾客成为死忠粉呢？"艾略特相信，"当你的员工工作快乐、觉得报酬合理、受公司重视时，他们就会笑口常开。如果这个时候，顾客走进了商店，接下来会发生什么呢？快乐是会传递给顾客的"。

他们尽可能与员工保持个人联系。例如，纳蒂克商店的销售员埃德·怀斯（Ed Wise）最近告诉记者说："我妻子休完产假回来上班后，艾略特过来对我说：'你的儿子怎么样？'然后他又说：'你给他起名叫约书亚，对吗？'"

为了使员工快乐，他们采取的另一种方式让员工融入公司。巴里说："我们所做的一切都有利于团队合作。我们没有为高管和其他人预留任何停车位，我们都是同一团队中的一员。没有人会享受优待，我们都应该得到同样的尊重。你是清洁工还是商店的负责人并不重要。"艾略特补充说:"我们让每个人都意识到,若有人不尽职尽责,店铺的收益就会受到影响。如果打扫停车场的人没有完成本职工作,停车场就会变得脏乱不堪,就不会有顾客登门。因此,每个人都很重要,每个人都是平等的。"

■ 打造富有情感的购物体验

与此同时,兄弟俩密切关注着顾客的购物体验。每位顾客购物后,商店都会有专人联系他,询问各方面的购物体验。例如,他们会问,销售人员发挥了多大的作用、送货人员在离开前是否拆除了所有的包装。但兄弟俩也关注员工的感受,关注他们能从工作中体验到多少乐趣。谈到公司让经理仔细审核每位销售人员的"日成绩单"这一做法时,艾略特说:"我们不看你写了多少,更重要的是你如何对待顾客,顾客的感觉有多好,你从中体验到了多少乐趣。如果你的文采很好,但你的日成绩单较差,没有给购物者带来出色的体验,那么你会影响公司的业绩。我希望每个来店里的人都能向其他人推荐我们,这是我们做生意的秘诀。"但他又马上补充说:"这已经不是什么秘密了,就是个常识而已。"

艾略特说:"我们的目标是征服客户,让每一位顾客成为我们的死忠粉。我们做的越多,我们拥有的客户就越多,这是钱买不到的。如果客户在我们这里购物时感觉很舒服——了解我们的服务,认为购物很有趣,知道他们备受尊重,相信这里是童叟无欺的地方,那么其他人就很难与我们竞争。我们的声誉比任何事情都重要,这就是我们拼尽全力、不惜一切代价维护声誉的原因。"为了维护声誉,塔特曼兄弟推出的举措有:向顾客提供免费的牛奶和饼干、乐队现场表演、播放电影、机器人表演、下雨时发伞,还提供免费的家庭咨询服务,以明确客户的需求。"这些虽都是小事,但却很重要。"巴里说。

正如艾略特指出的,"这都是非同寻常的想法"。他的兄弟补充说:"做不寻常的事。假设在十字路口的4个角上有4个加油站，其中一个加油站的服务人员能叫出每位客户的名字。他也知道哪位客户喜欢读体育新闻，他会给该客户提供免费的体育资料。他还提供免费的咖啡和自制饼干。"艾略特插话道："你会去哪个加油站呢？当然你会选择提供饼干和咖啡的加油站。我们在乔丹家具就是这么做的。人们习惯默守成规，但更多的人需要打破陈规，从不同的角度思考问题不太容易。"正如巴里所说，兄弟俩的最终目标是，让人们"在享受美好时光的同时购买一些家具。我们试图营造两种观念不互相排斥的环境。"

艾略特说："我们的营销方式比较个性化。我们通过娱乐营销，通过提供货真价实的商品营销。"他说，换句话说，"我们靠情感进行营销"。他解释说："当你想到我们店里买家具时，你若来店里挑选家具，我们会去外面迎接你，我们为你清洗车窗，会询问你是否想吃点东西。在我们的员工把你买的椅子搬到你的行李箱并进行固定时，你可以吃个热狗，喝点冷饮。我曾经看到有顾客在离开的时候说：'天哪，我就买把椅子，他们还给我洗车窗，我还吃了个热狗。'事后我们还会给他打电话，询问一切是否安好，他们说：'我真没想到在挑家具的时候还有热狗吃。'他们刚走出了一家奇妙的商场，观看了出色的表演，销售人员很棒，他们觉得来这里非常值，但给他们印象最深刻的是热狗。这就是情感的作用。"

然而，尽管兄弟俩重视情感营销，但他们从不会让情感影响对公司的管理。他们依据各自的优势分担经营公司的职责。艾略特任公司总裁，负责监督所有行政和运营职能。巴里任CEO，负责营销和公关，他称之为"有趣的部分"。按照巴里的说法，这样的分工很有效。他说："若我们各自单干的话，不会有什么成就，只有相互配合，才能完成工作。我们的思维相似。当他提出一些非同寻常的想法时，那可能正是我一直想做的事情，我们对几乎所有的事情都持一致的看法，总是如此。"有一点他俩是完全同意的，那就是最终决策要由艾略特拍板，巴里非常喜欢这样的安排。事实上，他承认："如果由我经营公司，我会把一切都搞砸的！"

兄弟俩的办公室紧挨着，秘书是同一人。但他们的性格却截然不同，这种差异反映在他们在埃文店的办公室里。艾略特的是典型的商业人士的办公室，如果说有什么出格物品的话，那就是他收集的万花筒和各个型号的哈雷·戴维森（Harley Davidson）的玩具摩托车。巴里的办公室是完全不同的风格，里面的陈设处处显示体现着他的乐趣意识，包括桌子上"辛普森一家"（Simpsons）象棋、硬纸板的甲壳虫乐队（Beatles）、迪克·范·戴克（Dick Van Dyke）和"玛丽·泰勒·摩尔秀"（Mary Tyler Moore Show）成员的照片。一面墙专门贴家人的照片，有妻子苏珊的照片，也有他儿子和女儿的照片，还有宠物狗查理的照片。墙上还贴了一张他和妻子于1997年在玛莎葡萄园（Martha's Vineyard）建造的避暑别墅中拍摄的照片。虽然没有在办公室拍摄的照片，但有他在新罕布什尔州的温尼珀索基湖（Lake Winnipesauke）的别墅照片。艾略特的妻子琼（June）是位老师，他们育有两个儿子，年纪与他弟弟的孩子相仿。

尽管琼·塔特曼的丈夫及其弟弟在几年前以近25亿美元的价格出售了他们的公司，但她仍然在马萨诸塞州萨德伯里（Sudbury）的以法莲·柯蒂斯（Ephraim Curtis）中学工作，她给七年级和八年级的学生讲授健康课程。她和丈夫每年都会组织、资助一个特别的夏令营，入营的是大约75名年龄在5—16岁之间的感染艾滋病毒的儿童。这个夏令营于1999年开始举办，基本上由他们家族组织和资助。他们的儿子乔西（Josh）和迈克尔（Michael）担任顾问，在每年夏天开营的那一周时间里，他们的许多表兄弟和朋友都会加入。由于感染艾滋病毒仍然是不光彩的事情，因此塔特曼兄弟既没有透露夏令营的名称，也没有透露其位置。但夏令营确实对他们具有特别的意义。正如琼·塔特曼于1999年对一位记者所说的："（虽然）人人都说：'你们对这些小孩实在太好了……'但我们从他们身上收获的更多。这是我们每年都期待的事情。"

这个夏令营对塔特曼家族也有重要的意义。正如艾略特所解释的那样："由于艾滋病当年夺走了我们哥哥的生命，我们才有了举办夏令营的想法。巴里和我都喜爱孩子，进入这个营地的孩子们在来到这个世界时就携带着艾滋病毒，但那不是他们的错，有些孩子的妈妈是瘾君子，有些孩子的父亲是罪犯，有的孩子则根本不知道自己的父亲是谁。我们想做的是，给他们一周的快乐时光。"他认为，给予某些东西特别重要，尤其是自己亲力亲为时。艾略特说："给孩子们钱是一回事，但抽出时间陪孩子们是另一回事。开一张支票显然不如投入时间和精力做事有意义。在某些富豪眼里，开一张百万美元的支票是很轻松的事情，不会对他们产生什么影响，不会改变他们的生活，他们捐出百万美元后不会降低消费水平，他们仍然有6栋房子，仍然有游艇，仍然拥有一切，他们的生活方式不会因此受到影响。他们捐款是很好，但他们在捐款时没有做出牺牲。当你投入时间，比如说投入一周、一个月或者一天的时间做些事情的时候，你就是在做出牺牲。"

塔特曼兄弟也常常抽身从事其他公益活动。例如，正如巴里解释的那样："我们每周都去不同的高中跟孩子们聊如何打破常规思考和做非同寻常之事。我们喜欢跟孩子们交流，喜欢激励他们。前几天我们收到了一封来信，写信的是3年前见过我们的一个孩子。他见过我们，听了我们的讲话后，他发明了一台木制电脑，他的表现相当好。"艾略特说："这些孩子马上就要上大学了，他们愿意听我们讲话是因为他们渴望成功，我们利用他们的这一心理，让他们打破常规思考。引导他们问自己，他们能做什么。写信的那个小孩认为，企业高管不喜欢在桌子上放一个大塑料盒子，因此，他把电脑装在了漂亮的木箱里，他认为应把这一创意归功于我们。他在信中说：'你们是促使我想出这个点子的人。'这确实令人高兴！"

在塔特曼兄弟看来，播撒种子非常重要，种子终会长大，这些孩子将来必会成为他们企业的有用之才。然而，他们至少在一个领域里没有播种，那就是技术领域。巴里说："人人都认为我们疯了，但我们没有在互联网上做任何事情。我们会涉足这一领域，但要等到尘埃落定。"他的兄弟附和说："我认为，网络将成为我们行业和企业的重要部分，但最初的运用方式不对劲。直到现在，运用网络的重点一直是销售，我认为这显然行不通。处理和维修我们某些产品的成本太高，我们无法在全球范围内高效地运用网络，而且我们产品的退货率比较高。家具放到房间里不适合、颜色不搭或出现这样那样的问题时，都会被退货，我们经常要处理这样的问题。即使人们亲自到店里挑选，亲身体验舒适度、手感，把家具带回家里后，也有可能不喜欢了。通过网络，人们感受不到家具的舒适度、手感，只根据图片做决定，等到货物运到家后，他们可能会说：'哦，我不知道它有这么高……它都遮住我的窗户了……你们还是派人把它拉走吧。'但是，我们可以利用网络做许多其他事情，比如让人们跟踪订单流程，或查看物流状况。"

然而，他们也意识到需要做出调整和改变。艾略特说："回顾家具行业的发展，翻阅过去全国各地的电话簿可知，10年前的许多店铺现在已消失了，在这个行业里生存很难。大型商店需要大量的房地产投资，还需要广告、营销、推销，需要考虑时尚，需要大量的劳动力。很难同时满足这些条件，因此许多店铺都关门了。那些成功的公司，都是经受过风雨洗礼的公司。只有足够聪明，不断变革，顺利渡过难关的公司才能取得成功，它们清楚自己在做什么。"

当被问及当前和未来公司最大的竞争对手时，艾略特说："我们目前最大的竞争对手可能不是家具企业，而是生产各种消费品的公司，比如汽车、电脑或其他产品，它们在某些方面可能更令人心动。我们经营的也是消费品，如果人们买了一套昂贵的房子，他们就没钱买家具了。或者当他们买了大屏幕电视时，他们还想要一台激光唱机。这些产品都比新沙发更打动人心，这可能是我们现在最大的竞争对手。未来恐怕无法让家具产品变得更吸引人。"

艾略特和巴里似乎都不太担心伯克希尔·哈撒韦的未来。关于备受争议的沃伦·巴菲特的继任者问题，巴里说："他那么聪明，我不相信他没有制定继任计划，可能出于某种原因，他不想让所有人都知道，而且，他肯定有充分的理由。"艾略特补充说："你必须相信他。"兄弟俩也不担心巴菲特走后伯克希尔或乔丹家具的经营是否会改变。艾略特说："我只知道经营这一业务的一种方式，如果伯克希尔·哈撒韦未来的掌舵人认为这样经营有问题，那我会立马走人。如果突然间要我做出改变并做一些我认为没有意义的事情，那我会拒绝。"

乔丹家具现在已经是马萨诸塞州和新罕布什尔州最大的家具零售商了。至于公司的未来，艾略特说："这不重要，我们想成为最出色的，而不是规模最大的，这才是最重要的，我们不想拥有整个世界。我认为我们面临的挑战是如何以不同的方式做事，如何让我们的员工和客户笑口常开。"事实上，艾略特说，这正是他"以笑容"来衡量公司成功与否的原因，而且，他补充说："如果你的动机是让员工和客户笑口常开，而不是盈利，那么你最终还是会盈利。事实就是如此。"

塔特曼兄弟的商业信条：

★ 像对待客户一样对待员工。热爱工作的员工会把受珍视的感受传递给客户。

★ 满足客户的需要。良好的服务和高质量的产品很重要，但要让客户感受到购物的乐趣。提供音乐、小食品、下雨时提供雨伞和其他服务，你会迎来回头客。

★ 要具有创新意识，不要限定员工履行特定的责任。让每位员工都参与团队项目，为团队工作时，员工总是会表现得更出色。

★ 在家族企业中，感情因素会破坏人际关系。认清自己和兄弟姐妹的优势和技能，据此分担经营职责。

第五部分

伯克希尔的CEO继承人——专业的经理人

｜ 第十五章 ｜

临危受命的经理人：斯坦·利普西

斯坦·利普西——《布法罗新闻报》

　　斯坦·利普西的报纸是首批被伯克希尔收购的业务之一，利普西因此成为资历最老的巴菲特的CEO，也是一位真正熟悉公司内情的经理人。利普西是土生土长的奥马哈人，是巴菲特的老朋友，在伯克希尔·哈撒韦收购通用再保险公司之前，他担任前者的副总裁。在过去的30年里，他目睹了他的老板每隔10年就会为伯克希尔的资产、账面价值、收益和股票价格以及他的个人资产数据后增加一个数字。

　　利普西做伯克希尔·哈撒韦股票的投资者比做巴菲特的CEO赚钱多，但是，若非当初把《布法罗晚报》（Sun）卖给了伯克希尔，他可能永远成不了其股东。

　　沃伦·巴菲特一直选择收购管理层已就位的公司，而且，他信奉的原则是，像管理部分股权的公司那样管理全资子公司。从这两方面来看，《布法罗新闻报》都是个例外。巴菲特长期以来遵循的收购理念是，不收购需要调整管理层的企业，收购的企业由原来的管理层继续经营，除非企业陷入麻烦，否则不对企业进行干预。巴菲特对斯坦福德·利普西和《布法罗新闻报》的安排是一个范例，它表明，伯克希尔可以为新收购的企业安排好管理层，并使企业起死回生。

《布法罗新闻报》大楼位于布法罗曲棍球竞技场和新棒球场之间，斯坦·利普西的办公室就在这栋大楼里。企业和大楼的外观与1977年伯克希尔以3 250万美元收购它们时一样。就像布法罗市一样，外观虽没什么变化，但其他方面，包括产品、所有者、竞争对手、销量都发生了变化。

《布法罗新闻报》的发行人斯坦·利普西是沃伦·巴菲特的老朋友和生意伙伴。与巴菲特的妻子苏茜（Susie）和另一位巴菲特的CEO查克·哈金斯一样，利普西很喜欢爵士乐。别人都亲切地叫他"斯坦"，包括停车场的服务员、保安人员和《布法罗新闻报》的员工。他是社交晚宴最受青睐的对象，年轻、友好、善良、富有魅力，十分健谈。

斯坦原本可能成为布法罗的市长，他对他的第二故乡贡献良多。谈到这座城市时，他的关爱之情溢于言表，仿佛他是这座城市的创建者。他动用了伯克希尔老板指定的年度慈善捐款赞助了在该城举办的爵士明星音乐会。·

在他的办公室里，《布法罗新闻报》的两个历史性版面被悬挂在了桌子后面的墙壁上。一个版面上的新闻标题是《总统麦金莱遭枪击》（President McKinley Shot）和《人类在月球上漫步》（Man Walks on the Moon），另一个版面是奥马哈《布法罗晚报》的头版文章，这篇文章曾荣获普利策奖，写的是关于"孤儿乐园"（Boys Town）的调查新闻故事。"孤儿乐园"位于奥马哈，因好莱坞拍的电影而名声大噪。墙壁的中间张贴着哥伦比亚新闻学院（Columbia School of Journalism）颁发给他的普利策奖的证书副本，这个奖相当于大学文凭。

斯坦·利普西的经历证明，在必要的情况下，伯克希尔可以为收购后的企业安排管理人员。沃伦·巴菲特不喜欢收购管理层不到位的公司，但斯坦是个非常成功的派遣人员。在5年的亏损经营后，斯坦的公司获得了多于7.5亿美元的税前收益（而且收益还在累计增加）。

1990年春，位于密西西比州杰克逊市（Jackson）的一家投资咨询/财务计划公司的总裁蒂姆·梅德利（Tim Medley）前往内布拉斯加州奥马哈参加伯克希尔·哈撒韦公司年度股东大会。会议召开的前一天晚上，在伯克希尔公司旗下的波仙珠宝公司（Borsheim's Jewelers）举办的一次晚会上，他遇到了一位名叫斯坦的金发男子。晚些时候，他对其他几位股东说："当你们正在和那些大人物说话时，我正和一个名叫斯坦的普通人聊天，他自称为《布法罗新闻报》工作。"梅德利认为这位"斯坦"在报纸的发行部门工作，部分是因为他说第二天会在梅德利下榻的酒店房间门口放几份报纸。后来，有人告诉他，与他说话的人是普利策奖得主、报纸发行人斯坦福德·利普西。而且，第二天，这位发行人兑现了其诺言，将两份《布法罗新闻报》放在了他的房门外。

利普西近20年来一直担任《布法罗新闻报》的发行人一职。当有人问起他的职业时，他一般不会说自己经营着数百万美元的企业，相反，他说："我是个办报人，报纸是我的信仰，是我毕生的追求。"对他来说，报纸具有非凡的意义。他认为，报纸"是社会中一个非常重要的存在，它在很多方面具有与宗教相似的力量"。考虑到他对报纸的痴迷，人们可能会认为他出生于一个与报纸有关的家庭，但事实并非如此。利普西出生于1927年，他的父亲在奥马哈经营一家肉类和家禽批发公司。

■ 深入了解行业

斯坦·利普西在奥马哈长大，1945年从高中毕业，后到密歇根大学（the University of Michigan）主修经济学，并初次接触新闻学，在校期间担任学校日报的摄影师和年鉴的摄影编辑。1948年临近毕业时，他的父亲计划退休后到加利福尼亚定居，询问当时20岁的他有无接管奥马哈家族企业的意向。利普西说："我当时最大的问题是根本不知道自己想做什么。"他拒绝了父亲的提议。然而，他的父亲愿意支持他开创任何喜欢的事业，年轻的利普西便跟随他到了洛杉矶。但是，他在西海岸待了两年后，仍然无法决定未来的职业道路。他回到了奥马哈，并在周报《布法罗晚报》找到了一份工作。他解释说："我接受这份工作的理由是，我不知道自己想做什么，如果我去一家小报社上班，我可能会与各行各业的人打交道，我就能决定我该进入哪个行业了。"事实证明，他喜欢报纸。

在报社工作了一段时间后，因朝鲜战争爆发，作为空军预备役的他被征召入现役。在被分配到内布拉斯加州克鲁克堡（Fort Crook）的奥法特（Offutt）空军基地后，他成了战略空军司令部总部（Strategic Air Command Headquarters）基地报的编辑，并在这里找到了用武之地。战后，他返回报社并逐步从摄影师升任为记者、编辑，最终成了发行人和大股东。1965年，他奥马哈的老乡沃伦·巴菲特想收购他的报纸。当时利普西无意出售，但4年后，他出售的意愿变强烈了。他说："那时候我不了解沃伦。"当时《布法罗晚报》收到了很多报价，他正在认真考虑另一份报价。"但我调查了他的资料，他的报价比较合理。除了有能力买下这份报纸外，他还很懂行。我觉得把《布法罗晚报》交到他手里会让人很放心。我见到沃伦的那一刻我就喜欢上了他，但我当时并没有想到我们的关系会对我产生如此重要的影响。"

巴菲特的报业经历可追溯至他居住在华盛顿特区的青少年时期。沃伦的父亲霍华德是众议院的议员，沃伦在上高中时，负责首都一条线的报纸递送。那份工作让他挣了10 000美元，后来他用这笔钱成立了伯克希尔·哈撒韦。沃伦在内布拉斯加大学读书时，是《林肯日报》（Lincoln Journal）乡村地区发行部的经理。他的朋友，《财富》杂志的高级编辑、巴菲特《致股东的信》的特约编辑卡罗尔·J. 卢米斯（Carol J. Loomis）曾经指出："如果不做投资人的话，他可能选择新闻。"他现在想拥有一份自己的报纸，从斯坦·利普西手里买下《布法罗晚报》为他提供了这样的机会。

直到今天，利普西都认为把他的报纸卖给巴菲特"是我做出的最明智的决定"。他不仅得到了现金，沃伦还接受他做合伙人。更重要的是，他说，他"得到了沃伦这个朋友，了解了他如何管理手下的经理人。有很多拥有企业的人或者经营企业的高管，当其企业被出售时，他们会因某些理由被抛弃，但这样的事情不会在沃伦这里发生。他不想配备管理人员，有些企业很好，但因为管理层不合适，他就没有收购"。利普西继续担任《布法罗晚报》的发行人，而且他与巴菲特始终保持着良好的关系。1972年，该报因曝光"孤儿乐园"的财务问题而获得了普利策奖，这也是这份周报首次荣获这一业内著名奖项。

利普西说："沃伦一直对报业情有独钟，他了解媒体行业。它不仅仅是一种业务，而且在社会中具有重要的价值。许多人只把它当业务看待，我不是说沃伦不把它当业务，但沃伦了解的更多，知道它不仅仅是一种业务。他比美国大多数的报纸所有人更有见识。"

由于巴菲特对报业感兴趣，再加上他了解这个行业，因此他已经购买了其他报纸和报社的大量股票，包括《华盛顿邮报》公司、《甘尼特》（Gannett）和《时代周刊》（Time）等。尽管如此，他仍在寻找新的收购对象。1976年，当他听说《布法罗晚报》正在寻找买家时，他的兴致一下子就被勾起来了。

《布法罗晚报》创立于1880年，是一份保守的共和党报纸，多年来，它一直为巴特勒家族（Butler）所有。此前一直由凯特·罗宾逊·巴特勒（Kate Robinson Butler），即爱德华·H.巴特勒夫人（Mrs. Edward H. Butler, Jr.）经营，1974年她去世后，亨利·Z.厄尔班（Henry Z. Urban）被任命为发行人兼总裁，他自1953年起就在报社工作。但到了1976年，巴特勒的遗产开始寻找买主，并委托报纸经纪人文森特·曼诺（Vincent Manno）处理。后者向《华盛顿邮报》和《芝加哥论坛报》提出了4 000万美元的报价，两家公司都进行了认真的考虑。它们认为，像晚报这样的午后类报纸正在消失，但该报声誉卓著，且得到布法罗蓝领阶层的支持。

但是，潜在的买家必须考虑一些缺点。首先，这份报纸没有周日版，这是广告客户最感兴趣、收益最高的版本；其次，布法罗市本身是一个寒冷、老旧、衰落的工业城镇，被很多人视为不适合发行报纸的地方；最后，报社的员工分属于13个不同的公会，这些工会签订的合约明显偏向于其成员，因此，他们是美国报业收入最高的员工。对于前一年只赚了170万美元的企业而言，4 000万美元是个天文数字。因此，《华盛顿邮报》和《芝加哥论坛报》都没有买下它的兴趣。

曼诺随后将价格降至3 500万美元，但仍然无人无津，之后他接到了沃伦·巴菲特的电话。巴菲特当时是《华盛顿邮报》公司的董事，他从该公司得知了《布法罗晚报》的近况。他对该报的看法与他人略有不同，他认为这份报纸在当地社区地位稳固，日发行量是其早间竞争对手《布法罗信使快报》（Buffalo Courier-Express）的两倍。他还发现，当地家庭购买该报的比率高于其他大城市。他认为布法罗的人口特别稳定，他相信该报未来能够获得比目前更多的收入。最后，正如利普西所说："沃伦一直想拥有一份重要的报纸。"

1977年1月的一个周六午后，在曼诺位于康涅狄格州韦斯顿（Weston）的家中进行了简短的谈判后，沃伦·巴菲特以3 250万美元的价格买下了《布法罗晚报》，这是当时巴菲特规模最大的收购。[该报实际上是由蓝筹印花公司（Blue Chip Stamps）买下的，它是伯克希尔控股的公司，后并入伯克希尔。]巴菲特知道需要做些工作，他一接手报社，就开始实施变革。首先他任命该报的执行编辑默里·B. 莱特（Murray B. Light）为总编辑，并指示他设计周日版的《布法罗晚报》以与《布法罗信使快报》的周日版进行竞争。据传，由于巴菲特家族和拥有《布法罗信使快报》的康纳斯家族（Connors）达成了协议，《布法罗晚报》从未发行过周日版。在巴菲特买下《布法罗晚报》时，《布法罗信使快报》基本上不赚钱，完全靠其周日版勉强维持生存。《布法罗晚报》的日发行量是26.8万份，《布法罗信使快报》的发行量是12.3万份，但后者周日版的发行量是27万份。

《布法罗信使快报》的所有者显然意识到，若竞争对手发布周日版的话，自己的主要收入来源必会受到冲击，因此他们决定采取行动。1977年11月，在《布法罗晚报》周日版计划发布前的两周，《布法罗信使快报》一纸诉状将其告上了法庭，理由是《布法罗晚报》违反了《谢尔曼反托拉斯法》（Sherman

Anti-Trust Act）。原告声称，被告在短暂的促销期间以6个价格向订阅客户提供了7份报纸，而且周日版的定价仅为30美分（《布法罗信使快报》周日版的售价是50美分），这都是不公平的商业行为，其目的是迫使竞争对手破产。然而，根据法律规定，《布法罗信使快报》不仅必须证明巴菲特正在实施不公平的商业行为，而且还必须证明其意图是确立垄断地位。

1977年11月4日，布法罗联邦法院开庭审理这一案件，主审法官是查尔斯·L. 布里安特（Charles L. Brieant）。该案持续审理了5天，尽管巴菲特亲自出庭，并为他的行为和意图进行了辩护，但法官还是宣布了限制《布法罗晚报》发行周日版的禁令，法官在意见书上写道："目前仅有两份报纸，如果《布法罗晚报》的计划如我设想的那样实施，那么这里就会只剩下一份报纸。"这份禁令允许该报发行周日版，但对新版本的促销和推广施加了严重的限制。毋庸置疑，《布法罗信使快报》在其头版发布了有关禁令的消息，这导致巴菲特及其公司的声誉进一步受损。

此后，两家报纸全面开战。双方都非常清楚，这是你死我活的较量，最终只有一方能存活下来。沃伦·巴菲特认为他需要得到一些支援，所以他打电话向朋友斯坦·利普西求助。利普西回忆说："沃伦问我能否搬到布法罗去，我告诉他我真的不想去。但他说：'一个月待一周呢？由你坐镇，报纸会办得很好。'我说，可以。"当时亨利·Z. 厄尔班是报纸的发行人，他是由巴特勒的遗产执行人任命的。利普西以亨利·Z. 厄尔班顾问的身份，奉命去推广周日版。但是，由于法官布里安特的禁令所施加的限制，这场战斗打得很艰苦。1978年，《布法罗信使快报》的周日版每周都会多售出10万份，年底时，巴菲特的公司亏损了290万美元。

1979年4月，即巴菲特收购该报两年后，美国纽约地区法院（Court of Appeals）推翻了法官布里安特的禁令，认为："所有记录都显示，巴菲特对《布法罗晚报》做出的行为和意图，并没有考虑对竞争对手《布法罗信使快报》的影响。反托拉斯法的意图是鼓励这种做法而非禁止。"这一判决终结了这场官司，但报纸的问题依然存在。两个月后，《布法罗信使快报》被出售给了明尼阿波里斯市考尔斯（Cowles）家族的《明星论坛报》（*Star & Tribune*）公司，这意味着战争将继续下去。1979年，《布法罗晚报》的损失高达460万美元。

■ 以朋友的身份合作

1980年初，斯坦登门拜访沃伦（他们经常在那里的办公室见面）。

"我认为做出改变的时刻到了。而且，如果要我离开服务了30年的《布法罗晚报》，那么我也想离开奥马哈。我理想的目的地不是布法罗就是旧金山，许多人认为很容易做出决定，但《布法罗晚报》和《布法罗信使快报》之间的缠斗令我很着迷，而且，这两年多时间里，我经常去布法罗，我发现那是一个资产丰富、人民友好的城市。"

"在我心里，沃伦是老板，也是我的好朋友、好伙伴。我真的希望能听听这位好朋友的意见。虽然我知道沃伦想让我去布法罗，但他从来没强迫过我。最后，我认为去布法罗可能会更快乐些，确实如此。当然，我希望能保持与沃伦之间的关系，同时也为报纸在社会中发挥作用贡献自己的力量。"

"因此，我搬到了布法罗，"利普西回忆说，"全身心地投入周末版的运营，唯有如此，《布法罗晚报》才能生存下来。报纸的编辑方面一直表现很好，但其他方面不尽如人意，而且我在工作中遇到了一些障碍，沃伦很快就处理了它们，1981年1月，他任命我为《布法罗晚报》的副主席兼CEO。"到1982年初，《布法罗晚报》周日版的发行量仍落后于《布法罗信使快报》，只有70 000份，但数字在不断增加。《布法罗晚报》的经营仍是亏损的，但亏损幅度减小了，而《布法罗信使快报》的亏损额是《布法罗晚报》的2倍，其每年亏损额为300万美元，最终，它的所有者撑不下去了，决定停止该报的运营。

在停止运营前，《布法罗信使快报》曾找过买家。唯一的买家是鲁珀特·默多克（Rupert Murdoch），无论从哪方面来看，此人都是个相当厉害的竞争对手。

得知消息后，斯坦和默里马上飞往华盛顿，与参加《华盛顿邮报》董事会议的沃伦一起商讨应对之策。

若《布法罗信使快报》关门大吉，他们就必须在短短几天时间内准备好一份全新的供早间阅读的报纸，内容、印刷和运送，各方面都要考虑到。同时，他们必须想方设法降低三分之一的成本，包括工资，这样才能与鲁珀特·默多克推出的精细化产品进行抗衡。

《布法罗信使快报》一停刊，他们就将《布法罗晚报》的名称改为《布法罗新闻报》，并推出了早间版。在竞争对手退市后的6个月内，《布法罗新闻报》的周日版发行量就高达36万份，超过了竞争对手曾创下的纪录。一年后，亨利·Z. 厄尔班退休，斯坦·利普西接任发行人一职。与《布法罗信使快报》的竞争使伯克希尔多支出了1 200万美元，总投资达到了4 450万美元，但现在，《布法罗新闻报》是布法罗唯一的报纸了，其利润开始飙升。1983年是没有竞争的第一年，《布法罗新闻报》盈利1 900万美元，到20世纪80年代末，其每年的盈利额超过了4 500万美元。在7年之内，《布法罗新闻报》的盈利已经超过了当初买下它时投入的资金和额外的损失额，而且自此之后，该报一直盈利。

《布法罗信使快报》倒闭时，斯坦和沃伦曾就广告费率进行过长时间的讨论。为了定价需要（分类广告是免费的），《布法罗新闻报》的广告费率已经降到了不划算的水平。沃伦的意思是，略微提高广告费率，且逐年调高，这与大部分报纸运用的策略相去甚远。

但现在有必要大幅提高广告费率了。人们一致认为，鉴于该报纸的高渗透率和流通率，大幅调高费率是合理的做法，因为报纸给广告商提供了一个吸引客户的极好媒介，而且可能是全国最好的媒介。

在讨论中，巴菲特和利普西都认为，最好是一次性大幅度地提高广告费率，而不是逐步以较高的幅度提高。费率提高将大大增加《布法罗新闻报》未来的利润。

"沃伦给了我在布法罗大显身手的绝佳机会，"利普西说，"他更希望我能来这里，但我认为一个人必须自己成长，我也一直是这么做的。来到布法罗让我有了用武之地，这里有一份重要的报纸，一个大城市，一个大挑战，这里也有很多问题。我觉得我能在这里做很多有意义的事情。"

有意义的事情不只是改变报纸的财务状况，还包括改变报纸本身。利普西从来不干预新闻编辑室的日常工作，但他确实向编辑提出了不少改进建议。例如，报纸现在比过去更关注本地新闻了。根据社论版编辑杰拉尔德·I. 戈德伯格（Gerald I. Goldberg）的说法，"过去，除非特别重大的本地事件，否则无法刊登在头版，但现在，只要是好故事，都可以上头版"。另一个变化是新闻版面的篇幅发生了变化，即新闻内容（非广告内容）的比例变了。在被巴菲特收购之前，报纸的新闻版面约占35%，与行业均值持平。巴菲特认为，扩大新闻版面，至少到50%，会使报纸受益。正如他在1989年《致股东的信》中解释的："虽然增加新闻比率会大幅减少获利，但精彩丰富的新闻能够吸引广大的读者，从而提高渗透率，而高渗透率回头来又会使报纸成为广告商喜爱的对象，因为这等于让他们可以通过单一的渠道，对整个社区进行宣传……"

《布法罗新闻报》的渗透率之高实属罕见。每天阅读其日报的家庭比例为56%，阅读其周日版的比率高达75%，在美国50个最大的市场中，这个数字是最高的。即使在20世纪的最后几年内报纸发行量有所减少（至少部分是因为布法罗的人口减少），《布法罗新闻报》仍是创造利润最多的业务，其运营利润高达32.8%，是美国上市报业公司中盈利最高的，也是伯克希尔所有公司中盈利能力最强的（以占销售额的比例衡量），而且领先幅度很大。2000年，该报的税前利润为5 200万美元。

更令人惊讶的是，该报纸每年以3 000万美元的资产获得5 200万美元的收益。相比之下，《纽约时报》和伯克希尔拥有部分股权的《华盛顿邮报》的资产收益率仅为10%，而行业标准为6%。这样的成绩大部分归因于利普西的管理和他对某些非必要开支的严格把关，他和沃伦都认为，一些支出是不必要的。此外，《布法罗新闻报》已经累计给伯克希尔提供了7.5亿美元的税前收入，伯克希尔用这些资金收购了更多的企业。在拥有《布法罗新闻报》的23年时间里，该报的年回报率接近18%，而在被伯克希尔收购之前的6年里，该报还遭受了严重的损失。

尽管财务成绩很亮眼，但或许也正是因为这一点，该报招致了不少批评。例如，有人批评它不关注黑人居民的问题（黑人占该市人口的三分之一）。而且，尽管前总编默里·莱特（Murray Light）坚称，该报刊登了不少有关黑人社区的内容，但在该报的187名编辑人员中，仅有8名全职黑人编辑。

在报社工作的人提出了另一种批评，即报社人手严重缺乏。几年前布法罗报业协会（Buffalo Newspaper Guild）进行的一项研究发现，发行量和市场占有率相似的9种报纸中，《布法罗新闻报》的员工人数比平均水平低三分之一。虽然莱特并不否认其员工人数比同类报纸少，但他说："我喜欢这样的挑战。"而且补充说："记者想采访或做系列调查时，我都会给他们时间。"一些记者证实了这一点，但另一些人坚持认为，由于人手不足，该报的报道都不够深入详尽。

现任总编是玛格丽特·沙利文（Margaret Sullivan），她是利普西1999年从全国选拔出来的。她上任后，增强了员工的多样化，并积极地报道当地新闻。目前，报社的编辑人员中，少数民族群体占了12%，也就是说，在报社204名全职或兼职的员工中，少数族群人有24名。

她说："我们的工作人员结构应反映我们所报道的社区的人口结构，这一点极为重要。"她首开先河，任命了一位非裔美国人管理新闻编辑室，并且创建了一个由黑人女性负责的新专栏。

该报的报道多次赢得新闻大奖，包括1996年荣获仅次于普利策奖的乔治·波尔克奖（George Polk Award）。2001年，《布法罗新闻报》力压《纽约时报》和长岛（Long Island）的《每日新闻》，将纽约州出版商协会奖（New York State Publishers）及其他大奖尽收囊中。报社还有一位极具才华的政治漫画家汤姆·托勒斯（普利策奖得主）。

沙利文说，编辑和发行人的目标是，让《布法罗新闻报》成为"美国最出色的地区性报纸"。

关于利普西，沙利文指出："斯坦对公司的新闻和商业精英有透彻的了解。他平易近人，非常聪明，消息灵通。"

由于该报具有垄断地位，难免会引起他人的非议。例如，有人认为，由于没有竞争对手，该报很难保持"击败竞争对手的动力"。甚至连前总编也承认这一点，尽管他尽力"保证新闻编辑室内存在竞争精神……但这种精神正在逐渐消失"。沃伦·巴菲特意识到，当仅剩一个玩家时，这样的问题就会出现。早在1984年，他就对伯克希尔·哈撒韦的股东说："在商业社会中，一家强势报纸的优势是极为明显的，老板通常相信唯有努力地推出最好的产品才能维持高利润，但这种理论却经受不起事实的检验，当一流的报纸维持高利润时，三流报纸赚钱却一点也不逊色有时甚至更多，只要你的报纸在当地够强势……一旦主宰当地市场，报纸本身而非市场将会决定这份报纸是好还是坏，不过无论好坏，它终将兴盛发展。"

（沃伦的观念后来发生了巨大的变化，他在2000年召开的伯克希尔·哈撒韦股东年会上的讲话显示，由于网络的威胁，他对报纸的看法相当不乐观。）

没有人听说过沃伦·巴菲特对《布法罗新闻报》的财务或编辑不满意，如果不满的话，责任也不在斯坦·利普西。巴菲特和利普西是多年的朋友，而且巴菲特对斯坦赞赏有加。例如，当利普西接任《布法罗新闻报》的发行人一职时，巴菲特告诉股东说："斯坦……从1969年起便为伯克希尔工作，从编辑到发行，他参与了报纸大小的事务，均是亲力亲为，他的表现无与伦比。"

利普西和他的团队随时掌控着《布法罗新闻报》的经营状况，所以他们不必像其他企业那样编制预算。

"我们每个部门的负责人都有相当大的自主权，他们管理各自的部门，可随时与我们沟通。如果你问一般报纸的发行人花在编制预算上的时间是多少的话，那数字可能是相当大的……而且有时候还没什么效果。我们节省下这方面的时间，做其他更有意义的事情。"利普西说。

■ 给予责任会收获更多

两年后，巴菲特写道："他跟我们在一起已经17年了，每当我们让他承担更多责任，他的表现就会更上一层楼。"1989年，他对股东说："我相信斯坦的管理能力至少让我们报纸的营业利润增加5个百分点以上，这真是令人赞叹的表现，只有完全熟悉企业各项事务的优秀经理人才能取得这样的成绩……斯坦与我已经共事了20年之久，我们一起经历各种风雨，患难与共，实在很难再找到像他这么好的伙伴了。"

利普西对他老板的看法更加积极。他说："沃伦最大的特点是正直、诚实，他会为你着想，而且很平易近人，这一点特别重要。作为朋友，我可以向他请教生意问题或个人问题，这让我很高兴。"同时，正如利普西所说的，"沃伦是老板，多年前，他买下《布法罗晚报》时问我，若我们两个在具体的问题上存在分歧时我会怎么做。我说：'好吧，我会尽最大努力说服你接受我的想法。如果不能，你是老板，你说了算。'他对我的回答非常满意。但这样的事情从未发生过。我们一起共事了30多年，我们从来没有产生过分歧。事实上，沃伦对我说：'斯坦，你跟我会犯同样的错误。'这是我听到的对我最大的赞美"。

当被问及他和老板之间的差异时，利普西说："你不能拿沃伦跟我比。沃伦比我聪明得多，他是当之无愧的王者。他的思维比我不知强多少，他考虑周到，消息灵通，眼界宽广。"利普西发现，巴菲特特别值得注意的一个特点是，"他能够化繁为简，我曾介绍很多人去向沃伦求教生意上的难题，他们从奥马哈回来后都说：'他把问题变得很简单。'他们曾经为了这些问题与律师、会计师和银行争吵不休，他们飞往奥马哈后，几分钟之内就知道该如何做了。所以他们都对沃伦佩服得五体投地，回来时眼里闪烁着智慧的光芒。沃伦具有化繁为简的魔力"。

他最看重的老板的素质是正直和诚实，因此，当被问及他认为优秀的经理人应具备哪些素质时，他首先说的是"正直"，这并不令人奇怪。他补充说："专注、持续学习、战略思考、沟通能力都很重要，此外要知人善任、高瞻远瞩，能认清未来大势，而且要有一个优秀的同行团队可以求教。在我求教的人中，沃伦占了一半的分量，即使我可以向其他人求教，我也很珍视与沃伦交流的宝贵机会。"在谈到经理人应如何对待员工时，利普西也以他的老板为榜样。他说："只要换位思考就知道该如何对待下属了，沃伦就是这么做的。为了让关键人物满意，你会费尽心思，绞尽脑汁。但你也必须坚持一些基本的原则，要坚守底线，即使遭受了挑战（就像我一样），也要坚持原则，因为有些事情你是绝对不能做的。如果碰到你绝不做的事情，你就必须实话实说。"

他做事从不冒进。他解释说："我喜欢看别人在前面开拓，如果我可以晚些时候进入，那么我会这么做。我告诉员工，有时候最明智的决策是什么都不做。我不喜欢做开路先锋，除非我看到这么做的好处，否则，我只会密切关注事态的发展。我现在特别喜欢观察网络，但网络变化太快，必须做好功课，才能做出明智的判断。"正如利普西强调的，他的报纸对网络的立场就是不贸然进入的完美例子。

"我必须努力学习互联网知识。事实上，"他打趣地说，"我还在努力学习如何经营报纸呢。"直到1999年9月，报纸的网站Buffalo.com才上线，但点击量是竞争对手的4倍。利普西说："当我觉得我们不能再置身于网络之外的时候，我们就开始狠补网络知识。我们阅读相关文献并进行讨论。然后我对现任总裁沃伦·科尔维尔（Warren Colville）谈了相关的构想，想让他搞定网站。接着我把他送到了波士顿、堪萨斯城和缅因州的波特兰，让他考察那里的报纸门户网站是如何运营的，它们对我们的网站建设有借鉴意义。最后，我们决定了我们的运营模式。不做第一个吃螃蟹的人为我们省了不少钱，最重要的是，这样做能使我们避免犯结构上的错误，这类错误会在长期拖累我们。Buffalo.com的运营刚刚起步，仅有7名全职员工，因此，很多工作都进行了外包处理。"

虽然利普西称他一般情况下不愿意做先行者，但他说，工作中最令他兴奋的方面是"积极主动，我认为提出构想并顺利执行要比得到漂亮的数字更重要"。事实上，在谈到他的成就时，他就常常把推出某些举措作为衡量标准。他说："我认为，我的成就应该以《布法罗新闻报》和我在布法罗市所做的事情来衡量。如果你是一份报纸的发行人，你就必须支持报纸所在地的社区。布法罗市面临着严重的经济问题，需要创造工作岗位，要应对这一问题，需要结合本市的资源条件。我环顾四周，发现这座城市里有许多漂亮的仿古建筑。因此，我们做的一件事情是修复弗兰克·劳埃德·赖特（Frank Lloyd Wright）的豪宅，即他受人之托建造的6栋草原风格的房屋。修复完毕后，这些房屋就能够吸引对建筑感兴趣的游客了，他们的消费能力要比普通游客高得多。"虽然他对这一成就颇感自豪，但他不愿意承认州长乔治·帕塔基（George Pataki）为表彰他在保护城市建筑遗产中付出的努力而颁发的奖状。[前一年的获奖者是劳伦斯·洛克菲勒（Laurance Rockefeller）。]这是他自成为《布法罗新闻报》的发行人以来接受的唯一奖项。

工作之余，利普西的主要兴趣是摄影。"我喜欢摄影，特别是工作进展不顺利的时候，因为拍摄照片时，我会很投入，就像沃伦喜欢打桥牌一样，"他解释说，"摄影能让我全神贯注，就像桥牌能让沃伦全神贯注一样，所以我知道沃伦有多喜欢桥牌。"

他还说："我参加了许多体育运动，但表现得都很糟糕。"他承认自己是个"爵士乐迷，事实上，我把沃伦允许的每个股东的捐赠都用来赞助布法罗每年举办的7场免费爵士音乐会了"。他组织这项活动已经快20年了。他补充说："我有很多爱好，但除了工作和必须完成的阅读外，我没有太多时间做其他事情了。"

他最近抽时间去加利福尼亚的棕榈泉买了一套房子。他说："布法罗整个冬天都阴沉沉的，能去晒晒太阳真是太好了。我整个冬天都在布法罗和加利福尼亚之间来回穿梭。我常待在那里，我在那里有办公室，而且通过电话、联邦快递、网络和传真机进行交流非常容易。我有一位非常出色的秘书，她叫芭芭拉·乌尔班茨克（Barbara Urbanczyk），已经为我工作15年了。我告诉沃伦，我已经学会了如何使用传真机，他说：'好吧，你会做的事情比我多。'"利普西近来在过冬的房子里设置了办公室，这意味着，已73岁的他还没有考虑退休事宜。他说："我知道什么时候应该考虑退休的事，但现在没有必要。"然而，他仍然选择了一位继任者，他没有透露这个人的身份，只是说他"直觉很准……我非常了解他，（而且）……他已经在公司工作很多年了"。

他决定在短期内继续经营《布法罗新闻报》，尽管他意识到，随着新技术的发展，未来的经营可能存在问题。他说："毫无疑问，威胁是存在的。当你与报业的人交流时，他们首先谈到的就是发行量的下降，这是社会性的问题。有些人不读报就浑身不自在，但也有数百万人根本就不读报，因此，不要认为他们必须看电视新闻或其他，没有它们，他们照样生活。在我们今天的社会中，男人和女人都工作，休闲时间不足，生活变得更加不易，人们没有时间做其他事情。"然而，正如他指出的："调查显示，由于网络的兴起，观看电视而非阅读报纸的人正在流失。"

从好的方面来看，他说："幸运的一点是，布法罗的人仍然在这里生活。让人们搬到这里很难，但一旦他们来了，他们就不会离开了，他们都是报纸的忠实读者。我们的报纸也是出色的报纸，报纸的内容很棒，报纸的阅读率较高，这部分是因为报纸内容反映了社区的结构，人们仍然喜欢住在相同的房子里，住在同一区域，他们热爱布法罗。一个曾在报社工作的人告诉我，他出生的地方与他目前居住的地方隔着三条街，而且从来没有在三条街之外的地方居住过。我不是说人人都如此，只是想说明我们所在的地方是什么样的。"

不管利普西对《布法罗新闻报》的未来有多担心，他都不会担心伯克希尔·哈撒韦的未来。他说："我不知道沃伦制定了总体规划，但我认为，他将做什么，不做什么，往哪里发展，参数有哪些，他肯定早已成竹在胸了。我不认为他会漏掉任何公司，我认为这是他喜欢做的事情。"利普西也不担心从巴菲特到其继任者的过渡，或者巴菲特走后伯克希尔的未来。他指出："我知道沃伦为过渡做好了万全的准备，没有人会比他做得更好了。我也认为人们可能高估了沃伦退休造成的危机。毫无疑问，他是独一无二的，这从他的记录和表现中就可以看出来，但我认为伯克希尔肯定会继续存在下去。我相信沃伦，相信他已经做了充分的准备。伯克希尔是可靠的公司。"最后他说："我不担心。"

斯坦笑着说，当伯克希尔的股价达到每股10万美元时，他的报纸和全国其他所有的日报都会刊发这一消息。

斯坦·利普西的商业信条：

★ 不贸然采用新技术，但是，当决定做某事时，务必做好准备，帮助员工完成必要的训练。

★ 尽力帮助你的经理人。

★ 有规可依是好事，但要确保员工理解规则并坚守。

★ 相信你的经理人，给他们自主权。我的经理人能够高效地管理各部门，因此我们不必编制预算。

| 第十六章 |

忠心耿耿的经理人：查克·哈金斯

查克·哈金斯——喜诗糖果

由于业务比较特殊，再加上运营经理人哈金斯先生（公司员工对他的尊称）是公司的老员工，因此喜诗糖果是一家非常有趣的公司。哈金斯不是创始家族的一员，也没有所有权，他在公司兢兢业业工作了50年，称得上伯克希尔管理团队的典范。

若在一般的公司工作，查克·哈金斯早在10年前就退休了，但他现在仍没有退休的迹象。接受我采访时，他正在旧金山南部工厂的罢工现场，稍后他还要与二婚的妻子去度蜜月。

哈金斯先生在糖果生意领域享有盛名，也是一位很有才华的爵士乐歌手和鼓手。他可以用路易斯·阿姆斯特朗（Louis Armstrong）首创的独特拟声绝技（scat）哼唱爵士乐。

沃伦·巴菲特经常称喜诗糖果是完美的企业，它是伯克希尔首批收购的全资子公司，也是巴菲特在副董事长查理·芒格的建议下以高价完成的第一笔投资。它是第一个被纳入伯克希尔家族的多代家族企业，也是伯克希尔拥有的第一个连锁特许经营企业。1929年股市崩盘期间，该公司的糖果售价每磅50美分，现在为每磅12美元。若当初没有买下喜诗糖果，那么近20年后巴菲特可能就不会对可口可乐公司进行大手笔的投资。该企业具有一流的管理水平，可持续的竞争优势，而且其供应的产品缺乏近似替代品，拥有在客户不流失的情况下涨价的能力，能获得高利润，进行低成本投资，能获得极高的商业回报，在任何商业、管理和投资系的学生眼里，它都是完美的企业。从许多方面来看，喜诗糖果过去是，现在仍然是家族经营的企业。

喜诗糖果符合巴菲特所有的收购标准。这家企业盈利可观，且没有债务。它有可靠的特许经营品牌，是一家多代家族企业，秉持着一贯的商业价值理念。管理团队已在任多年，而且在没有任何外部资金注入的情况下，公司能实现增长。喜诗糖果成功的关键在于查克·哈金斯的管理。

喜诗糖果公司总部位于旧金山南部，其总裁兼CEO为查尔斯·N.哈金斯（Charles N. Huggins），他是一个不介意别人指出自己错误的人。

■ 抓住机遇、顺势而为

哈金斯担任公司领导已有很长的时间了，他会时不时地请商店经理们说出在公司生产的100种巧克力中，哪一种最不受欢迎（如果有的话），然后公司就会停止生产不受欢迎的巧克力，为新产品腾出空间。20世纪80年代后期，商店经理们几乎都认为一种名叫湿地薄荷（Marshmints）的绿色巧克力产品不受欢迎，CEO哈金斯认为，每天与客户打交道的人最了解实情，因此下令公司停止生产这种产品。

这一决定立即引发了一些顾客的投诉。在这款手工制作的糖果被抛弃后，哈金斯收到了500封投诉信，消费者在信中都说他犯了错误。尽管按喜诗的标准来看，湿地薄荷的销量不大好，而且哈金斯不愿意恢复对它的生产，但显然这款产品有一批死忠粉，哈金斯希望能保留这些忠诚的客户。哈金斯认为"应该把投诉视为机会",他随后想到了利用这一机会的方法。后来,每位写投诉信的顾客都收到了一张礼券并被邀请加入新成立的湿地薄荷俱乐部(Marshmints Club)。俱乐部的会员会收到实时通讯、会员卡和一枚胸针,而且可以订购他们喜欢的巧克力。到了20世纪90年代中期,该俱乐部的会员增加为16 000人。

查克·哈金斯应对投诉的创新方式让成千上万喜爱巧克力的人感到惊讶,但了解他的人都知道,他是那种善于抓住机遇、顺势而为的人。"湿地薄荷俱乐部事件"充分展现了他的领导力和创造力,在过去50多年的时间里,他在喜诗糖果公司多次成功地运用了这些能力。事实上,他的创造能力和创新愿望是与生俱来的。他的祖父母是19世纪80年代早期协助建立俄勒冈州(Oregon)波特兰市新社区的先驱者,他的父母后来搬到了加拿大英属哥伦比亚(British Columbia)的温哥华(Vancouver),他于1925年在那里出生,童年时代也是在那里度过,1935年全家又搬回了美国。

第二次世界大战期间,哈金斯作为伞兵服役。1947年他在俄亥俄州代顿市(Dayton)与玛丽安·卡尔结婚〔她喜欢别人叫她"米梅"(Mime)〕。婚后他们搬到了俄亥俄州甘比尔(Gambier)的凯尼恩学院(Kenyon College)校园居住,他在该校主修英语。这对夫妇于1949年毕业,之后搬到了旧金山地区。哈金斯从事推销工作,他后来说:"但我不喜欢这个工作,因此,从1950年末开始,我就通过斯坦福大学(Stanford University)的迪克·鲍尔(Dick Balch)打听当地公司的人员招聘情况。喜诗糖果正是到斯坦福大学招聘的单位之一,后来该公司的CEO劳伦斯·西伊(Laurance See)面试并聘用了我。"

喜诗糖果当时已经是加利福尼亚州大名鼎鼎的公司了。公司的创始人是加拿大人查尔斯·A. 西伊(Charles A. See)和他的寡母玛丽(Mary)。公司于1921年在帕萨迪纳(Pasadena)的一间小平房里创立。(顺便说一句,这间平房现在已经成了该州的历史古迹。)糖果是按西伊夫人的50种配方、以传统手工方法制作的,因此,产品的质量稳定,声誉良好。糖果盒上印着玛丽·西伊和森林小屋的图片，这进一步强化了产品特征。在第一家店面开张一年后，他们又在洛杉矶开设了两家分店。公司在20世纪20年代继续蓬勃发展。公司的经营相当成功，即便在大萧条时期，公司也安然无恙，这部分是因为公司能够在降价和减少产量、保证质量的同时继续运营。1935年，查尔斯的儿子劳伦斯进入公司，公司决定将业务拓展至加利福尼亚北部地区。1938年，洛杉矶的第一家喜诗糖果店在波尔克街（Polk Street）开业。到1949年查尔斯·西伊去世、劳伦斯接任CEO时，该公司已经拥有28家门店和2 000多名员工了。

查克·哈金斯还记得1951年劳伦斯·西伊聘请他后，他在旧金山的总经理埃德·派克（Ed Peck）手下工作时的情形。进入店里工作后，他开始"做些杂事"。哈金斯说："埃德对包装作业不满意，问我是否愿意做这项工作。我告诉他，我大学里主修英语，我不知道自己是否能胜任这一工作。我的意思是，我知道什么是包装，但仅限于此。另外，我听别人说，埃德对员工看得很紧，不太愿意给员工太多的自由和创造空间。"

"因此我说：'我愿意做这份工作，但有一个条件。我是一名新来的员工，提这样的要求似乎有些不妥。但我还是要说出来，如果您给我充分的授权，那我就接下这份工作。您可以检查产品、结果、统计数据及其他方面，但不能干涉我的工作。我希望您能信任我，放手让我去做。'他同意了。于是我去找包装主管安娜·里索（Anna Rizzo），"哈金斯继续说道，"听完她的陈述，心里有了底后，我能够提出一些改进、控制和约束的想法了。随后我们把这些想法付诸实施，取得了良好的效果。当然，埃德·派克很高兴，他在劳伦斯·西伊面前对我赞誉有加，劳伦斯也对我非常满意，因此开始关注我。西伊家族开始把我视为家族成员，我的职务也不断晋升，肩负的责任也越来越大。"

在玛丽·西伊的孙子劳伦斯·西伊（Laurance See）及其弟弟查尔斯·B.哈里（Charles B. Harry）的领导下，公司在20世纪50年代和60年代保持了良好的发展势头，至少部分是因为公司采用了非常精明的店面选址策略。兄弟俩尽可能将店址选在市中心大道阴凉的一边，因为他们认为，天气热时，人们喜欢走在这一边。更重要的是，他们意识到了商场的潜力。当开发商们在20世纪50年代开始兴建商场时，为了确保喜诗的店铺能开设在黄金位置，兄弟俩早早地与他们建立了联系。到目前为止，公司的大部分商店都位于购物中心。

■ 目标明确的会面

1969年，劳伦斯去世，年仅57岁。他的弟弟担任CEO两年后，也无意继续经营公司了。西伊家族在创立和经营糖果公司50年后，家族内无人愿意接管公司了，他们只好选择把它卖掉。有几个买家有兴趣买下公司，查克·哈金斯时任公司的副总裁，哈里·西伊授权他就出售公司的事宜与潜在买家进行联系。正因为这一授权，他才得以认识沃伦·巴菲特。

他说："1971年感恩节过后不久，我被叫到洛杉矶的一个酒店房间里去开会。我走进房间，看到了哈里·西伊，在场的还有沃伦、查理·芒格和里克·盖林（Rick Guerin），后者是芒格的朋友和合伙人，也是伯克希尔的早期投资者。我不认识沃伦，对查理和里克了解不多，我也不知道哈里在这里干什么。他们正在讨论买卖喜诗糖果的事宜，最后沃伦说：'哈里，我们将向你报个价，但首先我们必须明确谁将管理这家公司，因为我们不会派人去管理。'哈里环顾四周后发现，只有我是喜诗糖果的人，于是他说：'管理公司的人是查克。'"哈金斯笑着说："我认为他这么说只是想把公司卖掉。"但他后来承认说，"他之前已经考虑过这个问题了。就这样，我被推上去了。然后沃伦说：'那好吧，在采取进一步的行动之前，我们想和查克谈谈。'我们约定第二天再见面。"

"关于我该说什么，该做什么，哈里没有任何指示，所以我能做的就是，告诉他们我能想到的他们买下公司后迟早会知道的不好的方面。我认为，他们肯定知道了公司好的一面，否则他们不会向哈里报价，因此，我最好把不好的一面告诉他们。我们一起讨论了3个小时，我把想说的都说了。沃伦提出问题时，我会给予解答，有时查理会插话问我一个完全不同的问题，而里克大部分时间都在旁边翻白眼，偶尔也会评论几句。"

　　哈金斯说："但真正给我留下深刻印象的是，沃伦提的问题是如此的精明。当时我对他一无所知，我不知道他有什么商业成就。他和查理解释说，他们经营着一家小投资公司，但这对我来说毫无意义，我确实不知道他们究竟从事什么工作。但无论是沃伦还是查理，他们都能直击问题的核心。他们向我提出了有关公司的一些问题，只有身处制造业或零售商业的人才能提出这样的问题。这产生了两方面的效果：首先，这让我感觉很舒服；其次，这让我觉得他们是真正的天才。虽然两人差异很大，但他们都非常聪明、精明，能够提出直击要害的问题。我非常尊敬他们俩，也非常尊敬里克。"

　　哈金斯补充说："说实话，当时曾有一个念头闪现在我的脑海里，我认为他们之所以有兴趣买下喜诗糖果公司是因为他们想把它转卖给别人，但我不清楚具体的情况，我不知道他们之前转售的记录，因此无法做出判断。我当时想，无论他们做什么，我就是一颗棋子而已，因此就不再多想了，但他们给我留下了一个线索，我据此可以猜测他们的动机。他们告诉了我他们想让我做的事情。他们说，他们想继续保持西伊家族的道德风尚。他们还说：'继续做你正在做的事情，要确保品牌的声誉不受损，而且要尽一切可能增强它，无论是通过服务还是其他途径。我们想让你管理公司，你一直在公司工作，经验丰富，知道公司的优势在哪里，我们希望你能确保这些优势并增强它们，希望你能开拓视野。'听了他们的一番话，我相信他们是打算长期持有喜诗糖果了。我喜欢他们，相信他们。我决定接受他们的安排，并尽全力做到最好。"

　　查克·哈金斯说到做到，兑现了自己的承诺。1972年，巴菲特斥资2 500万美元买下了喜诗糖果公司，这个价格是公司盈余的6倍，账面价值的3倍。在哈金斯的管理下，该公司每年可获得7 500万美元的税前利润，是当初收购价格的3倍。公司的销售额从1972年的3 100万美元增加到了1999年的3.06亿美元。另外，多年来，喜诗糖果为伯克希尔·哈撒韦提供了9亿美元的税前利润，这些钱足以买下R. C. 威利家具公司和公务飞机航空公司（伯克希尔业务发展最快的部门）了。以目前的市值计算，比如按照上市公司图齐罗尔（TootsieRoll®）（纽约证券交易所代码：TR）5倍的销售额、30倍的盈余计算，保守的公司市场估值为15亿美元，这相当于18%的投资回报率。在过去的28年里，喜诗糖果以700万美元的初始投资获得了9亿美元的税前盈余，而且7 100万美元的资本投资也给公司带来了额外的留存收益，哈金斯的糖果业务每年的资本回报率为100%。喜诗糖果公司被伯克希尔收购后，哈金斯在20多年的时间里都没有去过伯克希尔的总部奥马哈，但他却取得了如此傲人的成绩，这真的令人难以置信。

■ 给予经理人特殊的待遇

最近，巴菲特对查克·哈金斯及其糖果公司做出了这样的评价："记得他（哈金斯）接手喜诗时的年纪是46岁，公司的税前利润（单位：百万美元）大概是他年纪的10%，如今他74岁了，但这个比率却提高到了100%，在发现这个有趣的数字之后，我们把它称为哈金斯定律，现在查理跟我只要想到查克的生日快到时，就暗自窃喜不已。"

像大多数企业一样，喜诗糖果也经历过起伏。糖果的销量会受经济形势和其他事件的影响，比如1990年爆发了海湾战争，喜诗糖果店所在的购物中心人流量减少。另外，之前公司80%的店铺都位于加利福尼亚州，20世纪80年代末，公司将业务拓展到了科罗拉多州、密苏里州和得克萨斯州，但这些店铺的经营业绩远远低于预期，因此公司很快就退出了这些市场。20世纪90年代早期，尽管公司整体上获得了可观的利润，但还是决定关闭十几家店铺（总共有218家），因为它们的利润已开始下滑。

像所有设有店面的传统糖果公司一样，喜诗的业务季节性很强。除了圣诞节、情人节、复活节、母亲节和父亲节这些购买糖果的传统节日之外，人们都是在冲动之下购买糖果的。11月和12月这两个月的利润几乎占了公司利润的

90%，销量几乎占全年销量的一半。年末之际的假日销售至关重要，正如巴菲特在1984年《致股东的信》中向伯克希尔·哈撒韦公司的股东解释的那样："复活节与情人节期间的业绩特别好，平时的生意表现平平。"销量的变化要求人员配置的变化，一年中的大部分时间里，公司的员工人数大约是2 000人，到了销售高峰期，员工人数会多达6 700人。

喜诗现在有200个公司直属的专卖店，它们分布于全美11个州，有些是机场特许经营店，在东海岸和中西部地区，喜诗还设有"假日礼品中心"。公司每年销售的巧克力超过了3 000万磅。然而，与所有的CEO一样，查克·哈金斯也担心竞争问题。公司于20世纪20年代成立，成立之初，甚至在20世纪50年代，公司还有许多竞争对手，如巴顿（Barton）、范妮梅（Fannie May）、罗赛尔·斯托福（Russell Stover）、范妮·法默（Fannie Farmer）等，但这些公司大多已经消失或者不涉足零售业务了。

尽管如此，哈金斯清楚，公司仍然面临相当激烈的竞争。他说："我认为，我们目前和未来最大的竞争对手是歌帝梵（Godiva），他们开设的店铺更多，而且他们同时在国内和国外市场推进。仅美国就有150多个出售歌帝梵的网点，主要是百货商店，而且其市场定位很出色。大多数人认为这款产品是欧洲生产的。"他指出："但实际上是由位于宾夕法尼亚州雷丁市（Reading）的金宝汤公司（Campbell Soup Company）的下属机构非凡农庄（Pepperidge Farm）生产的。"哈金斯相信，喜诗坚持以高质量、传统服务和优惠的价格（仅为歌帝梵的一半）为本，公司不仅能生存下去，还会生意兴隆。

伯克希尔·哈撒韦的子公司身份是公司蓬勃发展的一个原因，但哈金斯意识到，尽管公司获得了持续的成功，但多年来，它在伯克希尔·哈撒韦的占比越来越小。他说："就伯克希尔·哈撒韦整个组织来看，过去30年里，沃伦和查理完成了许多收购，企业的性质改变了很多，我们在其中的分量也越来越轻，发挥的作用微不足道。"不管作用如何，当被问及他是否因伯克希尔运营经理人的身份而受到了特殊待遇时，他给出了响亮的肯定回答。

"特殊的待遇，"他说，"就是可以跟沃伦直接接触。这意味着我可以给他打电话，如果他方便的话，他就会接电话。如果他不方便，我可以留言，至多一个小时之内，我的电话铃就会响起来，而且肯定是沃伦打过来的。我总是可以找到他，他真是太好了。我不觉得我是他的员工，也不觉得我只是为他的公司提供服务，我觉得我也是他的朋友和知己。从一开始，他就视我为合作伙伴，平等待我。"哈金斯说，自他们共事以来，两人之间的关系基本没有发生什么变化，"世界发生了变化。我们能否抓住机遇、能否跟上沃伦的战术变化，这是个问题。对于沃伦直接管理的公司，他观察着其成功与失败，至于他不直接管理的公司，他也愿意分享成功与失败的经验。"

哈金斯补充说："他从来不会忘记任何事情。我现在就可以打电话问他：'你还记得1997年旧金山的卡车司机工会问题吗？你还记得我们是如何处理的吗？'他会将当时的情形讲述一遍，他不需要查阅任何资料，不需要我发送给他任何东西。我对他说：'类似的事情现在又发生了，但情况与之前稍有不同，我认为我们应该这么做。'然后我会告诉他我打算怎么做，并说：'你怎么想？'他会说：'就这么做吧。'他从来不命令我做任何事情。他会给我举一些例子，或者他会说'你想过这一点吗'或者'试试这个方法如何'。有时他会问我：'你是怎么想的？'我会说：'听起来很不错，我们会试试，有了结果我会向你汇报。'然后就这样做了。这是我的福分，这是罕见的优待。"

毫不奇怪，巴菲特也非常看好喜诗糖果公司的这位负责人。例如，1983年，在哈金斯经营公司10多年后，巴菲特告诉伯克希尔的股东，他对喜诗糖果公司的持续发展充满信心。"信心源自我们与查克多年来共事的经验，自从我们买下喜诗糖果以来他就是负责人，他的表现一直非常出色……"第二年，他写道："喜诗的成功要归功于优秀的产品与杰出的经营人才。"下一年，他又说："在接手喜诗后我们便一直由查克·哈金斯掌控大局，选择他是我们最出色的决策之一。"

■ 让经理人以客户满意度衡量自己的成功

关于查克·哈金斯的投资流程和管理原则，巴菲特的评论给了我们一些启示，他写道："甜美的糖果加上公道的价格，喜诗糖果可谓独一无二的个性化商品，而且公司完全掌握销售渠道，店员会提供贴心的服务。查克以客户满意度衡量自己的成功，而且他的态度感染了整个公司。很少有零售公司能够一直秉持客户导向的精神，这一切都要归功于他。"

1988年，巴菲特更直白地表达了对他的喜爱："查理跟我是在买下喜诗糖果5分钟之后决定请查克·哈金斯管理这家公司的，在看过他这些年来的绩效之后，你可能会怀疑为何我们要考虑那么久！"

就CEO薪酬而言，在管理层股票期权胡乱发放和借助律师签订冗长的聘用合同的时代，巴菲特和哈金斯开创了另一个先例。"购并案完成后，我们在短短5分钟内就与查克商定了他担任总经理的薪资报酬，而且连书面协议都没签，就一直延续到了今天。"（这是巴菲特在收购喜诗糖果20年后写的。）

20世纪90年代是一个技术投资盛行的时代。喜诗糖果成了展现消费者特许经营权重要性和"缺乏"商业变革的例子。对喜诗糖果的投资促使巴菲特和伯克希尔考虑对可口可乐和吉列的重大投资。投资成功的秘诀是建立在消费者特许经营权之上的持久竞争优势。促使消费者购买和消费巧克力的动机在过去50年里没有发生变化，未来50年内依然如此。

哈金斯坚持的两大管理原则确保喜诗在其他糖果零售商纷纷倒闭的情况下幸存了下来，这两大原则是：

1. 所有部门的所有员工，都要不断地提高客户服务和产品质量；

2. 绝不为了追求利润降低原料和服务的质量。

哈金斯认为，巴菲特对他的管理风格产生了重大的影响。他说："我是逐步形成自己的管理风格的，但其间得到了他人的帮助。我学习上司和同事的处事方法，但沃伦对我的影响要比其他人的大。"他认为，一位成功的经理人应该热爱学习，保持好奇心，不断获取新知识，除了这些基本特征外，他还应当遵守纪律，富有创造力，有耐心。他还认为解决问题的能力［巴菲特的牌友、曾两度获得世界冠军的桥牌大师莎伦·奥斯伯格（Sharon Osberg）就是这样描述桥牌游戏的本质的］非常重要。他说："我坚信，管理人员大部分时间都在解决问题，我就是这样的。我认为每个问题都有某种解决方案，问题出现时，你可能没有想到解决方案，但最终，通过试错，或者只是由于运气好，你会找到解决任何问题的方案。"

公司一般很少遇到员工招募方面的问题。为了保持家族企业的历史传统，喜诗糖果与许多企业不同，它不仅允许招聘家族成员，甚至还鼓励这么做。内举不避亲是招聘员工的好方法。哈金斯现已成年的4个子女都曾在喜诗糖果工作过，而且他的一个儿子、两个女儿和一个儿媳妇现在仍在喜诗糖果工作。公司的营销副总迪克·范·多伦（Dick Van Doren）指出，尽管许多方面的操作都受工会控制，但"家人举荐的行为很普遍"。他的妻子、女儿和儿子都曾在喜诗工作过。但是，这么做的不只是高级管理人员，有一些家庭，三代人都在喜诗糖果公司工作，而且许多雇员，大多数是女性，已经在这里工作20多年了。哈金斯说，实际上，许多妇女将一生的大部分时间都贡献给了公司。她们上学时就在公司做兼职，生育孩子之前做全职工作，等到孩子上学后她们又开始做兼职，而孩子们长大后，她们又回来做全职工作（此时通常被聘为管理人员）。他说："当她们六七十岁时，她们会卸任管理职务，但在用工高峰期，她们还会回来工作。"秋冬季需要人手在室内生产和包装糖果，而在春秋季需要在室外收获原料，喜诗的这种特点导致了季节性的用工需求，墨西哥和西班牙裔的移民工人也在这里找到了稳定的季节性就业机会。

这些"终生奉献者"有助于保持公司运营的连续性及注重质量和顾客满意度的文化。哈金斯说："我们代表着某种形式的永恒，一些东西没有真正改变过，而且，在当今时代，这一点非常重要。"当我请他解释喜诗糖果的企业宗旨时，他说："宗旨是客户至上。无论我们做什么，无论做得有多离谱，我们都是为了让客户满意。让他们高兴是我们最重要的事情，对我们的成功至关重要。我们尽力制造最好的产品，但有时我们也会犯错误。我们无意中或因为观察不够仔细做出的事情可能令客户不满意，当这样的事情发生时，我们总是先承认错误，然后会立即想办法纠正错误。我们会尽全力，直到做正确为止。"

在哈金斯看来，不论任务是什么，最重要的是完成任务，而且他承认他经常把工作带回家。他说："我在家做了大量的脑力工作，当我想深入思考待解决的一些问题时，或者要提出一些策略时，我会在睡觉之前考虑它们。然后，不知何故，我通常会在凌晨两三点钟醒来，此时我的大脑会对我说：'我找到了，这就是你要的答案。'我会把它们记下来，然后再回到被窝里睡觉。"

然而，他坚持认为，解决与企业相关的问题只占用了他一小部分工作之余的时间。他说，他的一个主要业余爱好是爵士乐。"我是个音乐人，鼓手，我也会唱爵士乐老歌。我有一个爵士乐队，已经有33年的历史了。"他说，"乐队成立的时间很长了。最近去世的好友汤姆·福特（Tom Ford）是一位钢琴家，他和我一起为乐队起了个名字叫'T. 福特和模型 A'（T. Ford and the Model A），但后来觉得汤姆太显眼了，因此我们去掉了'T. 福特'，只留下了'模型 A'。"这支乐队是由旧金山地区几家公司的CEO组成的，会在政治活动和慈善活动中表演，演出收入都捐赠给了当地的音乐学校或救助弱势儿童的组织。"不出所料，由于哈金斯的这一兴趣，每每新店开张时，他会请传统的爵士乐队进行表演。几年前，他曾委托吉姆·卡勒姆爵士乐队（Jim Cullum Jazz Band）为喜诗糖果的广告编曲并录制唱片。

他的业余爱好不仅限于爵士乐。他说："我对歌剧也感兴趣。对交响乐、艺术、很多富有创意的事物都很感兴趣。海湾地区非常适合各种文化。我也喜欢爬山，喜欢钓鱼，还喜欢打网球。"他的第一任妻子玛丽安于1995年去世。他有4个已婚的成年子女，还有9个孙子，他们的许多爱好都与他相同。他还提到了他的新婚妻子唐娜·埃瓦尔德（Donna Ewald），他们两人交往了3年后决定于2000年10月结婚。他们俩也"喜欢做同样的事情"。提到最近的再婚，哈金斯说："我认为这对我有好处。我不太适合过单身生活。"

■ 退休年龄没有具体的限制

显然，他也不认为自己适合过退休生活。76岁并不是伯克希尔·哈撒韦运营经理人的最大年纪，但他是服务时间最长的员工。尽管如此，他短期内还没有退休的计划。他说："我喜欢我正在做的事情，这份工作特别棒，非常具有挑战性，需要处理各种各样的事务，我称之为'非常有趣'的工作。而且它非常特别，只要沃伦和查理能够容忍我，而且我的精神和身体状况也允许，我就会继续工作。"但他也指出一个事实，他的老板自己无意退休，也不认为任何运营经理人必然要退休。"当布鲁姆金夫人90岁时，"哈金斯说（他指的是内布拉斯加州家具商场的CEO罗斯·布鲁姆金），"沃伦申明，公司里运营经理人的退休年龄要以她的退休年龄为准。这个年龄每年都会增加，直到她104岁去世。我会认真看待这一申明。"

他也认为，"65岁的高管被强制退休可能对公司管理不利。我是波希米亚俱乐部（Bohemian Club）的成员"。他指的是旧金山的一个男士俱乐部，大部分美国重要的商界领袖都是这个俱乐部的成员。"而且我有很多年纪大的朋友。很多人90多岁了还是行业领袖或者在做有意思的事情，而且他们的思维还像年轻时一样敏捷，富有创意。当然，你必须考虑到工作压力，当你年纪大了时，你能做的就这么多了。但我认为，很多老年人的智慧、经验和学识对任何公司来说都是宝贵的资产。这是沃伦最大的优点。"他补充说："他明白这一点。这正是他的特别和非凡之处。"哈金斯仍然在谋划喜诗糖果的未来。他指出，该公司将继续保持对产品质量和客户服务的承诺，但他也说："当然，我们仍然会审视我们所做的一切，因为我们认为世界上不存在完美的事物，我们相信我们可以做得更好。"他认为，网络销售是促进喜诗发展的一个途径。他珍视创新，但他并不急于应用新技术。根据喜诗的一位高管戴夫·哈维（Dave Harvey）的说法，利用网络进行销售是沃伦·巴菲特而非查克·哈金斯的提议。哈维说："巴菲特打电话给哈金斯，让他上网。"公司直到1998年7月才建立网站，但当年还是销售了3.1万磅巧克力。1999年是网络运营的第一个完整年，当年销售的糖果为17.4万磅，销售收入为210万美元，占全年邮购销售额的13%。2000年，通过喜诗网站销售的糖果为400万美元，占邮购销售额的23%。哈金斯现在相信，网络销售未来大有可为，因为全球的客户都可以通过网络购买，而且订购变得更简单了。

尽管查克·哈金斯对未来有很多期待，但他仍然认为，喜诗糖果会坚守其在四分之三的世纪里秉持的理念。公司的座右铭就这几个字：品质无妥协。50多年来，顾客在公司的包装盒上总能看到下列文字：

80多年来，我们一直努力保持质量传统，满足数百万喜欢吃喜诗糖果的顾客年复一年的期待。

我们的经营理念很简单：在各个层面严把质量关。我们只购买最好的原料，在美国提供最美味、最有趣的糖果，拥有和经营富丽堂皇的专卖店，同时提供最高品质的客户服务。

在这个时代，这些看起来似乎老套，但效果很好。与此同时，我们相信，没有最好，只有更好，为了让顾客高兴，我们会竭尽全力！

查克·哈金斯的商业信条：

★ 任人唯亲不一定是坏事。我的孩子们为公司工作，其他员工也是几代人都为公司工作，有的做普通员工，有的是管理人员。让员工为公司工作二三十年是好事。

★ 管理人员大部分时间都在解决问题，他们需要时间思考解决方案，无论是上班时间还是下班时间。

★ 我不支持强制退休的政策。只要身体健康，喜欢工作，他或她就应当待在工作岗位上。年长者的智慧和经验是宝贵的资产。

　　★　不论采用多荒唐可笑的方法，目的都是让顾客高兴。当客户信赖你时，他会成为你的回头客，一直照顾你的生意。

| 第十七章 |
专业的经理人：拉尔夫·舒伊

拉尔夫·舒伊——斯科特费泽公司

人们很难相信，对于伯克希尔而言，鲜为人知的斯科特费泽公司要比大名鼎鼎的可口可乐公司更值得投资。与其他任何伯克希尔投资的公司相比，拉尔夫·舒伊的多元化公司，包括柯比吸尘器（Kirby Vacuum）、世界百科全书（World Book Encyclopedia），更能证明全资拥有要比取得部分股权更有益。

15年前，巴菲特斥资2.3亿美元收购了斯科特费泽公司。伯克希尔目前已经从该公司获得了超过10亿美元的税前盈余，巧合的是，这相当于伯克希尔对可口可乐的投资额。这意味着斯科特费泽公司的盈余足以买下使伯克希尔成为可口可乐公司最大股东的股份。此外，斯科特费泽的估值（年盈余的20倍）增加了近15倍，达到了30亿美元。最重要的是，与可口可乐不同，斯科特费泽公司每年产生约1.5亿美元的税前盈余，这笔资金会被分配到伯克希尔下属的各个全资子公司中。伯克希尔对斯科特费泽投入的资本仅为3亿美元，这意味着其每年的资本回报率为50%。

相比之下，伯克希尔10年前对可口可乐的投资为10亿美元，今天其市值增加为90亿美元，年回报率为24%，这样的表现已经相当不错了。可口可乐为伯克希尔提供了1.6亿美元的"透视盈余"（"look through"earnings，账面上看得到，实际却拿不到）。要获得实际的增长收益，股东就必须出售可口可乐公司的股票并缴税。斯科特费泽公司是更优越的投资选择，因为所有者可以利用100%的税前盈余，可以为了最大化股东利益而配置这些资金。值得注意的是，伯克希尔还可以从可口可乐公司获得1.36亿美元的股利。巴菲特的股权和董事会席位让他可以对可口可乐施加实质性的影响，但这种特权不能与他对斯科特费泽的100%控制权相提并论。投资2.3亿美元获得1.5亿美元的回报要比投资13亿美元获得3亿美元的回报（仅可获得45%的股息）更划算。斯科特费泽对伯克希尔的投资回报率是65%，而可口可乐的投资回报率是23%。

斯科特费泽的总部位于俄亥俄州克利夫兰（Cleveland）市郊韦斯特莱克（Westlake）的一个工业园区内，公司总共有7 500名员工。总部的一个房间里陈列着该公司所属的22家分公司制造的不同产品。公司的大部分利润源自柯比吸尘器、世界百科全书和坎贝尔·豪斯菲尔德公司（Campbell Hausfeld）（制造空气压缩机）。

公司总裁兼首席运营官肯·史密斯伯格（Ken Smelsberger）热情地介绍了每家企业的生产状况、地址和发展方向。肯向我们介绍陈列的每件产品时，就好像是在介绍他的孙子。我当时并不知道，他是拉尔夫·舒伊的继任者，即将成为巴菲特的CEO。

拉尔夫·舒伊和我花了3个多小时讨论他的公司和管理方法。那次采访后不久，他就退休了。但舒伊先生的原则和他的管理经验有助于我们更加明确地认识沃伦·巴菲特选择的公司和经理人类型。

在采访拉尔夫的过程中，我惊讶地发现，巴菲特的CEO存在诸多相似之处，我立刻就想到了飞安公司的阿尔·尤尔茨基，俩人从未见过面，但很相似。他们都早已年过传统的退休年龄（舒伊76岁，尤尔茨基84岁），都比巴菲特更早看出公务航空的优点，都非常重视安全，都认为自己在从事教育事业，都具有全球视野，都有明确的继任计划，都精力旺盛，都是世界知名的医疗组织的首脑〔舒伊是克利夫兰医学中心（Cleveland Clinic）的主席，而尤尔茨基是奥比斯国际的主席〕。

对于伯克希尔·哈撒韦的运营经理而言，退休是极不寻常的事情。然而，进入新世纪后，76岁的拉尔夫·舒伊选择了退休。正如巴菲特在2000年《致股东的信》中所解释的那样："1985年我们买下斯科特费泽时，我们买到的不仅是一家公司，还附带着一位优秀的经理人，那就是拉尔夫·舒伊。当时舒伊61岁，对大部分注重年龄而非能力的公司来说，拉尔夫为公司服务的时日可能已不多，但在伯克希尔却正好相反，拉尔夫之后又在斯科特费泽工作了15年，直到2000年底正式退休。当初收购该公司投入了2.3亿美元，在舒伊的领导下，该公司前前后后总共给伯克希尔贡献了10.3亿美元的盈余，而我们又利用这些资金收购了其他业务，算下来，拉尔夫为伯克希尔所贡献的价值可能已超过数十亿美元。身为一位专业的经理人，拉尔夫绝对可以列入伯克希尔名人堂，查理跟我都欢迎他的加入。"

■ 辗转的求学经历与自身韧性

拉尔夫·舒伊于1924年7月24日出生于俄亥俄州的布鲁克林。他的母亲来自匈牙利，父亲来自奥地利。他从小就开始创业，在邻里社区挨家挨户地销售杂志和薯片。他回忆说："我总是有很多事情要做，比如收集瓶子卖钱、为邻居修剪草坪等。"

1942年6月，他从克利夫兰的西方科技高中（West Tech High School）毕业，并于1943年3月被征召入伍，这是他人生中最幸运、最重要的事件。他说："我去火车站的征兵中心报道时，我所站的队列显示的是步兵，但我一直想成为一名工程师，因此我问站在那里的征兵人员'去哪里可以成为一名工程师'。他认为我的问题很有意思，但他告诉了我排队的位置，因此我进入了陆军工程兵团（Army Corps of Engineers），而且被分配到了249战斗工兵营（Combat Engineering Battalion），该营由约翰·K. 艾迪生上校指挥（Colonel John K. Addison）。上校教我们如何管人，如何激励士气，如何识人等，他对我的教导比我认识的任何人都多，除了我母亲外，我母亲精于此道。"

舒伊回忆说："我们乘船前往英国，船队共有300多艘船。幸运的是，我们从未遇到过德国潜艇。"1944年，就在诺曼底登陆（D-Day）前的那个冬天，他乘船前往法国参加隆突之战（the Battle of Bulge）。他回忆说，此后不久的一个早上，"上校走过来对我说：'我想让你读读这份军队规章。'这是一份有关军人安置法案（GI Bill）的资料，他说：'你得接受教育。'我说：'到时候会有很多人涌入学校，我想马上申请学校，但我不知道学什么。'他说：'学工程学啊！'但我告诉他，我喜欢新闻学，想学习如何成为一名专业的作家，他说：'好吧，那你就去哥伦比亚大学吧。'因此，我申请了哥伦比亚大学并被录取了。但学校想知道我何时能入学，于是我问上校应如何回复。他说：'战争马上就要结束了，就写9月份吧！'"

尽管上校的估计是正确的，欧洲的战事于1945年5月就结束了，但舒伊直到12月才返回美国，所以他错过了哥伦比亚大学的秋季学期。他不想再等9个月再入学，因此他联系该校，询问在哪里可以马上就读新闻学专业。他被转介到了位于俄亥俄州雅典市（Athens）的俄亥俄大学（Ohio University）。1946年2月，他进入该校学习。舒伊说："但是，我到达那里时遇到了一位教授，他说：'你不想学习新闻学，你为什么不学工程学呢？'而且，当我得知记者的收入时，我觉得做工程师不是个坏主意。"他从该大学获得了工程学学士学位，并意识到自己想从事商业，因此进入了哈佛商学院深造。1950年6月，他获得了工商管理硕士学位。

但在他离开哈佛之前，幸运女神再一次关照了他。回想起来，舒伊认为这是他一生中最重要的事情之一。他回忆说："我穿行校园时，遇到了乔治斯·多利奥特（Georges Doriot）教授，他是法国出生的军人，被誉为风险投资之父，也是第一家上市的风险投资公司美国研究与开发公司（American Research and Development）的创始人。他问我离开学校后打算去哪里工作。我告诉他打算去福特汽车公司（Ford Motor Company）。'你要去哪里？'我又回答了一遍。他说：'你疯了吗？你花了那么多功夫在这里学习就为了去福特工作？马上跟我到办公室。'于是我跟他去了他的办公室。他说：'你真是疯了。你应该经营一家企业。'我告诉他，我买不起一家企业。他说：'可以先去找经销渠道或特许经营权。'我告诉他我不知道该如何着手，他说：'好吧，我来帮你。'"

舒伊说："我思考了一会儿并想到了两种可能的特许经营权，一种啤酒的，一种煤炭的。20世纪50年代初，许多人家仍然使用煤炭，运送煤炭需要特许经营权。而电视正在普及，我觉得广告机会比较多，所以我选择了啤酒。我给6家啤酒厂写了信，结果得到了5份工作邀请。"回到克利夫兰后，他接受了莱西酿酒厂（Leisy Brewing）的实习工作，条件是一年后成为公司的经销商。但舒伊对这份工作并不满意，10个月后他离开了公司，因为他发现，该公司希望他从事5年的销售工作后才能转为经销商。他说："我当时并没有意识到，要拿到经销权需要走后门，我不想那么做。"他之后在通用汽车公司工作了6个月，又跳槽到克利维特公司（Clevite）做工程师。他在这家公司发展得很顺利，后来该公司的董事会委托他寻找买家。

1968年，该公司被电子仪器制造商古尔德仪器系统公司（Gould Instrument Systems）收购。舒伊的遣散条件很优越，包括50万美元的现金和5年的顾问合约，而且每年的顾问费为10万美元。多年来，他曾用期权购买了克利夫兰石墨青铜公司（Graphite Bronze）的大量股票并将其出售，他也因此开始做风险投资业务。尽管他承认说："我在买到好公司之前曾犯过一些错误。"他后来买下了一家名为阿达克（Ardac）的公司，他认为这家公司发展潜力巨大。但该公司并没有如他预期的那样快速增长，1974年，他联系了斯科特&费泽公司（最终去掉了"&"符号）的人，看他们是否有兴趣买下阿达克公司。他记得有一天，他正在和斯科特费泽公司的人讨论收购事宜，"该公司的董事会主席尼尔

斯·哈明克（Niles Hammink）打电话过来说：'我想和你共进午餐。'我欣然
应允。午餐期间他对我说：'你知道，我想退休，但我没有值得信赖的人担任
首席运营官。我看过你的履历，我想请你担任总裁兼首席运营官。'"

舒伊加入时，斯科特费泽公司已经运营了近60年。1906年，发明家詹姆
斯·A. 柯比（James A. Kirby）开发出了一种使用水的吸尘器，但直到第一次
世界大战之后，柯比加入斯科特&费泽这家克利夫兰的机械加工店时，这款真
空吸尘器的销量才增加。他们齐心协力制造出了一种手动操作的地毯真空吸尘
器（Vacuette），并在前5年里卖出了100万台。1925年，公司生产出了同样成功
的电动吸尘器。到20世纪50年代中期，该公司每年真空吸尘器的销量多达20万
台，远远多于任何竞争对手。1964年，公司开始收购其他公司。到了20世纪70
年代中期舒伊就任总裁时，斯科特 & 费泽已经收购了30多家公司。

但是，公司对收购的企业并没有制定相应的协同策略，因此，公司的各个
部门从事的行业很广泛，企业形象不明确。舒伊说："人人提出的第一个问题
是：'斯科特 & 费泽公司是干什么的？'"为了避免混淆，舒伊开始精简业务。
他将一些公司出售，将另一些公司合并。最重要的一次收购活动是1978年从菲
尔德企业（Field Enterprises）买下了世界图书公司（World Book, Inc.），该公
司出版和发行世界百科全书。由于采用的商业模式与柯比吸尘器相似，即都是
挨家挨户的直销，世界图书公司很容易融入该公司的直销体系。

在舒伊的领导下，斯科特费泽公司蓬勃发展，但其成功也引起了企业狙击
手（corporate raiders）的注意。1984年4月，舒伊和其他几位公司管理人员试图
通过杠杆收购的方式将公司收归私有。他们提供了3.31亿美元的现金，拟以每
股50美元的价格收购公司的股票，这一收购价比当时的市场价高5美元。但两
周后，华尔街的套利者伊万·博斯基（Ivan Boesky）（后因内幕交易被捕入狱）
将报价提高至每股60美元，即总额为4亿美元。舒伊和其他管理人员放弃了收
购，公司的董事会也拒绝了博斯基的报价及他后来的提议。但鲨鱼可以闻到水
中的血腥味。在接下来的18个月里，其他公司试图收购斯科特费泽，而舒伊和

公司的管理人员通过ESOP（员工持股计划）阻止了这样的恶意收购。

舒伊回忆说："我们排除了很多我们不喜欢的公司，为什么我要帮那些混蛋呢？我们没有遇到想收购我们的大公司，因为我们有太多的业务、太多的附属机构了。一些公司只想买一部分业务，没有人财大气粗到说'我要买下整个公司'的程度。即使是博斯基和迈克尔·米尔肯（Michael Milken）（另一位收购者，后来也坐牢了）也存在那样的问题。他们不知道如何处理这么多的业务，他们很困惑，有些不知所措。我觉得自己对员工负有责任，想看到他们被一视同仁，我不想看到任何部门的员工突然之间发现，没有人愿意要他们了。即使小公司的人，对我们也很重要。"

■ 持顺其自然的收购与管理态度

就在那时，沃伦·巴菲特出手了。巴菲特很久之前就对这家公司感兴趣了。到1985年10月时，他已经拥有了公司5%的股票。尽管他与舒伊素未谋面，但他认为机会来了。10月10日，他给舒伊写信说："我持有25万股，我一直很喜欢你的公司，我们不会进行恶意的收购。若你有合并意向，请给我打电话。"舒伊回忆说："我不认识沃伦，关于他的一切都是在接到这封信后才了解到的。这封信抵达公司时，我正在哈佛大学参加同学聚会，等我周一早上回来时，秘书交给我一封信说：'这是上周五下午来的信，我觉得你最好马上回个电话。'因此我马上打了电话，沃伦说：'我们什么时候能一起吃个饭？'我说：'您决定，我随时可以。'他说：'明天晚上在芝加哥如何？'我们周一通的电话，周二晚上见的面，周三他来参观公司，周四我们就签署了协议，周五他对外公布了相关信息。"在不到一周的时间里，伯克希尔·哈撒韦公司以每股60.77美元的价格或3.15亿美元的总价买下了斯科特费泽公司。

毫不奇怪，巴菲特对这笔交易非常满意。他对股东说："该公司下辖16项业务，年营业额约7亿美元，其中很多在业内领先，投资回报率相当高。"他还告诉股东："世界百科全书的销售额约占该公司销售额的四成，是主要的营业项目之一，是截至目前公司最大的业务。世界百科全书也是行业的领头羊，其销售量是排名第二的百科全书的两倍多，比美国其他四家同行的销量还要多。"但最好的消息是，"这笔合并交易加上保险业务的大幅增长，将使公司1986年的营业收入超过20亿美元，是1985年的两倍多"。

有意思的是，巴菲特也以收购斯科特费泽为例向伯克希尔的股东解释他感兴趣的收购对象，他写道："对斯科特费泽的收购充分说明了我们对收购采取比较随性的态度，我们并没有任何特定的策略与计划，也没有专人来研究一些中介者提供的方案，我们持顺其自然的态度，时候到了，我们就会采取行动……"接着巴菲特描述了每年在《致股东的信》中列出的六大收购标准：巨额交易、持续获利、甚少举债、持续经营、简单的业务和合理的价格。

巴菲特指出："我们不会进行恶意收购，承诺完全保密并尽快答复是否有兴趣收购（通常不超过5分钟），我们喜欢以现金进行交易，除非我们得到的内在价值与我们付出的一样多，否则不考虑发行股票。对于优秀的公司及其管理层，我们可以提供一个好的归宿，我们欢迎可能的卖方向那些过去与我们合作过的对象核实这一点。另一方面我们也持续收到了一些不符合我们条件的询问，包括新事业、改变经营方式的企业、拍卖案以及最常见的中介案（那些说只要碰一下面，一定会感兴趣之类的），我们对此一点兴趣都没有。"

无论巴菲特购买斯科特费泽的原因是什么，拉尔夫·舒伊都对这笔交易非常满意。他说："我们决定与伯克希尔合并的最重要的一个原因是，这样做能提高我们在金融和法律战中获胜的概率，合并后，我们就可以在一家公司内而不必分拆为三四家公司了。但在做出决策时，我们首先考虑的是合并会对股东造成何种影响，如何做才能保护股东的最大利益。这是我们做出最终决定的理由，也是最简单的标准。毫无疑问，与伯克希尔达成这笔交易要优于我们保持独立和上市。"

舒伊一开始还担心他的新老板讨厌公司使用公务机，因此他小心翼翼地向巴菲特解释了斯科特费泽用自己的飞机运送客户的政策。巴菲特以他一贯的率性风格说："继续使用飞机吧，一切照旧即可。"目前斯科特费泽的业务和管理没有发生任何变化，整个企业（及其商务飞机）都保留了下来。

舒伊说，自合并以来，他已经意识到了成为伯克希尔家族的一分子具有几个好处。他说，好处之一是，"我们在业务上投入了更多的时间。我认为，若我们是一家上市公司，每年的约200个工作日中，我们可能要花50天在公司外与公关人员、投资者关系人员、投资人等打交道。合并后，我们不必这样做了，我们可以把更多的时间用于促进业务增长了"。尽管他在合并时曾希望，"消除了这种负担会让我们有大量的时间实现业务的多元化，但我们并没有这么做。不过我们却能够集中精力赚更多的钱，而且与我们独立时相比，同一业务现在赚的钱更多了"。

他还认为，成为巴菲特的子公司后，"斯科特费泽有了采取某些独特行动的机会，再也不必为资金问题而烦恼了。我不会要求沃伦提供资金，"他强调说，"也不会从其他企业转移资金到斯科特费泽来。我只是想运用斯科特费泽创造的资金，自主地选择我们的投资对象。若是上市公司，我们不能那么做，因为每一笔投资都要经过严格的审查，但在伯克希尔不必如此。"

最后他说，与伯克希尔的合并"让我们慢慢地、非常慢地拓展了视野。原来我们认为，我们只能靠旧业务实现增长，但现在我们开始认识到，我们也可能往其他方向发展。当前我们的一大任务是实现垂直而非水平方向的拓展。我们不能满足于制造产品并将它们卖给经销商，我们应该开发一个与我们的生产系统相匹配的分销系统"。

即使没有拓展其他业务，斯科特费泽的经营也相当成功。该公司下辖22个部门，共有7 500名员工。该公司本身就是500强企业中的一员，现在公司每年的销售收入约为10亿美元，每年的利润约为1.5亿美元。公司80%的利润来自三个领域：（1）柯比吸尘器，是规模最大、最重要的业务部门，斯科特费泽下设专为柯比服务的全资子公司；（2）世界百科全书；（3）坎贝尔·豪斯菲尔德。

■ 经理人资本配置的功力与运营能力

收购前，世界图书对巴菲特和芒格最有吸引力。1917年汉森—贝洛斯公司（Hanson-Bellows）在芝加哥首次出版了世界图书，后被马歇尔·菲尔德三世（Marshall Field III）收购，世界图书成为该公司的旗舰产品，该公司后改名为菲尔德企业教育公司（Field Enterprises Educational Corporation）。1978年，世界图书被斯科特费泽收购。世界图书在全世界的发行量为1 200万套，在美国和加拿大，每10个家庭中，就有4个家庭拥有这套图书。传统的《世界图书》精装版本仍主要面向学校和图书馆出售，很少挨家挨户地向家庭推销。光盘版从1994年开始发售，现在网络版也上线了，而且近来该公司宣布与时代华纳（AOL Time Warner）进行合作。互联网对世界图书的销售产生了巨大的影响，1990年世界图书的销售额占斯科特费泽总销售额的40%，目前这一比例下降为7%。在此期间，年利润从3 500万美元下降到了1 700万美元。

企业的另一个业务板块是斯科特费泽的制造部门和重要的附属机构坎贝尔·豪斯菲尔德公司。该公司主要生产动力设备，包括空气压缩机、绞盘、气动工具、发电机、喷漆系统、高压清洗机和电焊机。公司最初成立于1836年，是俄亥俄州最古老的公司之一。坎贝尔制造公司最初生产玉米播种机和其他农场设备，后来约瑟夫·豪斯菲尔德（Joseph Hausfeld）制造出了一种名为"压缩王"（Pressure King）的空气压缩机。1940年，两家公司合为坎贝尔·豪斯菲尔德公司。1971年，坎贝尔·豪斯菲尔德公司成为斯科特费泽的一员。现在，坎贝尔·豪斯菲尔德公司的6条产品线创造的收入和利润约占整个公司的三分之一。该部门面临的新挑战主要来自家得宝和沃尔玛等大零售商，它们已经将全部的产品自有品牌化和商品化，包括空气压缩机。

斯科特费泽最大的收入和利润来源是柯比真空吸尘器，每年这款产品在全球的销量为50万台，大约三分之一销往美国境外。这种吸尘器只建议在家庭使用，但由于其动力十足，许多人也在其他商业场合使用它。斯科特费泽向约

835个工厂经销商出售真空吸尘器，而这些经销商又挨家挨户地进行销售。在20世纪90年代，经销商挨家挨户的销售体系曾引发了一些争议，这对伯克希尔公司而言是非同寻常的事件。

1999年秋，《华尔街日报》的一篇头版文章报道说，一些人指责柯比公司采取了高压销售策略，欺骗了老年人和低收入消费者。据《奥马哈世界先驱报》（*Omaha World-Herald*）报道，这篇文章刊出后，拉尔夫·舒伊马上联系沃伦·巴菲特寻求建议。但是，根据舒伊的说法，"他只是说了之前多次说过的话：'要确保客户得到公正的对待'"。尽管如此，舒伊还是对此次事件给他的老板造成的困扰感到很抱歉。他对《奥马哈世界先驱报》的记者说："沃伦的声誉无可挑剔，没有任何污点。但那篇文章似乎在说，'他参与了肮脏的生意'。但真相是，这不是什么肮脏的生意。"柯比今天采用的销售方式与20世纪30年代没什么两样，而且其投诉率很低。《奥马哈世界先驱报》报道说，巴菲特每年收到约100封对伯克希尔·哈撒韦的投诉信，投诉柯比的只有约1%。

舒伊无需担心他的老板会对柯比吸尘器事件做出何种反应。巴菲特从来没有对他的表现做出过负面的评价。1985年，伯克希尔收购斯科特费泽后不久，他就在《致股东的信》中对舒伊赞赏有加，他写道："另外值得注意的是担任该公司总裁已9年的拉尔夫·舒伊……他资本配置的功力与他的运营能力一样杰出，我们很高兴能与他一起共事。"一年后，在谈到斯科特费泽和舒伊时，他对股东说："一年后我更加开心地向大家报告，拉尔夫真是个优秀的经理人，他圆满地完成了目标，虽然要管理各类业务，要面对不同的机遇、问题与挑战，但他施展了多方面的才华，将更多的精力投入到了工作中，而且更重要的是我们合作愉快，看来我们的好运会持续不断。"

8年后，他进一步解释了他如此看好舒伊的原因。他对股东说："拉尔夫成功的原因并不复杂，我的老师格雷厄姆45年前就告诉我，画蛇不必添足。后来在我个人的投资生涯中，我也惊讶地发现，这个道理也适用于企业管理。经理人应该做好基本工作，不能分心，这正是拉尔夫的行事方法：设立好正确的目标后，毫不犹豫地放手去做。至于在私底下，拉尔夫也是很好相处的人，对于问题他坦率直言，自信却不自大。"而且正如之前提到的，在舒伊退休时谈到其贡献时，巴菲特说："身为一位专业的经理人，拉尔夫绝对可以进入伯克希尔名人堂。"

毫不奇怪，拉尔夫·舒伊同样非常钦佩他的老板。舒伊说："我最钦佩他的是，他能很快理清问题，并且知道如何解决。他很容易相处，非常善于鼓舞人心，尽管采用的方式很平和。即使在知识能力或财政资源方面没有绝对的平等，我也喜欢他创造出的平等氛围，他给了你平等的想法和感觉。"与许多伯克希尔的运营经理人一样，他说他初见巴菲特时，有两点让他震惊。舒伊说："第一点是他的平易近人和友善，第二点是他对我们的业务了如指掌。"

但舒伊认为，巴菲特的管理风格是最值得赞扬的。他解释说："我们每隔一周谈一次话，这样可以让他了解我们的经营状况。他会给我们提好的建议，但不会说：'你必须按我的意思做。'我也不会问他：'我可以做这做那吗？'因为他不希望你这么做。这就是他最了不起的地方，给你充分的自由，让你按自己的方式经营。当然，出了问题时，你要自己负责。如果他说，'按你自己的方式去做'，效果不理想时，只有一个人负责，那就是你自己。周围很少有这样的人。"舒伊说，以这样的方式对待手下的经理人，"他给人一种既是老板，又不是老板的感觉，这是很不容易做到的。我工作的公司，就好像是我自己的公司，就好像我是大股东，我能做我自己想做的事情，但我不会过于冒险，不会超出我个人能承受的范围。另一方面，我会不断努力，这样我们未来才能发展得更好"。

舒伊还说，自从斯科特费泽成为伯克希尔的一分子以来，巴菲特对他产生了很大的影响。"他对我的思维产生了影响，比如应如何看待我们与某些事物之间的关系，特别是我们与零售客户之间的关系。在巴菲特的影响下，与之前相比，我在维护和改善与零售客户间的关系上投入了更多的时间。我是CEO，也是一位投资者，但我也与客户息息相关。因此，如果我们和客户之间的关系出现了问题，我们就会遭受挫折。毫无疑问，沃伦持这样的观点，这是一种独特的理念。"

谈到他自己的管理风格，舒伊说他特别重视沟通。他说："我花了大量的时间学习如何沟通，我意识到我的沟通方式太过强势了。'你为什么没有这么做？为什么那是错的？'我意识到，采用更加富有人情味、更加克制的方式沟通效果会更好，应改掉过去那种过于直白、没有人情味、命令式的沟通方式。用新的方式沟通更能帮助别人，能促使他们更加独立，同时启发他们独立思考。"事实上，舒伊说，他衡量成功的指标是"是否有人在你的激励下取得了成功。当有人意识到，得益于我的指导，他们做了之前不曾做到的事情，并返回来对我说'我很感激您的指导'时，我特别有成就感"。

毫不奇怪，舒伊是企业家精神的忠实信徒。正如他 10 年前在《克利夫兰企业》(*Cleveland Enterprise*) 一书中写的，"驱动企业家的力量"是"想要控制自己的命运，想比其他人做得更好……创业机遇不只是赚钱和以物美价廉的产品让客户满意。创业机会在于改变人们的生活，让他们意识到之前不曾想到的挑战和目标"。当被问到如果他要创办另一家公司，那将是一家什么样的公司时，他说："由企业家和企业经理人管理的投资企业，它可以被分割成更小的单位。我认为所有权形式是最重要的问题。拥有企业的人，即使拥有的是小企业，他和大公司的专业经理人之间也存在着巨大的差异。"

至于他自己管理的大公司的未来，舒伊说："我希望目前经营的业务能实现更广泛的多元化，比如教育业务，如果我们能够更多地参与到人们接受教育的过程，那么我们就不会只有一个信息源。比如帮助孩子们更高效地阅读或者更快速地学习数学。我认为新的互动技术将为儿童教育带来很多新机会。过去的模式是，一个老师教 30 个孩子，这些老师的能力、兴趣和技能各有不同，但现在不是这样了，教育可以实现定制化了，我认为这个领域存在很多机会。"

但是，如何辨别这些机会呢？舒伊说："我们专注于市场，因此我们会不断评估下一个市场阶段的发展状况。我们不会把目前的机遇视为目的，我们寻找下一个市场机遇，而且试图弄清楚如何才能尽早进入。"他再次以斯科特费泽的教育业务为例解释说："以世界图书为例。我们都知道，教育必须得到改善，但我们必须弄清楚如何才能实现改善，是以改变交付体系的方式实现，比如通过电子手段，还是以改变教育内容的方式实现，但无论哪种方式都会涉及变化，我们想尽全力弄清楚变化会是什么。"

舒伊知道，新技术必然会导致变化产生。尽管他认为技术对柯比的影响相对较小，对坎贝尔·豪斯菲尔德的影响较大，但他认识到，由于技术正在改变信息收集和传播的面貌，它将继续对世界图书产生深远的影响。当被问及10年后世界图书的最大竞争对手是谁时，舒伊说："我不知道会是谁，但肯定不是当今这些从事百科全书业务的公司。这个领域正在经历一场双重革命，一重涉及集合和消化信息的方式，另一重涉及如何以有效的方式让人们了解信息。世界图书是行业内的佼佼者，但我认为，会有更多的竞争对手出现。我现在能确认的是，这些竞争对手来自电子领域。"

世界图书和斯科特费泽公司的新CEO是现年64岁的肯·史密斯伯格，他已经在公司服务28年了。继任计划的制定和实施非常顺利，这充分体现了舒伊的专业能力和领导力，也为伯克希尔子公司未来如何处理继任事宜树立了榜样。史密斯伯格曾担任过制造部门的经理、运营副总裁、部门总裁、企业集团副总裁、财务和行政高级副总裁，最后被任命为总裁兼CEO。很少有CEO能像拉尔夫·舒伊一样如此精心地为继任做准备。根据拉尔夫的说法，今天没有任何人比史密斯伯格更有资格经营斯科特费泽了。这反映出舒伊选对了人，他安排史密斯伯格接触各个领域，让他经历成功和失败的洗礼，然后在适当的时候让他接管企业。

至于伯克希尔·哈撒韦的未来，舒伊说："我希望它能通过某种方式整合在一起，必须分拆业务时，不能拆散整个公司。我曾与沃伦讨论过这个问题，我似乎跟他意见相左。但我认为，他走后没人会按他的方式经营。我知道股东有一些顾虑，我认为这是正常的，因为无论谁接管公司，都不会有另一个沃伦·巴菲特了。沃伦是个很独特的人，像他的人并不多。喜欢他的运营方式、影响力跟他一样大的人也不多。他能激发出你做好工作的欲望，部分是为了你自己，部分是为了让他以你为傲。你想让他为你感到自豪，这是非常难得的。"

拉尔夫·舒伊的商业信条：

★ 与员工的沟通方式至关重要。作为经理人，你要与他们交流，倾听他们的呼声，而不只是告诉他们做什么。你要激励他们，这样他们才能取得成绩。

★ 企业家精神的力量很强大。即使在大公司，你也应当给予经理人一定程度的自主权，让他们像企业家一样，发展和促进他们管理的业务。

★ 借助技术实现增长和多样化。很多时候，我们无法预测技术可能导致的进步，我们必须保持开放的心态，寻找进步机会。

| 第十八章 |
被任命的经理人：苏珊·雅克

苏珊·雅克——波仙珠宝公司

苏珊·雅克是目前在任的巴菲特CEO中唯一的女性。她有三重身份：波仙珠宝公司的CEO、妻子、两个小孩的母亲。与罗斯·布鲁姆金一样，苏珊出生于国外（津巴布韦），没有上过大学。苏珊是从企业内部提拔上来的，但与伯克希尔·哈撒韦的其他CEO不同，她是沃伦·巴菲特提拔的，是波仙珠宝公司首位非家族成员首席执行官。

我们来到了位于二楼的总裁会客室，从这里可以俯瞰伯克希尔举办年度股东大会所在的商场。苏珊拥有政治领袖的气度和魅力，思维敏捷，是不折不扣的销售高手。沃伦曾说："捂紧你的钱包。"他说得很对，否则在被苏珊·雅克迷住之后，你未来所有的珠宝都会在波仙购买。

在1997年《致股东的信》中，沃伦·巴菲特写道，波仙珠宝公司的总裁兼CEO是"所有老板心目中最理想的专业经理人"。她是该公司CEO中的异类，是目前经营伯克希尔旗下公司的唯一女性（另一位是已故的内布拉斯加州家具商场的罗斯·布鲁姆金），她成为总裁时，年仅34岁，是最年轻的CEO。另外，沃伦·巴菲特任命过3位非家族成员总裁，她就是其中之一［另两位分别是《布法罗新闻报》的斯坦·利普西和费可海姆（Fechheimer）的CEO布拉德·金斯特勒（Brad Kinstler）］。按年销售额来衡量，雅克管理的是伯克希尔最小的公司。与其他伯克希尔的CEO不同，在她掌管的公司成为伯克希尔的一分子之前，她既不富裕，也不曾拥有过公司的股份，她是因销售珠宝变富裕的。她的经历充分证明了伯克希尔的继任模式是有效的。

■ 熟悉自己的能力与劣势

雅克的经历不仅在伯克希尔的经理人中很罕见，在她从事的行业中也极不寻常。珠宝业是个主要由中年犹太男人主导的行业，雅克说："我刚接手公司时，常常开玩笑地说，我有三大劣势：我很年轻，是个女人，是个非犹太人。"雅克并不觉得这些劣势妨碍了她。她说："我认为能力决定一切。"鉴于巴菲特的赞誉以及其经营的奥马哈珠宝公司的持续成功，她的能力必定是相当出色的。

雅克于1959年出生于非洲的罗德西亚（Rhodesia），即现在的津巴布韦（Zimbabwe）。她的父亲是英国人，母亲是澳大利亚人，夫妇俩经营木材生意，共育有3个女儿，雅克是老二。与许多小女孩一样，她很喜欢珠宝。雅克记得，小时候，每到周五下午，当她和姐妹们拿到一周的零花钱时，"我们就会去商店买便宜的小戒指，有的5分钱，有的10分钱。每周五我都会买一个戒指，我在那个时候就喜爱珠宝……"高中毕业时，她还不知道自己想做什么。她说："我不知道去大学修什么专业，所以我不想去。我的母亲说，如果我不上大学，那我至少应该上些秘书专业的课程，因为我总是可以找到秘书的工作。我后来得到的第一份工作是，在英国殖民地最大的珠宝公司苏格兰珠宝（Scottish Jewelers）做秘书。"但当时罗德西亚殖民地正处于向独立国家津巴布韦过渡的过程中，局势比较混乱，因此在她工作后不久，她的父母将3个女儿送到英国待了一年。

从英国回来后，苏珊得到了苏格兰珠宝公司的两个职务邀请，一个是秘书，一个是营销员。她说："我决定进入营销部门，做与之前不同的工作，但我发现我不太了解我的工作，如果我要入行，我就必须先学习珠宝方面的知识。"苏珊在苏格兰珠宝公司的一些同事曾学习过位于加利福尼亚州圣莫尼卡（Santa Monica）的美国宝石学院（Gemological Institute of America，GIA）开设的函授课程，因此她决定前往美国，在该学院学习6个月。1980年拿到美国宝石学院的结业证书后，她没有立即返回非洲的家，而是开始在美国宝石服务协会（U. S. Gemological Services）宝石分级实验室工作，同时继续学习，她想成为英国宝石协会（Gemological Society of Great Britain）的会员。1982年，雅克以优异的成绩荣获全球最杰出学员奖。她在美国宝石学院的朋友和同学艾伦·弗里德曼（Alan Friedman）出身于内布拉斯加州奥马哈拥有和经营波仙珠宝公司的家族，当年晚些时候，这位同学邀请她加入自己家族的公司。

波仙珠宝于1870年在奥马哈成立，创始人是路易斯·波仙（Louis Borsheim），波仙家族经营了四分之三世纪后，1947年，该公司被路易斯·弗里德曼（Louis Friedman）及其妻子丽贝卡·弗里德曼（Rebecca Friedman）收购。（丽贝卡是罗斯·布鲁姆金的妹妹，布鲁姆金创立的内布拉斯加州家具商场是伯克希尔·哈撒韦的子公司。布鲁姆金没有向沃伦·巴菲特推荐弗里德曼的企业，是巴菲特自行选择的。）路易斯的儿子伊萨多尔（Isadore，昵称为"伊克"）于1948年进入公司，此后，这个家族小企业逐步成长为全球领先的珠宝商。1973年，伊克从其父亲手里买下了该公司。等雅克于1982年9月加入该公司做销售助理时，公司由伊克及其儿子艾伦和女婿马文·科恩（Marvin Cohn）经营。

雅克说："伊克·弗里德曼是个很厉害的角色，他的脑子就跟电脑一样……他能凭珠宝识人，依据之前的购买记录了解顾客，知道每个人想要什么。他是令人叹为观止的谈判高手，是可靠的买家，令人难以置信的推销高手。"正如她所说，为伊克工作从一开始就是一种学习经历。她说："我第一天进入销售大厅后，走到伊克面前说：'您知道，我之前从没销售过任何东西，我想在第一周观察别人怎么做，积累些经验，学习如何处理销售中遇到的问题。'伊克说：'嗯，我想我现在就需要你，事实上，有位顾客马上就要进门了。你去招待一下吧！'于是我就等着那位先生进来，我没有接受过任何培训，没有进行介绍，什么也没有。我按295美元的标价向他出售了一枚胸针，我开了票，结了账，包好了胸针，交给了那位先生，然后他离开了。伊克走过来问我：'他买东西了吗？'我说买了。他说：'你都没有过来问问我价格。'我说：'我不知道需要问您价格。'他说：'你不能按标价卖东西，你必须过来问我价格。'所以刚才那个可怜的人是当时波仙第一个按标价支付的顾客。"

雅克加入公司时，波仙大楼已成为奥马哈市中心的地标：其运营面积为7 500平方英尺，员工有35人。4年之后，即1986年，波仙在位于奥马哈道奇街附近的小型封闭式郊区商场，即摄政中心（Regency Court）开设了新店面，波仙的运营面积由此扩展至27 000平方英尺。同年，苏珊·雅克升任珠宝商品经理和买手，这是一个要求更高的职位。最初，她很喜欢做挑战性较强的工作，但几年后，由于厌倦了长时间工作，她开始考虑加利福尼亚州宝石学院（Gemological Institute）提供的教学工作。然而，她的东家希望她能留下来，并愿意改善她的工作条件。她愿意留在奥马哈还有一个理由，在1987年的圣诞销售季，她所在的商店聘请了一位名叫基尼·邓恩（Gene Dunn）的男员工。他出身名门，有9个兄弟姐妹，曾做过几份工作，遇到苏珊时，他正在收购一家橱柜公司。苏珊说："他开玩笑地说，为了邀我外出，他不得不暂时放弃他刚有起色的宝石生意，因为如果他在这里工作，我就不能跟他约会。"1990年，她与基尼·邓恩在奥马哈结婚。

■ 经理人的全速前进

与此同时，波仙珠宝也发生了变化。1988年圣诞期间，沃伦·巴菲特来店里购买戒指。他之前就多次买过珠宝，店里的销售人员和管理人员都认识他。他在挑选戒指的时候，伊克·弗里德曼的一个女婿唐纳德·耶鲁（Donald Yale）喊道："不要卖给沃伦戒指，要把商店卖给他！"年初，巴菲特打电话问弗里德曼家族是否确实有兴趣出售珠宝店。雅克说："波仙有吸引沃伦的特色，其中之一就是，卖珠宝是一项快乐的业务。你是在跟快乐的人打交道，你在帮助顾客纪念特殊的时刻。更重要的是，我们是一家成功的企业，我们的声誉良好，我认为这对沃伦很有吸引力。但也许沃伦最感兴趣的，是伊克·弗里德曼。伊克是个精力充沛的人，他真的是。在我们这一行，他是个传奇人物。即使是现在，每当我看到认识伊克的人或与他打过交道的人，他们都会告诉我有关他的故事。沃伦收购波仙，部分原因就在于伊克，这一点毫无疑问。"

伊克·弗里德曼有兴趣出售公司，因此，1989年2月，他与唐纳德·耶鲁和沃伦·巴菲特举行了一次会谈。耶鲁说："实质性的谈话也就10分钟，他问了我们5个问题，伊克说了个价格。"巴菲特提出的5个问题分别是："销量是多大？毛利是多少？支出是多少？存货有多少？你们是否愿意留任？"弗里德曼不用看账本就能回答前4个问题，他对第五个问题给出了肯定的答复。耶鲁回忆说："我们3个人后来在巴菲特的办公室再次会面时，伊克和沃伦握了握手，交易达成了。"达成协议后，耶鲁说："巴菲特说：'现在忘记这项交易吧，继续做现在做的事情。'我们没有讨论未来的增长，也决没有谈及改变我们的决策方式、扩展计划或者增加利润等。他说得很清楚，他完成这笔交易不是为了马上得到回报。"沃伦以现金买下了80%的波仙珠宝所有权，弗里德曼家族留下了20%。收购价格没有对外公布。因此，波仙成为伯克希尔·哈撒韦旗下的第一家珠宝首饰公司，然而，它不会是最后一家。

弗里德曼家族和巴菲特对此次收购均非常满意。就像赌场老板会在赌场的入口和出口处设置高级珠宝店一样，伯克希尔也在总部所在地拥有了一家珠宝店，这样在每年召开股东大会时便可招揽顾客了（这是在奥马哈市举办的第二大盛会）。尽管波仙珠宝没有被全部出售，而且规模较小，但伯克希尔对它的投资颇具战略意义，而且可能在短短几年内就收回投资成本。

巴菲特在1989年《致股东的信》中说："在波仙珠宝加入伯克希尔的第一年，它达到了我们所有的预期目标，营业额大幅增长，比4年前刚搬到现址的时候要多出一倍……伊克·弗里德曼是波仙珠宝的管理天才，我的意思是，那里只有一种速度，那就是全速前进！"巴菲特接着说："伊克·弗里德曼不但是个优秀的商人、珠宝展示者，更是个品格高尚的人，买下这家店时，我们没有查账，事后所有的惊奇完全都是正面的，有句话说，不懂珠宝没有关系，但你一定要有认识的珠宝商，这话说得非常有道理，不管你是要买一颗小小的钻石还是要买下一整家店都一样。"

至于为什么如此喜欢弗里德曼，沃伦给出了另一个解释，他对股东们讲了这样一个故事："每两年我都会参加一个非正式的聚会，大家一起热闹热闹并探讨探讨新事物，去年9月，在圣塔菲（Santa Fe）的毕晓普小屋（Bishop's Lodge）聚会时，我邀请伊克、他的太太罗兹（Roz）与儿子为大家讲解珠宝知识。伊克为了加深大家的印象，特地从奥马哈带了总值超过2 000万美元的各式珠宝。当时我有点担心，因为毕晓普小屋并不像福克斯堡那般坚固，所以当晚在活动开始之前，我特别向伊克表达了我的担心，他把我拉到一旁说：'看到那个保险箱没？下午我们早已掉过包了，所以根本没有人能分得清真假。'听到这话，我放心多了，伊克接着又说：'看到旁边那两个配枪的彪形大汉没？他们会整晚守护这只保险箱。'正当我舒口气准备参加宴会时，伊克小声说出了更重要的信息：'真正的珠宝并不在保险箱里！'"

尽管弗里德曼的思路有些清奇，但他是个倔强的生意人。在接下来的两年时间里，波仙的生意继续保持兴隆。然而，1991年9月，弗里德曼溘然长逝，没有留下任何继任计划。正如雅克解释的那样，"沃伦·巴菲特收购波仙珠宝时，他看准的是伊克·弗里德曼。收购两年后，伊克身患肺癌，这是他始料未及的。我相信，沃伦在收购波仙时认为伊克能继续工作20年，因此他们没有指定继承人或制定继任计划"。更麻烦的是，伊克·弗里德曼去世后本应接任他职务的儿子艾伦·弗里德曼离开了公司，先是在奥马哈，后到加利福尼亚的比佛利山（Beverly Hills）创业去了，这样，伊克的女婿唐纳德·耶鲁成了公司的总裁。发生这些变故后，副总裁一职出现了空缺，于是苏珊·雅克升任了该职。

虽然再次被公司委以重任令她很高兴，但14个月后她的第一个孩子出生，这给她带来了新的困扰。她既想在家抚养孩子，又不想耽误工作，这让她左右为难。在丈夫的帮助下，她决定返回工作岗位。几年后她对记者说："基尼不想让我辞职，他是我成功的支柱，他特别支持女性从商并取得成功，我很感谢他的支持。"她能兼顾事业和个人生活，为职场女士树立了榜样。她说："我们的管理团队中有很多年轻的女性，我们都非常重视家庭。我们认为，如果投入必要的时间陪家人，如果家庭生活美满幸福……工作就会变得更加富有成效。虽然难免对家人有些愧疚，但幸运的是，我知道自己不会是一名出色的家庭主妇。"

■ 直接给予信任和任命

1994年，她的老板唐纳德·耶鲁无法兼顾事业与家庭了，他的妻子贾尼斯（Janis）罹患癌症，正如耶鲁当时所说的："我肩负着家庭责任和企业责任，但我现在没办法二者兼顾了。我的家庭责任是我的首选。"他觉得有必要辞去波仙珠宝的总裁一职了。他指出："这完全是我的决定，沃伦非常理解并支持我。"然而，无论如何支持和理解，巴菲特都不得不再次选择经营这家珠宝公司的经理人。为了物色合适的人选（苏珊·雅克也是这么认为的），巴菲特开始邀请公司的高管去他办公室面谈。

她回忆说："在唐纳德决定辞职后不久，一天，大约10点钟左右吧，沃伦给我打来电话说：'你今天下午有空来我办公室一趟吗？'当时我们都知道唐纳德要离开了，沃伦会跟高管团队的所有人进行面谈。我以为他找我只是想了解企业的发展情况，所以我对他说，我很乐意过去。但后来我发现，我没有穿我最喜欢的套装。而且你知道，我想在与沃伦会面时，给他留下非常专业的印象。"

当时，她和丈夫住在离商店约半小时车程的农场里，但他们在办公室附近还有一间小公寓。她回忆说："所以我打电话给我丈夫，我说：'沃伦让我去他的办公室，我现在必须回家换衣服。但，基尼，我的鞋在农场，我的套装在公寓。'他说：'你去拿西装，我回农场拿鞋。'于是基尼开车回农场取鞋，却在州际公路上被一名警察拦住了。他对警察说：'您可能不相信，但我妻子今天下午要去拜见沃伦·巴菲特，我得回去取她的鞋。'那位警察说：'这个理由编得不错，我今天还没听到过这样的理由。'但他还是在警告一番后放了基尼。"

换完装后，雅克去了巴菲特的办公室。在他们开始交谈后不久，她发现，巴菲特并没有询问她有关企业发展的问题，而是想让她接任公司总裁一职。她说："我大吃一惊，完全懵了。我对他说：'我可以试一试，但如果做得不好，您能让我回去做我现在的工作吗？'他说：'这恐怕有点困难，苏珊，但我们当然可以先试一试。'而且他确实这么做了。他给了我千载难逢的机会，幸运的是，我的表现还不错。"但事情还没有结束。她补充说："任命我为总裁的消息公布时，我们接到了当初在州际公路上拦下基尼的那位警察打来的恭贺电话。我猜，他得知巴菲特要见我的事情是真的时，他肯定很高兴。"

自1994年1月担任总裁以来，雅克一直致力于保持波仙珠宝公司的传统。像伊克·弗里德曼一样，她通常都待在销售场所。她在主楼设有办公室，这样员工们可以很方便地找到她。她一直秉持着弗里德曼客户至上的经营理念。她的这些举措反过来促使公司的销售额和利润实现了持续的快速增长，店面不断扩张，员工人数也不断增加。1997年，波仙珠宝公司的CEO入选全国珠宝商名人堂（National Jeweler Hall of Fame），她成为有史以来获得这个奖项的第三位女性。

雅克于1982年加入公司时，公司的销售空间为7 500平方英尺，员工人数为35名。到2000年，该公司的销售面积已增加为20 000平方英尺，员工人数达到了375人。自从她成为总裁以来，波仙珠宝公司的销售额增加了一倍，就单一店面的销售额来看，波仙仅次于纽约的蒂芙尼（Tiffany）店（1.3亿美元）。她也承认，取得这些成绩是有代价的。她说："我们有时候会听到一些顾客抱怨说，公司跟过去不一样了。我们尽力维护弗里德曼的家族文化。我们中的很多人，甚至是高管团队中的人，在公司被伯克希尔收购之前都与弗里德曼家族密切共事过。但是，企业的经营者是业主且企业是家族的生计所在，与企业成为更大组织的一部分，其经营不完全一样。虽然我们尽力以伊克的理念运营企业，但某些方面还是必然会发生改变。"

尽管如此，她仍然相信伯克希尔的收购对公司有明显的好处。她认为，即使没有成为伯克希尔的一分子，"波仙也会非常成功，而且会继续在行业内保持领先"。但她也承认，"与伯克希尔的关系能大大增加我们的客户群"。公司每年5月会参加伯克希尔公司在奥马哈举办的股东大会。尽管珠宝店通常在周六休息，但在每年股东大会召开期间（母亲节前的周末），珠宝店会营业，到时会有约1.5万名忠诚的伯克希尔股东成为波仙珠宝公司的客户，只有圣诞节期间的销售业绩能与这3天的业绩相媲美。

在每年召开的股东大会上，雅克有机会与其他伯克希尔的运营经理人见面（喜诗糖果的CEO查克·哈金斯在她这里买了结婚戒指），她觉得跟这些经理人沟通非常有益。波仙在奥马哈的邻居布鲁姆金家族对她的帮助就很大。"我们很信赖他们，在很多方面求教于他们，比如销售人员的佣金、人力资源问题、营销问题等，因为他们跟我们身处的零售环境相同。但是，我们想，也计划跟其他公司进行交流，向其管理人员取取经。"她举了位于新泽西州伍德布里奇的公务飞机航空公司的例子。该公司将喷气式飞机的所有权出售给公司、企业家、超级明星运动员、名人和富人。她说："与他们合作可能对我们有利，因为他们的一些客户很适合我们的产品。"

然而，她认为，伯克希尔的三大珠宝商之间应该存在协同的巨大潜力。这三大珠宝商分别是波仙珠宝、位于堪萨斯市的赫尔兹伯格钻石（Helzberg Diamonds）、位于西雅图的本·布里奇珠宝（Ben Bridge Jewelers）。她说："存在很多很多的可能性。采购、信用卡处理、信贷延期等方面均可能产生协同效应。此外，存货和存货管理、薪酬和评估、店铺维修和行业层面的问题，都存在协同的可能。我想，我们可以联合做许多事情，我们可以利用自己拥有的一切，使每家企业都变得更加强大。"

从某些方面来看，珠宝企业之间存在竞争。例如，赫尔兹伯格钻石公司在奥马哈设有4家店面。但雅克认为，他们可以在某些方面进行合作。她承认："赫尔兹伯格被伯克希尔收购之前，我们对它的感觉与现在完全不同，我们肯定把它视为竞争对手。它成为伯克希尔的一分子后，我认为我们具有不同的经营理念。我的意思是，我会告诉客户，如果他们不想从我这里买珠宝，那么他们就应该去赫尔兹伯格店购买。我不是要把生意让给他们，他们也不会把生意让给我，但与其他公司相比，我肯定会推荐一家姊妹公司，这样，至少顾客会从伯克希尔旗下的公司里购买珠宝。"

■ 促成商业成功的两个因素

雅克说，为沃伦·巴菲特工作"是莫大的荣耀。我的意思，他是一个非常特别的人。他富有同情心，待人热情，他可能是我见过的最聪明睿智的人之一。他讲话时不会给人高人一等的感觉，也不会说你听不懂的话，他做任何事情都很精明。他是位卓越的老板，在你有需要时，总是能给你提供帮助。不论何时，只要你想跟他交谈，他都乐意满足你的要求"。

由于伯克希尔是"首选的收购者，特别是在我们这个行业"，有时，一些有兴趣将自己的企业出售给巴菲特的同行会与她联系。虽然她坚持说："我总是请他们直接与沃伦联系，因为收购不在我工作范围内。"她承认，她偶尔"也会向沃伦提一些参考建议"。她也相信，珠宝行业还有其他公司有可能成为伯克希尔家族的成员。她说："有很多家族经营的珠宝企业，它们与本·布里奇珠宝公司相似，由多个家族的成员参与经营，每个家族都担心族长过世后公司会发生什么。被沃伦·巴菲特选中是莫大的荣耀，是引以为豪的事情。"

考虑到这一点，就不难理解雅克说巴菲特对她的个人职业生涯产生了最大的影响。她说："当你为某人工作时，他总是会对你产生某些影响。我认为沃伦对我的影响是积极的，让我更加热爱工作。在他的影响下，我更加相信自己，有了自信心，而且一直做我认为最正确的事情。他总是说：'做任何事情时，要思考一点：即使明日它被刊登在报纸的头条，你看到后也不会为此感到羞愧。'无论做什么事情，我始终铭记这一点。面对真实的自己，诚实地对待周围的人，勇于承认错误，我认为这是生活中应遵循的准则。"事实上，她认为诚实、正直和值得信赖"对我们这一行至关重要，缺乏它们，你将无法在这个行业立足"。

她认为，对商业成功至关重要的另一个因素是与人相处的能力。她说："我和大多数人都合得来。我认为，只要能和他人相处融洽，能倾听他们的想法，解决他们的问题，你就会赢得他们的尊重，你成功的概率就会提高。"同时，她也认可了团队其他成员的贡献。"我周围的很多人都具备我欠缺的能力。我们有一支出色的团队，成员都非常年轻，但工作成绩优异。"最后，她认为专注力是非常重要的因素。她说："专注力至关重要，你永远不会忘记你每天做的事情，会一直努力改进，让客户享受更美妙的体验。"

关于波仙的现状，她说："我们实际上有三个独立的业务，即珠宝、手表和礼品销售，这三大业务截然不同。珠宝业务占80%，其他两项业务各占10%，但我们的总体经营理念是一样的，那就是：尽全力让客户满意。我坚持认为，当客户进门后，他们必须很快得到殷勤的招待。这会让某些客户发狂，因为他们只是进来看看，不希望一直被打扰。但我最不想看到的是，顾客进门后无人招待。如果顾客得不到妥善的照顾，你将会无生意可做。"

一直坚持这样的经营理念为公司赢得了良好的声誉，雅克认为这是波仙珠宝公司重要的竞争优势。然而，公司还具备其他竞争优势。她认为，其中之一就是，"我们有大量的专业人才。例如，我们有15名具有研究生学历的宝石学家。大多数珠宝商店有一名这样的人才就算很幸运了。一切与珠宝有关的事宜都是在店里完成的。我们有自己的工作台，自己维修，礼品存货充足"。

店铺的位置本身是另一项优势。她说："坐落于奥马哈可以让我们的营业成本降至最低。"正如沃伦·巴菲特几年前对伯克希尔的股东解释的那样，"波仙的营业成本大概是营业额的18%……一般竞争对手的为40%……就像沃尔玛的营业费用只占15%，因此可以以其他高成本竞争者无法提供的价格销售，从而不断提高市场占有率，波仙也是如此，适用于卖尿布的方式也适用于卖钻石。由于价格低廉，销售量相当大，因此我们可以备有各式各样的产品存货，与其他的普通珠宝店相比，我们的规模是它们的10倍甚至更多"。任何时候，波仙可供出售的商品大约有10万件。雅克总结说："最专业的员工以优惠的价格、优质的服务向客户提供最值得信赖的商品。"

有意思的是，尽管雅克全身心地投入公司经营，当被问及她最钟情于什么时，她毫不犹豫地说："我的家庭和我的工作，但我的家庭始终排在第一位，因为我相信，能陪我到最后的是我的家人。我也相信，我还会在波仙工作很长时间，但我不确信是否会工作到快离世时。"她承认："当我离开这里回到家时，我真的试图把与工作有关的事情关在门外。我不想把工作带回家，因为我不能这么做。到家后，我就要过完全不一样的生活，把工作带回家对我的家人不公平。因此，在我开车回家时，我就会调整到另一种状态。"她承认，平衡家庭和工作很不容易。她曾说过，"最大的挑战是，一方面我是一名妻子，两个孩子的母亲，另一方面，我肩负着波仙发展和成功的重任，平衡好两个方面很难。我真的觉得选择做全职妈妈对我而言是最好的决定。每当出差时，比如出外采购珠宝或者参加各种组织的董事会会议，需要离开家人时，我就觉得很难受"。

除了需要解决家庭和工作的冲突外，她不认为性别对她的职业生涯产生了影响。她说："我从来都不认为女性受到了区别对待。我成为公司总裁时只有34岁，我当时认为我的年龄是个问题，但我不认为我的性别是个问题。"事实上，她相信，"正因为我是女性，一些机会才落到了我头上，所以我觉得自己身为女性是非常非常幸运的，因为它为我打开了机遇的大门。但是，这并不是说我必须做出改变，改变会自然而然地发生。我在正确的时间出现在了正确的地点，就这样，我站在了潮头"。

1999年，女性珠宝协会（Women's Jewelry Association）授予雅克年度最佳零售奖（Annual Award for Excellence in Retail）。她意识到，过去几年来，珠宝业的女性高管人数大幅增加。目前《财富》500强公司中，仅有两家公司由女性掌舵，她意识到女性高管人数还有很大的增长空间。她说："我认为，年轻女性们看到珠宝业不再像过去那样被男性主导时会大受鼓舞。我自己从基层做起，最后被任命为CEO，这让很多人看到了希望。正如我一直以来告诉员工的，我不会永远身居这个职位。事实上，我最乐见的是，一个从事礼品包装的女孩子告诉我说，她希望有朝一日坐上我的位子。我认为这太棒了。有一次，我在一个珠宝商会议上发表演说后，一位年轻的女士走过来对我说：'您的演讲太具有启发意义了，真的让我大受鼓舞。'我很乐意看到这样的效果。"同时，雅克会适时地提拔女性做高管。在波仙的7位执行经理中，两位是男性，其余5位都是女性，这预示着整个行业的未来发展方向。

雅克认为，只有回馈行业和社区才不辜负自己受到的优待。她目前担任美国宝石学院院长和美国珠宝商董事会（Jewelers of America Board）秘书的职务，她也是珠宝商警戒委员会董事会（Jewelers Vigilance Committee Board）的成员。就本地来看，她在奥马哈商会（Omaha Chamber of Commerce）、克雷顿大学（Creighton University）和美国肺脏协会（American Lung Association）的董事会任职，她也是内布拉斯加大学医学中心咨询委员会（University of Nebraska Medical Center Advisory Council）的成员，自1995年以来，她一直是青年总裁组织（Young Presidents Organization）内布拉斯加分会（Nebraska Chapter）的成员。

雅克深信，由于珠宝满足了人们的特殊需求，因此该行业的前景非常光明。她说："虽然我们卖的是珠宝，但我们实际上做的是与爱和浪漫有关的生意。在人们的生活中，珠宝是纪念特殊时刻或事件的标志。当一个年轻人来买订婚戒指时，他不是在买钻石和金属镶嵌物，他买的是象征着他对所钟爱的、他愿意与之共度余生的女人的爱的物品，因此这个行业处理的是与快乐时刻有关的事物，而人们总是有快乐的时刻。当然，我们的业务受可支配收入的影响很大。在经济繁荣时期，生意会非常好，在经济衰退时期，生意会比较冷清，但不会无生意可做。人们不会因为钱不多就错过这样的时刻，他们只是会少花钱而已。因此我认为珠宝业的生命力很强，我们未来会遇到非常好的机会。"

雅克也很看好波仙珠宝公司的未来。她说："过去几年里，我们的销售额呈指数级增长态势，因为我们一直秉持着这样的核心理念：以优惠的价格、最优质的服务向客户提供最值得信赖的商品。大量的生意是通过口碑赢得的，这是很棒的结果。一些经验丰富的人会向其家人和朋友推荐我们，通过这一途径得到的生意是最好的。我认为，只要我们不忘初心，继续努力，我们就会持续增长。"雅克预期增长会在内部而非通过收购其他公司或开设更多分支机构实现。她说："我们的单店位置以及保持较低营业成本的能力是我们最大的优势，我们在其他地方无法复制这种优势。我们最不愿意做的就是，像我们的大多数竞争对手一样，在某个地方开设营业面积达4 000—5 000平方英尺的店面。我们的规模和选品才是我们的与众不同之处。"

她也不希望互联网销售成为公司业务的重要组成部分。她说："通过点击鼠标来销售与爱和浪漫有关的产品是困难的。年轻的女士收到通过网络购买的订婚戒指时，高兴的人恐怕不多。购买戒指的过程涉及强烈的情感因素，是无法用电脑取代的。"与此同时，雅克说，波仙正在利用这项新技术。"我认为，它能让我们向更多的受众推销我们的产品，而且我认为，随着互联网越来越成为许多人的日常工具，随着越来越多的家庭购买电脑、习惯使用它，网络会成为一种优秀的沟通媒介，而且最终会导致销售额增加。2000年末，我们推出了波仙珠宝的网络婚礼礼物清单（bridal registry online），这大大增加了我们的网络销量和对新老客户的曝光率。"

她认识到，网络会使公司面临更激烈的竞争，但她相信，"我们最大的竞争对手终将是一些大型连锁店，这些公司像我们一样，既有实体店，也通过网络销售。

至于自己的未来，雅克说，她希望在可预见的未来继续留在公司工作，退休还是很遥远的事情。她说："真的，我还有很长的路要走。"然而，应沃伦·巴菲特的要求，她指定了一位可能的继任者。"但是，"她补充说，"在我这个年纪，培养出一个接班人很难，因为我有可能还要在这里待20年。你知道，任何人都不愿意在20年的时间里担任二把手。"

如对珠宝行业和波仙珠宝公司持非常乐观的看法一样，她也非常看好伯克希尔·哈撒韦公司的未来。当被问及巴菲特离开后公司会怎样时，她毫不犹豫地说："公司依然会非常成功，他确保了这一点，他正在努力确保这一点。我认为，他不希望自己离开公司有什么不同，我想他希望公司能继续增长，我认为肯定会如此，因为他在选人方面非常明智。我确信，他已经深入考虑过这个问题，能够确保顺利过渡。我真的一点都不担心。"

苏珊·雅克并不是那种过度担忧的人，事实上，她最为人佩服的特点就是乐观。她说："我认为积极的态度是有感染力的，我在家里和工作中都很乐观，因为保持微笑不难，快乐的问候能让你赢得世界。我认为你的态度，你对待周围人的态度会对你的生活产生重大的影响。当有人抱怨你时，你做出的反应与他快乐时你做出的反应完全不同。当你对别人发牢骚时，他们也是如此。我认为积极的态度很重要，我很努力地保持这样的态度。"

苏珊·雅克的商业信条：

★ 承认错误；

★ 诚实、守信、正直；

★ 与所有人和睦共处，以积极的态度影响周围的人；

★ 组建一支优秀的团队；

★ 不忘初心，保持专注，尽全力使客户感到满意。

第十九章

杰出的零售商：杰夫·科蒙特

杰夫·科蒙特——赫尔兹伯格钻石公司

赫尔兹伯格钻石公司的办公室位于改装过的杰西潘尼（JCPenney）百货大楼内，大楼位于密苏里州堪萨斯城北部密苏里河右岸的一个古老市区，这里很适合经营零售店，因此公司在办公室附近开设了一家珠宝店。

与杰夫·科蒙特打交道时会感到很自在。正如所料，他对自己的事业充满热情，但他对信仰、家庭、帆船、跑车和雪茄同样充满热情。这位巴菲特的CEO透露了一些管理秘诀。第一，通过互联网向消费者出售300美元以上的产品被证明是困难的，这一事实使伯克希尔的零售业务更加安全了。第二，每个企业都有明确的继任计划。正如伯克希尔的股东指定捐赠计划能帮助股东思考慈善活动、礼品赠送和他们自己的遗产一样，每位CEO每年都要向伯克希尔总部提名自己的接班人人选，帮助伯克希尔的总裁思考未来的管理层结构。巴菲特要求每个子公司的经理人每年或者每隔几年向他报送本公司CEO的继任人选。巴菲特也履行这项管理任务，他本人也留下了一份自己去世后会公开的文件，文件的开头是："昨天我去世了，我推荐×××接任伯克希尔·哈撒韦公司的CEO。"第三，科蒙特指出，几乎每位巴菲特的CEO都会积极参与社区和慈善活动。第四，创始人对企业的热爱很难被复制。第五，与赫尔兹伯格和其他伯克希尔的子公司竞争，企业需要强大的基础设施。基础设施的建设需要人才、时间和资金。赫尔兹伯格钻石公司具有持久的竞争优势，而且盈利能力极强。然而，科蒙特承认，他的公司被伯克希尔收购后曾犯过一些错误，幸运的是，他及时纠正了错误。公司目前是业内领先的珠宝商，其店铺的平均销售额在业内排第一。

杰夫里·W. 科蒙特（Jeffrey W. Comment）是赫尔兹伯格钻石公司的董事长兼CEO，该公司位于密苏里州的堪萨斯城北部。他喜欢讲述自己升任当前职位的经历。1995年，赫尔兹伯格钻石公司的董事长兼CEO，也是公司的主要所有人巴尼特·C. 赫尔兹伯格将公司出售给了巴菲特，在此之前，杰夫·科蒙特一直担任该公司的总裁兼首席运营官。科蒙特说："巴尼特想退休，我同意留下来经营公司。因此，收购完成后，我对沃伦说：'好了，顺便提一句，我们一直没提我的职务名称。'沃伦说：'你自己定吧，只要跟你目前做得的工作相匹配即可。'因此，我给了自己董事长兼CEO的头衔。现在，当有人问我是否需要一位总裁时，我会说：'不需要，因为上一任总裁做得不好，我们还没有撤他的职呢。'"

无论头衔是什么，杰夫·科蒙特坚持认为："我实际上是名推销员。公司里的人可以叫我董事长和CEO，沃伦也叫我董事长和CEO，但我就是个销售人员，我真的很喜欢卖东西。我在公司扮演的角色就是，确保我们所做的一切都是为了出售更多的钻石。"鉴于科蒙特对销售的热爱，我们很容易理解，他早就知道自己想做什么了。他出生于印第安纳州（Indiana）的韦恩堡（Fort Wayne），1966年获得印第安纳大学（Indiana University）市场营销学士学位，他回忆说："大学毕业后我从福特汽车公司得到了第一份工作，担任区域销售代表，即公司与经销商之间的联络人。但我当时做得不太好，因为这不是销售类工作，我只是在公司和经销商之间来回传话。我真正想从事的是销售工作。"

事实证明，福特的这份工作是科蒙特从事的最后一份与销售无关的工作。他说："我决定去从事零售业。我去了佛罗里达坦帕的马斯兄弟（Maas Brothers）百货公司求职。他们想让我参加主管培训，但我来不及参加，因为培训早就开始了。因此他们说：'你先到销售部门工作6个月，等到下一季培训时，我们会把你列入培训名单。'就这样，我开始销售男士领带。我下定决心要在圣诞节销售出更多的领带，成为销量冠军，我确实做到了。这次经历之后，我确信零售业是适合我的行业。"在马斯兄弟百货公司积累了经验后，他于1971年、1974年分别在迈阿密的伯丁斯百货公司（Burdines）和乔丹·玛什百货公司（Jordan Marsh）担任了更高级别的职务。1979年，他加入了费城的约翰·沃纳梅克百货公司（John Wanamaker）担任副总裁，1983年升任为执行总裁，1984年成为总裁兼首席运营官。1988年，巴尼特·赫尔兹伯格聘请他担任总裁，管理赫尔兹伯格家族的珠宝公司，就这样，科蒙特来到了堪萨斯城。

■ 平衡资产风险

巴尼特的祖父莫里斯·赫尔兹伯格（Morris Helzberg）于1915年在堪萨斯州的堪萨斯城创立了赫尔兹伯格钻石公司，该公司是真正的家族企业。"开张后的第一年，莫里斯的房东说，如果他愿意将每月的租金由25美元提高至29美元，房东就会出500美元修理店面。"他的孙子后来解释说："经过再三考虑后，他们一家决定接受这个提议。家里的所有人从一开始就都参与了这个小店铺的经营。严重的问题，比如4美元的租金上涨，都会被全家人讨论数个小时，每一位家庭成员的意见都得到了考虑。"1945年，莫里斯的小儿子哈尼特（Harnett）接替父亲担任公司的负责人，1963年，哈尼特的儿子巴尼特接替了他。

赫尔兹伯格最初的店铺仅有12英尺宽，到1988年杰夫·科蒙特成为总裁时，公司已经在美国中西部拥有70个店铺了。而且在巴尼特·赫尔兹伯格和科蒙特的带领下，公司实现了更快的增长。到1994年，赫尔兹伯格宝石公司在美国23个州拥有134个门店，年销售额高达2.82亿美元。但是，时年60岁的巴尼特开始担心，他的所有资产被放在一个篮子里会有风险，即使篮子是他自己家的。此外，他对众多非营利性的社区项目越来越感兴趣。他开始考虑一些方案，包括出售公司或将其上市。他与摩根士丹利接洽，探讨公司的发展前景。他不再想从事公司的日常管理，但他又不希望自己的行为对公司的员工、文化或客户至上的经营理念产生不利的影响。除此之外，他还希望公司能被完整地保留在堪萨斯市，而且在可预见的未来继续保持增长。

1994年春天，他去纽约参加会议，当时他仍在考虑能解决上述问题的万全之策，巧的是，他碰到了沃伦·巴菲特。正如巴菲特后来对他的股东讲述的："1994年5月，在年度股东大会召开后不久，正当我在纽约第五大道与58街交叉路口准备过马路时，突然听到一位女士叫我的名字，她说她很喜欢参加伯克希尔的股东大会，过了一会儿，旁边一位先生听到这位女士的谈话后，也把我拦了下来，没想到他竟是巴尼特·赫尔兹伯格，他持有伯克希尔4股的股份，同时也参加过我们的股东大会。我们进行了短暂的交谈，他说他有一家我们可能会感兴趣的公司。当人们这么说的时候，一般都是指一些茶水摊，当然搞不好，也有可能会变成微软第二，所以我只是简单地请他把公司资料发给我。我当时心想，一切就到此结束了。"但事情并没有结束。有意思的是，虽然赫尔兹伯格有意出售公司，而且主动找巴菲特谈了话，但他却不愿意提供巴菲特想要的资料。正如他后来回忆的："我是那种安全意识极强的人，即使别人问我时间，我都会先确认一下他不是个危险分子。但最后，我对自己说：'你这个蠢货，把资料发给他吧！'"

看完资料后，巴菲特对赫尔兹伯格钻石公司很感兴趣。赫尔兹伯格后来说："当巴菲特第一次给我回信时，他说我们公司在很多方面与伯克希尔·哈撒韦很相似。对我而言，这是极大的溢美之词。"巴菲特还邀请赫尔兹伯格去奥马哈面谈，而且，正如科蒙特回忆的，"某个周一的早晨，巴尼特和我带着摩根士丹利为我们准备的资料飞赴了奥马哈。但沃伦说：'我对那些账簿不感兴趣，也不想跟摩根士丹利扯上关系。'然后他问巴尼特说：'你为什么想卖掉公司呢？'巴尼特解释了10分钟或15分钟的时间，沃伦说：'好吧，你想抽身做其他有意义的事情。'他看着我说：'给我讲讲这家公司的情况，告诉我买下它的理由。'我的回答听起来像陈词滥调，我说：'您想听简短版的还是详细版的？'我担心他时间不够。但他看着巴尼特说：'我确信他想把公司卖个好价钱，你最好讲个详细版的。'因此我解释了一个半小时，其间回答了他提出的十几个问题。我说完后，他又看着巴尼特说：'几天后我会给你打电话，告诉你我的出价。'整个过程就是这么简单"。

几天后巴菲特真的给赫尔兹伯格打了电话。正如赫尔兹伯格后来回忆的，"与沃伦协商时基本上没有协商的余地，他说什么就是什么"。赫尔茨伯格想要的是股票，他不想要现金，最终他和巴菲特就价格达成了一致（具体的价格从未对外公布过）。他们还同意由杰夫·科蒙特经营公司，巴菲特对这一安排非常满意。

正如他后来对伯克希尔的股东所说的："我们花了一段时间才在价格上达成协议，此外从头到尾我都没有太多的疑问，首先，赫尔茨伯格珠宝公司是我们想拥有的那类企业；其次，杰夫是我们喜欢的那类经理人，事实上，要是公司不由杰夫经营的话，我们可能不会考虑买下它，买下一家管理层不出色的零售企业，就好像是买下一座没有电梯的艾菲尔铁塔。"他补充说："虽然没有义务，但巴尼特还是将出售企业的所得与众多员工进行了分享，从这点来看，他是个对员工非常慷慨的人，相信他也会公平合理地对待新买主。"

赫尔兹伯格也对协议非常满意。他说："沃伦·巴菲特从一开始就是我们的梦想，有些遥不可及的梦想。我们的家族企业已经营了三代，在伯克希尔·哈撒韦的大旗下它将继续增长和繁荣，对此我非常高兴。我相信，这次所有权的变更会让赫尔茨伯格钻石公司的员工成为赢家，让伯克希尔·哈撒韦公司的投资者成为赢家，也让我们家族成为赢家，最重要的是，公司的客户也是赢家。"

至于杰夫·科蒙特，他也对这次收购感到非常高兴。

■ 经理人具有制定对策的必要能力

这笔交易几乎没有对公司产生任何影响。科蒙特说："真正发生的唯一变化是，在我们被收购后的第二天，沃伦打电话给我说：'猜猜你今天要做什么？'我问：'做什么？''断了与所有银行的联系，因为从现在开始，我就是你的银行了。'我是做这类事情的专业老手，但有时候我还是会暗自窃笑，因为这些年来（那些银行）不愿意批给我们想要的额度。除了解除与银行的关系外，伯克希尔·哈撒韦没有要求我们做出任何改变。公司出现了一些战略性的调整，但那是公司为促进增长自行做出的调整，不是伯克希尔要求的，其他方面没有任何改变。"

即使巴菲特是那种喜欢干预公司事务的董事长，他也没有理由对赫尔兹伯格钻石公司这么做。只有一种情况下，他可能会在诱惑下进行干预。科蒙特说："1995 年，也是他收购我们公司的那一年，我们的生意相当不错，但一年后我们陷入了大麻烦。1996 年，我们的业绩因种种原因严重下滑。我们扩张步伐太快了，人手不足。萨尔斯（Zales）公司却起死回生，又成了我们的竞争对手。西格奈特（Signet）给斯特林（Sterling，另一个竞争对手）大量注资，而且，我们都掉以轻心了。"

"所以我给沃伦打电话，向他汇报 12 月份的数据，并预测来年的生意情况，我认为不太乐观。他说：'你打算怎么做呢？'我说：'我需要 30 天'——我认为这是我能争取到的时间，'我会到奥马哈，当面向您汇报我将如何做。'因此我去了奥马哈找他面谈。这是（收购后）我唯一一次去奥马哈看沃伦·巴菲特，我告诉他，我们将对公司结构做出调整，还要在其他方面进行改革。我去奥马哈并不是为了得到他的批准，而只是想告诉他我们将要做什么。他想知道 1997 年的规划，也想知道公司销量什么时候能恢复到之前的水平，我告诉他，我们在1997年会先稳住销量，1998年会有明显的好转。自此之后，我们的业绩一直飘红，到2000年，我们的业绩创下了公司成立86年以来的最高纪录。"

公司每年都在增加门店数量。赫尔兹伯格钻石公司目前在38个州拥有236家门店，是美国第五大珠宝连锁店。科蒙特说："赫尔兹伯格钻石公司最令人兴奋的成绩是店铺的平均销售额，我们的这一数字在业内是最高的，接近220万美元，我们的很多竞争对手的这一数据为100万—150万美元，少数店铺能达到150万美元左右，但我们仍然遥遥领先。"

赫尔兹伯格钻石公司取得如此佳绩的秘诀是：选择极佳的地点（通常是在大购物中心），投入大量资金装修门面，店面设计一流，店内人员经过严格的培训，精心搭配商品组合，树立强烈的品牌意识。

这些举措使得赫尔兹伯格钻石公司2001年的销售额超过了5亿美元，估计年税前利润为5 000万美元。这意味着，自伯克希尔收购赫尔兹伯格钻石公司以来，该公司每年的销售额增长率超过了40%。

绝大多数的赫尔兹伯格店铺都位于购物中心，但约20%的是独立商店，或者如科蒙特所说，它们是"自由店"（free standers）。

科蒙特认为，赫尔兹伯格钻石公司能取得成功主要是因为，该公司是珠宝行业中第一家以非传统的方式经营的公司。他说："珠宝行业的从业者只关注珠宝，而且，他们没有真正了解零售业。他们不明白，珠宝店不应该被视为单纯的珠宝店，而应该被视为销售珠宝的零售店，二者间的区别很大。我们现在确实是零售商，这并不意味着我们不了解产品，而是意味着，我们了解零售原则，我们认为零售跟珠宝产品一样重要。"

科蒙特说，第一个原则涉及商店的氛围。"店铺的设计要独特，要能吸引顾客上门，而且让顾客进门后感觉很舒服。我们高级珠宝店的装潢是最漂亮的，购物中心没有比我们的装修更漂亮的商店了。第二，是产品的搭配。产品的搭配要涵盖所有的种类、不同的价位，它们的陈列要有足够的吸引力，当顾客看到它们时会入迷，会有买走的欲望。我们之前的利基市场是中产阶级，他们在商店里可以买99美元的珠宝，但现在我们的利基是高端中产阶级，我们了解这些客户，而且会真诚地对待他们。"

"第三是，你必须确保员工为客户提供卓越的服务。我们拥有非常专业的团队，他们都是想照顾客户、热爱自己的事业的人。与大多数竞争对手相比，他们的服务更加出色，产品知识更加丰富。事实上，团队才是我们成功的基石。任何人都可以开设一家漂亮的店铺，任何人都可以从店里购买产品，任何人都可以复制我们的商品目录或模仿我们的电台广告，但人是无法复制的。培养一个忠诚的客户群体需要花费数年的时间。"科蒙特总结道："你必须彻底了解你的品牌和营销，要把它们与店铺的氛围、商品的搭配和服务等因素相结合。这样的思维在其他珠宝店不存在，但存在于销售其他特殊产品的商店中，比如休闲服饰专卖店盖璞（GAP）和淑女服装专卖店（The Limited）多年前就在运用这样的理念了。但高端珠宝店的人员没有这样的思维。这给了我们可乘之机，我们要赶在其他珠宝公司之前运用这一理念，因此我们赢在了起跑线上。20世纪90年代，我们得到了很多市场份额，我们将继续保持下去。"

当被问及自加入赫尔兹伯格钻石公司以来取得的成就时，科蒙特说："（看到）这家公司已经变得更像零售商而不是珠宝店时，我感到很欣慰。我们的关注点已经改变了，我为此感到自豪。"他的第二大成就是"我们员工的专业素养得到了极大的提高。我刚来时，公司有约70家店面和约800名员工，现在我们拥有236家店面和3 000名员工。但即使公司规模扩大了两倍，员工仍然对它充满热情。我们并没有丧失激情"。关于第三个重要的成就，他说："我能够为伯克希尔·哈撒韦公司的投资人带来回报，对此我非常自豪。我们的企业盈利颇丰，在珠宝类企业中名列前10%，至少从税前利润来看是如此。"

公司的卓越表现无疑有助于杰夫·科蒙特与其老板之间的关系，但巴菲特和他之间的关系与巴菲特和其他CEO之间的关系存在差异，因为科蒙特是赫尔兹伯格钻石公司的雇员而非所有者。巴菲特的一条收购原则是，从所有者/经营人手里收购公司，并要确认这些人是否将继续经营公司。但在收购赫尔兹伯格钻石公司时，所有者没有运营公司，运营人是杰夫·科蒙特，而且被收购后公司的负责人还是他。

尽管此次收购情况有所不同，但巴菲特已经提前知道了这一点，而且，显然他和科蒙特都认为这不是问题。科蒙特说："巴尼特是个非常诚实的人，无论是对公司内部的人还是对收购公司的人，他都坦诚相待。当然，他把实情告诉了巴菲特。他说：'我是主要的所有者，但杰夫是经营公司的人，而且他一直在经营公司，他比任何人都更了解公司。今天公司里的每个人都期待他的领导，他们并不唯我马首是瞻。我的意思是，虽然我的名字还贴在门上，而且一直贴在那里，但杰夫才是实际的负责人。'"

科蒙特说："正是因为他在这笔交易中如此坦诚，沃伦才对我信任有加。我的意思是，巴尼特如此信任我，将一切都交给我打理，这一事实对沃伦很有说服力。他认为，我能为前东家打理好公司，也就能为他打理好公司。尽管如此，他还是询问了我是否愿意经营这家公司。我回答说，我热爱这家公司，我热爱公司里的员工，我会尽全力经营好它，使它蒸蒸日上。我认为，成为伯克希尔的子公司对该企业而言是很棒的事情，我很乐意为您效劳。"

■ 经理人所获得的安全感

科蒙特发现，他与其他CEO一样，确实喜欢为巴菲特工作。当被问及成为老板核心圈子的成员有什么感觉时，他说："感觉很安全。这绝非虚幻的安全感，是那种能让你为公司、为员工、为投资者做任何事情而不必担心的安全感，这在大型组织内很难得。我想给公司的员工提供这种安全感，就像沃伦给了我安全感一样。"科蒙特补充说："沃伦和我个性截然不同，但我们确实信任彼此，非常尊重彼此。我认为他所有的经理人都是如此，他们互相信任。外部的人不会理解这种化学反应。今天，很多企业内缺乏这样的化学反应，企业虽然也在运转，采用的策略也正确，但人们失去了激情，失去了对业务的热爱。我们公司不是这样。"

科蒙特说："沃伦是个天才，只不过是以独特的方式表现出来。有时候人们会以冷酷、机械、类似计算机的方式表现出天才的一面，但沃伦是一个亲切、温和、风度翩翩的人。两年前，由于我们很多店铺的经理人都没见过他，所以我邀请他参加了我们的一次领导人会议，并邀请他共进晚餐。他不常参加这样的活动。我们把这次活动称为'沃伦之夜'，参加活动的大约有250人。会场有一个小舞台，上面有一张铺着桌布的牌桌，桌子上放着几瓶可口可乐，还有一个麦克风，桌子后放着一把破旧的椅子。我的意思是，舞台上布置得就好像我们刚破产一样。沃伦在桌子旁坐下，先讲了几个笑话，然后他把身子往后一靠说：'你们可以问我任何问题，想问什么就问什么。'"

科蒙特继续讲述："你知道吗，沃伦从不提供任何建议。但我们有一位店铺经理刚离婚，30岁，有两个孩子，她问：'我现在这种情况该怎么办，您能给我一些建议吗？'沃伦说：'我一般不回答这类问题，但今天破个例。'然后他谈到了分散投资，30岁时多冒冒险，40岁、50岁要保守一点。他谈到了股市。他说：'不要怕行情的涨落。不要经常买卖，不要陷入琐事无法自拔，不要每天读报，不要被吓倒。'他讲了10来分钟。最后他说：'这些建议是免费的，但只针对你。'他当时的表现就像一位父亲在叮嘱自己的女儿，只不过是在250个人面前做的叮嘱，这可真是难能可贵。两个小时后，我不得不站起来宣布此次活动结束，因为我看出沃伦已经累了。我们的店铺经理们都非常喜欢他。这就是沃伦·巴菲特不为人知的一面。"

关于他和巴菲特之间的关系，科蒙特显得很谦虚。尽管众所周知，巴菲特会要求其经营管理人员推荐行业内适合伯克希尔收购的公司，而且近来收购了位于西雅图的本·布里奇珠宝公司，但科蒙特坚持说他没有对这笔交易做出任何贡献。他坚称："我与本·布里奇的交易没有任何关系，一切都归功于该公司的人。"然而，他承认，"沃伦只是从我这里得到了一些信息，他跟我通过几次电话，每次通完电话，我都会对自己说：'天啊，这感觉可真好，我给沃伦·巴菲特提了建议.'沃伦从来没有要求我推荐适合被收购的企业,但很早之前,我就跟他说过本·布里奇是一家人才济济的企业,该公司有一个非常好的利基市场。过了一段时间,我们在伯克希尔股东大会上见面了,他把我拉到一边,搂着我的肩膀说:'我要告诉你一个消息,我们和本·布里奇的交易敲定了,我将在一周内宣布这个消息。'"

科蒙特显然不愿意承认他对沃伦·巴菲特产生的影响,但他乐于承认巴菲特对他的影响。他并没有说他的老板帮他形成了自己的管理风格、信念和哲学,而是说巴菲特"强化了它们。我认为他收购赫尔兹伯格钻石公司的原因之一是,我们俩之间产生了很奇妙的化学反应。我们对许多哲学问题的看法相同,我们彼此欣赏和尊重。正因为如此,我认为他强化了我的基本价值观"。当被问及谁对他做生意的方式产生了影响时,他首先提到的是他的母亲。他说:"她可能是我一生中对我影响最大的人。她天生精于销售,既是买手又是销售员,她很有个性,也非常有魅力。"

■ 通过设定业务方向来领导

科蒙特描述这些人帮他形成的管理风格是"通过设定业务方向来领导。这是最重要的"。他说:"我要确保我们忠于自己的使命,我认为所有优秀的CEO都必须这么做,你不能授权他人去做这件事。但一旦你做了,你就必须把一群有能力执行战略的人聚集在你的周围,然后给他们机会去执行。有时候,对于战术方面的问题,我可能做得有些过头了。但我有7位出色的副总,他们很擅长做这方面的工作。而且,因为我总是让他们放手去做,他们出色地完成了各个方面的运营任务。"不过,他会密切关注数字的变化。他说:"我知道生意来自哪里,我知道哪些店铺的营业额增幅特别大,我也知道哪些店铺正在苦苦挣扎。我知道哪类商品存在问题,我也知道这些店铺和商品类别出现问题的原因,我通常也很清楚该如何解决它们的问题。"

当被问及成功的运营经理人应具备哪些重要的素质时，他说："第一个是品性。这一点过去很重要，在当今世界尤其重要，我怎么强调这一点都不为过，沃伦也是这么认为的。他对他的经理们说：'我们可以失去一笔交易，我们可能失去一次交易机会，但我们不能丧失正直的品性。'他说得完全正确。在企业里，我必须率先垂范，无论做什么事情，我都要成为具有良好品性的模范。"第二个重要的元素是"对使命充满热情。要理解使命，并协助公司把使命具体化。我对我们的使命充满热情，我希望周围的每个人都这么想：'我不得不穿上我的运动鞋跟上杰夫的脚步，因为他对我们正在做的事情如此热情'"。最后，他说："你必须一直努力，确保具备促进公司成功的知识和能力。这可能涉及很多方面，对现在的我而言，这意味着更多地关注现有技术，了解它们，以便更好地利用它们。"

当然，在某些领域，他认为自己具备完成工作所需的能力。他说："我的直觉很好。我能靠直觉准确地判断出这个业务应该属于零售业的哪个专业领域，这可能是我过去30年锻炼出来的，但也可能是天生的。我们曾面临一些生意机会，但仔细评估后，我们拒绝了这些机会。例如，我们有一个拓展国际业务的机会。来自日本的一个团体向我们提出了5年内开设50家赫尔兹伯格珠宝店的建议，被我拒绝了，后来我们的一个竞争对手接受了这一提议，最终铩羽而归。"

此外，他说："我是个企业家。我总是允许公司做与众不同的事情。但同时，我要确保公司保持高度的专注，永远不能忘了我们的客户是谁，以及我们创建的品牌如何与他们建立联系。"最后他认为，他最大的能力是"凝聚一群人，领导他们，让他们觉得自己正在表演。我很擅长此道，因此我知道我们什么时候脱轨。我可以把我的飞机降到1万英尺的高度，但我的下属希望我待在4万英尺的高度，我也喜欢待在4万英尺的高度。我们的方法很奏效。但是，你周围要有一个能做到这一点的团队"。

然而，科蒙特不只是赫尔兹伯格钻石公司的领导者，他也是当地社区的领导者。他积极参与各种社区组织，包括大堪萨斯城商会（Greater Kansas City Chamber of Commerce）、大堪萨斯城市民委员会（Civic Council of Greater Kansas City）、美国之心（Heart of America）、联合之道（United Way）和威廉·杰威尔学院（William Jewell College）等。他说："这些组织我都喜欢，它们都是很好的机构，对城市都有益。"但他说，让他感到最贴心的是"圣诞老人的礼物"（Santa's Gifts）活动，这是他于1995年发起的慈善活动。在每年距圣诞节两周时，该活动的组织者都会派圣诞老人去儿科医院，给那里就诊的孩子们送赫尔兹伯格钻石公司的吉祥物"爱心熊"（I Am Loved Bear）。科蒙特本人会穿着圣诞老人的衣服去看望全国各地的孩子们。2000年，他看望了达拉斯、芝加哥、费城和堪萨斯市的9家儿科医院的儿童。该活动举办时，全世界有40位圣诞老人出动，给15 000名孩子送"爱心熊"，并与孩子们拍照留念。在过去的两年里，通用电气和联邦快递是主要的合作方。科蒙特说："参加这类活动对每一方都有利。你的公司、你的客户、你的同事、你的贸易伙伴都是赢家。它让我们通过不同的途径触及了参与者的生活。"

科蒙特根据参与这一活动的经历撰写并自行出版了一本书，书名叫《圣诞老人眼里的乔纳森》（Jonathan Through Santa's Eye）。他说，写这本书的灵感源自一个名叫乔纳森的11岁小男孩，他曾在1997年去芝加哥路德综合医院（Lutheran General Hospital）探望过这个男孩。科蒙特回忆说："乔纳森感染了艾滋病毒，不久就可能离开人世了。护士告诉我，他可能只有一个月的时间了。护士不确定他是否想看到圣诞老人。但我还是去了他的房间。一看到我，他的眼睛就亮了起来，坐在轮椅上的身子也直立起来。起初，他的房间里还有其他人，有他的母亲、护士、儿童护理专家、公关人员，还有一名摄影师。乔纳森当时已经无法说话了，他的声带已被病毒侵蚀了，但是，当我跟他说话时，他发出了声音并挥动着双手。屋里的人都受不了了，一个个都离开了。大约15分钟后，房间里只剩下了乔纳森和我，我们一起度过了一段短暂的美好时光。尽管他不能说话，但他能以自己的方式跟圣诞老人交流。他的意思是说：

'我很高兴看到你来，你让我度过了美好的一天。'这是一次让我非常感动的经历，他给我带来了很多灵感。"

不论是出版书［所得收入全部捐给了伊丽莎白·格拉瑟儿童艾滋病基金会（Elizabeth Glaser Pediatric AIDS Foundation）]），还是亲自参与"圣诞老人的礼物"活动，它们都反映了科蒙特的信仰。他说："我是个基督徒。尽管我不喜欢在商场上过多谈论我的基督教信仰，但我希望它是引导我成为理想之人的明灯和灯塔。"他的信仰也促使他在早年间撰写和自行出版了《商场使命》（*Mission in the Marketplace*）一书。他回忆说："我当时正处于过渡期。我原本是费城约翰·沃纳梅克百货公司的总裁，该公司正被并入华盛顿的伍德沃德和洛思罗普（Woodward and Lothrop）公司。要放弃我在费城花了八九年建立的基业很困难，我的内心非常煎熬。但我的信仰使这一切变得简单了。这本书就是根据这段经历写就的，我想通过这本书告诉人们如何在坚持信仰的同时成为一名成功的商人，信仰如何帮助一个人成为更优秀的商人。"正如他在1997年接受《堪萨斯明星报》（*Kansas City Star*）的记者采访时所说的，基督教强调正直诚信的重要性。他说："《旧约》（*Old Testament*）和《新约》（*New Testament*）的一个主要原则是诚以待人。这并不意味着你是软弱的，你应该是一个信念坚定、品性端正的领导者。如果你经营的企业也是有信念、有品性的，那么你会比那些残酷的家伙走得更远。"

他年轻时可不这么想。科蒙特说："我20多岁时，性格粗野，喜爱喝酒，行为有些癫狂。有一天，我走进了一座卫理公会教堂，填写了一张小卡片。别问我为什么这么做，我不喜欢有人来找我。教堂的牧师之前在海军担任牧师，性格也是相当粗犷。一个周四的晚上，大约11点钟吧，有人敲我的房门。我当时正喝着啤酒，抽着雪茄。我开门一看，原来是教堂的牧师。在接下来的大约6个月时间里，这个家伙每周四都来跟我喝酒。他成了我最好的朋友，受他的启发，我找到了信仰，成了一名基督徒，自此以后，我的人生发生了改变。我开始改变我的价值观体系，开始思考如何过好自己的生活。而且，后来我遇到了我的妻子玛莎（Martha），她的价值观与我的类似。要不是牧师，她是不会给我任何机会的，她肯定不会对老杰夫感兴趣。"毫不奇怪，他认为找到他的信仰和他的妻子是他人生中的两大亮点。

他说，他的妻子对他个人生活的影响最大。他说："我老婆经常指出我的毛病，当然，她也是我一生的至爱。我们结婚30年了，我今天取得的很多成就都跟她密切相关。她是我的人生伴侣。"他们在很多方面互相扶持。两人育有两个孩子，分别是瑞安（Ryan）和克里斯汀（Kristen），现都已成年。科蒙特的兴趣很广泛，比如，他喜欢收集古董跑车和帆船。1999年，他得到了一个实现自己人生梦想的机会。他对《堪萨斯明星报》的记者说："西铁城手表（Citizen Watches）的CEO打电话给我说：'我知道你喜欢帆船运动。'他以有些开玩笑的语气问我：'你有没有参加过美洲杯（America's Cup）帆船赛？'我说：'没有。我还没到那么高的水平呢！'"不论水平如何，后来科蒙特接受了邀请，成了丹尼斯·康纳（Dennis Conner）的17人帆船队的一员，并参加了热身赛，该船队是由西铁城手表资助的。正如科蒙特指出的，这样的机会很不寻常，平时很少见。

57岁时，他还没有任何退休的意思，他还想留在赫尔兹伯格钻石公司继续工作。尽管有几家公司向他抛出了橄榄枝，但他说："我没有兴趣去其他公司工作。原因有三：首先，我对伯克希尔·哈撒韦负有责任和义务。伯克希尔·哈撒韦和沃伦收购这家公司时投入了大量资金。而且，我是当时收购交易的主要当事人，我对伯克希尔·哈撒韦负有不可推卸的责任。其次，我对本公司的3 000名员工负有责任和义务，我不能一走了之。我做出的每一个决策都会影响他们的生活。他们信赖我，才把公司托付给我。这可能听起来有些老套，但对我来说非常重要。最后，我觉得在这里工作很开心，我觉得在这里有用武之地。因此，当有人打电话对我说：'嘿，你想不想去ABC公司工作，那可是资产高达50亿美元的公司，你可以进入大平台。'我会告诉他们，'我已经身在大平台了。'"

就其"大平台"的未来而言，科蒙特说他希望公司能像过去一样保持增长。然而，他无意通过大手笔的收购来实现这一目标。他说："我观察过收购行为，研究过很多收购案例，我认为，收购对我们而言是最糟糕的策略。我们或许可以做20个店面的小交易，但考虑到我们的服务文化，而且服务是我们店铺获得高营业额的主要因素，收购100家店铺的连锁店会让我们崩溃。"提到公司目前每个店面的平均营业额接近220万美元时，他说："我们的目标是每家商店的平均营业额达到250万美元。与此同时，我们还在考虑每年增开10%的店铺。这意味着我们每年会新开设20或25个店铺，每个店铺的营业额会继续增长。这些新店铺都是宝贝，它们会是顶级商场的顶级店铺，是我们拥有的店铺，采用我们的装潢设计，由我们的人销售我们的产品。这就是我们准备做的事情。"

他不期望网络在他的生意中扮演重要的角色。"我们建设了很棒的网站，我们为此感到非常自豪。通过它，我们了解了顾客对公司、对珠宝产品的看法，它把顾客推向了我们的店铺。我们开设了一家网店，但是，若公司靠网店为生的话，我们恐怕会破产。我们发现，访问我们网址的人中，95%的会去查询最近的商店在哪里。总的来说，网络平台上很难销售价格超过300美元的商品。我们网络上的单笔交易平均额要远低于实体店的。人们喜欢看钻石，当他们花1 000美元或2 000美元购买钻石时，他们想看到它真实的样子，因为每一颗钻石都是不同的。我们认为，网站是推广品牌的一个途径，尽管日点击量一直在增加，但我们不认为可以通过网络完成大量交易。"

然而，科蒙特十分看好当前产值高达43亿美元的美国珠宝零售业的前景。他说："随着婴儿潮一代人年龄的增长，大量的资金和财富会流动。随着财富的累积，人们已经不想再让资金待在共同基金中了。在美国和世界其他地方，大量的珠宝被销售。我认为珠宝行业正处于黄金10年的开端。"科蒙特似乎不太担心竞争问题。他说："我预计我们最大的竞争对手还是全国的零售商，但我们将继续保持差异化经营，竞争将促使我们变得更强大。"

至于伯克希尔·哈撒韦的未来，科蒙特说："我个人认为，有一天沃伦会整合公司的基础结构。我的意思是，与大多数公司相比，伯克希尔的基础结构显得太单薄了。公司现在已经是大型集团了，到了进行整合的时候了。而且，如果伯克希尔·哈撒韦设置了一些机构，导致我无法每周跟沃伦通话，天也不会塌下来。我从他身上受益良多，我希望我的同事和伯克希尔·哈撒韦的投资者也能从中受益。无论如何，改变是必要的，不能一成不变。"

"有人问我，是否担心沃伦·巴菲特退休。我不担心。沃伦·巴菲特手下有那么多才华横溢的运营经理人，我相信他已经选好了接班人，在他退休或去世后公司仍然能顺利运营。这是事关信任的事情，我相信他。我们已经谈过了继任规划，但他并没有告诉我基础结构会是什么样子的，关键人物有哪些。他没有谈细节问题，但他那么精明，肯定会安排妥当。我不认为他走后企业会有什么不同，"他说，"我不会看到伯克希尔出现剧烈的变化。可能会有两个或三个人管理伯克希尔，而不是像现在一样，只有一个沃伦。但是关键岗位上的人还是会沿用伯克希尔的方式，我认为伯克希尔会发展得很好。我认为伯克希尔·哈撒韦各个公司的经理人会继续沿用之前的经营方法。"

杰夫·科蒙特真正担忧的是他的遗产。他说："我不是个野心勃勃的人，没打算成为全球珠宝大王。我只想留下一份遗产，让人们效仿，让我为其感到自豪，让我的孩子们和我的妻子也为之感到自豪。"正如他在2000年的珠宝商慈善基金会（Jeweler's Charity Fund）上讲的，"对我而言，生命的意义就在于'遗产'。我常对我的孩子们说，生命的意义在于'所做的一切能使这个世界变得更美好'。当你明白了自己想给世界留下什么样的遗产时，你就能确定你生活中的各个事项的排序是否正确了。对我而言，我的排序是：信仰、家庭、如何对待我在人生路上遇到的所有人"。

杰夫·科蒙特的商业信条：

★ 做员工和客户的表率。

★ 热爱自己的事业。

★ 专注于自己的优势，生意就会兴隆。要重视优质的服务、舒适的店铺和能满足客户需要的各种产品。

第二十章

新加入的经理人：兰迪·沃森和哈罗德·梅尔顿

兰迪·沃森——贾斯汀品牌公司

哈罗德·梅尔顿——艾克美建材品牌公司

虽是伯克希尔家族企业的新成员，但贾斯汀制靴公司和艾克美砖料公司已经营很长时间了，每家公司都具备巴菲特投资对象的所有经典特征。

伯克希尔是一家有点排斥高科技的企业集团，收购一流的西部靴子品牌和投资砖料公司是很合理的选择。其他企业热衷于投资网络和实体相结合的企业，但巴菲特和伯克希尔完成了对制靴企业和砖料企业的收购。伯克希尔此前对鞋类企业的投资令人失望，但贾斯汀制靴公司的表现似乎较好。

约翰·贾斯汀（John Justin）卧病在床，无法接受采访，因此其好友、现任董事长约翰·罗奇（John Roach）同意接受我的采访，谈谈与约翰·贾斯汀、贾斯汀工业公司、艾克美砖料公司、贾斯汀制靴公司、沃伦·巴菲特以及伯克希尔·哈撒韦公司有关的问题。罗奇具有独特的优势，他是无线电器材公司的前董事长兼CEO，曾参与过数百次的合并、收购、合伙和商业交易。

罗奇是来自得克萨斯的南方绅士，身材高大，是一位典型的CEO。如果好莱坞想找一位英俊的得克萨斯商业领袖或政治家的话，约翰·罗奇是个理想的选择。

一起接受采访的还有艾克美砖料公司的CEO哈罗德·梅尔顿和贾斯汀制靴公司的兰迪·沃森，因此接受我采访的人总共有3位。在接受我采访的所有CEO中，只有他们3个人穿着贾斯汀生产的西部牛仔黑长靴。

贾斯汀工业公司总部位于得克萨斯州的沃斯堡，其不同寻常之处是，它由两组风马牛不相及的公司组成。从本质上来说，这两组公司的唯一联系是，它们同属于一家公司。每组公司中历史最悠久的公司的营业时间均已超过了百年。一家是贾斯汀制靴公司，由赫尔曼·J.贾斯汀（Herman J. Justin）于1879年在得克萨斯州的西班牙堡（Spanish Fort）创立。另一家是艾克美砖料公司，由乔治·E.贝内特（George E. Bennett）于1891年在沃斯堡创立。1968年，两家公司合并，当时艾克美砖料公司的母公司福斯特·沃斯公司（First Worth Corporation）从约翰·S.贾斯汀（John S. Justin，公司创始人的孙子）手里买下了贾斯汀制靴公司。1969年，贾斯汀成为福斯特·沃斯公司的董事长，1972年，福斯特·沃斯更名为贾斯汀工业，在接下来的25年里，该公司通过收购其他公司不断发展壮大。

但到了1999年4月，已82岁高龄的贾斯汀身体每况愈下。经营了家族企业61年之后，他觉得是时候放弃了。为了出售公司，贾斯汀推出了一系列改革计划。等他退休时，公司董事会任命了一位董事，即约翰·罗奇，出任非执行董事长并监督计划的最终实施。时年62岁的罗奇是坦迪公司（Tandy Corporation），即后来的无线电器材公司的董事长兼CEO，贾斯汀的董事会请他帮忙时他辞去了这些职务。罗奇在公司重组方面经验丰富，曾经历过数百次的兼并和收购活动，是当时处境下贾斯汀工业公司的合适人选。在谈到贾斯汀时，罗奇说："约翰多年来在公司业务发展方面做得非常出色，他是一位正直、善良的绅士。他对自己的公司感到很自豪。他是西部世界的典范。他觉得我们的计划很好，但他认为自己年龄大了，没有精力去执行这一计划了。这一计划的核心是，将贾斯汀工业公司下属的企业整合为两家公司，一家是鞋类公司，另一家是建材公司，两家公司可独立运营。为此，1999年夏，公司董事会任命兰迪·沃森（此前一直在贾斯汀制靴公司工作）担任更名后的贾斯汀品牌公司的CEO，任命于1958年创立了艾克美砖料公司的哈罗德·梅尔顿为更名后的艾克美建材品牌公司的CEO。"

■ 增长模式取决于制定者

罗奇说："我们的计划进展得很顺利。我们将各个公司整合为两大集团，管理层也充分发挥了作用。我们为两大集团设计了不同的增长战略，因为我们知道，如果两家公司要各自发展的话，它们就必须运用强大的增长模式。两家公司的销售额和利润增幅都很大。到了2000年春末，即新公司成立一年后，有一些企业想收购我们的鞋业公司或建材公司，但没有人愿意把两家公司都买下来。但有一天，电话铃响了，是沃伦·巴菲特打来的。"

正如巴菲特后来对伯克希尔·哈撒韦的股东解释的那样："5月4日我收到了一个名叫马克·琼斯（Mark Jones）的人发来的传真，我根本就不认识这个人，他提议伯克希尔可以考虑参与收购一家不知名的公司，我回传真给他，表示除非是特例，否则我们很少跟别人一起参与投资，不过要是他肯把资料送给我们参考，事后若收购成功，我们愿意支付他一笔介绍费。他回复说这家神秘公司叫做贾斯汀。"当时，巴菲特联系了约翰·罗奇。罗奇说："沃伦显然已经研究过公司了，他对同时收购两家公司很有兴趣。我一直在等他指示下一步怎么做，但他没有任何指示。因此，最后我说：'沃伦，我们下一步如何做呢？你是否派几位会计师来查查账？要不要参观一些工厂，视察一些企业？'他说：'约翰，你知道伯克希尔·哈撒韦总部只有十几名员工（一名员工每周只工作4天），我不会派任何人去查账或视察工厂。如果有人去的话，那个人肯定是我自己。'我说：'那太好了。'于是我们着手安排接待他视察的事宜。"

罗奇说："当时我们也在和其他买家洽谈。沃伦来访的那一天，其中一个买家派来的会计师们正忙碌地在公司办公室里查账。因此，约翰·贾斯汀和我在我的办公室里会见了沃伦。也就是说，我们会面的地点不是在贾斯汀工业公司的总部，而是在位于福特堡市中心的坦迪大楼里。他请约翰讲讲公司的历史、家族的演化以及整合情况。当然，约翰很乐意讲这些故事。讲完后，沃伦开始谈伯克希尔·哈撒韦的情况，大约45分钟后，显然约翰被沃伦打动了。稍后约翰·贾斯汀离开了片刻，他让公司管理团队的人进来与巴菲特见了个面。沃伦说，他曾研究过公司数据，但他不了解公司财务方面的许多细节。实际上，他想知道公司的竞争优势、定位、市场份额和竞争对手的情况。"

"当然，"罗奇说，"他还想了解经营公司的人。我们在一起度过了一整天，而且他一直在做两件事：获取信息以便更深入地了解公司，温和地宣传伯克希尔·哈撒韦。最后，我们讨论了企业的价值，讨论了可能的价格范围。坦率地说，虽然他提出的价格范围很有意思，非常接近我们的心理价格，但我还是拖延了他，以便其他对公司感兴趣的人有时间提出报价。几周之后我们就要召开董事会会议了，因此我告诉所有感兴趣的买家，务必在会议召开之前提出报价。尽管我给了沃伦和其他人几天时间考虑，但沃伦几个小时之内就做出了决定。他用传真发来了报价，然后打电话询问我们是否收到了它。我说收到了，他说：'我还没把它给我的律师看，但条件就是这些。'我认为这是他的一大优点，有时候律师会延误交易或者使交易变复杂。"

"我们邀请了所有感兴趣的买家在董事会会议上演示其提出的交易条件，沃伦无法到场，因此他派鲍勃·德纳姆（Bob Denham）前来代他处理这边的事宜，后者是伯克希尔旗下总部位于洛杉矶的芒格、托尔斯和奥尔森律师事务所（Munger, Tolles, and Olson）的律师。鲍勃做了简单的介绍，而且下午5点钟左右，我们告诉他，我们希望他拟定最终的合同。我们还告诉他，我们希望在合同中加入6点内容。他说大约20分钟就可以找到沃伦。果然，大约20分钟后，沃伦到了一家酒店，他跟鲍勃打通了电话。他逐一听取了我们提出的6点内容后说：'当然可以加上，这太好了。一开始我们就应该考虑到这些方面。'几天后，最终的合同条款就拟好了，不到一周后，我们对外公布了这笔交易的信息。"

毫不奇怪，双方对协议都非常满意。合并的消息公布后，约翰·罗奇说："贾斯汀工业公司能被美国最受尊敬的公司收购，约翰·贾斯汀和我都非常高兴。沃伦·巴菲特和伯克希尔的商业理念和做法为当前的管理层提供了机会，能巩固我们强大的市场地位和我们的企业传统。我们相信，此次收购对我们的股东、我们的客户、我们的员工和我们的社区都大有好处。"巴菲特则说："伯克希尔有6万名员工（现在有10万多名），但总部4 000平方英尺的办公室里只有13名工作人员。我们不仅鼓励下属企业享有充分的自主经营权，我们还依赖这种模式运作。贾斯汀工业公司特别契合这种模式，它是由卓越的人士经营的卓越的企业。为贾斯汀工业创造了非凡业绩的经理人将像过去一样继续在沃斯堡经营。"尽管有这样明确的声明，一位记者随后还是询问巴菲特是否会去沃斯堡视察或经营公司，巴菲特的回答是，"不，那里的管理人员应该做这些事情。如果约翰·贾斯汀想邀我去吃牛排，我会欣然前往，但运营是企业管理层的事"。

为了庆祝这笔交易完成，约翰·贾斯汀赠送了巴菲特一双鸵鸟皮的牛仔靴。将自己的企业交到能保护它的人手里7个月后，约翰·贾斯汀去世。

当被问及巴菲特收购贾斯汀工业是为了靴子业务还是为了建材业务时，约翰·罗奇说："我猜可能更多的是为了靴子业务，因为它跟美国西部文化联系紧密，但给公司创造更多价值的实际上是制砖和建材业务。它虽然不太引人注目，却是真正赚钱的大业务。沃伦收购贾斯汀工业的支付条件是每股22美元，总计约6亿美元，其中约有18美元（总计约5亿美元）应归功于建材业，另外的4美元（总计约为1亿美元）归功于制靴业。不过，我认为，沃伦对贾斯汀工业感兴趣的真正原因是，我们每个业务都具有强大的竞争地位，较高的市场份额，得到高度认可的老品牌和出色的管理团队。他意识到贾斯汀工业公司的人都是非常正直诚信的人，一些企业不一定是这样。此外，很多人在公司里工作了很长时间，积累了丰富的经验，而沃伦想利用他们的忠诚和经验。"

■ 管理者的忠诚和经验

事实上，巴菲特给罗奇留下了深刻的印象。罗奇说："我们看得很清楚，他多年来收购的公司的经理人都会留在他身边，因为他给了他们自由。公司被收购后，其管理层仍继续自由运营的不多见，收购方会制定如何完善业务的宏伟计划，即使在大多数情况下他们并不了解业务。沃伦知道他收购了出色的企业，他会让管理人员按之前的方式运营。"罗奇注意到，"他确实来吃过牛排，而且来这里的时候他花了一个小时与两家公司的管理人员进行了交流。他向每家公司的管理人员明确表示，他们要独立经营，要自行制定计划并执行，要继续增强市场竞争优势"。"总体来看，"他说，"这是我见过的最没有争议的协商和过渡，但这是因为沃伦的境界与其他人不同。我曾与美国一些知名的高管打过交道，沃伦是独一无二的，他的风格很独特。"

鉴于罗奇对巴菲特的赞誉，毫不奇怪，他对伯克希尔·哈撒韦及其未来也持同样积极的看法。他说："伯克希尔显然是一家价值驱动的公司，前景非常光明。它另辟蹊径，走出了一条精彩的道路，它致力于长期价值，而非季度盈余。我认为致力于长期价值的经营理念是绝对值得的，这一点已在伯克希尔得到了充分的证明。归根结底，价值就是价值，最后它会体现为卓越的品牌、巨大的市场份额、巨大的现金流，这是制胜的战略。"

除了按计划将贾斯汀工业公司的两大业务分拆为伯克希尔·哈撒韦公司的独立运营单位外，公司被收购后几乎没有发生任何变化。少数几个变化之一是两位公司高管退休了，一位是贾斯汀工业公司的总裁兼首席执行官 J. T. 狄金森（J. T. Dickenson），另一位是高级副总裁兼首席财务官理查德·萨维茨（Richard Savitz），俩人的职务因两大集团分离而被取消。除此之外，罗奇说："伯克希尔·哈撒韦没有告诉我们或要求我们如何做，更多的是我们询问伯克希尔·哈撒韦他们想让我们怎么做。最常见的答复是：'你们认为怎么做最好就怎么做。'"按照计划，为了顺利过渡，约翰·罗奇在合并后继续工作了一段时间。几个月后，贾斯汀工业公司注销，两大业务的经营分别由贾斯汀品牌公司的兰迪·沃森和艾克美建材品牌公司的哈罗德·梅尔顿负责。

沃森于2000年春接手的公司创立于1879年，当时来自印第安纳州拉斐特（Lafayette）的皮革工匠赫尔曼·乔（Herman Joe）开始为得克萨斯州西班牙堡的居民制作靴子。当时，很少有商店提供高质量的皮靴，因此在开张的第一年，他就以8.50美元的价格卖出了120双。他还设计了一种测量工具，顾客可以使用它量脚的尺寸，他开始通过邮购的方式出售这种工具。由于客户的口口相传，他的业务量大增。10年后，他将店铺搬到了得克萨斯州的诺科纳（Nocona），他的业务不断扩大，最终发展成为一家家族企业，他的妻子和7个孩子中的大多数都加入了公司。1908年，他的两个年龄最大的孩子约翰和厄尔（Earl）成为了合伙人，公司的名字改为H. J. 贾斯汀父子公司（H. J. Justin and Sons）。

1918年，乔·贾斯汀去世。1924年，企业改组为公司制。约翰、厄尔和他们的弟弟阿维斯（Avis）成为董事会成员，乔的所有孩子都获得了公司的股份。一年后，由于公司扩张需要更多的营业空间和劳动力，H. J. 贾斯汀父子公司搬到了95英里外的沃斯堡。但乔的女儿，约翰等人的姐姐伊妮德（Enid）不愿意搬迁，因此她留在了诺科纳并成立了诺科纳制靴公司（Nocona Boot Company）。该公司后来成为贾斯汀的主要竞争对手之一。尽管存在竞争，但从第一次世界大战结束到第二次世界大战爆发，公司的生产量增加了2倍，这部分得益于20世纪20年代牛仔电影的流行及其激发的人们对西部文化的热情。即便是大萧条也没有对公司的销售产生影响。事实上，该公司取得了巨大的成功，以至于当时的负责人约翰决定将产品线扩大至户外靴和系带靴。

但约翰的扩张被证明是无利可图的，到了1949年，公司陷入了困境。约翰的儿子，32岁的小约翰，认为自己有扭转局面的良策。他买下了叔叔阿维斯的股份，成为了公司的大股东，他还从父亲那里获得了公司的控制权。作为贾斯汀公司的负责人，小约翰很快就完成了公司的现代化改造，开发了公司的第一套管理系统。他还运用营销和广告技术，使公司的产品远销到西南部以及整个美国。贾斯汀制靴公司也因此名声大噪，成了"西部的标准"。

1968年，小约翰将公司出售给了艾克美砖料的母公司福斯特·沃斯公司，并获得了福斯特·沃斯公司的股票，该公司当时的负责人是D. O. 汤姆林（D. O. Tomlin）。根据收购协议，小约翰继续经营自己的家族企业。这笔交易使贾斯汀成为福斯特·沃斯公司的第一大股东，但他同意汤姆林继续担任该公司的总裁兼CEO。起初，他对这笔交易非常满意，但由于各种原因，贾斯汀很快就对他的合作伙伴感到失望了。不到一年，他就提出诉讼威胁，想取消合并协议。但是，他知道打官司耗时耗力，花费极大，且旷日持久，因此他对福斯特·沃斯公司董事会提议，若由自己取代汤姆林出任公司的总裁兼CEO，他会放弃诉讼。贾斯汀随后说："我亮明了自己的底线，董事会的大部分成员都认同我的提议，因为他们当时也对公司的经营方式忧心忡忡，因此他们解雇了汤姆林，任命我接替他的职务。"

3年后，即1972年，贾斯汀将公司改名为贾斯汀工业公司，在接下来的25年时间里，他开始拓展制靴和建材业务。1981年，他从姑妈伊妮德手里买下了诺科纳制靴公司，1985年收购了位于威斯康星州（Wisconsin）的奇珀瓦鞋业公司（Chippewa Shoe Company）。他还把业务拓展至皮带、帽子、骑行靴，并授权生产贾斯汀牛仔裤（Justin Jeans）。1990年，他收购了位于得克萨斯州埃尔帕索（El Paso）的靴子制造商托尼·拉马公司（Tony Lama），他把公司卖给沃伦·巴菲特的10年后，美国市场上西部牛仔靴的总销售额为4.5亿美元，贾斯汀制靴公司的市场份额为35%。若以当前的价格计算，其市场份额接近75%。

那时，即将接管贾斯汀品牌公司的41岁的兰迪·沃森，已在组织工作了5

年（于1993年进入公司）。虽然沃森没有公司股权，也没有参与出售公司的谈判，但他同意继续运营公司是吸引巴菲特收购的一个因素。沃森也很认同巴菲特和伯克希尔对该公司的收购。沃森说："当我们听说公司要被卖掉时，整个公司内部弥漫着焦虑的情绪，我们担心，这家有120年历史的公司会出现一些重大变革。但是，让巴菲特这样的商业人士收购贾斯汀是对约翰·贾斯汀及其公司的褒奖。巴菲特了解我们的业务，我们的品牌，他也了解公司历史和传统的重要性。对于我们这种历史悠久的家族企业来说，收购可能会对西部产业产生负面的影响。但如果买主是伯克希尔·哈撒韦的话，这样的情形不会发生，不会有负面影响出现。"

让沃森特别高兴的一件事情是，巴菲特先生近来谈及了自主经营的事宜。他说："我在奥马哈有4 000平方英尺的办公空间，有12.5名工作人员，我们没有足够的空间容纳这里的950人。你们得留在沃斯堡开展你们的业务，有需要可随时联系我。"此外，沃森说："当我听到他说我们可以利用伯克希尔的资金拓宽我们的护城河时，我很兴奋。"除了贾斯汀外，伯克希尔还拥有H. H. 布朗鞋业和德克斯特鞋业公司。"通过收购贾斯汀鞋业，伯克希尔在鞋类业务中获得了更多的市场份额，"沃森说，"我认为，我们为他的鞋类公司带来了120年的历史和传统，强大的品牌知名度和显著的品牌资产。我们经历过制鞋业的起起落落，我相信，总有一天，所有这些鞋类公司将会为伯克希尔产生大量的现金流。"

就贾斯汀来说，提高市场份额相当困难，因为公司现在的市场份额已经相当高了，它最大的竞争对手就是它自己。沃森说："西部牛仔靴的客户群没有增长，因此，我们不打算投入大量的资金创立新品牌，这样做是白费力气，我们打算以现有的品牌推出不同价格的产品。到目前为止，我们的计划进展得很顺利，我们的销量正在增加。"他们也推出了贾斯汀原创（Justin Original）工作靴。他说："我们利用强大的品牌优势进入工作靴领域，我们凭借顾客信赖的质量、历史、品牌传统，推出了钢头加固、非钢头加固及其他工作靴，销路很好。"

至于贾斯汀的未来，沃森说："我认为，我们要专注于西部牛仔市场的规模以及我们销售的是生活方式和态度这一事实。如果西部牛仔市场突然增长或保持不变或下降，我们将继续通过新的销售渠道、新的价格点和符合顾客需要的产品来提高市场份额。"当被问及他是否乐见伯克希尔收购其他鞋类企业时，沃森说："我认为，多元化经营各类鞋制品是好事，但伯克希尔是否这么做无关紧要，我们是该公司的一部分，无论公司采取什么策略，我们都会感到很舒服自在。"

至于他自己的未来，43岁的沃森说："自1980年以来，我一直在西部牛仔行业打拼，至今已20余年，我打算继续留在这里。这是深入血液里的东西，是对古老西部的迷恋，是一种生活方式，即使握手都蕴含着特殊的韵味，体现了'到西部去吧，年轻人'的美国梦想。它具有神秘、独特的氛围，与其他行业都不同。对我们而言，我们的客户是非常特殊的。"

在西部工业氛围的熏陶下，贾斯汀制靴公司肯定与其前姊妹公司艾克美砖料公司的氛围有所不同。两家公司被伯克希尔·哈撒韦收购后实现了完全的分离，这对他们的经营方式没有任何影响，这一事实也证明了两者间的巨大差异。根据该公司（现更名为艾克美建材品牌公司）CEO哈罗德·梅尔顿的说法，"兰迪的部门和我们的部门之间没有任何协同行为。兰迪和我只能在社交活动中见到彼此，事实就是这样，因为我们经营的是截然不同的业务。我们的产品不同，我们的销售渠道不同，我们的客户也不一样"。事实上，即使在被收购之前，贾斯汀工业对它们的管理模式与伯克希尔的非常类似，这也是伯克希尔的董事长有兴趣收购的一个原因。

与贾斯汀品牌公司一样，艾克美建材品牌公司实际上是建材行业几家公司组合而成的，包括艾克美砖料、费泽莱特（Featherlite）、美国瓷砖（American Tile Supply）、得克萨斯石材（Texas Quarries）和玻璃砖网格系统（Glass Block Grid System）。艾克美砖料是其中最古老的公司，由乔治·E.贝内特于1891年在沃斯堡创立。贝内特于1852年出生于俄亥俄州的斯普林菲尔德（Springfield），16岁离开家乡去西部谋生。他先是在密苏里州圣约瑟夫（St. Joseph）为一个名为詹姆斯·麦克德（James McCord）的批发商工作，1874年，他在密苏里州巴特勒创办了自己的公司，但公司在19世纪70年代中期的经济大萧条中倒闭了，之后贝内特搬到了得克萨斯州。他在达拉斯的麦考密克收割机公司（McCormick Reaper and Harvester Company）找了一份销售员的工作，并迅速晋升为该州的销售经理。1884年，他跳槽到达拉斯汤姆金斯工具公司（Tomkins Implement Company）工作，担任该公司的总经理。与此同时，他创立了一家销售公司。

贝内特是个雄心勃勃的年轻人，他一直在寻找新机会。19世纪末，得克萨斯州的制砖业仍处于起步阶段，但市场对砖块的需求却急剧增加。巴内特看出了这种趋势，而且他对制砖业很感兴趣，因此他开始寻找合适的建厂地址。1890年，他在帕克镇的罗克里克（Rock Creek）找到了一个有黏土、适合制砖的地方。于是他在当地购买了土地，建立了他的第一家工厂。一年后，艾克美压制砖公司（Acme Pressed Brick Company）获准生产经营。正如贝内特所料，砖块的市场需求极大，以至于公司一开业，订单就纷至沓来，产品供不应求。在接下来的20年时间里，公司继续扩展和发展。1907年，乔治·贝内特去世，他20岁的儿子沃尔特·F.贝内特（Walter F. Bennett）接任总裁职务。然而，年轻的贝内特不仅继承了父亲的公司，还继承了公司的问题。乔治·贝内特去世那一年，金融恐慌导致公司的销量下降，这又引起了工人裁员和罢工。情况恶化到了乔治的儿子关闭工厂并为公司寻找买家的地步。但不久之后，得克萨斯州米德兰（Midland）的大火几乎将整个城市夷为平地，这给了贝内特挽救公司、重新运营的机会。

艾克美砖料公司得以继续经营，但20世纪20年代，市场对砖料的需求开始减少，建筑商开始使用其他建筑材料，特别是钢筋和水泥。这一趋势一直延续到了20世纪50年代，当时建筑商广泛使用玻璃制品，特别是在办公楼的建造中，这使得砖料销售愈加困难。到了20世纪60年代，建筑商运用了更加多元化的建筑材料，包括水泥、石棉水泥、铝材、钢材、塑料与泥砖等。而且多年来，绝大多数的制砖厂要么被收购，要么破产。1891年艾克美公司正式营业时，全美有5 000家制砖厂，每年砖块的产量是100亿块，到了1968年，整个美国仅剩下450家制砖厂，每年生产的砖块为90亿块。

为了应对这一趋势，在时任总裁D. O. 汤姆林的领导下，艾克美砖料公司开始收购制砖业之外的建材公司，包括3家总部位于得克萨斯州的公司，它们分别是达拉斯生产水泥砖块的诺兰·布朗公司（Nolan Browne Company）、福特堡的麦克唐纳兄弟铸石公司（McDonald Brothers Cast Stone Company）和拉伯克（Lubbock）的ACF预铸产品公司。此外，还收购了阿肯色州（Arkansas）小石城（Little Rock）的水泥灌注公司（Concrete Casting Corporation）。这些公司的加入意味着该公司不再只生产砖块了，因此需要考虑更改名称的问题了，后来该公司更名为福斯特·沃斯公司。福斯特·沃斯继续通过收购实现增长，1968年，公司买下了贾斯汀制靴公司。如前所述，一年后，小约翰·贾斯汀取代D. O. 汤姆林成为福斯特·沃斯公司的总裁兼CEO，1972年，公司被更名为贾斯汀工业公司。随后，贾斯汀继续扩大旗下的两大业务。到1999年春他把公司出售给沃伦·巴菲特时，公司每年的销售收入已超过了5亿美元，其中的四分之三都来自建材业务，每年的盈余超过2 800万美元。

■ 管理理念与商业理念

当哈罗德·梅尔顿担任艾克美建材品牌公司的总裁兼CEO时，他接管了贾斯汀工业公司的大部分业务，而且这也是沃伦·巴菲特愿意收购该公司的主要理由之一。梅尔顿说："我的印象是，从历史来看，在很长一段时期内，砖料业务一直是贾斯汀工业公司最赚钱的部分，我们在鞋业和建筑材料业都有很出色的品牌。我认为，就整个交易看，沃伦·巴菲特在鞋类业务上获得了更大的价值。就砖料而言，他根据该业务的盈余记录支付了一个合理的价格。他可能喜欢砖料业务，因为与其他建材公司相比，我们的成绩更为突出。"他指的是公司的砖料销量在六大州区域的市场份额超过了50%，是美国使用砖料最多的地区。

巴菲特对收购艾克美公司的前景看好，能为巴菲特工作也让梅尔顿感到很高兴。他说："刚得知沃伦·巴菲特来访时，我对他是否收购公司不感兴趣。我比较在意的是他能来跟我们进行交流。而且，坦率地说，他这么有身份的人，商业眼光这么敏锐、投资方法这么明智的人，竟然愿意屈尊来参观我们企业，这真的是太棒了。我的一些朋友希望沃伦·巴菲特能与他们谈谈，希望自己运营的公司能被他看上。我认为，我们的企业能被他收购是我们的荣幸，对我及我们现在和过去的所有员工而言都是一种褒奖。"

见到巴菲特本人后，梅尔顿也没有失望。"我一辈子都在和公司内外的会计师和财务人员打交道，"这位曾经的金融学教授说，"我认为沃伦更像是研究数据的人。我不是想把他归类，我只是说重视数据的人有时行事会有所'保留'。但他不是这样，他平易近人，脚踏实地，非常容易相处。他思维缜密，能马上理解业务。我认为他很容易掌握基本的业务精髓，因为当他跟我谈到我们业务的独特之处，我们如何实现目标、未来的计划是什么时，他马上就明白我们过去做了什么，现在是什么状况，未来将往哪里发展。这是非同寻常的。事实上，我的感觉是，即使这家公司在未来10年内继续寻找买家，我们也不会有比沃伦·巴菲特更好的选择了。他对公司、对员工的态度，他的商业理念与艾克美建材品牌公司和我们管理团队的基本一致。毫无疑问，被沃伦·巴菲特收购要比被其他任何买家收购更让我们高兴。"

当被问及是否喜欢和伯克希尔·哈撒韦公司的其他运营经理人会面时，他说："我很乐意与其他人会面。我觉得这很有趣，因为除了沃伦·巴菲特和伯克希尔的副总裁兼财务主管马克·汉堡外，我不认识伯克希尔的任何人。能与其他人会面简直太棒了！"但乐于参加这样的会议不只是出于个人原因，他也认为，从商业的角度来看，与其他部门的经理人交流能带来实实在在的好处。"我从来都认为，无论是出于个人原因，还是工作原因，与智慧的人交流总是能让人受益匪浅。因此，我认为有机会与伯克希尔·哈撒韦的人进行交流，与沃伦·巴菲特精挑细选出来的人进行交流，肯定对我大有裨益。我不知道他们是否能从我身上获益，但我认为，我能从他们身上学到很多，无论是关于个人事务的还是关于企业管理的。"

梅尔顿显然很清楚如何管理自己的企业。他说："从我看到的所有研究可知，艾克美是美国最著名的砖料品牌，我们的主要市场在西南部。艾克美在新购房者中有75%的知名度。注意，不是在建筑商中，而是在消费者中。下一个最出色的品牌的知名度是15%，因此与艾克美没有可比性。"梅尔顿说，这么高的品牌知名度主要归功于广告。"我们在20世纪70年代中期就开启了广告和宣传活动，今天仍在继续。我们一直在实施长期的强势广告宣传计划。"近来，艾克美以沃伦·巴菲特为代言人，将其品牌广告刊登在了《体育画报》（Sports Illustrated）的封面上，其广告语是"砖料是我做出的最佳投资"。

不过，艾克美砖料公司的CEO指出，还有一个因素需要考虑。他说："按照计划和安排，艾克美砖料公司会将95%的产品直接销售给最终用户。从全国来看，这一比例在35%左右。多年来，我们整合了公司的分销体系，因此，我们拥有自己的营业网点和员工。我们在6个州设有40个店，产品从这些网点直接销售给客户。"

关于如何运营企业，梅尔顿说，他认为运营经理必须做三件事才能取得成功。他说："最重要的是，经营理念必须强调诚实和正直，这两大素质决定了你所有的决策，无论是关于人事的决策，关于客户问题的决策，还是任何其他类型的决策，你必须确保所有的决策都是在诚实、正直的基础上做出的。其次，你必须让员工知道，我们每天共同努力工作是为了打造一家更出色的公司，是为了给公司创造价值。你必须让他们感觉到自己是团队中的一分子，而且可能是最重要的一分子，这样他们才会像你一样，具有主人翁精神。第三是，你要掌控一切，这样才能随时了解业务的进展情况。你必须拥有出色的管理信息系统，不断向你提供数据，这样你才能了解企业的运营情况。"

至于如何衡量自己的成功，梅尔顿说："可以从几个方面来看。首先，公司的就业状况很稳定。我认为这是因为，尽管我们有2 000名员工，但我们营造了家庭式的氛围。我真的很关心我的员工，他们认识我，我也认识他们。我了解很多员工的孩子和配偶情况。另外，我们经营的是美国利润率最高的制砖企业。这些都意味着，我们对待员工和客户的方式，我们建设艾克美品牌所采用的策略是有效的，也意味着我的经营理念是有效的，我们的盈利能力体现了这一点。"

当被问及未来的盈利状况时，梅尔顿说："过去10年里，全国的制砖业有所增长。之前砖料的使用量有所下降，因为建筑商转而使用其他建材，但过去10年左右，对砖料的使用出现了复苏。通过我们建立的全国性协会，我们在全国各地设立了一些促销机构，我们称之为'砖料委员会'（brick councils）。通过它们宣传和推广砖料的使用，这在砖料行业历史上尚属首次。促销的效果很不错。因此我认为，只要我们积极地宣传我们的产品，砖料行业将继续增长。"

至于他自己的未来，64岁的梅尔顿说，他还没有退休的打算。他说："我第一次见沃伦·巴菲特时，他就问过我这个问题，我告诉他，我会一直工作下去，直到他找到替代我的最佳人选为止。因此，我现在没有任何退休计划，我还会继续前行。但是，就算我真的离开了，我也不认为艾克美会有什么变化，因为公司里每个人信奉的理念都与我的相同，这种理念已经深深植根于公司。我们希望同领域的人能了解艾克美的理念。我们试图教导他们，帮助他们，提升他们，我们一起努力。"他也不担心自己离开后，公司会因外部原因而发生变化，因为，正如他所说："我们的经营理念基本上与沃伦·巴菲特的一致。"

至于巴菲特离开时会发生什么，梅尔顿说："我对他的继任计划一无所知，但考虑到他多年来展现出的逻辑思维能力和才华，我相信，他已经制定了完善的继任计划，而且他的计划对业务、对所有的运营公司都有好处。对此我一点都不担心。"

哈罗德·梅尔顿的商业信条：

★　诚实和正直应当主宰所有的商业决策；

★　所有的员工都应致力于建设更美好的公司、为公司创造价值；

★　拥有良好的管理信息系统和其他控制系统，以便能持续地监测公司的财务状况。

第六部分

结论

| 第二十一章 |

巴菲特的CEO们的比较

信心、勇气、动力、创造力以及平衡风险和回报的能力都是成功的经理人具备的素质。研究任何成功的经理人群体，你无疑都会发现这些共同的特质。那么，巴菲特手下的CEO们具有哪些异同点呢？

由于这个独特群体的成员互不相识，而且从未通过正式的渠道相处过，因此，他们是一个出色的对照研究小组。表面来看，巴菲特的CEO有四个共同点，即：（1）由同一人按同一标准选定；（2）公司被收购之后，他们的工作没有发生变化；（3）没有任何协同，没有被要求与伯克希尔的其他企业或行业进行合作；（4）没有去联合巴菲特的其他CEO。

■ 经理人各具的特点

以下是他们展现出来的其他相似点：

1. **自主性**。每位CEO都独立自主地管理自己的企业，就好像企业不是大型组织的一部分。每位CEO可自行决定向总部汇报的频率。除了每月的财务汇报外，没有其他的汇报、会议、电话要求，也不需要整合工作职能或裁汰冗员。每位CEO都是独立经营，完全不必操心他或她负责的部门之外的事务，也不必在意其他经理人的所作所为。他们也不必在企业估值、盈余预测或者媒体关系上花心思。

2. 组织结构。这些公司的组织结构是完全扁平化的，没有基层组织结构和官僚作风。他们的结构设计是为了自给自足，不受外部干扰和快速决策。他们的业务联系和资源遍布全球，能力范围广，而且可获得的资金充裕。

3. 独立发展。CEO们不受伯克希尔的影响，在巴菲特收购之前，每个人及其公司均已得到了他的认可。

4. 导师的重要性。这些CEO大多受父母和导师的强烈影响，没有导师，他们不会担任领导职务。

5. 热爱工作。CEO们都热爱他们的工作以及他们建立和一直管理的组织，没有人考虑跳槽为竞争对手工作。创始人和企业家，如布鲁姆金夫人，希望能一直从事自己热爱的工作，直到去世。这是伯克希尔取得卓越成就的真正秘诀，也是确保它未来发展的秘诀。

6. 长期导向。伯克希尔吸引了长期股东，巴菲特建立了一支独特的经理人团队，这些经理人只要身体健康，就会一直承担经营职责。伯克希尔享有家庭和家族导向及多代家族管理和家族所有权的好处。

7. 价值观。每一位巴菲特的CEO都拥有一套强大的价值观，而且深受信念、原则和正直诚信的驱使。虽然他们的成功可以金钱来衡量，但他们重视与老板之间的关系、他们的业务成就和他们的员工。每个人都认为应以一流的方法做一流的生意。

8. 谦虚。虽然他们在生意和财务方面取得了巨大的成功，但每位CEO都很谦虚。（大多数人都认为读者不会对他们的故事感兴趣。）

9. 对华尔街持怀疑态度。被伯克希尔收购之前已经上市的公司的CEO们表达了对分析师着眼于短期、盈利预测、秘谈数字、媒体关系、法律要求等方面的蔑视。所有人都更加重视工作的完成。伯克希尔的管理层和股东都具有长远的视野，由于能够忽略外部的干扰，他们能够全神贯注地完善企业。

10. 公平的价格。 CEO们希望他们的业务能以合理但非最高的价格被出售。许多CEO可能从股票市场的不同买家得到了更高的价格，但他们更喜欢巴菲特的独特风格和许多被他收购的企业的口碑。业主/经理人愿意以合理的价格出售是伯克希尔收购企业的不成文的标准之一。伯克希尔对资产、客户群、自然垄断、员工、净资产或主导性的市场份额不感兴趣。如果业主出售企业时更在意的是他的钱包而不是保留他所创立的机构，那么，伯克希尔不会收购其企业。如果出售方无法证明高价的合理性，那么他或她留在公司也会觉得很不自在。收购的其他方面，如独立性、业务的延续和保留、员工保护、客户保留率、资本获取、受尊重的老板、现金、简单和快捷（和兼容的）的商业理念等都是优先考虑的因素。许多CEO指出，把公司出售给伯克希尔，让巴菲特成为自己的老板是他们经历过的最棒的事情。

11. 事业观。 巴菲特的CEO们似乎将伯克希尔视为其独立企业生命周期的另一个阶段。在出售之后，没有人认为自己的事业或工作有所改变。每个人都为立业花费了数年的心血，他们更多地把它视为使命而非工作。

12. 睡眠因素。 所有的CEO都睡得很踏实，不会因忧心忡忡而失眠，他们不担心外部压力和企业被收购的威胁。没有总部的微观管理，也没有内部的争斗。CEO们可以保有自己的财富，并且有时间从事自己喜欢的慈善工作。

13. 花费数年心血建设企业。 最理想的CEO是为一个企业倾尽一生的人，最好是由第三代管理的非高科技家族企业，在市场上占有非常高的份额，每一位CEO都在为完善企业而不懈努力。

14. 专注于经营。 每一位CEO都致力于解决运营中的问题，这要比关注企业的财务状况更重要。一些CEO在没有预算的情况下开展工作，其他人则专注于增长和扩张，他们密切关注运营而非短期盈余。他们关注的是本公司的内部事务，而非母公司、其他子公司、股票市场、整个经济体或其他企业。

15. 继任。 每一位CEO都有明确的计划和指定的继任者。经理人要对他的管理团队进行匿名调查，以此确保管理团队接受他选定的继任者。在接受我采访后的几个月内，有两位CEO完成了职务交接。每过一年左右，巴菲特就会给他的CEO们去信，要求他们更新继任者的名字。这些CEO会将继任者的建议以保密文件的形式发给巴菲特（办公室或家里）。

16. 所有者经理人，他们都自食其力。 每一位CEO和大多数经理人都是伯克希尔的股东。他们自费出席伯克希尔的股东年会，他们做决策时以股东的最佳利益为准。大多数管理人90%或以上的财富是伯克希尔的股票。大多数人对他们经营的部门享有利益，他们的薪酬与本企业的经营状况直接挂钩。每一位CEO的薪酬与伯克希尔及其他子公司的经营好坏没有关系。大多数人都不愿意向其他人提供投资建议。

17. 慈善活动和企业公民意识。 每一位巴菲特的CEO都至少从事一项慈善活动，他或她不仅出钱，还会出力。大多数的慈善活动都与当地的健康、儿童和教育有关。每个企业，尤其零售企业，都是负责任的企业公民，都积极参与社区事务。

18. 管理风格。 巴菲特的CEO们都亲力亲为、友好、灵活、务实。尽管几位CEO拥有著名商学院的MBA学位，但无人运用典型的MBA管理方法。大多数人认为管理是一门艺术而非科学，他们在工作中以身作则，鼓舞和启发他人，把员工视为同事，并尊重他们。

19. 乡村俱乐部成员。 大多数伯克希尔的经营管理人员都是接受过大学教育的白人男性，他们的年纪通常为64岁，长期任职管理岗位。大多数人是乡村俱乐部成员，而且会打高尔夫球。他们被选拔为经理人并非因为他们会打高尔夫球或是乡村俱乐部成员，或者是拥有著名商学院的学历，相反，他们是碰巧具有这些特点。

20. 特别补偿。 大多数喜欢打高尔夫球的新任经理人在加入伯克希尔后得到了特殊的回报和奖励，即在奥古斯塔高尔夫球俱乐部与沃伦·巴菲特和其他运营经理一起打高尔夫球。一些人说，他们曾获得了与比尔·盖茨及微软的几位经理打高尔夫球的特殊奖励。许多人有幸与其他行业巨头一起打高尔夫球，包括杰克·韦尔奇和首都传媒董事长汤姆·墨菲。对于那些不喜欢打高尔夫球的人，巴菲特会邀请他们参加有华盛顿特区政府领导和行业领袖出席的年度晚宴，到场的嘉宾包括美国总统。

21. **办公室**。小而实用。当秘书不方便时，许多CEO会亲自接电话。他们的办公桌上放着很多计划、成堆的文件和材料。只有一位经理人的桌子上收拾得井井有条，纸质材料的堆放很整齐。一位经理人的桌子中间放着一个订书机，其他地方都被纸张堆满了，而办公室的墙上只挂着3张伯克希尔的小广告。

22. **优势**。傲人的盈余记录、简单的业务、声誉、正直诚信、获取资本的能力、深入的管理、继任及与巴菲特的联系等。

23. **经营的地理范围**。主要立足于国内，但逐渐向全球化企业迈进。

24. **内部成长**。所有的经理人都是从内部提拔上来的，一些人是拥有企业的家族成员，除了斯坦·利普西外，没有人是为了重振企业或解决问题空降的。

25. **多余的资本**。每一位CEO都必须用盈余来增加企业的长期利润或者将其上缴给总部进行重新配置。同样，当CEO需要在内部借款时，他或她必须符合同样严格的财务标准，而且要对借入的资本支付利息。

26. **动机**。所有的CEO在为巴菲特工作之前就具有干一番事业的强烈动机。每位CEO的工作期望都很高，他们不想让老板、员工、客户、供应商和股东失望。他们的动机不再是追求财务自由，而是为了个人成就、工作满意度、挑战、乐趣、参与、老板和自我界定。

27. **退休**。伯克希尔对退休的看法是反传统的，而且很合理。为什么特别想工作的经理人要退休呢？许多CEO指出，是因为巴菲特他们才有了继续工作的打算。弗兰克·鲁尼说："要不是沃伦，我很久之前就可能退休了。他让我继续工作下去。"对于典型的巴菲特CEO而言，退休就是工作。伯克希尔可能是要求收购的企业的经理人不退休或者劝说已经退休的人重返管理岗位的唯一大型企业了。没有人被鼓励退休，事实上，伯克希尔的情况可能恰恰相反。伯克希尔要求每一位经理人，只要觉得有意思，就可以留下来继续工作。伯克希尔的退休年龄是由布鲁姆金夫人（也被称为B夫人）界定的，她是内布拉斯加州家具商场的创始人，她最终于104岁时"退休"，一直工作到了离世的前几天。只有伯克希尔模式鼓励和促进管理人员在传统的退休年龄之后仍然工作。

28. 企业完善。 这些是渐进性的完善，更多的是进化而非剧烈的变革，涉及管理、方法、技术、系统、营销、生产、工程、分销以及影响业务的所有其他领域。具有主人翁精神、对企业具有奉献精神的经理人在每个重大的变化发生时都能识别它们。

29. 质量。 在伯克希尔，不管是哪个层面，包括管理、原料、道德素养、供应商、客户和客户关系，质量要求都是没有任何妥协余地的。

30. 协同。 这是其他并购活动中经常出现的字眼，但在伯克希尔是不存在的。增加总部的员工人数、裁汰分公司冗员，为了整体获益而对各个分公司下达命令，以此整合各种力量，使整体力量壮大的做法在伯克希尔是不存在的，这种做法与其文化背道而驰。因被伯克希尔收购而裁员的现象过去没有出现，将来也不会出现。

31. 技术。 互联网及其技术在某些领域被接受和运用，而在另一些领域则没有。乔丹家具的塔特曼兄弟当时只在公司网站上显示了"正在建设中"的标志，他们在确认其可靠性之前无意开发它。《布法罗新闻报》的斯坦·利普西等到其他媒体建好了网站并运营后才着手建设www.buffalo.com。查克·哈金斯等到巴菲特强烈建议开发喜诗糖果公司的网站时才有所行动。作为一家直接面向消费者的保险公司，盖可已经并将继续对互联网业务进行大量投资。

32. 钦佩之心。 每位CEO都认为，巴菲特是他们最好的老板，而且都很钦佩他。大多数人会自费参加伯克希尔的年会，而且只是坐在观众席上，不会得到丝毫的特殊对待。他们每月或更长时间汇报一次。所有人都会找借口给他打电话，所有人都想听他的金玉良言，所有人都像对待合作伙伴一样对待他。

33. 做面包师而非屠夫。 企业陷入困境时，为了重振衰败的企业，其他CEO会运用裁员和减薪之法，但伯克希尔的运营经理人多年来一直在招聘新员工。伯克希尔每年都在增长，现在的员工人数已经超过了10万人。最初的伯克希尔纺织公司已经关闭，而美国的制鞋业正在努力应对国外廉价产品的竞争，除此之外，伯克希尔旗下的全资子公司从来没有进行过大规模的裁员或重组。

34. 精力无限。 伯克希尔经理人取得成功的另一大秘诀是精力充沛。当你做天生适合你的工作并且与喜欢和信任的人一起共事时，你就会激情满满。很少有人能像这群人那样不知疲倦地工作。

35. 政见。 大多数CEO持这样的商业和管理理念：政府干预越少越好。大多数人愿意帮助那些自立的人，大多数人觉得遗产税过高了。与他们的老板相反，大多数人是共和党人。一些人认为，在照顾好自己的家人后应该帮助他人，而且应在有生之年散尽家财。

36. 最大的奢侈。 成为伯克希尔家族成员的好处之一是可以乘公务飞机出行。几乎所有董事会成员和大多数巴菲特的经理人都（自费）购买了利捷航空的所有者权益，这样他们可以极致奢侈的方式旅行。在公司被伯克希尔收购之前，乘私人飞机出行的人很少，而出售公司的收益使得他们乘私人飞机出行成为可能。伯克希尔可能是唯一一家不向其经理人提供公务飞机的大型企业（这是总部人少的另一大好处）。

37. 热爱阅读。 巴菲特和公司均证明，领导者都是爱阅读的人。在大多数经理人的生活中，阅读是占比最大的活动，每一位CEO都天生是喜欢探究的人。

38. 巴菲特离开后的伯克希尔。 虽然有人认为，这将是伯克希尔处境最艰难的时期，但大多数人相信，沃伦会像过去一样未雨绸缪。每个人都认为他已经仔细考虑过了继任问题，这一问题在伯克希尔比在任何公司都明确。巴菲特退休后（他自己定义为去世5年后），每一位经理人都将继续按原来的方式管理其业务。管理层的评估和薪酬将保持不变。部分所有和全资企业的所有权权益将继续保持。每个人都表明他们将继续如往常一样经营自己的业务。

39. 外部顾问。 当每位经理人只需要一个电话就可以与世界一流、经验丰富的商业顾问交流时，他们几乎就不需要另行外聘顾问了。重大的决策都是在简短的电话交流中做出的，无论涉及的金额有多高，有时候只需要几分钟就搞定了。

40. 身材和健康。 所有CEO的身材都比较适中，大多数只是新陈代谢比较快，大多数人喝水量都比较多，大多数人都会进行某种形式的锻炼，比如步行、晨跑、爬楼梯而不使用电梯、偶尔打高尔夫球等。所有人看起来都比他们的实际年龄显年轻。

41. 持久的竞争优势。 如果所有的CEO与他们自己经营的企业进行竞争，即便具有专有知识、合同和资本，他们也会落后1亿—10亿美元，因为巴菲特令人尊敬，且伯克希尔的声誉极好，他们恐难以匹敌。

42. 没有管理合同。 在没有合同的情况下，没有一位经理跳槽到竞争对手的公司任职。任何人都可以离开伯克希尔并与之展开竞争，但没有人这么做。唯一的合同是收购企业时签订的合同，每位经理人都承诺会继续留在公司，为企业的最大利益贡献自己的力量。

43. 家庭。 伯克希尔就是关于家庭的组织，它涉及家族企业、家族管理、家族股东和家庭。理想的企业是家族第三代或第四代拥有和管理的企业。巴菲特基金会将确保家族的控制权和多代的影响力。许多经理人将企业出售给伯克希尔都是出于家族原因。与伯克希尔相比，很少有其他大型企业了解家族企业的需求和愿望。

44. 扩大能力范围。 每次新收购都意味着伯克希尔的能力范围扩大了。每位新任或现任的CEO都成为伯克希尔下次在其行业或业务范围内进行收购时可咨询的对象。每位经理人都成为了推荐其他CEO的网络的一部分，每个人都锻炼出了一副火眼金睛，能找出他们认为最适宜加入伯克希尔家族的其他经理人。

45. 尽职调查。 从外部来看，沃伦·巴菲特似乎没有在收购前进行尽职的调查。通常情况下，收购方会阅读投资银行家的报告，派出一个会计师和顾问团队去查账，至少会盘点库存，但伯克希尔从来不这样做。相反，巴菲特具有

50年的收购经验，他知道自己在寻找什么，知道如何进行甄别，而且在几分钟之内就能做出决策。接下来他会研究公司近3年来的资产负债和损益表，然后提出公平合理的交易条件。

46. 扩张安全边际。本·格雷厄姆告诉巴菲特，每项投资都应该有安全边际。随着每位新CEO的出现，就如同能力范围扩大一样，伯克希尔的安全边际也扩张了。收购现有的零售珠宝连锁店扩展了巴菲特的安全边际，因为他知道企业和现任CEO能够提供正确的建议。

47. 荣誉。被伯克希尔选中成为其家族的一员是被收购企业的最大荣幸，被选中去运营伯克希尔的子公司也是一种荣耀。几位经理人表示，能被投资界最厉害的专家和资本家收购，管理层和员工都觉得是莫大的荣幸。

48. 独特的文化。伯克希尔的文化是独一无二的。每位巴菲特的CEO都表示，他们不觉得自己上面有老板。收购企业并将其交由现有管理层经营，这一理念极不寻常。伯克希尔没有真正意义上的公司总部，没有组织章程，也没有公司或部门的副总裁。伯克希尔的模式并不适合所有企业，但确实吸引了某些企业主或创始人，而且，被吸引的是精英中的精英。

49. 不成文的收购标准。当数据有吸引力时，巴菲特会收购一家企业，换句话说，当企业符合价值投资模式时，巴菲特会收购它。然而，如果没有得到现任运营经理人的同意，他不会收购企业。伯克希尔的很多投资对象都是现任经理人推荐的，而且他们也能够提升管理团队的声誉。

50. 参照基准。每次收购后，拟出售公司的所有者或经理人就会把新加入伯克希尔的企业或经理人视为参照基准。他们需要做的就是拿起电话（很多经营管理人员都会亲自接听电话，一位经理人为了使客户随时能联络自己，将家里的电话号码印在了名片上），向某位经营管理人员求教。

51. 快速完成交易。伯克希尔拥有收购诸多行业内大部分企业的决断力、资金和专业知识，完成交易所用的时间不及销售一套房屋所用的时间。大多数企业是在几天内（如果不是几小时的话）以非常简单的方式被收购的。

52. 维持现状。伯克希尔喜欢收购简单易懂的业务。所有经营管理人员都表示，企业被收购后，他们从没有做过之前未做过的事情，只不过不用在每个季度会见媒体或分析师了，这对他们而言是令人头疼的事务。他们只需要着眼于长期管理即可，甚至不必考虑配置剩余资本，他们会把这些资金交到奥马哈，总部会以最佳的方式进行配置。

53. 对收购方的选择。选择买家时，大多数卖家考虑谁现金充足、哪个公司是接管业务的最佳组织。如果卖家不在乎买家是谁，巴菲特就会失去收购的兴趣。伯克希尔喜欢与经营业主而非金融玩家打交道。

54. 经验的积累。每次完成收购后，伯克希尔都会变得更出色。就像麦当劳可以建立最成功的特许经营模式一样，伯克希尔也可以从过去最成功的收购中汲取经验，以使未来的收购更加成功。

55. 忽视市场价格。伯克希尔子公司的经理人并不关心母公司的市场价格，他们关注的是日常的业务经营。最终，市场价格将正确地反映账面价值和内在价值的潜在变化，而且两者都将正确地反映每家运营企业的盈余的总和。

56. 竞争秘诀。尽管经理人都不愿意解释竞争秘诀，还是有人透露了一些信息。但伯克希尔的文化如此独特，即使完全了解了伯克希尔的计划，竞争对手也难以与其匹敌。

57. 卓越的沟通者。所有的CEO善于阐述和表达自己的看法。所有人都能在公开辩论或媒体采访中侃侃而谈，但他们都非常专注于自己的本职工作，对这类事情不太热情，而且做这类事情会影响他们的目标完成进度。

58. 以企业为荣。所有的运营经理人都因这一长期秉持的基本信念而被伯克希尔所吸引。

59. 少而精的决策。虽然市场上的个人投资者做出了越来越多糟糕的决策，但伯克希尔的投资情况与市场的正好相反。

60. 竞争意识。每一位巴菲特的CEO都非常具有竞争意识。所有人都想成为赢家，而且是大赢家。

| 第二十二章 |
巴菲特的CEO们的评价和薪酬

精挑细选得到这些经理人后，必须对他们进行激励、评估和补偿。本书开篇几章探讨了巴菲特如何选择他的CEO，中间各章主要讨论了巴菲特如何管理和激励他们，本章将讨论伯克希尔独特的评估和补偿方法。

■ 巴菲特手下的CEO与典型CEO之间的区别

巴菲特在1988年《致股东的信》中解释了其手下的CEO与典型CEO之间的区别。

"根据我们的观察，他们的表现与许多公司的CEO截然不同，所幸我们能与后者保持适当的距离，因为有时这些CEO实在是不胜任，但却总是能够稳坐宝座，企业管理中最讽刺的莫过于不胜任的老板要比不胜任的下属更容易保住其位置。

"假设一位秘书在应聘时被要求一分钟打80个字，但录取之后发现其一分钟只能打50个字，很快她就可能被炒鱿鱼，因为有相当客观的标准摆在那里，其表现如何很容易衡量出来；同样，若新来的售货员不能马上创造足够的业绩，他们可能立刻会被要求走人，为了维持纪律，例外很少发生。

"但表现不好的CEO却可以无限期地撑下去，一个原因就是，根本没有一套可以衡量其表现的标准存在，就算真的有，也写得很笼统，或是解释很含糊，即便是错误与过失一而再、再而三地发生也是如此。有很多公司是等着老板把箭射出去以后，再在箭射中的地方描上靶心。

"另外一个很重要但却很少被提及的老板与员工之间的差别是，老板本身没有一个直接可以判断其表现的上司，业务经理不可能让一颗老鼠屎一直留在他那一锅粥之内，他一定会很快地把它给挑出来，否则可能连他自己都会受牵连，同样，一个老板要是聘请到了一位无能的秘书，他也会这么做。

"但CEO的上司也就是董事会却很少审视其绩效，而且通常也不会为企业的不佳表现负责，就算董事会选错了人，而且错误持续存在又能怎样？即使公司因为这一错误而被易手，通常情况下，交易也能确保被逐出的董事会成员获得丰厚的利益（而且公司规模越大，其获利越多）。

"最后董事会与CEO会意气相投，召开董事会会议时，对CEO的批评就好像在社交场合中打嗝一样突兀，但却无人禁止经理人严格地审核打字员的表现。

"以上几点不是要一杆子打翻一船人，大部分的CEO或是董事会都相当努力、能干，有一小部分更是特别出色，但查理跟我在看过很多失败的例子之后，更加对我们能够与前面3家公司优秀的经理人共事感到幸运，他们热爱他们的企业，想法跟老板的一致，且正直诚信，能力出众。"

伯克希尔对经理人的评估始于遴选过程。通过做出正确的选择，巴菲特得到了他想要的结果。他选择了热爱自己的企业且道德水准最高的经理人，被收购后他们依然如此。

这些运营经理人不能选择和影响伯克希尔董事会的成员，因此董事会可以对企业进行客观的评估，能代表大部分股东的利益。

伯克希尔对运营经理人的评估非常简单。在被收购之前，企业及其CEO就已经设定了一套业绩基准，这套基准也是衡量和评估CEO的标准，之后，评估就成为自我管理的活动了。

巴菲特也运用另一种评估工具：他的年度报告和《致股东的信》。他经常在其中赞扬杰出的运营经理人付出的努力。世界各地的财务评论员和巴菲特CEO的同行们都会阅读报告，因此在报告中被表扬对这些运营经理人而言是莫大的荣耀。

伯克希尔召开年会时，一般首先会播放介绍旗下公司的视频，这些经理人都会在视频中露面，他们的成绩会得到15 000名股东的认可和赞赏。2000年退休后，拉尔夫·舒伊的贡献得到了充分的认可，得以进入伯克希尔经理名人堂。没有其他公司像伯克希尔一样，能在年会上将如此多的业主和经理人汇聚一堂。

■ 股票期权薪酬

管理者股票期权已经成为薪酬的重要组成部分，特别是在与科技相关的行业，但伯克希尔·哈撒韦公司根本没有股票期权。董事会可能在未来某个时候引入这种薪酬工具，以奖励管理整个公司的巴菲特的继任者，但可以肯定地说，股票期权永远不会被提供给运营经理人。

下表解释了大多数大型上市公司拥有期权的CEO和伯克希尔的业主CEO之间的区别。

表21-1 期权比较

期权CEO	业主CEO
盈余可能被夸大，管理者股票期权的成本永远不会显示在损益表或资产负债表中。	损益表中包含了CEO的所有薪酬。

续表

期权CEO	业主CEO
行使期权时，通常为了缴税出售全部或大部分股票。	预缴税款，可以享受长期免税的复利收益。
期权CEO不会在期权上亏钱，最糟糕的情况是不赚钱。	业主CEO与其他业主一样，必须承担下行风险。
期权CEO为了从股价的波动中受益，可以重设期权的价格。	业主CEO与其他股东一样，最初购买股票的成本不变。
为了利用股票价格的波动可以影响期权发行的时间和金额。	业主CEO不会为了影响短期的股价走势而管理企业。
无论估值如何，期权CEO更喜欢回购股票而非现金股利。	业主CEO倾向于根据所有股东的最佳利益行事，因为他们的利益是一致的。
一旦股票期权被行使，期权CEO就会失去动力。这会鼓励经理人的流动。	业主CEO的动力越来越大，随着股票价值的增加，他们不太可能离职。
无风险地快速积累财富，而且不一定依赖企业的潜在价值。股价上涨时会赚钱。	承担风险，财富积累速度比较慢，而且完全依赖企业的潜在价值。账面价值增加时会赚钱。
期权CEO可以用公司的资金购买他或她的股票。	业主CEO用自己的钱买股票。
非常关注股市的短期走势，试图影响媒体和分析师做出有利的预测。	不涉及外部利益，只关注自己的企业在长期内的表现。

注：巴菲特的业主CEO们不只是伯克希尔的业主，许多人还是他们管理的企业的二股东。

从中可以看出，"业主CEO"方法是使股东的长期利益与经理人利益保持一致的最佳方式。

毫不奇怪，即使巴菲特收购了一家运用管理者股票期权的公司，伯克希尔也会终止这种做法，将其视为一项费用，以等额的现金补偿方式取代它。

沃伦·巴菲特在《致股东的信》中说："如果被收购的企业以期权作为薪

酬的一部分，那么，在被伯克希尔收购后，他们报告的（管理者期权）成本会增加（实际成本不受影响）。事实上，这些公司的'盈利'被高估了，他们采用了典型的——但在我们看来完全错误的——忽略了企业发行期权的成本的会计做法。当伯克希尔收购了发行了期权的公司时，我们马上会以等额的现金报酬计划替换掉公司原来的期权计划。这样，被收购公司的薪酬成本就可以暴露在阳光下了，而且能够反映公司的真实获利情况了。"

■ 巴菲特的CEO们的薪酬

伯克希尔不发放管理者股票期权不足为奇，而且大多数经理人都持有伯克希尔的股票。这样的安排通常在几分钟之内就可以完成，不需要签订合同，不需要拟定非竞争条款，而且对经理人终生有效。他们都是不受约束的员工。

巴菲特写道："在伯克希尔，我们设定薪酬时，试着采用与资本配置一样合理的方法。举例来说，我们付给拉尔夫·舒伊的报酬是根据他在斯科特费泽而非伯克希尔的业绩而定，这样的方式再合理不过了，因为他负责这个部门而非整个伯克希尔的运营，若将他的报酬与伯克希尔的业绩挂钩，这对拉尔夫·舒伊来说很不公平。比如说有可能他在斯科特费泽击出了全垒打但查理跟我却在伯克希尔把事情给搞砸了，最后使得他的功劳与我们的过错相互抵消，或者伯克希尔的其他部门大放异彩的同时，斯科特费泽却表现平平，那么拉尔夫·舒伊又有什么理由跟其他人一样分享伯克希尔的利润与奖金呢？

"在设定薪酬标准时，我们愿意提出重赏的承诺，但绝对要在各个经理人的责任范围内论功行赏，当我们决定对某项业务投入大笔资金时，我们会将高额的资金利息成本算在其经理人的头上，相对地，当他们将多余的资金返回给我们时，我们也会把利息收入记在经理人头上。

"这种有偿利用资金的结果，在斯科特费泽表现得再明显不过了，如果拉尔夫可以运用多余的资金创造出高额的收益，那么他就绝对有理由这么做，因为当公司的投资回报率超过一定的门槛值后，他自己得到的奖金也会跟着水涨船高，不过我们可是赏罚分明的，相对地，若投资收益率过低，则拉尔夫和伯克希尔将一同承担，另一方面，要是拉尔夫能将多余的资金送回奥马哈的话，他将获得丰厚的奖金报酬。

"最近上市公司都在强调管理阶层的利益与公司股东的利益是一致的，不过在伯克希尔，所谓的'一致'是对等的，不是只在公司营运顺利时才如此，许多公司的一致性不符合我们的标准，因为它们实际上玩的是'正面我赢，反面你输'的游戏。

"这种不一致表现得最明显的莫过于股票期权安排了，因为公司留存的盈余在不断累积，其获利能力在提高，但期权的价格并没有定期予以调整。若公司给予10年的期权，且股利发放比例较低，则经理人可能获得超过其应得的报酬。细心的人甚至会发现，股东得到的越来越少，但经理人通过行使期权得到的利润却越来越多。到目前为止，我还没有在公司股东大会的议案里发现有要求股东表决是否核准期权计划案的。

"我忍不住要提到我们与斯科特费泽总裁拉尔夫·舒伊所达成的薪资协议，在我们正式买下斯科特费泽之后，我们只用了5分钟就达成了这一协议，其间没有律师或人力资源顾问的'协助'，协议中仅包含了几个简单的想法，没有人力资源顾问提出的那些复杂条款（条款越复杂越能显示出顾问收取高额佣金的合理性，而且每年还要审视这些条款，以便确定是否有修订的需要）。我们与拉尔夫的协议到目前为止从未更改过，1986年我们双方认为协议是公平合理的，至今仍然如此。同样，我们与旗下其他公司的经理人之间的协议也非常简单，当然由于产业特性以及部分经理人拥有部分所有权，具体的协议条款有差异。

"一切情况下，我们都追求合理性。当然经理人对于高得离谱或是名不副实的报酬通常都来者不拒，毕竟没有人会拒绝免费的彩票，但这样的安排是对公司资源的一种浪费，同时也会导致经理人忘记他们真正应该关心的领域，此外，母公司不理性的行为会被旗下子公司效仿。

　　"在伯克希尔，只有查理跟我对公司的整体运营负全责，因此只有我们两人的薪酬应该以公司的整体表现作为依据，即便如此，那也不是我们两人真正想要的方式。我们精心塑造我们的公司与工作模式，目的是与我们欣赏的人一起做我们想做的事。同时，我们也要做一些无聊或不喜欢的工作。当这些物质与精神层面的报酬流向企业总部时，我们是最大的受惠者。在这种田园诗歌般的工作环境下，我们不期望股东们再多给我们一些我们不太需要的报酬。

　　"事实上，就算不领薪水，查理跟我也会乐于从事我们现在的舒适工作，最起码，我们要效仿里根总统，他指出：'辛勤的工作不太可能要一个人的命，但我在想为何要冒这个险呢？'"

CHAPTER TWENTY-THREE

| 第二十三章 |
巴菲特的CEO们的机会

很难想象市值高达1 000亿美元的伯克希尔的未来会是什么样子的。

伯克希尔未来发展的关键在于其过去和现在采用的商业模式，虽然它主要被视为一家财产和意外伤害保险公司，但其经营的业务范围很广。没有其他私人或上市公司像它一样，旗下拥有这么多规模不同、类型各异的公司。与其他企业相比，伯克希尔经营的业务更多。

更重要的是，伯克希尔并没有像任何规模庞大的企业那样面临反托拉斯的问题。巴菲特的帝国经营的业务占各自行业的比重都不高。

■ 团队的无限机会

这对伯克希尔和每一位巴菲特的CEO而言意味着更多的机会，因为它从来没有局限于，而且将来也不会局限于已收购的业务类型，也就是说，伯克希尔的扩张机会是无限的。

目前，在纽约证券交易所（NYSE）上市的美国和非美国公司有3000多家，它们的市值超过了17万亿美元。即使伯克希尔的市值高达1 000多亿美元，它也仅占纽约证券交易所的0.6%。如果考虑到全球股市，巴菲特的CEO们面临的机会更大，因为伯克希尔的市值仅占全球股市的0.2%。但由于伯克希尔的子公司都是私有企业，伯克希尔掌握的资本仅占全球资本市场的0.1%。这意味着伯克希尔未来在全球资本市场拥有99.9%的发展机会。

正如伯克希尔的资本在不断增加一样，世界资本也在不断增加。资本主义的基本原则就是适者生存，世界上最出色的资本配置者终将获得更多的资本。

■ 给予经理人各自享有的机会

以下是巴菲特的CEO们各自享有的机会：布鲁姆金、柴尔德、沃尔夫和塔特曼在内布拉斯加州、犹他州、爱达荷州、得克萨斯州、马萨诸塞州和新罕布什尔州拥有大量的家具销售业务，美国每年家具商品的销售额为370亿美元，他们所占的市场份额仅为2%。在各自所在的州，布鲁姆金和柴尔德的家电、电子产品和地毯的市场份额比较大，但从全国来看其市场份额微不足道。对于巴菲特的这4位CEO而言，每一家新店开张，都意味着销售收入会增加6 000万美元。布鲁姆金家族在堪萨斯城的内布拉斯加州家具商场已经开张，这样其销售收入一年内会翻一番。柴尔德在拉斯维加斯开设了新店，可以吸引距盐湖城一天车程的几个主要市场的顾客。塔特曼兄弟很快将把业务拓展至马萨诸塞州的北岸，而且在整个新英格兰地区拥有很多机会。

美国的珠宝零售业年销售额为430亿美元，科蒙特和雅克的公司所占的市场份额为1.5%。赫尔兹伯格每增开一个新店铺，科蒙特就会增加220万美元的营业收入。在经营场所成本低、资本实力雄厚、客源充裕、位于15 000名忠诚而富裕的客户/业主的朝圣地、品牌知名度和网络的助力下，波仙珠宝将持续快速发展。

奈斯里和辛普森的盖可保险在1 350亿美元的国内汽车保险市场上所占的份额仅为5%，借助网络这种行之有效的商业模式，配合巨额的广告预算，再加上坚实的资金后盾，盖可保险将比其他竞争对手获得更多的业务。辛普森有更多投资上市公司的机会，因为符合其市场资本化标准的公司很多。除此之外，他也不只着眼于国内的资本市场。

美国的财产和意外保险市场年销售额为2 890亿美元，贾恩的销售份额仅占2%，全球非寿险市场的年销售额为2.13万亿美元，贾恩的份额不到1%。伯克希尔的通用再保险是美国最大的再保险公司，在全球各重要的再保险市场均设有办事处，员工遍及全球。

尤尔茨基的公司在美国培训了约10%的持照飞行员。飞安国际为许多区域性的小航空公司和企业的专职飞行员（飞行是为了谋生）以及一小部分航空公司、军队、教育机构和私人飞行员提供培训。飞安国际是美国最大的飞行模拟器制造商，但其产品仅占全球市场的20%。该行业的进入壁垒很高，飞行模拟器的均价为1 500万美元。军队飞行员的培训减少，再加上航空业的快速发展，联邦政府法律规定，航空飞行员年满60岁必须退休，而且商业飞行员每年必须参加培训，飞安国际公司的业务量将会大增，未来前景看好。公司最大的客户就是同属伯克希尔的其他公司。

圣图利创造并占有60%的部分所有权公务机市场，但占整个公务机市场的份额仅为3%。这个行业的赢家是控制新飞机供应链的人，而利捷航空控制了三分之一未来制造的公务机。圣图利的公司订购了480架喷气式飞机，另有150架飞机可供选择。全球15.5万名富有的个人和公司是潜在的部分所有权飞机客户。目前，利捷的客户仅有2 000人，这意味着还有98%的市场机会待挖掘。凭借其令人难以置信的商业模式和巨大的"先行者"优势，利捷航空有进军私人飞机运输业的潜力，就像联邦快递那样，开展隔夜送达包裹业务。这一投资的回报将是巨大的。

利普西经营布法罗的新闻报纸业务。由于读者群减少、互联网和其他竞争媒体的兴起，预计未来的增长空间不大，销售收入和利润可能减少。伯克希尔的报业部门如果能提供有吸引力的价格并且拥有出色的管理团队，那么他们就能收购其他日报业务。或者，它可以把业务拓展到布法罗的其他媒体类别或布法罗以外的市场。

哈金斯在加州占据了大部分盒装巧克力和糖果店的市场份额，但在加州以外的地区，其销量很少。未来，巧克力将是不可取代的。仅在美国，每人每月的消费量就接近一磅。仅加利福尼亚每月消耗的巧克力就多达3 500万磅，喜诗的份额仅占7%。全美国每年消耗的巧克力为34亿磅，喜诗的份额仅为1%。尽管日本和得克萨斯州的测试表明，盒装巧克力不太受欢迎，但在美国各个机场开设专卖店、在各大商场设置旺季摊位的做法被证明是成功的。加利福尼亚州和美国之外存在大量的销售机会，互联网将有助于喜诗的扩张。

舒伊和斯米尔斯伯格的纸质百科全书进入了国内85%的学校和图书馆，他们的直立式吸尘器在北美的市场份额为5%，家用和商用小型空气压缩机在北美的市场份额为29%。个人电脑和光碟的发展可能对纸质百科全书的销量造成冲击，但家庭教育产品仍存在巨大的发展空间。世界百科全书面临的挑战是，为了抢占150亿美元的教育产品市场，不仅要依靠百科全书产品，还要依靠"都铎链接"（Tudor Link）（同行教学系统）和"赚钱学习"（Earning for Learning）（利用学校的影响力向家庭销售的产品）这样的产品。柯比真空吸尘器以同样的商业模式在世界成功销售了70年。小型空气压缩机制造商面临来自家得宝、罗氏（Lowe's）和沃尔玛等企业的压力，因为这些企业将小型空气压缩机自有品牌化和商品化了，但小型便携式电动工具和配件的全球市场对斯科特费泽来说是巨大的机遇。同样重要的是，斯科特费泽旗下19家正起步的公司有朝一日可能成为行业巨头，成为巴菲特和伯克希尔的骄傲。

沃森执掌的部门占有4.5亿美元的西部牛仔皮靴市场35%的份额。如果出现另一个"都市牛仔"潮流或莫测的西方时尚变化，那么其公司的产品销量肯定会增加。

美国每年生产的90亿块砖中，就有10亿块（11%）是梅尔顿的公司生产的。没有什么比砖块更耐用了，对许多人而言，没有什么比投资建设自己的家更重要了。砖块很久之前就已经存在，未来仍然是许多人首选的建筑材料，特别是在美国南部和西南部。由于母公司资金实力雄厚，艾克美可能会收购更多的建筑材料制造商。伯克希尔将继续收购隔热材料、屋顶建筑材料和地毯制造商。

美国每年销售12亿双鞋，鲁尼生产的只占很小一部分。正如他所说："只要人们赤着脚出生，世界就需要鞋类制造商。" H. H. 布朗鞋业将很多生产工序转移到了海外，此举有利于降低成本并增加利润。

伯克希尔的年销售额超过了400亿美元，仅占美国国内生产总值的0.4%，仅为全球年购买力的0.2%。换个角度看，全世界99.8%的销售机会还有待巴菲特的CEO们去挖掘。

| 第二十四章 |
后巴菲特时代的伯克希尔

不久之后的某一天，伯克希尔·哈撒韦公司的领导指挥棒会从现任首席执行官传到下一任手里。对某些人而言，这一事件将是美国资本主义史上最具决定性意义的时刻。

后巴菲特时代的伯克希尔会是什么样子的？选择运营CEO的标准是什么？伯克希尔·哈撒韦的未来如何发展？恐怕只有沃伦·巴菲特能明确地回答这些问题，但研究和分析过去发生的事情能带给我们某些启示。

也许只有极少数董事会成员知道下一任伯克希尔CEO和这个新兴商业帝国的运营主管是谁。他或她的名字必定出现在沃伦·巴菲特办公桌上的一封继任信中。他去世后人们才会拆开这封信。

■ 巴菲特致股东的信

所有巴菲特的CEO都必须写一封提名自己继任者的信。以下是巴菲特发送给各位CEO的一份真实的年度备忘录，上面记录了巴菲特要求的继任者应符合的条件。

备忘录

致：伯克希尔·哈撒韦的各位经理（"全明星"）

来自：沃伦·巴菲特

日期：2000年8月2日

我上次发送备忘录还是在两年前，我当时列出了一些规则，并请你们谈谈对各自继任情况的看法。两年来，我完成了6次以上的收购，所以某些人是第一次见到这些规则。

请务必铭记：

1. 最可怕的不是赔钱，甚至不是赔很多钱，最可怕的是声誉损失，我们经不起一丁点的声誉损失。要确保我们做的任何事情不会被不友好但聪明的记者在全国性报纸的头版头条报道。在许多领域，包括收购，伯克希尔公司的良好结果都得益于其声誉，我们不想做任何有损声誉的事情。

2. 在经营各自的业务时，你们所有人都要以自己独特的方式做一流的工作，我们将继续保持这种模式。关于企业的经营状况，你可以自行决定向我汇报的频率。但有一个条件：发生重大的负面事件时，请尽早通知我。

3. 需要向我报告的项目是退休后的福利和非同寻常的大额资本支出。我鼓励大家寻找"补强式收购"（"tuck-in"acquisitions）机会。我们的一些企业已经成功地完成了几次这样的收购，我们的内在价值每次都得到了提升。

4. 我们一直在努力拓宽我们业务的护城河，以保护其不受入侵。因此，对待你经营的业务时，要如同它是你家庭的唯一资产，如同你未来50年内必须运营它，永远不可能出售它。想方设法，比如分销、制造、品牌、收购等方面的方法，建立可持续的长期竞争优势。

5. 如果你遇到了大企业的所有人或经理，只要企业的经济状况和管理状况良好，那么伯克希尔就可能收购它，请务必将其信息发送给我。我们的几位经理人在这方面做得很好，最近，罗恩·弗格森介绍我认识了美国责任保险公司（U. S. Liability）的鲍勃·贝瑞（Bob Berry）。

6. 以下人群不必向我推荐：想让我去各种场合演讲的人，包括商会、大学毕业典礼、论坛等。未经我的许可，请一律拒绝此类邀请。

7. 最后，若你愿意的话，我希望你给我发一封信（也可寄送至我家里），在信中指明，若今晚你失去工作能力的话，明天谁将接替你的职务。请总结出你推荐的主要候选人以及其他人选的优缺点。你们中的大多数人过去都做过这项工作，另一些人给出了口头建议。然而，对我来说，定期更新是有好处的，而且现在我们增加了新成员，我希望各位把自己的想法写下来，我不想只把它们记在我的脑海里。你寄给我的任何东西都是保密的。当然，一些公司是由两个或更多的人经营的，比如布鲁姆金家族、塔特曼兄弟和布里奇家族等，这些人可以忽略这一项。

感谢各位鼎力相助。

这份备忘录展示了伯克希尔的文化以及各项管理职能的重要性。在巴菲特的公司内，各个级别的继任都有明确的计划，包括他自己的位置。

巴菲特已将路易斯·辛普森指定为他的候任投资CEO，因此，关注点是运营方面的继任者。巴菲特的职务将被分拆为三个，即董事长、资本配置CEO和运营CEO。巴菲特的长子霍华德最有可能接任董事长一职，这样可以把企业"留在家族里"。保留他父亲创建的文化，维持多代企业的家园将是他的首要目标。选择、评估、激励其他CEO、为他们确定薪酬对伯克希尔·哈撒韦的未来发展也是至关重要的。

确定巴菲特如何选择继任者的一种方法是，分析他如何选择辛普森担任负责资本运作的CEO。辛普森在其所在的公司服务了20余年，是少数几位在自己选定的专业领域中取得成功的资金经理人之一。辛普森的风格和信仰体系与巴菲特的相似，他也为巴菲特所赏识，而且俩人关系密切。伯克希尔的董事会成员很了解辛普森，他的历史记录很出色。辛普森自己就是富豪，热爱工作并乐在其中，对公司和老板忠诚，而且近期无退休计划。

从辛普森的例子可知，巴菲特的运营CEO将是一名为公司服务多年、事业成功且采用不干涉管理模式的高管。另外，他经常与巴菲特联系（不一定是每天联系），伯克希尔的董事会成员熟悉他，有非凡的企业经营记录，本身就是富豪，但为了乐趣而工作，而且近期无退休计划。只有现任经理人才符合上述标准。

股东们肯定知道，运营继任者不是辛普森，因为他已经被选定为资本运作CEO了。而且，管理伯克希尔的成本将上升。如果将CEO的职责分成三个部分，候选人不太可能以目前10万美元或者每人3.33万美元的薪水工作。但是，尽管管理成本上升了，巴菲特继任者的责任却降低了。大多数工作被分解后更容易完成。只要董事长、资本CEO和运营CEO互相尊重，他们各自的责任虽充满挑战，但也能得到相应的回报，体验其中的乐趣。与试图寻找一位具备前任所有特点的继任者相比，让3位管理人员接替一位传奇人物的职务是更为合理的安排。从某种程度上看，这跟棒球队安排3位教练相似。棒球队一般有总教练、投球教练和击球教练，3位教练齐心协力才能打造一支更为出色的棒球队。

■ 巴菲特选择运营接班人时可能考虑的因素

1. **内部人士**。巴菲特的继任者将是一名已担任运营经理人的公司内部人士。伯克希尔是很独特的公司，对其文化了解不深入的外部人士将很难得到其他人的尊重。此外，从外部引进高管从来就不是伯克希尔或巴菲特的风格。这一因素将唐纳德·格雷厄姆和其他500万位其他公司的经理人排除在外。

2. **年龄**。运营继任者必须足够年轻，可能比巴菲特年轻10岁，或者还不到60岁。这一因素将半数的巴菲特CEO排除在外，因为他们不够年轻，与巴菲特的年龄相差不大，比如尤尔茨基（84岁）、柴尔德（69岁）、沃尔夫（69岁）、利普西（73岁）、哈金斯（76岁）、舒伊（76岁）、鲁尼（79岁）和梅尔顿（64岁）。

3. 了解企业文化。要在未来成功地领导企业，CEO必须了解企业文化。任何破环或改变伯克希尔运营方式的企图都会导致经理人背叛，极大地损害企业的整体内在价值。这就是巴菲特为什么总在董事会任职且很可能长期担任董事长的原因。这也是雅克、科蒙特和沃森这样的非家族继任者和职业经理人被排除在外的一个原因。创始家族出身的经理人和企业家更有可能尊重那些理解自由管理风格的人。任何试图以MBA教条管理自主经理人的企图都会破坏已经建立的体系，驱使业主/经理人提前退休或者成立另一家竞争企业。

4. 小规模的企业总部。巴菲特的继任者自然青睐仅有少数关键员工的总部组织，这样他可以面面俱到。只有一位经理人，即圣图利满足这一点，他的总部人数很少，但在另一座城市设有大型的运营中心。

5. 服务年限。运营继任者最好要有10年以上的运营全资子公司的经验。企业创始人或者伴随家族企业不断成长的人是更好的选择。这一条件排除了最新加入伯克希尔的非家族专业CEO，如沃森。

6. 本身就是富豪和大股东。像巴菲特一样，最理想的继任者将是一个致力于改善整个企业的人，他只做能增加股东价值并由此增加个人财富的事情。任何业主型大股东都会做出有利于业主的决策，并且会根据股东的最佳利益进行管理。这样的经理人包括圣图利、布鲁姆金家族的人和塔特曼兄弟。

7. 对经理人和董事会成员的熟悉程度。经理人彼此之间并不了解，所以理想的继任者/经理人是了解所有经理人和董事会成员并与之做生意的人。总部设在奥马哈显然是有益的，因为大多数经理人和所有的董事会成员每年都会参加年度股东大会。股东、经理人和董事会成员最终会和位于奥马哈的全资零售商做生意，而且会乘利捷航空的飞机到达那里。这个群体包括雅克、布鲁姆金家族和圣图利，其中圣图利的优势最为明显，几乎所有成功的巴菲特CEO都与利捷航空有业务往来。

8. 明智。要接替沃伦·巴菲特，卓越的智慧是明确的要求。财产和意外伤害保险及数据方面的专业知识也会非常有帮助。几位经理人拥有著名大学的高级商业学位，但两位巴菲特的CEO因数学专长而闻名，即贾恩和圣图利。圣图利可能略有优势，因为他拥有数学专业的高等学位，且曾做过大学教授。

9. 盈利最多的经理人。 仔细观察谁为公司带来的利润最多，从这一因素看，继任者将是贾恩。

10. 管理员工人数最多的经理人。 尽管肖氏工业（Shaw Industries）的鲍勃·肖管理的员工最多（本书未详述），但伯克希尔每5位员工中，就有一位由奈斯里管理。

11. 管理模式。 后巴菲特时代，伯克希尔将效仿盖可保险目前的管理结构，即一位CEO管理资本（辛普森），一位CEO负责运营（奈斯里）。

12. 将公司发展成一个组织。 最出色的继任者要能够将公司业务拓展至全球，将公司壮大为伯克希尔最大的子公司，能逐步将公司打造成全球性的组织。能做到这一点的巴菲特CEO只有圣图利。

13. 与华尔街的联系。 华尔街的工作经历、拥有为最成功的投资者服务的业务对未来的伯克希尔交易有利。圣图利在新泽西州担任高盛的高管时曾为最成功的华尔街投资者服务过，因而是符合这一条件的最佳人选。此外，其他公司要花费数百万美元才能得到其他公司的支持，但圣图利管理的部门却得到了许多大客户的认可和支持。

14. 每日与巴菲特联系。 对接班人的训练包括每天通过电话向巴菲特汇报工作。目前这么做的经理人只有两位，即贾恩和圣图利。

15. 明智地应对媒体。 知道如何跟媒体打交道，能脱稿演讲或者即兴回答记者提出的问题是巴菲特和芒格很看重的技能，他们每年都要接受6个小时的公开采访，而且要再花两个半小时回答媒体提出的尖锐问题。任何拒绝接受采访的CEO都不会成为巴菲特的接班人，因为与喜欢追根究底的媒体人打交道是一项重要的工作职责。就这一点而言，圣图利和塔特曼兄弟有优势，因为只有他们的公司设立了公关经理，并积极寻求媒体曝光的机会。

16. **创新者**。巴菲特的继任者显然应该是创新能力非常强的人。创立了一个全新行业的经理人只有圣图利。

17. **全球性视野**。伯克希尔是一家总部位于美国的公司，但其未来发展确实会着眼于全球。全球商业经验最丰富的经理人是理查·圣图利。

18. **四项领导技能**。伯克希尔的CEO必须具备这四项技能：沟通、激励、评估管理业绩和设定薪酬。奈斯里和圣图利都十分擅长这些技能，但圣图利具有天生的领导魅力和影响力。

19. **资产规模大**。管理数十亿美元资产和收益的经验非常有助于巴菲特的运营继任者。贾恩、奈斯里和圣图利都符合这一条件。

20. **规模最大的潜在子公司**。有一天，利捷航空将与联邦快递的规模一样大，将成为伯克希尔规模最大的全资子公司。因此，圣图利是自然的继任者人选。

21. **深得经理人和董事会成员的信任**。对巴菲特的继任者而言，最重要的是要赢得他要管理的人和任命他的人的信任和尊重。就这一点而言，几乎每位经理人都符合条件，但最佳人选是圣图利。

22. **与业主打交道的经验**。经常与业主打交道的部门是利捷航空。圣图利的员工称他们客户为"业主"，因为这些客户是飞机的所有人。他与"业主"打交道的独有经验对他接任巴菲特的工作有利，与董事会打交道就是在与具有代表性的业主群体打交道。得到大多数股东的信任，以股东的最佳利益行事是任何继任者的关键特征。

23. **迎接挑战**。在接受采访的经理人中，只有一位明确表示愿意迎接成为潜在接班人的挑战。理查·圣图利指出，如果自己被巴菲特推荐为运营CEO并得到董事会的任命，他会打电话给所有的经理人，询问巴菲特在任时他们做了什么。知道了结果后，他会让他们继续做之前的事情，就像每次完成收购后巴菲特做的一样。

通过分析巴菲特可能考虑的所有条件以及伯克希尔董事会未来可能考虑的

一切因素便知，最有可能的候选人是利捷航空的创始人理查·圣图利，但这只是可能。

为什么巴菲特没有公布他的名字，原因可能有以下几点：

★ 巴菲特还有时间带领伯克希尔·哈撒韦公司继续成长和扩张。

★ 只要身体健康，心智健全，巴菲特就会继续管理伯克希尔。

★ 巴菲特的预期寿命超过15年，因此任命继任者为时尚早。收购企业后有新的CEO（首席运营官）加入时，知道老板是谁会让他们感到慰藉。

★ 从现在到接班人实际上任这段期间内，可能会发生很多事情。

近年来，伯克希尔已经转变为拥有一系列独资公司和一家经营财产和意外伤害保险的大公司的实体。未来伯克希尔可能向其他方向转变，其他候选人可能变得更加适合。另外，理查·圣图利可能选择退休（尽管可能性不大）或者最终因年纪太大而无法担负重任，或者等到时机成熟时已经对接班失去了兴趣。

总之，巴菲特会推荐、董事会会选择最能维持巴菲特文化的接班人。

如何评估巴菲特继任者的表现呢？沃伦·巴菲特表示，应该以他的标准来衡量，即继任者上任10—15年后，公司没有失去一位CEO。

■ 伯克希尔·哈撒韦的未来

许多股东都想知道伯克希尔·哈撒韦公司未来会是什么样子的。公司成立于1889年，最初是一家纺织品制造商。在过去35年里，沃伦·巴菲特已经把它发展成规模最大、最多元化的上市公司之一，它已成为未被纳入标普500指数[1]的最重要的美国公司。伯克希尔是收购上市公司和私营子公司最多的企业。与其他任何共同基金公司、投资者公司、合伙企业、对冲基金公司、私人公司

---

[1]　标准普尔，2010年1月26日宣布，伯克希尔·哈撒韦公司成为标准普尔500指数成份股。

或上市公司相比，巴菲特和伯克希尔为更多的个人创造了更多的财富。而且，这些成就还是在没有基本的组织架构的情况下取得的。伯克希尔只是像管理其股票投资组合一样管理其公司：买下公司和经理人，让他们像之前一样经营。不期望子公司之间会有协同。伯克希尔计划永远持有子公司。

后巴菲特时代这种理念会如何变化？根深蒂固的伯克希尔管理文化将持续得以保持，伯克希尔的组织结构将经得起时间和其总设计师离去的考验。

将伯克希尔与通用电气进行对比有助于我们得出有益的启示。由托马斯·爱迪生（Thomas Edison）创立的通用电气公司在杰克·韦尔奇的领导下成长为美国的企业巨头。韦尔奇的规划是，通用电气将业务集中于12个类别，而且每个类别必须在自己的业务领域内处于数一数二的地位。为了推动其业务增长，通用电气每年完成约100次收购，且收购时不保留现有的管理层。与其他大多数收购方一样，通用电气寻求子公司之间的协同。事实上，通用电气近来在欧洲遭到反垄断起诉可能就是因为它要在12个领域内成为领导者。

此外，杰克·韦尔奇在45岁时接管了通用电气，他有足够的时间（20年）来影响企业文化。而巴菲特34岁接管了伯克希尔，而且在65岁的美国典型退休年龄时没有被取代，因此，他可能是重要CEO中任职时间最长的一个，至今已有37年，而且他还会继续担任这一职务。

模仿通用电气或者把伯克希尔重组为具有基础结构、大型总部和多层副总裁的大型企业集团，会破坏巴菲特精心打造的管理风格。即使按美国最大的保险公司美国国际集团（AIG）的模式经营，伯克希尔也会被扼杀。

由于伯克希尔的商业模式与其他企业完全不同，因此它没有制定长期的战略规划。当机会出现时，它就会发展壮大。伯克希尔的增长主要靠现有业务账面价值的增加，而非收购。伯克希尔会收购企业的部分所有权还是全部所有权，这要看股东的最大利益。其收购活动尽量不受股票市场的影响，并且收购的全资子公司要比部分所有权公司多。伯克希尔没有制定过战略规划，将来也不会制定这样的规划。除了纺织品和鞋业外，伯克希尔的收购结果均非常出色。伯克希尔总是偏爱熊市，总是在经济下行的氛围中表现良好。伯克希尔将继续收购利润丰厚、价格反映价值且管理出色的企业。

尽管伯克希尔专注于美国业务，但未来它很有可能成为全球性的大企业集团，采用的方法就是收购符合其标准的国际企业。只要能以更有利的方式配置资金，它就不大可能支付股息，奖励个人股东。

后巴菲特时代，伯克希尔三分之一的所有权将从沃伦·巴菲特和他的妻子苏珊名下转移到巴菲特基金会。71岁男性的预期寿命是15.3年，69岁女性的预期寿命是16.8年，但二者相结合的预期寿命是20.7年（值得注意的是，由于某种原因，内布拉斯加州人和富人的预期寿命更长）。

因此，伯克希尔的未来发展将决定巴菲特基金会的资金状况。未来21年里，现在的350亿美元将增加（按10%的幅度增长）为2 600亿美元。按照现行的法律，基金会5%的资产或约130亿美元的伯克希尔股票将被出售或转让。这部分资产可能来自股票的年度增值或者股利分派（如有），不必动用基金会的资产。尽管金额很大，但如果这5%的分派来自股票的出售，它只占公司股票总量的1%。此外，根据现行法律，基金会控制的企业资产不得超过20%。因此，为了在未来满足这一法律要求，巴菲特基金会可能将其部分"A"股转换成"B"股并放弃投票权。

未来，考虑到管理自主权、现金资产以及长期经营导向和忠诚度，会有更多的企业选择与伯克希尔建立联系。只要有为了家族、员工、客户和供应商的利益而关心企业长期生存的所有者/经理人存在，对伯克希尔这样的母公司的需求就存在。

只要遗产税存在，特别是对大笔遗产的征税存在，就会有企业家寻求买家以保护企业的未来发展。

希望降低成本和保留资本的公司可能会选择成为伯克希尔的子公司。根据拉尔夫·舒伊的说法，合并后，公司每年可以节省下处理外部资本事宜的50天时间，而且CEO可以专心致志地处理企业内部的发展问题。

只要以功利为基础的资本主义存在，资本就会从利润最低的企业流向利润最高的企业。这一黄金法则将永远适用：拥有黄金最多的企业将设定规则。交易机会将流向伯克希尔的资本配置者。

只要资本主义仍然强调精英管理，管理不善的企业就会让位于管理卓越的企业。竞争性行业的企业仍然受"适者生存"规律的制约。伯克希尔的公司结构将继续吸引杰出的经理人加入。

在后巴菲特时代，伯克希尔还会举办充满活力、独一无二的年度股东大会吗？就伯克希尔所吸引的业主的心态而言，他们希望像巴菲特一样一直持有公司的股票，年度会议能吸引具有类似心态的投资者。如同安利（Amway）举办的大会一样，伯克希尔的股东将始终支持他们持有其股票的企业。巴菲特走后，业主仍然希望每年能汇聚一堂，为促进企业发展出谋划策，并借此机会购买彼此企业的产品和服务。

由于结构、增长机遇、坚守的原则、经理人以及最重要的长期股东等方面的优势，巴菲特走后，伯克希尔将会长期存在。有巴菲特吸引来的经理人和股东坐镇，任何企业都将继续生存、发展和繁荣。

附 录

受访的巴菲特CEO名单

2000年2月7日 　　盖可保险公司总裁兼资本运营CEO路易斯·辛普森
地点：加利福尼亚州兰乔圣菲

2000年4月13日 　　飞安国际公司创始人、总裁兼CEO阿尔·尤尔茨基
地点：纽约法拉盛（Flushing）

2000年8月3日 　　盖可保险公司总裁兼保险运营CEO托尼·奈斯里
地点：华盛顿

2000年8月5日 　　斯科特费泽公司总裁兼CEO拉尔夫·舒伊
地点：俄亥俄州韦斯特莱克

2000年8月8日 　　《布法罗新闻报》发行人兼总裁斯坦·利普西
地点：纽约布法罗

2000年8月9日 　　盖可保险公司总裁兼保险运营CEO托尼·奈斯里
地点：华盛顿，电话采访

2000年8月14日 　　伯克希尔·哈撒韦再保险集团总裁阿吉特·贾恩
地点：康涅狄格州斯坦福德

2000年8月16日 　　伯克希尔董事会成员马尔科姆·金·查斯
地点：罗德岛州（Rhode Island）普罗维登斯（Providence）

2000年8月17日 　　乔丹家具总裁和CEO艾略特·塔特曼和巴里·塔特曼
地点：马萨诸塞州纳蒂克（Natick）商业广告拍摄现场，
马萨诸塞州韦斯顿

续表

2000年8月18日	H. H. 布朗鞋业董事会主席兼CEO弗兰克·鲁尼 地点：马萨诸塞州楠塔基特
2000年8月25日	波仙珠宝总裁兼CEO苏珊·雅克 地点：内布拉斯加州奥马哈
2000年8月27日	内布拉斯加州家具商场董事会主席兼CEO艾文·布鲁姆金 地点：内布拉斯加州奥马哈
2000年9月4日	R. C. 威利家具公司总裁兼CEO比尔·柴尔德 地点：犹他州盐湖城
2000年9月6日	贾斯汀工业公司董事会主席约翰·罗奇、艾克美砖料公司 总裁兼CEO哈罗德·梅尔顿、贾斯汀品牌公司总裁兼CEO 兰迪·沃森， 地点：得克萨斯州福特堡
2000年9月7日	星辰家具公司总裁兼CEO梅尔文·沃尔夫 地点：得克萨斯州休斯顿
2000年9月8日	赫尔兹伯格钻石公司董事会主席兼CEO杰夫·科蒙特 地点：密苏里州北堪萨斯市
2000年9月21日	赫尔兹伯格钻石公司董事会主席兼CEO杰夫·科蒙特 地点：密苏里州北堪萨斯市，电话采访
2000年9月21日	喜诗糖果公司总裁兼CEO查克·哈金斯 地点：加利福尼亚州南旧金山，电话采访
2000年10月17日	《华盛顿邮报》公司董事会主席兼CEO唐纳德·格雷厄姆 地点：华盛顿
2000年10月18日	公务飞机航空公司总裁兼CEO理查德·圣图利 地点：新泽西州伍德布里奇

本附录未列出后来与各位巴菲特的CEO们通过电话、电子邮件以及书信进行的交流。

股票基本面分析清单

精准研判股价
的底部与头部

[美] 迈克尔·希恩 Michael Shearn 著

采用传奇式投资巨匠巴菲特的投资理念
"我不是证券分析师，我是企业分析师"

结合企业价值与管理层品质，
制定系统性的、实用性的"投资清单"

倾力打造一本经得住市场考验的价值之作、
适用于普通投资者的投资经典

如果你是一名长期投资者，或者价值投资者，那么，选择本书，将帮助你深入地分析企业现状、价值、护城河，最终做出正确的买卖决策。

哈里曼股票投资规则

全球68位投资
大师的投资原则
与禁忌清单

《赚钱大师》《约翰·邓普顿的投资之道》作者
乔纳森·戴维斯倾情作序推荐

借**本杰明·格雷厄姆**引用的维吉尔名言

❝ 我们在机遇缤纷和变化无常的道路上开拓前进 ❞

在投资的道路上，每个投资者都
需要具备一定的优势才能跑赢市场

CONCENTRATED INVESTING

剖析巴菲特、芒格等广为人知的投资大师

以及几位很少出现在媒体与公众视野中的价值投资大腕们鲜为人知的**思维方式、决策过程、选股智慧**，带你领悟集中投资策略的精髓，实现资产安全复利增值。

众多顶尖投资大腕力荐

沃伦·巴菲特

集中投资……将很好地降低风险。如果你是一名专业的投资人，而且充满自信，那么我主张更多地进行集中投资。

查理·芒格

我们的投资风格有一个名称——集中投资。投资界有98%的人并不这么想，而我们一直以来都是那么做的，这给我们——也会给你们——带来许多好处。

菲利普·费雪

人的精力总是有限的，过于分散化迫使投资人买入很多并没有充分了解的公司股票。不要只顾持有很多股票，只有ZUI好的股票才值得买。

追随投资精英的成功之道   获取集中投资的股市秘籍

— 把握财富机遇，从打开这本书开始 —